1일 1페이지
짧고 깊은 지식수업
365
교양 편

1일 1페이지 짧고 깊은 지식수업 365

교양 편

김옥림 지음

MIRAE BOOK

삶의 근원이 되는 지식

지식의 사전적 의미는 '교육이나 경험, 연구를 통해 얻은 체계화된 인식의 총체'이다. 즉 '앎'을 뜻하는 말이다. 안다는 것은 지금보다 더 나은 새로운 것을 발전시킬 수 있음은 물론 새로운 자신으로 발전시킬 수 있는 '힘'을 갖는 일이다. 그래서 예로부터 학문이 발달하고 교육에 힘씀으로서 많은 것을 아는 나라가 강국強國으로 발전하여 세상을 지배했으며, 사람 또한 많은 것을 아는 사람이 선각자로서의 삶을 지향해 나감으로써 존경을 받고 훌륭한 업적을 남길 수 있었던 것이다. 이처럼 안다는 것은 인간에게 있어 가장 근원이 되는 삶의 필수요소이다. 그런 까닭에 인간이라면 배우고 익혀 지식을 쌓는 일에 정진해야 하는 것이다.

지식을 습득하는 방법으로는 제도권 학교 교육은 물론 비제도권 교육, 독서, 경험, 연구 등 아주 다양하다. 특히, 독서는 마음만 먹으면 누구나 쉽게 접할 수 있는 방법으로 지식을 습득하는 데 있어 매우 효과적이다. 책은 우리가 필요로 하는 것을 언제나 친절하게 알려준다. 다만 책을 읽는 시간만 투자하면 된다. 책은 말 없는 스승이며, 삶의 가치를 드높이는 고요와 침묵의 가르침인 것이다.

이 책《1일 1페이지 짧고 깊은 지식수업 365_교양편》은 이러한 책의 효율성을 극대화시킴으로써 책이 주는 지식의 가치를 높이고, 그리고 지식의 갈증을 느끼는 독자들과 배움에 힘쓰는 이들을 위해 작은 도움이라도 되었으면 하는 마음으로 쓰게 되었다.

이 책은 총 일곱 가지의 분야에 걸쳐 쓰여졌다.

첫째는 세계문학사다. 어니스트 헤밍웨이, 미겔 데 세르반테스, 요한 볼프강 폰 괴테, 레프 N. 톨스토이를 비롯한 세기의 문학가와《적과 흑》,《좁은 문》,《잃어버린 시간을 찾아서》,《몽테크리스토 백작》,《폭풍의 언덕》,《인간의 굴레》,《동물 농장》을 비롯한 수많은 명작이 실려 있어 세계문학사의 흐름을 이해하고 배우는 데 큰 도움이 될 것이다.

둘째는 세계인물사이다. 스티븐 스필버그, 조지 소로스, 알버트 아인슈타인, 윈스턴 L. 스펜서 처칠, 존 F. 케네디, 엔리코 카루소, 오프라 윈프리, 데일 카네기, 버락 오바마, 자하 하디드 등 인생을 성공적으로 살았거나 살고 있는 이들을 삶을 배움으로써 인생을 살아가는 데 큰 도움이 되리라 믿는다.

셋째는 한국사韓國史 속에 숨은 이야기이다. 이성계와 정도전의 밀담密談, 박문수의 실행력, 을파소의 과단성, 이사부와 가짜 사자, 이순신의 기개, 박팽년의 대代가 이어지게 된 이야기, 대동여지도의 숨은 진실, 죽음 앞에서도 해학을 즐기다, 송강 정철의 지혜, 영조英祖의 방석, 네 말도 옳고, 너의 말도 옳다 등 한국사 속에 숨은 이야기를 통해 한국사를 이해하고 습득하는 데 흥미를 제공해 줄 것이다.

넷째는 세계고전이다. 《도덕경道德經》,《논어論語》,《사기史記》,《자치통감資治痛鑑》, 《맹자孟子》,《정치학政治學》,《군주론君主論》,《고독한 군중》,《미국의 민주주의》,《죽음에 이르는 병》,《차라투스트라는 이렇게 말했다》,《제2의 성》등을 비롯한 동서양의 세계고전을 담고 있어 상식을 기르는 데 큰 힘이 될 것이다.

다섯째는 세계명언이다. 스탕달, 채근담, 테오크리토스, 마르셀 프루스트, 니체, 맥도날드, 윌리엄 제임스 등 문학가, 철학자와 사상가, 학자, 정치가 등 세계적으로 유명한 이들의 명언에 나의 철학과 사상을 담아, 마음의 양식으로 삼는데 도움이 되게 하여 읽는 것만으로도 지혜가 되어 줄 것이다.

여섯째는 경제경영사다. 영국의 버진 그룹 CEO 리처드 브랜슨, 베스킨라빈스의 창업자 어바인 라빈스, 페이스북의 창업자 마크 저커버그, 현대경영학의 아버지 피터 드러커, 나이키의 창업자 필 나이트, 로스차일드가의 이야기, KFC의 설립 이야기, 구찌의 설립 이야기, 코닥의 설립 이야기, 도미노피자의 설립 이야기 등 대표적인 세계적 기업의 창업자 이야기와 설립 이야기가 읽는 재미를 주고, 자신의 꿈을 펼치는데 큰 동기부여가 되어 줄 것이다.

일곱째는 《탈무드 52》이다. 당나귀와 다이아몬드, 지도자, 두 시간의 길이, 토지, 자루, 혀, 선과 악, 랍비의 후회, 양념, 기적, 바벨탑, 가르치다, 통곡의 벽 등을 비롯한 지혜롭고 슬기로운 이야기가 펼쳐져 있다. 많은 《탈무드》 이야기 중에서 꼭 알아야 할 《탈무드》 52가지를 가려 뽑아 새롭게 다시 썼다. 한 편의 짧은 꽁트를 읽는 재미를 통해 5천 년 역사, 유대인의 슬기로운 지혜를 배움으로써 삶을 살아가는 데 지혜의 양식이 되어 줄 것이다.

이처럼 이 책엔 우리가 잘 알지 못했던 흥미롭고 생생한 이야기가 담겨있다. 이 책을 읽는 것만으로도 풍부한 지식과 교양을 쌓을 수 있어, 인생을 살아가는 데 많은 도움이 되리라 생각한다.

이 책을 대하는 모든 이들에게 평안과 축복이 함께하길 기원한다.

김옥림

contents

PROLOGUE   삶의 근원이 되는 지식 004

CHAPTER 1

세기의 문학가와 문학 _세계문학사

어니스트 헤밍웨이 016 | 미겔 데 세르반테스 017 | 요한 볼프강 폰 괴테 018 | 찰스 디킨스 019 | 레프 N. 톨스토이 020 | 파울로 코엘료 021 | 한스 크리스티안 안데르센 022 | 라빈드라나드 타고르 023 | 루이자 메이 올콧 024 | 오노레 드 발자크 025 | 조앤 K. 롤링 026 | 마크 트웨인 027 | 풍차방앗간에서 온 편지 028 | 여자의 일생 029 | 피가로의 결혼 030 | 적과 흑 031 | 좁은 문 032 | 잃어버린 시간을 찾아서 033 | 목로주점 034 | 몽테크리스토 백작 035 | 베니스의 상인 036 | 제인 에어 037 | 지킬 박사와 하이드 038 | 폭풍의 언덕 039 | 테스 040 | 아들과 연인 041 | 인간의 굴레 042 | 동물 농장 043 | 오만과 편견 044 | 천로역정 045 | 주홍글씨 046 | 백경 047 | 시가 내게로 왔다 048 | 가보지 못한 길 050 | 그대여, 사랑해주지 않으시겠습니까 052 | 이런 사랑 053 | 노르웨이 숲 054 | 안개 056 | 한 가슴이 깨어짐을 막을 수 있다면 057 | 남몰래 흘리는 눈물 058 | 톰 아저씨의 오두막 059 | 마지막 잎새 060 | 위대한 게츠비 061 | 바람과 함께 사라지다 062 | 욕망이라는 이름의 전차 063 | 변신 064 | 양철북 065 | 수레바퀴 밑에서 066 | 아버지와 아들 067 | 부활 068 | 인형의 집 069 | 쿠오바디스 070 | 세계 3대 문학상 071

CHAPTER 2

인생을 배우다 _세계인물사

스티븐 스필버그 074 | 조지 소로스 075 | 알버트 아인슈타인 076 | 윈스턴 처칠 077 | 프랭클린 루스벨트 078 | 존 F. 케네디 079 | 펠레 080 | 타이거 우즈 081 | 엔리코 카루소 082 | 아놀드 슈왈제네거 083 | 알프레드 베르나르드 노벨 084 | 벤저민 프랭클린 085 | 브라이언 트레이시 086 | 오프라 윈프리 087 | 데일 카네기 088 | 버락 오바마 089 | 이사도라 덩컨 090 | 자하 하디드 091 | 사라 문 092 | 미첼 바첼레트 093 | 제인 구달 094 | 마거릿 대처 095 | 조지 워싱턴 096 | 마이클 조던 097 | 윌리엄 오슬러 098 | 모리스 헤럴드 맥밀런 099 | 페르디난드 마젤란 100 | 장 앙리 파브르 101 | 구스타브 에펠 102 | 플로렌스 나이팅게일 103 | 로널드 레이건 104 | 찰리 채플린 105 | 스티븐 호킹 106 | 헨리 키신저 107 | 벤저민 디즈레일리 108 | 월드 휘트먼 109 | 조지 마셜 110 | 오드리 헵번 111 | 김구 112 | 마더 테레사 113 | 김종직 114 | 묵자 115 | 김대건 116 | 안중근 117 | 노자 118 | 허레이쇼 넬슨 119 | 존 밀턴 120 | 마르쿠스 아우렐리우스 121 | 무하마드 알리 122 | 마르틴 루터 123 | 이순신 124 | 제갈량 125

CHAPTER 3

역사적 사건과 진실 _한국사 속에 숨은 이야기

이항복과 스승 128 | 김구의 호 백범白凡에 얽힌 이야기 129 | 학사루 현판이 불태워진 이유 130 | 이성계와 정도전의 밀담密談 131 | 박문수의 실행력 132 | 유금필의 직언 133 | 을파소의 과단성 134 | 정보분석가 거칠부 135 | 이사부와 가짜 사자 136 | 이순신의 기개 137 | 동명성왕의 탄생 비화 138 | 조선건국공신 조온의 검소함 139 | 의적義賊 임꺽정 140 | 사명당 유정 141 | 박팽년의 대代가 이어지게 된 이야기 142 | 윤관과 오연총의 의리 143 | 성종의 선정善政 144 | 판서가 된 건달 145 | 아버지의 유언을 평생 좌우명으로 삼다 146 | 아내의 표본標本 147 | 대동여지도의 숨은 진실 148 | 대왕암 수중릉 149 | 여류거상女流巨商 김만덕 150 | 김유신의 계략計略 151 | 풍류가객 단원 김홍도 152 | 정순왕후의 간택 이야기 153 | 죽음 앞에서도 해학을 즐기다 154 | 청빈한 충신의 본보기 155 | 송도산절松都三絶 이야기 156 | 송강 정철의 지혜 157 | 이서우의 청렴함 158 | 영은문迎恩門의 교훈 159 | 사임당 신씨의 예견豫見 160 | 아버지의 가르침 161 | 영조英祖의 방석 162 | 율곡 이이와 나도밤나무 163 | 백결의 방아악 164 | 네 말도 옳고, 너의 말도 옳다 165 | 온조왕溫祚王 이야기 166 | 소를 탄 정승 167 | 이장렴의 기개氣槪 168 | 한성부판윤 권엄의 명판결 169 | 말의 목을 베이비리다 170 | 유씨 부인의 촌철살인寸鐵殺人 171 | 그 어머니의 그 아들 172 | 김규의 글書 효행 173 | 도둑을 감동시킨 홍기섭 174 | 이지함의 도량과 청렴성 175 | 덕망 높은 어머니의 지혜 176 | 최시형과 손병희 177 | 주인을 따라 죽은 말馬 178 | 주초위왕走肖爲王의 계략 179

CHAPTER 4

옛것을 통해 미래를 보다 _세계고전

도덕경道德經 182 | 논어論語 183 | 춘추좌씨전春秋左傳 184 | 사기史記 185 | 자치통감資治痛鑑 186 | 맹자孟子 187 | 대학大學 188 | 회남자淮南子 189 | 예기禮記 190 | 장자莊子 191 | 효경孝敬 192 | 명심보감明心寶鑑 193 | 열자列子 194 | 관자管子 195 | 근사록近思錄 196 | 서경書經 197 | 손자병법孫子兵法 198 | 한비자韓非子 199 | 역경易經 200 | 채근담採根譚 201 | 삼국지三國志 202 | 시경詩經 203 | 십팔사략十八史略 204 | 묵자墨子 205 | 설원設苑 206 | 정치학政治學 207 | 군주론君主論 208 | 사회계약론社會契約論 209 | 자유론自由論 210 | 고독한 군중 211 | 법의 정신 212 | 미국의 민주주의 213 | 팡세 214 | 순수이성비판 215 | 죽음에 이르는 병 216 | 차라투스트라는 이렇게 말했다 217 | 존재와 시간 218 | 존재와 무 219 | 제2의 성 220 | 성의 정치학 221 | 신학대전 222 | 그리스도교도의 자유에 대하여 223 | 에밀 224 | 민주주의와 교육 225 | 영웅전 226 | 제2차 세계대전 227 | 갈리아 전기 228 | 침묵의 봄 229 | 행복론 230 | 난중일기 231 | 여성과 사회주의 232 | 시민불복종 233

CHAPTER 5

문장에서 삶을 찾다 _세계명언

진실한 사랑 _공자 236 | 사랑의 위대함 _프리드리히 실러 237 | 사랑은 자기를 넘어서는 것 _오스카 와일드 238 | 인생이 존재하는 목적 _스탕달 239 | 고락에서 오는 행복 _채근담 240 | 친절한 벗 _테오크리토스 241 | 새로운 생각 기르기 _마르셀 프루스트 242 | 무엇이든 시작은 어려운 법이다 _니체 243 | 선택의 중요성 _카렌 카이저 클라크 244 | 인생의 고난을 돌파하는 비결 _맥도널드 245 | 어려움은 누구에게나 있다 _노만 V. 필 246 | 성공의 의지 _윌리엄 제임스 247 | 성공했다고 믿고 시작하라 _조이스 브러더스 248 | 지금 당장 시도하라 _클레멘트 스톤 249 | 승자의 자세 _탈무드 250 | 위대한 도전정신 _프랭클린 루스벨트 251 | 세상을 뛰어넘기 _마이클 코다 252 | 한 걸음씩 나아가라 _마이클 조던 253 | 인생의 그릇을 크게 하기 _장 폴 사르트르 254 | 용기 있는 사람 _나폴레옹 보나파르트 255 | 용기가 필요할 때 _넬슨 256 | 내 마음 살피기 _희남자 257 | 위대한 이성의 산물 _존 러스킨 258 | 습관도 노력이다 _에픽테토스 259 | 실행이 중요하다 _토마스 로버트 게인즈 260 | 자신을 믿어라 _슈거 레이 로빈슨 261 | 신념의 보상 _성 아우구스티누스 262 | 믿음의 선물 _마하트마 간디 263 | 가장 큰 장애물 _괴테 264 | 승리의 필수 요소 _윌리엄 해즐릿 265 | 이기는 사람 _에머슨 266 | 우리들의 임무 _토머스 칼라일 267 | 성공을 믿어라 _데일 카네기 268 | 인간에게 가장 중요한 진실 _로버트 앨린 269 | 힝싱 꿈꿔라 _스티븐 스필버그 270 | 꿈을 향해 나아가라 _소로 271 | 꿈에는 한계가 없다 _진 시몬즈 272 | 희망은 사람을 버리지 않는다 _리처드 브리크너 273 | 낙관하고 긍정하라 _정주영 274 | 성공의 힘 _매들렌 렝글 275 | 가능성을 보라 _브라이언 트레이시 276 | 의지력의 열쇠 _에디 로빈슨 277 | 무한한 열정 _찰스 슈왑 278 | 단 한 권의 책 _벤저민 디즈레일리 279 | 독서의 자세 _율곡 이이 280 | 본질을 보라 _니체 281 | 사색의 힘 _존 로크 282 | 물과 같은 사람 _노자 283 | 최고의 선물 _에우리피데스 284 | 입과 혀 _명심보감 285 | 마음가짐의 중요성 _조이 브러더스 286 | 인생을 다시 산다면 _윈스턴 처칠 287 | 제일의 처세술 _아미엘 288 | 세계10대 명언 289

CHAPTER 6

자본주의의 근간 _경제경영사

영국의 버진 그룹 _리처드 브랜슨 292 | 배스킨라빈스 _어바인 라빈스 293 | 페이스북 _마크 저커버그 294 | 포드자동차 _헨리 포드 295 | 카네기 스틸 철강회사 _앤드류 카네기 296 | 언론인 _조지프 퓰리처 297 | 만화제작자 _월트 E. 디즈니 298 | 마이크로소프트사 _빌 게이츠 299 | 스탠더드 오일 _존 D. 록펠러 300 | 크라이슬러자동차 신화 _리 아이아코카 301 | 현대그룹 _정주영 302 | 셸 석유회사 _마커스 사무엘 303 | 크라이슬러사 _월터 크라이슬러 304 | 제너럴 일렉트릭 _잭 웰치 305 | 사우스웨스트 _허브 켈러허 306 | 애플 _스티브 잡스 307 | 스타벅스 _하워드 슐츠 308 | 힐튼 호텔 _콘라드 힐튼 309 | 버크셔 헤서웨이 _워렌 버핏 310 | 펩시코 _인드라 누이 311 | 현대 경영학의 아버지 _피터 드러커 312 | IBM 최고경영자 _루이스 거스너 313 | 나이키 _필 나이트 314 | 델 컴퓨터 _마이클 델 315 | 샤넬 _코코 샤넬 316 | 로이터 통신 _파울 율리우스 로이터 317 | 이코노미스트 _제임스 윌슨 318 | 인텔 최고경영자 _앤디 그로브 319 | 레드 불 _디트리히 마테쉬츠 320 | 맥도날드 _레이먼드 크록 321 | 휴렛패커드 _데이비드 패커드 322 | 리바이스 _레비 슈트라우스 323 | 뱅크오브아메리카의 설립 이야기 324 | 제록스의 설립 이야기 325 | 로스차일드가의 이야기 326 | KFC의 설립 이야기 327 | 구찌의 설립 이야기 328 | 코닥의 설립 이야기 329 | 도미노피자의 설립 이야기 330 | 네슬레의 설립 이야기 331 | 더바디샵의 설립 이야기 332 | 코카콜라 컴퍼니의 설립 이야기 333 | 루이비통의 설립 이야기 334 | 할리데이비슨의 설립 이야기 335 | 필립스의 설립 이야기 336 | 다임러 벤츠의 설립 이야기 337 | 마즈의 설립 이야기 338 | 몽블랑 심플의 설립 이야기 339 | 오메가 SA의 설립 이야기 340 | 존슨앤드존슨의 설립 이야기 341 | 이케아의 설립 이야기 342 | 깁슨의 설립 이야기 343

CHAPTER 7

유대인 5천 년의 지혜 _탈무드 52

재물 346 | 정의 347 | 교훈적 이야기 348 | 세 동업자 349 | 어느 농부 350 | 어떤 유서 352 | 분실물 354 | 무언극 356 | 공로자 358 | 이야기 덫에 걸리다 359 | 마법의 사과 360 | 포도원 362 | 효행 363 | 희망 364 | 당나귀와 다이아몬드 365 | 지도자 366 | 보트의 구멍 368 | 두 시간의 길이 370 | 토지 371 | 자루 372 | 혀 373 | 선과 악 374 | 랍비의 후회 375 | 솔로몬의 재판 376 | 작별인사 378 | 나무의 열매 379 | 거미와 모기와 미치광이 380 | 만찬회 381 | 사자 이야기 382 | 우애 깊은 형제 383 | 소경의 등불 384 | 벌과 소득 385 | 벌거벗은 임금 386 | 세 가지 현명한 행위 388 | 강자 390 | 천국과 지옥 391 | 세 친구 392 | 그릇 393 | 세 자매 394 | 약속 395 | 가정과 평화 396 | 술의 기원 397 | 연애편지 398 | 남긴 것 399 | 기도 400 | 사랑 401 | 감사 402 | 양심 403 | 기적 404 | 바벨탑 405 | 가르치다 406 | 통곡의 벽 407

CHAPTER 1
세기의 문학가와 문학

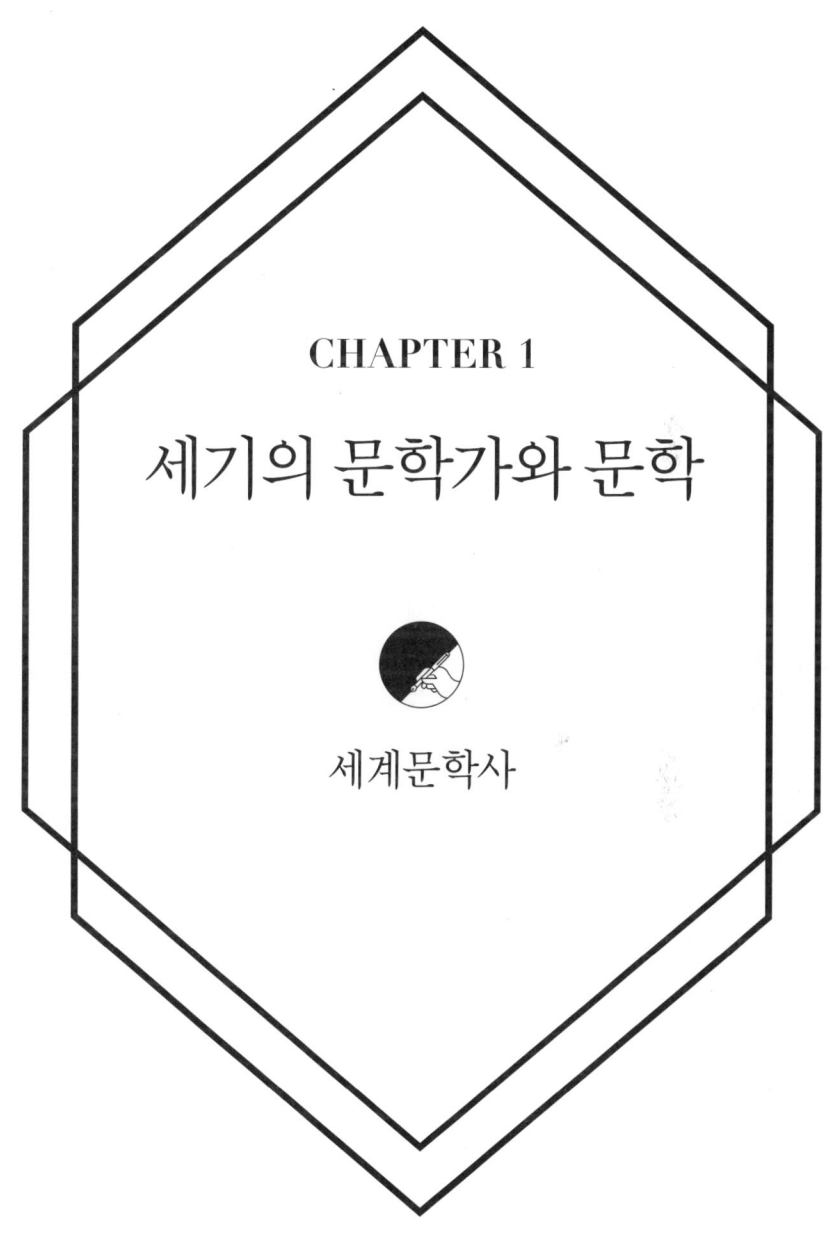

세계문학사

DAY 001 어니스트 헤밍웨이

미국문학사에서 최고의 작가로 평가받는 어니스트 헤밍웨이는 1898년 미국 일리노이주 시카고에서 태어났다. 그는 고등학교 때 글을 쓰기 시작했는데, 그 시절 활발한 활동을 벌여 주목받았다. 고등학교를 졸업한 그는 대학에 가는 대신 캔자스시티로 가서 당시 주요한 신문이었던 〈스타Star〉지의 기자로 채용되어 교육을 받았다.

헤밍웨이는 군입대를 희망했으나 눈에 결함이 있어 거절당하다 가까스로 미국 적십자사의 구급차 운전기사로 제1차 세계대전에 참전했다. 그러나 19세 때 부상을 입고 영웅적 행위에 대해 훈장을 받으며 미국으로 온 헤밍웨이는 고향과 미시간에서 건강을 찾은 후 〈토론토 스타Toronto Star〉지의 해외통신원으로 프랑스에 갔다. 그는 파리에서 F. 스콧 피츠제럴드, 거트루드 스타인, 에즈라 파운드 같은 미국 작가들의 충고와 격려에 힘입어 비저널리즘적인 작품을 출간하기 시작했다.

1925년 단편집 《우리 시대에》를 뉴욕에서 출간하고, 이듬해 장편 《해는 또다시 떠오른다》를 발표하면서 처음으로 확실한 성공을 거두며 본격적인 작가의 길로 들어섰다. 1927년 단편 〈부인 없는 남자들〉을 발표하고, 〈승자는 아무것도 얻지 못한다〉를 발표하여 단편소설의 대가로서의 지위를 확고히 했다.

헤밍웨이는 제1차 세계대전 당시 운전병으로 참전한 경험을 바탕으로 한 소설 《무기여 잘 있거라》를 발표했는데, 많은 비평가들의 찬사를 받으며 소설가로 입지를 다지는 계기가 되었다. 그는 스페인을 무척이나 좋아해 네 차례나 방문했는데, 그곳에서 희곡 〈제5열〉과 《누구를 위하여 종은 울리나》를 썼다.

헤밍웨이는 제2차 세계대전이 일어나자 종군기자로 전쟁터를 누비다 미국으로 돌아왔다. 그는 바다 빛이 아름다운 쿠바의 해변가에 기거하며 소설을 쓰고 낚시를 즐겼다. 그는 이를 소재로 《노인과 바다》를 써서 평단으로부터 열광적인 찬사를 받았으며, 1953년에는 퓰리처상을, 1954년에는 노벨문학상을 수상했다.

❖ 어니스트 헤밍웨이 Ernest Hemingway 1899~1961
미국 출생. 소설가. 대표적인 작품 《노인과 바다》, 《누구를 위하여 종은 울리나》, 《무기여 잘 있거라》 외 다수

DAY 002 미겔 데 세르반테스

 CHECK

　불후의 명작《돈키호테》작가 세르반테스는 1547년 스페인 알칼라데 에나레스에서 태어났다. 그의 아버지는 외과 의사였지만, 늘 궁핍한 생활에 쪼들려야 했다. 가난으로 그는 제대로 교육을 받지 못했다.
　세르반테스 가족은 그가 성인이 되기까지 바랴드리드, 마드리드, 세빌랴 등지로 바람처럼 떠돌며 연명했다. 유랑 같은 생활은 세르반테스에게 고통스러운 일이었으나, 새로운 것을 접하고 경험하게 했다. 하지만 세르반테스는 언제나 배움에 목말라했다. 그런데 그런 그에게 배움의 기회가 찾아왔다.
　마드리드의 사숙(私塾:사설의 서당, 글방)에 들어가 교사 로페스 데 오요스로부터 지도를 받게 되었다. 그 후 세르반테스는 이탈리아로 가서 아크와비바 추기경의 시복이 되었다.
　1570년 세르반테스는 이탈리아 주재 스페인 군대에 입대해 1571년 레판토 해전에 참가했지만, 그는 불행하게도 가슴과 팔에 부상을 입었다. 그로 인해 스페인 해군 사령관이며 왕제(왕의 동생)인 돈 후안으로부터 감사장을 받았으며, 시칠리아의 부왕인 셋사 공작의 추천장을 받아 성공의 꿈을 안고 귀국하던 도중, 해적의 습격을 받고 알제리로 끌려가 5년이나 노예생활을 했다. 그 후 노예생활에서 벗어나 귀국한 그는 조국으로부터 아무런 보상도 받지 못하고 절망하며 시련의 시절을 보내다 결혼을 하며 안정을 찾았다.
　이듬해 첫 소설《라 갈라테아》를 출판하여 근근이 생활을 영위하며 20여 편의 희곡을 썼지만, 〈알제리의 생활〉과 〈라 누만시아〉 등 2편만이 전해오고 있다. 그런데 이 중 비극 〈라 누만시아〉는 훗날 셸리와 괴테로부터 좋은 평가를 받았다. 그 후 이렇다 할 작품을 쓰지 못한 그는 작가 생활을 접고, 세금 징수원으로 전전하며 생활하다 여러 차례에 걸쳐 투옥되는 아픔을 겪었다. 그러다가 1605년 명작《돈키호테》제1부를 출판하여 갈채를 받았다. 그는 사소한 오해로 가족과 함께 구속되는 아픔을 겪지만, 결코 좌절하지 않고 작품에 몰두하여 드디어 1615년《돈키호테》제2부를 완간했다.
　세르반테스는 가난을 숙명처럼 안고 태어났지만, 불굴의 의지와 신념으로 세계문학사에 길이 남는 작가가 되었다.

❖ 미겔 데 세르반테스 Miguel de Cervantes Saavedra 1547~1616
스페인의 문호. 주요 작품《돈키호테》,《모범 소설집》외 다수

DAY 003 요한 볼프강 폰 괴테

괴테는 1749년 황제실 고문관이며 법률가인 아버지와 프랑크푸르트암마인 시장의 딸인 어머니 사이에서 맏아들로 태어났다. 아버지는 매우 엄격했지만 명랑하고 상냥한 어머니는, 괴테에게 있어 인생의 좋은 멘토였다.

괴테는 아버지와 가정교사에게 교육을 받은 후, 16세 때 법률가가 되게 하려는 아버지의 뜻대로 라이프치히 대학에 입학했으나, 흥미를 갖지 못하고 미술에 깊은 관심을 갖고 공부했다. 그러던 중 병에 걸려 집으로 돌아왔다.

괴테는 병이 나은 후 아버지의 권유로 다시 스트라스부르 대학에서 배운 후 법학사가 되었으며 많은 서정시를 썼다. 이때 괴테는 문학자 헤르더를 사귀고 그로부터 '그리스, 로마고전, 셰익스피어, 민요' 등을 배웠는데, 이는 그의 일생을 결정하는 큰 계기가 되었다.

변호사가 된 괴테는 고향에서 변호사 사무실을 차렸고, 제국 고등법원의 실습생으로 몇 달 동안을 베츨러에 머물렀는데, 이곳에서 샬로테 부프를 사랑하게 되었다. 그 후 이루지 못한 사랑을 체험으로 한 소설 《젊은 베르테르의 슬픔》으로 작가로서의 명성을 얻었다. 그리고 독일적 개성 해방의 문학운동인 '슈투름 운트 드랑(질풍노도)'의 중심인물로서 활발한 창작활동을 했다.

괴테는 바이마르 공국 카를 아우구스트의 초청을 받고 바이마르로 가서 여러 공직을 거치며 치적을 쌓았고, 재상이 되어 10년 남짓 국정에 참여하며 정치인으로서의 삶도 활발하게 전개했다. 또한 괴테는 지질학, 광물학, 자연과학의 연구에도 깊은 관심을 기울였으며, 동물에게만 있다는 간악골이 인간에게도 있다는 것을 발견하여 비교해부학의 선구자가 되었다.

그는 많은 희곡과, 기행문, 논문 등을 썼으며, 서사시 〈헤르만과 도로테아〉를 썼다. 그의 문학작품 중 《빌헬름 마이스터의 편력시대》와 《파우스트》는 가장 유명하다. 특히 《파우스트》는 그의 나이 23세 때 써서 83세에 완성한 그의 생애의 대작이며 세계문학의 최대 걸작 중 하나다. 괴테는 문학뿐만 아니라 희곡, 시, 과학, 그림 등 다방면에서 뛰어난 천재성을 유감없이 보여준 독일 문학뿐만 아니라, 세계문학사에 길이 남을 위대한 작가로 평가받고 있다.

❖ 요한 W. 폰 괴테Johann Wolfgang von Goethe 1749~1832
독일 최고 시인. 소설가. 과학자. 정치가. 독일 고전주의 문학 대표작가. 주요 작품 《파우스트》, 《젊은 베르테르의 슬픔》 외 다수

DAY 004 찰스 디킨스

영국의 대표적 소설가 찰스 디킨스는 1812년 영국 남안의 포츠머스에서 태어났다. 그의 아버지는 마음씨가 좋은 사람이었으나, 돈에 욕심이 없어 디킨스는 어린 시절부터 빈곤에 시달려야 했다. 디킨스는 학교를 제대로 다니지도 못한 채, 12세 때부터 공장에서 일을 했다. 힘든 노동은 어린 그에겐 너무 벅찼지만, 그의 가슴엔 꿈에 대한 일념으로 가득 차 있었다. 그는 자신의 꿈을 위해 잠을 줄여가며 글을 썼다.

디킨스는 자신이 쓴 원고를 탈고할 때마다 정성껏 출판사에 보냈지만, 그 어떤 곳으로부터도 원고가 채택되었다는 말을 들을 수가 없었다. 그러나 디킨스는 실망하지 않고 계속해서 원고를 보냈다. 그러던 어느 날 한 출판사로부터 연락을 받았다. 원고가 채택이 되었다는 편집장의 말을 듣는 순간 디킨스는 '내가 지금 꿈을 꾸고 있는 것은 아니겠지'라고 생각하며 어쩔 줄을 몰랐다.

1836년 그의 첫 번째 책《보즈의 스케치》가 출간되었다. 그리고 이듬해에 장편《피크위크 페이퍼스》가 나오고, 이어 나온《올리버 트위스트》가 폭발적인 인기를 끌며 작가로서 그의 위치가 확고해졌다. 그 후《니콜라스 니클비》,《골동품 상점》,《크리스마스 캐럴》등의 장편소설, 중편소설을 발표하며 그의 이름을 더욱 떨치게 했다. 그의 작품엔 그의 가난한 시절의 경험이 생생히 잘 묘사되어 있어, 그의 문체를 특성 있게 보여준다.

1850년에 완결한 자서전적인 작품《데이비드 코퍼필드》를 쓰면서 작품 성향이 바뀌는데, 그의 작품에 많은 인물이 나타난다. 이는 사회 각계각층의 실태를 엿볼 수 있게 한다는 것에 그 의미가 있었다. 공장직공의 파업을 다룬《고된 시기》와 프랑스혁명을 무대로 한 역사소설《두 도시 이야기》, 그리고 자서전적인《위대한 유산》등은 그의 작가로서의 위치를 더욱 굳건히 해주었다. 그는 수많은 단편과 수필을 썼는데, 샘물처럼 솟아나는 열정적인 창작의 결과였다.

디킨스는 영국과도 바꾸지 않는다는 셰익스피어와 대등할 만큼 인지도가 있는 세계적인 작가가 되었으며, 입지전적인 인물로 영원히 기억될 것이다.

❖ 찰스 디킨스 Charles Dickens 1812-1870
영국 출생. 소설가. 주요 작품으로《크리스마스 캐럴》,《올리버 트위스트》,《위대한 유산》외 다수

DAY 005 레프 N. 톨스토이

톨스토이는 1828년 남부 러시아 툴라 현의 야스나야 폴랴나에서 부유한 명문 백작가의 4남으로 태어났다. 그러나 불행하게도 그의 나이 2세 때 어머니를 잃고, 8세 때 모스크바로 이주했다. 그런데 안타깝게도 그의 아버지 또한 사망했다. 그로 인해 톨스토이는 친척에 의해 양육되는 불행한 어린 시절을 보내며, 카잔 대학에 입학했으나 중퇴를 하고, 고향으로 돌아가 지주로서 영지 내의 농민생활을 개선하려 노력했다. 하지만 그의 노력은 실패하고 말았다. 그는 이에 충격을 받고 방황하며 잠시 방탕한 시기를 보내다, 1851년 형의 권유로 카프카즈 군대에 들어가 복무하며 창작을 시작했다.

그는 1852년 처녀작 《유년시대》를 익명으로 발표하여 네크라소프로부터 격찬을 받았다. 그 후 1854년 《소년시대》, 《세바스토폴 이야기》를 발표하며 청년작가로서의 지위를 확보했다.

군에서 제대를 한 톨스토이는 1857년 서유럽 문명을 살펴보기 위해 여행을 하지만, 실망하고 귀국하여 인간생활의 조화를 진보 속에서 추구하던 그는 내성적인 경향을 모색하게 된다. 그는 나폴레옹의 모스크바 침입을 중심으로 한 러시아 사회를 그린 불후의 명작 《전쟁과 평화》를 발표하고, 이어 《안나 카레니나》를 발표했다. 그는 죽음에 대한 공포와 삶에 대한 무상에 대해 심한 정신적 동요를 일으켜 종교에 의탁하게 되었다. 그는 이후 《교의신학비판》, 《요약 복음서》, 《참회록》, 《교회와 국가》를 발표했다.

이런 책을 쓰면서 그의 사상은 체계화되었는데, 그만의 사상을 '톨스토이주의'라고 한다. 그의 사상은 타락한 그리스도교를 배제하고 사해동포관님에 투철한 원시그리스도교에 복귀하여 근로, 채식, 금주, 금연을 표방하고 간소한 생활을 영위하며, 악에 대한 무저항주의와 자기완성을 신조로 하여 사랑의 정신으로 전 세계의 복지에 기여하는 것이다. 그의 사상이 사회적인 문제에까지 미치자 사유재산을 부정하여 부인과 충돌을 한 후, 그의 일체의 저작권은 부인이 관리하게 되었다. 그의 유명한 소설 《부활》은 그의 사상을 잘 보여주는 대표적 작품이다.

톨스토이는 한마디로 불세출의 작가이며, 철저한 자기완성을 위한 종교인이었으며 사상가였다.

❖ 레프 N. 톨스토이 Lev Nikolayevich Tolstoy 1828~1910
러시아 소설가. 사상가. 문명 비평가. 주요 작품 《전쟁과 평화》, 《안나 카레니나》, 《부활》 외 다수

DAY 006 파울로 코엘료

☐ CHECK

《연금술사》로 유명한 파울로 코엘료는 1947년 브라질에서 태어났다. 파울로 코엘료의 삶은 기복이 매우 심했다. 그는 여러 사람이 겪음직한 일들을 겪었다. 한 사람의 인생을 놓고 볼 때 아이러니하다고 할 만큼 그의 삶은 다양한 경험으로 녹아 있다.

그는 꿈 많은 10대 시절 세 차례나 정신병원에 입원한 병력을 가지고 있다. 그리고 청년시절에는 브라질 군사 독재에 항거하며 반정부활동을 펼치다 두 차례나 감옥에 갇혀 고문을 당했다. 그 후 그는 히피문화에 빠져 록밴드를 결성해 120여 곡을 써서 브라질 록음악에 막대한 영향을 끼쳤다. 그리고 저널리스트, 배우, 희곡작가, 연극 연출가, 텔레비전 프로듀서 등 다양한 분야에서 일을 하며 자신의 영역을 넓혀 나갔다.

그는 1982년 떠난 유럽여행에서 신비로운 체험을 했다. 그가 체험한 신비로움은 그를 새로운 길로 나아가게 하는 계기가 되었다. 그는 세계적인 음반회사 중역자리를 미련 없이 버리고 산티아고 데 콤포스텔라로 순례를 떠났다. 순례길은 그에게 새로운 세계를 보여주었다. 그것은 인간의 세계에서 있을 수 있는 일이 아닌, 마치 천상의 세계에서나 있음직한 신비의 세계였다. 그는 체험을 통해 소설 《순례자》를 쓰며 작가의 길로 들어섰다. 이듬해 그는 《연금술사》를 썼는데, 전 세계적으로 3,000만 부나 팔린 초베스트셀러가 되었다. 그의 대표적인 작품으로는 《베로니카 죽기로 결심하다》, 《피에트라 강가에서 나는 울었네》, 《11분》, 《오자히르》 등이 있다.

파울로 코엘료는 "무언가를 간절히 원할 때 온 우주가 소망이 실현되도록 도와준다"고 말했다. 그의 말처럼 그가 세계적인 작가가 될 수 있었던 것은 그의 간절한 믿음과 그 믿음을 실행에 옮기는 열정의 결과였다.

그는 프랑스 정부로부터 '레지옹 도뇌르' 훈장을 받았다. 그리고 그는 브라질에 '코엘료 인스티튜트'라는 비영리단체를 설립해 빈민층 어린이와 노인들을 위한 자선사업을 벌이고 있다. 또한 그는 2007년부터 유엔평화대사로 활동하고 있다. 한마디로 그는 누구보다도 치열하게 살아왔고, 그 결과 행복하게 살아가는 이 시대의 빛나는 작가이다.

❖ 파울로 코엘료 Paulo Coelho 1947~
브라질 출신 소설가. 1986년 《순례자》로 데뷔. 대표작품으로 《연금술사》, 《베로니카 죽기로 결심하다》 외 다수

DAY 007 한스 크리스티안 안데르센

LITERATURE

역사상 최고의 동화작가로 평가받는 한스 안데르센은 1805년 덴마크에서 태어났다. 그가 현대 동화의 발전에 끼친 영향은 실로 엄청나다. 그의 동화를 읽지 않고 자란 사람은 거의 없다고 해도 과언이 아닐 정도로 그의 작품은 전 세계적으로 읽히고 있다.

안데르센은 어렸을 때부터 글쓰기를 좋아해서 사람들에게 자신이 쓴 글을 보여 주었다. 어느 날 이웃에 사는 여자가 그에게 글재주가 없다고 하자 그는 실망해서 슬프게 울었다. 지켜보던 그의 어머니는 글재주가 있으니 실망하지 말고 열심히 쓰면 틀림없이 훌륭한 작가가 될 거라며 그를 격려했다. 그는 어머니 말에 용기를 얻어 더 열심히 글을 쓰며 실력을 키웠다.

안데르센은 연극에도 관심이 많아 여러 극단의 문을 두드렸지만 번번이 퇴짜를 맞았다. 그는 연극배우의 꿈을 접고 희곡을 써서 극단에 보냈으나 정규교육을 받지 못해 맞춤법과 문법이 엉망이었던 터라 반려되었다. 실망한 그는 자살을 생각했지만, 정치가이자 예술 애호가인 요나스 콜린의 후원으로 라틴어 학교에 입학해 공부하게 되었다.

이후 안데르센은 시 쓰는 것을 싫어하는 교장과의 갈등으로 학교를 그만두고 코펜하겐 대학에 입학했다. 재학 중에 몇 편의 희곡과 소설을 써서 작가적 재능을 보인 그는 장편소설 《즉흥시인》으로 문학계의 호평을 받았다. 1835년에는 《아이들을 위한 동화》라는 제목으로 첫 번째 동화집을 펴냈다. 그의 동화는 아이들은 물론 어른들에게도 반응이 좋았다. 그 후 안데르센은 《벌거벗은 임금님》, 《인어 공주》, 《성냥팔이 소녀》 같은 대표작을 비롯해 200여 편의 동화를 발표했다. 1843년 그는 대표작으로 꼽히는 《미운 오리 새끼》를 발간하며 큰 성공을 거두었고 동화작가로 명성을 떨쳤다. 그는 업적을 인정받아 덴마크 최고의 영예인 단네브로 훈장을 받았으며, 왕족 및 귀족들과 교류하는 명사가 되었다.

안데르센의 독창적인 소재, 환상적인 이야기는 동화 중에서도 단연 독보적이었고, 그의 기발한 상상력을 능가할 작가는 없었다. 그가 최고의 동화작가가 된 것은 자기와의 싸움에서 승리했기 때문이다.

❖ 한스 크리스티안 안데르센 Hans Christian Andersen 1805~1875)
덴마크 시인. 동화작가. 주요 작품 《미운 오리 새끼》, 《성냥팔이 소녀》, 《인어 공주》 외 다수

DAY 008 라빈드라나드 타고르

　시집《기탄잘리》로 1913년 아시아 최초로 노벨문학상을 수상한 타고르. 그는 영어에 능해 벵갈어로 쓴 작품 중 50여 편을 골라 영어로 번역했다. 문학에 대한 열정은 그를 세계적 시인의 반열에 올려놓았고 노벨문학상 수상의 영광을 가져다주었다.

　타고르는 부유한 귀족의 열네 번째 아들로 태어났다. 그의 아버지는 귀족이자 종교 사상가였는데 타고르는 아버지로부터 인도 고유의 종교, 문학의 소양과 더불어 진보적인 사상을 교육받았다. 그는 17세 때 영국으로 유학을 떠났지만, 제도권 교육이 마음에 들지 않아 1년도 채 되지 않아 귀국했다.

　그는 인도의 대자연과 전통을 사랑했으며, 타고난 감성과 사색은 그를 14살 때부터 시를 쓰게 하는 기폭제가 되었다. 인도의 원시적 자연은 그에게 시적 감성과 상상력을 키워 주는 사색의 원천이었다. 그의 시는 서정적이면서 깊이가 있었다. 철학 속에 시가 있었고, 시 속에 철학이 담겨 있었다. 그는 시인이자 사상가였고, 사상가로서 시인이었다. 타고르는 커다란 키, 반듯한 외모, 사상가다운 풍부한 식견, 펜과 책을 손에서 놓지 않는 공부에 대한 열정, 고요와 사색을 즐기는 명상가의 기질이 있었다. 그는 매사에 적극적이고 능동적이었다.

　타고르는 2,000점이 넘는 그림을 그리고, 1,000여 편이 넘는 시를 썼다. 또한 작곡, 소설, 희곡 등 다양한 분야에 많은 작품을 남겼으며, 세계여행을 하면서 강연도 하고, 동서 문화를 비평하며 인도의 사상을 널리 알렸다. 그는 토마스만, 아인슈타인, 베르그송, 에즈라 파운드, 이츠 등 세계적인 작가와 학자들과 만나 친분도 쌓고 교류하며 열정적으로 활동했다.

　타고르는 평화의 학원을 지어 교육에도 열정을 기울였다. 또 그는 인도의 전통적인 교육 방식을 확대시키기 위해 자신의 이름을 딴 타고르 국제대학을 세웠는데 그 규모가 무려 300만 평이나 된다.

　타고르는 시와 사상, 교육과 강연, 소설, 희곡, 그림 등 다방면에서 재능을 보였고 눈부신 성과를 이뤄냈다. 그는 자신에게 주어진 열정을 아낌없이 불태우며 살다간 인도의 빛나는 현자이다.

❖ 라빈드라나드 타고르 Rabindranath Tagore 1861~1941
인도 출생. 시인. 노벨문학상 수상. 대표작《아침의 노래》,《마나시》외 다수

DAY 009 루이자 메이 올콧

소설《작은 아씨들》로 유명한 작가 루이자 메이 올콧은 1832년 미국에서 태어났다. 그녀는 초절주의자인 아버지로부터 철저한 정신교육을 받았으며, 작가가 되기 위한 열망으로 가득 차 있었다. 그녀는 손이 아프도록 습작을 했고 그렇게 쓴 작품들은 하나둘씩 쌓여갔다.

그러던 어느 날 그녀는 작품을 들고 애틀랜틱 먼슬리 출판사를 찾아가 편집자에게 작품을 가지고 왔는데 검토해 달라고 부탁했다. "네, 검토해서 연락을 드리지요." 편집자는 이렇게 말하며 그녀의 원고를 책상 한구석으로 밀어 놓았다. 인사를 하고 밖으로 나온 루이자 올콧은 출판사를 쓰윽 한번 둘러보고는 집으로 돌아왔다.

며칠 후 출판사에서 연락이 왔다. 그녀를 대신해 그녀의 아버지가 출판사에 찾아갔다. 편집자는 원고를 돌려주며 "댁의 따님에게 교사 일을 그만두지 말라고 전해 주세요. 작가로서 성공하기 힘들 것 같군요"라고 말했다. 루이자 올콧의 아버지는 속이 상해 집으로 돌아왔다. 사랑하는 딸이 받을 마음의 상처를 생각하니 가슴이 아팠지만, 딸을 위해 사실대로 말할 수밖에 없었다. 그녀는 아버지로부터 말을 전해 듣고 반드시 〈애틀랜틱 먼슬리〉에 작품이 실리도록 하겠다고 굳게 결심했다.

그날 이후 그녀는 작품 쓰기에 더욱 몰두했다. 자신의 능력을 무시한 편집자의 코를 납작하게 해주고 싶었던 것이다. 노력 끝에 그녀는 당대 최고의 시인인 롱펠로우로부터 '에머슨급의 시인이 아니면 쓸 수 없는 작품'이라는 격찬을 들은 시를 〈애틀랜틱 먼슬리〉에 발표하며 등단했다. 그녀는 자신의 결심대로 첫 번째 꿈을 이뤘다. 이후 그녀는 애틀랜틱 먼슬리에서 반드시 책을 내겠다고 결심하고 글쓰기에 몰두했다.

원고가 완성되자 그녀는 출판사에 찾아갔다. 얼마 후 계약하자는 편집자의 연락을 받고 그녀는 뛸듯이 기뻐했다. 그녀는 그렇게 바라던 책을 손에 쥐게 되었고,《작은 아씨들》은 그녀의 인생을 완전히 바꾸어 놓았다. 책은 베스트셀러가 되어 그녀에게 부와 명성을 안겨 주었다. 그녀가 작가로 성공할 수 있었던 것은 스스로에 대한 믿음을 바탕으로 열정을 다했기 때문이다.

❖ 루이자 메이 올콧 Louisa May Alcott 1832~1888
작가. 주요 작품《작은 아씨들》,《라일락 꽃 피는 집》외 다수

☐ CHECK

DAY 010 오노레 드 발자크

《고리오 영감》,《골짜기에 핀 백합》으로 유명한 프랑스 소설가 발자크는 프랑스 사실주의 문학의 거장이다. 그는 1799년 프랑스에서 태어났다. 그는 작가가 되기 전에 법률을 공부했지만, 법률가의 삶이 적성에 맞지 않음을 깨닫고 작가가 되기로 결심했다.

그가 작가가 되겠다고 했을 때 그의 아버지는 극심하게 반대했다. 문학을 하는 사람은 왕이 아니면 거지가 될 뿐이라는 것이다. 즉 문학은 배가 고프기 때문이라고 했다. 하지만 발자크는 자신은 문학의 왕이 되겠다고 말하며 의지를 굽히지 않았다. 그의 아버지는 그의 뜻이 확고함을 깨닫고 더 이상 반대하지 않았다. 그날 이후 발자크는 다락방에 틀어박혀 글쓰기에 몰두했다. 그는 하루에 16시간씩 글을 썼다. 그럼에도 작가로서 성공하기란 쉽지 않았다. 생활고에 시달렸지만 작가의 꿈을 포기할 수는 없었다. 그는 소설만이 자신을 가난으로부터 벗어나게 해줄 것이라고 굳게 믿었다.

당시 그에게는 많은 빚이 있었다. 20대 중반에 인쇄업을 하다 실패를 하는 바람에 진 빚이었다. 그는 글을 쓰다가도 빚쟁이들이 찾아오면 비상구로 도망쳐야 했다. 그는 빚쟁이들과 숨바꼭질을 하며 글을 썼다. 그러는 동안 10년이라는 세월이 흘렀고 마침내 그는 가난으로부터 벗어날 수 있었다. 마흔 번째 소설《외제니 그랑데》가 베스트셀러가 되었으며 그는 소설가로서 당당히 자리를 잡은 것이다. 그 후 1835년《고리오 영감》으로 자신의 진면목을 보여주며 이는 사회소설의 전범典範이 되었다.

발자크는 프랑스 사실주의의 대표적인 작가이지만 자연주의 소설에도 큰 영향을 끼쳤다. 그는 '문학의 나폴레옹'이 되겠다고 할 정도로 문학에 열중했다. 그는 글에 집중하기 위해 하루에 무려 40잔이 넘는 커피를 마셨는데 결국, 과도한 카페인 섭취로 건강을 잃었다. 그는 자신의 건강을 포기하면서까지 문학에 열정을 다했다. 마치 하나를 얻기 위해서 다른 하나는 포기해야 한다는 말처럼 문학적 명성을 얻은 대신 건강을 잃은 것이다.

발자크는 '나는 반드시 왕이 될 것이다'라고 말한 대로 성공한 작가가 되었고, 그의 이름을 프랑스 문학사에 길이 남겼다.

❖ 오노레 드 발자크Honore de Balzac 1799~1850
프랑스 소설가. 주요 작품《인간희극》,《고리오 영감》,《골짜기에 핀 백합》외 다수

DAY 011 조앤 K. 롤링

판타지 동화 《해리포터》 시리즈를 통해 무명에서 일약 유명작가로 변신에 성공한 조앤 K. 롤링. 그녀는 어린 시절부터 상상을 즐겼다. 그런 롤링의 상상력을 길러주기 위해 그녀의 부모는 책을 읽어주곤 했다.

어린 시절 롤링은 이야기하는 것을 좋아했다. 롤링은 5살 때 두 살 아래 여동생에게 환상적인 동물들과 신비스런 장소들을 지어가며 이야기를 해주었다. 그리고 그녀는 6살 때 래빗이라는 토끼에 관한 이야기를 썼다. 이후 몇 년 동안 토끼에 관한 이야기를 열정적으로 쓰곤 했다.

사춘기에 들어서는 친구들에게 자신이 꾸민 이야기를 들려주었다. 친구들은 그녀의 이야기에 크게 감동을 받곤 했다. 그녀는 대학을 마치고 비서직으로 취직했으나 얼마 뒤 해고를 당했다. 그 이유는 그녀는 무슨 일을 하든 늘 무언가를 쓰고 있었던 것이다. 이런 그녀의 행동이 곱게 보일 리가 없었기 때문이다. 그 후 그녀는 맨체스터에 있는 상공회의소에서 근무를 하게 되었다. 그리고 운명 같은 일이 찾아왔다. 퇴근 후 집으로 가는 길에 기차가 갑자기 멈추어 섰고, 그때 불현듯 《해리포터》에 대한 아이디어가 떠올랐던 것이다. 그것은 아주 구체적인 얼개로 짜여갔다. 그러나 그녀에게 아픔이 찾아왔다. 어머니가 돌아가신 것이다. 어머니의 죽음은 그녀에게 큰 충격으로 다가왔고, 일사리마서 잃고 말았다.

그녀는 새로운 일자리를 찾아 포르투갈로 갔다. 그곳에서 영어를 가르치며 《해리포터》 이야기를 구체적으로 구상했다. 이 무렵 그녀는 포르투갈 TV 방송국 기자와 사랑에 빠져 결혼을 했으나, 남편과 이혼을 하고 딸과 같이 영국으로 돌아왔다. 그리고 단칸방을 구해 정부가 주는 생활보조금으로 근근이 생활하며 동네 카페에서 글을 썼다. 그리고 마침내 《해리포터와 마법사의 돌》이 완성되었다. 그녀는 완성된 원고를 출판사에 보냈으나 원고를 받아주는 곳이 한 군데도 없었다. 그녀는 꾸준히 타진한 끝에 1996년 블룸스베리 출판사와 2,000파운드를 받고 계약을 했다. 그리고 마침내 책이 출판되었다. 책은 날개 돋친 듯이 팔렸고 시리즈 6권 모두 대형 베스트셀러를 기록했다. 그녀는 부와 명성을 얻으며 세계적인 작가가 되었다.

❖ 조앤 K. 롤링 Joan K. Rowling 1965~
아동문학가. 안데르센 문학상(2010) 수상, 레종도뇌르 슈발리에 훈장 수훈(2009), 주요 작품 '해리포터' 시리즈

☐ CHECK

DAY 012 마크 트웨인

《톰 소여의 모험》,《왕자와 거지》,《허클베리 핀의 모험》으로 유명한 마크 트웨인. 그는 1835년 미국 미주리주 플로리다에서 태어났다. 일찍이 아버지를 잃고 12살에 인쇄소 견습공이 되었다.

마크 트웨인은 식자공으로 일하면서 자신이 쓴 글을 잡지에 투고했다. 글쓰기는 그에게 희망이었고 즐거움이었다. 그는 뉴욕, 필라델피아 등을 전전하며 인쇄공으로 일했다. 그러다 22살에 미시시피강의 수로 안내인이 되었다. 수로 안내인 일은 그가 작품을 쓰는 데 크게 영향을 끼쳤다. 그는 수로 안내인의 경험을 바탕으로 글을 써서 1867년 첫 단편집인《캘리베러스군의 명물 뛰어오르는 개구리》을 출간하여 대중적인 인기를 끌었다. 1876년에는 그의 대표작《톰 소여의 모험》을, 1882년에는《왕자와 거지》를, 1884년에는《허클베리 핀의 모험》을 출간했다.

마크 트웨인은 작가로서 명성을 얻으며 많은 돈을 벌었다. 그는 발명에 많은 관심을 가지고 있었는데 작품으로 번 돈의 상당 부분을 발명하는 데 썼다. 그가 발명한 것으로는 유아를 위한 침대 부품, 증기 엔진 등 여러 가지가 있지만 수익성에 있어서는 별반 성과를 내지 못했다. 그는 출판사를 차려 운영했고 그 외에도 다양한 분야에 투자했으나 실패하는 바람에 재정적으로 많은 어려움을 겪어야 했다. 그럼에도 그는 특유의 긍정적인 마인드로 강연과 집필을 통해 어려움을 극복해냈다.

마크 트웨인은 따뜻한 내면을 가진 사람이었다. 그는 헬렌 켈러의 학비를 지원하기도 했고, 식민주의, 인종차별, 여성 차별 문제에 깊은 관심을 갖고 참여했다. 그의 적극성은 낙천적인 성격의 영향도 있지만 어린 시절부터 가난한 현실에 내몰려 주변의 도움 없이 스스로 생계를 책임져야 하는 절박한 환경 때문이었다.

마크 트웨인은 미국 문학의 전통을 창조한 작가이자 문화적 측면에서 미국문학사에 가장 큰 영향을 끼친 작가로 평가받는다. 시인이자 작가인 윌리엄 포크너는 마크 트웨인을 일컬어 미국 문학의 아버지로 칭했다.

마크 트웨인은 적극적인 삶의 자세를 견지함으로써 자칫 불행할 수 있는 자신의 환경을 밝고 능동적으로 받아들이면서 작가로서 큰 성공을 거두었다.

❖ 마크 트웨인 Mark Twain 1835~1910
미국의 소설가. 주요 작품《왕자와 거지》,《톰 소여의 모험》,《허클베리 핀의 모험》외 다수

DAY 013 풍차방앗간에서 온 편지

알퐁스 도데는 1940년 남부 프랑스에서 태어났다. 아버지의 사업 실패로 리용고등학교를 중퇴한 그는 학교 사환으로 근무하다 형이 살고 있는 파리로 갔다. 그는 그곳에서 시집《연인들》을 출간했다. 그 후 입법원 의장의 비서로 일하며 활발하게 집필 활동을 했다. 1868년 자전적 소설《꼬마》를 출간하고, 이듬해《풍차방앗간에서 온 편지》를 발간했다. 이 책에는 〈별〉, 〈아를의 여인〉, 〈인생수첩〉 등 총 24편의 단편들이 들어있다.

도시생활을 벗어나 그는 프로방스 지방의 한 마을로 간다. 그는 소나무 숲에 둘러싸여 있는 풍차방앗간을 발견하고, 산속 생활을 시작한다. 그는 파리에 있는 친구에게 보내는 편지형식으로 그곳에서 보고, 듣고, 느끼고, 생각한 것들과 아름다운 풍경을 그리고 있다. 그중 〈별〉과 〈아를의 여인〉을 보자면, 〈별〉은 주인집 딸 스테파네트를 짝사랑하는 목동의 순진무구한 가슴 설레는 짙은 감성이 절정을 이룬다. 못 견디도록 여리고 아름다운 소녀의 천진난만한 모습은 목동을 숨 막히게 하고, 푸른 별들이 가득 쏟아져 내리는 밤하늘의 풍경과 푸른 잔디와 나무들로 가득한 목가적인 풍경은 한 편의 그림을 보는 듯 생생하게 펼쳐진다. 소녀를 향한 목동의 순수한 사랑은 티 없이 맑은 샘물 같고, 소녀의 천진스러운 미소와 눈빛은 가을 하늘처럼 푸르러 읽는 이들의 가슴을 농심으로 물들게 하기에 부족함이 없다.

〈아를의 여인〉은 희곡으로 프로방스의 아를의 인근 카마그르에 사는 청년 프페드리는 투우장에서 한 여인을 보고 사랑에 빠진다. 하지만 그녀의 과거가 깨끗하지 못하다는 보수적인 집안 어른들의 반대로 고심한다. 프레드리는 어린 시절부터 친하게 지내는 비베트와 결혼을 하고 축하잔치를 벌인다. 그때 초대받고 온 아를의 여인이 춤추는 것을 목격한 그는 괴로워하다 투신자살을 한다.

도데의 글은 따뜻하고, 슬프고, 유쾌하다. 평범한 사람들, 목가적인 자연과 삶을 간결한 문체로 생생하게 그려냄으로써 깊은 감동을 불러일으킨다.《풍차방앗간에서 온 편지》는 인간에 대한 연민과 자연에 대한 작가의 삶과 철학에 잘 나타난 작품이라고 할 수 있다.

❖ 알퐁스 도데 Alphonse Daudet 1840~1897
프랑스 출생, 소설가. 주요 작품《풍차방앗간에서 온 편지》외 다수

DAY 014 여자의 일생

□ CHECK

　기 드 모파상은 1850년 프랑스의 디에프 근교에서 태어났다. 그는 이토브의 신학교에 들어갔지만 형식적이고 딱딱한 가톨릭 교육에 싫증을 느껴 루앙에 있는 고등학교로 전학했으며 평범하게 보내다 졸업했다. 그는 시인 루이 부이에로부터 시 쓰기를 권유받고 시, 단편소설, 희곡을 쓰며 소설가 플로베르로부터 소설 쓰기를 배웠다. 모파상은 단편 〈비계 덩어리〉로 인정받았으며, 1883년 《여자의 일생》으로 크게 인정받으며 인기작가가 되었다.

　노르망디의 귀족의 딸인 잔은 아버지의 방침에 의해 17세까지 수녀원에서 보냈다. 그곳을 나온 뒤 잔은 할아버지가 물려준 집에서 부모와 유모의 딸인 로잘리와 함께 생활한다. 그러는 가운데 자작 쥘리엥을 만나게 되고 사랑에 빠져 그와 결혼을 한다. 그러나 그녀의 결혼생활은 그녀가 꿈꾸던 것과 달리 고통의 연속이었다.

　쥘리엥은 그녀와 연애를 할 때 이미 로잘리와의 사이에 아이를 낳았던 것이다. 로잘리는 집에서 쫓겨났지만 쥘리엥은 잔의 친구인 푸르빌 백작부인과도 불륜을 벌여 이 사실을 알게 된 백작에게 처참하게 살해되었다.

　상실감에 빠진 잔의 심정은 이루 말할 수 없었다. 그런데 그녀를 더 놀라게 한 것은 그녀의 어머니가 임종할 때 어머니가 간직했던 편지를 읽고 어머니가 젊은 시절 외도를 했다는 사실을 알게 된 것이다.

　잔의 외아들 폴은 애지중지 키운 탓에 런던과 파리를 떠돌며 도박에 빠져 지낸다. 결국 폴의 무분별한 행동으로 가산을 탕진하고 만다. 잔의 아버지도 죽자 그녀는 절망감에 사로잡혀 극도로 고독감을 느낀다. 그러던 어느 날 집으로 보내진 폴의 딸을 키우면서 살아갈 결심을 한다.

　《여자의 일생》은 모파상의 첫 장편소설로 한 여자의 불행한 삶을 조명하고, 주변에서 일어나는 갖가지 불합리한 일들을 그림으로써 삶의 본질을 가감 없이 적나라하게 보여준다.

　잔의 가혹한 운명으로 볼 때 여자의 인생은 어떤 남자를 만나느냐에 따라 좌우된다는, 지극히 보편적인 이야기와도 같지만 《여자의 일생》은 그래서 더욱 공감을 불러일으킨다.

❖ 기 드 모파상 Guy de Maupassant 1850~1893
프랑스 출생. 소설가. 주요 작품 《여자의 일생》, 《메당의 저녁》 외 다수

DAY 015 피가로의 결혼

《피가로의 결혼》은 오페라로 너무도 유명하다. 희곡《피가로의 결혼》의 극작가인 피에르 오귀스탱 카롱 드 보마르셰는 1732년에 태어났다.

그는 희곡 〈외제니〉와 〈두 친구〉를 발표했지만 실패하고 말았다. 그러다가 〈세비야 이발사〉를 발표한 후 이어 〈피가로의 결혼〉을 발표했는데 비로소 극작가로 명성을 날리기 시작했다. 이 작품은 검열로 인해 6년 동안 금지를 당했는데, 금지가 풀리고 상연이 되자 68회나 장기공연을 함으로써 그 진가를 유감없이 보여주었다.

백작 알마비바의 하인인 피가로는 백작의 하녀 쉬잔과 결혼하기로 했다. 그런데 그와 예전에 결혼하기로 했던 마르셀린이 나타난다. 피가로는 과거에 그녀에게 돈을 꾸면서 돈을 갚지 못하면 그녀와 결혼하겠다는 증서를 써준 적이 있었다. 마르셀린은 피가로에게 그 증서를 보여주며 그가 쉬잔과의 결혼에 이의를 제기한다. 그리고 쉬잔이 결혼하기 전에 백작이 하녀인 그녀와 초야를 치를 거라는 소문을 내면 그녀가 수치심 때문에 피가로로부터 물러날 거란 생각을 한다. 피가로와 쉬잔, 백작부인은 백작의 바람기를 막기 위해 뜻을 모으고, 피가로가 꾀를 내 백작을 꾀어내는 가짜 편지를 쓴다. 그리고 하인 셰뤼뱅을 여장시키려는데 갑자기 나타난 백작을 보고 당황한 셰뤼뱅은 창문으로 뛰어내린다. 그때 떨어뜨린 편지가 백작의 손에 들어가자 피가로는 어쩔 줄을 몰라 한다. 쉬잔을 맘대로 할 수 없고 그 배후에 피가로가 있을 거라는 짐작으로 화가 난 백작은 피가로가 마르셀린에게 빚이 있다는 것을 내세워 그를 협박하고 마르셀린이 제소를 받아들여 그녀가 승소하게 도움을 준다. 하지만 마르셀린이 피가로의 어머니라는 사실이 밝혀진다. 백작부인은 쉬잔으로 변장하고 백작이 쉬잔과 만나기로 한 장소에게 가기로 쉬잔과 계략을 꾸민다. 백작은 자신의 뜻대로 쉬잔을 갖게 됐다고 좋아하지만, 그녀가 바로 자기 부인이라는 사실을 알고는 놀라움을 금치 못한다. 결국 피가로와 쉬잔은 결혼을 하게 된다.

《피가로의 결혼》은 당시 프랑스 사회의 성직자와 귀족 등의 횡포를 풍자와 해학으로 비판하는 작품으로써 갖는 의미가 크다고 하겠다.

❖ 피에르 오귀스탱 카롱 드 보마르셰 Pierre Augustin Caron de Beaumarchais 1732~1799
프랑스 출생. 극작가. 희곡《피가로의 결혼》외 다수

DAY 016 적과 흑

　《적과 흑》의 작가 스탕달은 1783년 프랑스 그르노블에서 변호사의 아들로 태어났다. 그는 어린 시절 어머니를 잃고 숙모의 보살핌을 받으며 자랐다. 그는 숙모는 물론 성직자인 가정교사의 억압과 그릇된 말과 행동에 반감을 갖고 불신을 품게 된다. 그는 열심히 공부하는 것이야말로 위선으로부터 자신을 지킬 수 있다고 생각했다. 그는 군에 입대해 나폴레옹을 따라 밀라노에 갔으나, 그가 권좌에서 물러나는 바람에 연극관람과 독서에 열중했다.
　스탕달은 《하이든과 모차르트와 메타스타시오의 생애》와 《이탈리아 회화사》를 출판했다. 그리고 1821년 《연애론》과 1827년 《아르망스》을 출간했으며 1830년 그의 대표작인 《적과 흑》을 출간했다.
　《적과 흑》의 주인공인 쥘리앵 소렐은 열렬한 나폴레옹의 숭배자이다. 그는 성직자가 되기 위해 결심하고 레날 시장의 자녀를 가르치는 가정교사로 생활한다. 그러던 어느 날 그는 시장 부인을 유혹한다. 그 둘의 사랑은 주변에 알려지게 되고, 그로 인해 그는 신학교에 들어간다. 그는 교장의 추천으로 파리의 권세 있는 귀족이자 정계의 거물인 라몰 후작의 비서가 되었다.
　쥘리앵은 파리의 사교계에 발을 들여놓고, 후작의 딸 마틸드는 그에게 빠져 임신을 하게 된다. 딸의 간청으로 후작은 그와의 결혼을 허락한다. 그는 후작의 배경으로 경기병 중위로 임명되었다. 하지만 레날 부인의 편지로 인해 과거 그의 부정이 탄로 나자 그는 모든 것을 잃고 만다. 그는 분노에 차 교회에 있던 레날 부인을 총으로 쏘고 체포되고 만다. 감옥에 갇힌 그는 모든 욕망을 내려놓는다. 그리고 레날 부인과 다시 사랑을 하며 행복해한다.
　그러나 법정에 선 쥘리앵은 자신은 사형당해 마땅하다고 말한 뒤 가난한 사람들을 탄압하는 지배계급인 배심원을 고발하고 단두대에서 처형당한다. 마틸드는 그의 장례식을 치러준다. 그로부터 사흘 뒤 레날 부인은 아이들을 끌어안은 채 세상을 떠난다.
　《적과 흑》은 프랑스 7월 혁명 전 지배자, 즉 나폴레옹이 권좌에서 물러나는 혼란한 사회에서 한 평민 젊은이의 야망과 꿈을 통해 그 당시 지배계급인 성직자와 귀족 등이 서로를 공격하고 비난하는 비이상적인 사회를 비판적으로 그린 작품으로써 의미를 지닌다고 하겠다.

❖ 스탕달 Stendhal 1783~1842
프랑스 출생. 소설가. 주요 작품 《적과 흑》 외 다수

DAY 017 | 좁은 문

LITERATURE

　앙드레 지드는 1869년 프랑스 파리에서 태어났다. 몸이 약했던 그는 고등학교를 마치고 작품을 쓰기 시작했다. 그는 1891년 《앙드레 왈테르의 수첩》, 《지상의 양식》을 출간했다.
　지드는 어렸을 때 엄격한 기독교의 분위기 속에 자랐으며, 그로 인해 그는 성적억압에 시달려야 했다. 그는 사촌 누이와 결혼했지만, 육체적으로 만족할 수 없었다. 그에겐 성적억압에서 느낀 강한 동성애적인 성향이 그의 육신을 지배하고 있었던 것이다. 그런 가운데서도 그는 《전원 교향곡》, 《좁은 문》을 비롯해 많은 작품을 탄생시켰다.
　《좁은 문》은 순결한 알리사와 그녀의 사촌인 제롬의 사랑을 담은 소설이다. 제롬은 12세 때 의사인 아버지가 사망하자 어머니를 따라 파리로 이사했다. 그는 숙부의 부름을 받고 그의 집으로 가곤 했다. 그는 자신보다 두 살 많은 알리사에게 연정을 느낀다. 알리사는 신앙심이 깊고 순결하여 제롬을 이성으로 생각하지 않는다. 그런데 그녀의 여동생 쥘리에트가 제롬을 짝사랑하고 있다는 것을 알게 된다. 그녀는 제롬을 피한다. 하지만 제롬은 틈이 있을 때마다 자신의 마음을 전하려고 하지만 그녀는 받아들이지 않는다.
　제롬은 아테네 학원의 교사로 추천을 받고 프랑스를 떠난다. 그로부터 3년 뒤 숙부가 사망했다는 소식을 듣고 프랑스로 돌아온다. 그는 사랑을 고백하지만 그녀는 지난날은 잊으라고 말한다.
　그녀와 헤어지고 3개월이 지난 뒤 제롬은 그녀의 동생 쥘리에트로부터 알리사의 죽음을 알리는 편지를 받는다. 그녀가 파리의 요양원에서 죽었다는 내용이었다. 편지에는 제롬과 있었던 이야기와 그녀의 심정 그리고 다시 제롬과 만나던 날의 그녀의 마음이 적혀있었다. 그녀는 제롬에게 잘 보이기 위해 예뻐지고 자신이 순결한 삶을 지향한 것도 모두 그 때문이라고 했다. 그런데 아이러니하게도 그녀의 그러한 노력에 제롬이 방해가 되었다는 것이다. 그것은 그녀에겐 고독한 사랑과도 같았다.
　알리사가 택한 순결하고 고독한 사랑은 여동생을 위한 사랑의 양보, 즉 그리스도의 희생적인 사랑이라고 할 수 있다.

❖ 앙드레 지드 Andre Paul Guillaume Gied 1869~1951
프랑스 출생. 소설가. 주요 작품 《좁은 문》, 《전원 교향곡》 외 다수

DAY 018 잃어버린 시간을 찾아서

☐ CHECK

　《잃어버린 시간을 찾아서》로 잘 알려진 마르셀 프루스트는 1781년 프랑스 파리 근교에서 태어났다. 그는 파리대학교 법학부로 진학했지만 동인지나 문예지 등에 시와 에세이, 단편소설을 발표했다. 여러 해에 걸쳐 자전적 소설 《장 상퇴유》를 썼지만 중도에서 그만두고 존 러스킨의 연구와 번역을 하고, 프랑스 작가들의 모작에 대한 문체와 소설형식을 띤 평론을 썼다.

　1909년 그는 《잃어버린 시간을 찾아서》를 쓰기 시작해 1911년 제1편 《스왕네 집 쪽으로》를 자비로 출판하고, 제2편 《꽃핀 소녀들의 그늘에서》는 공쿠르상을 받았다. 《잃어버린 시간을 찾아서》는 화자인 나의 소년 시절을 떠올리며 전개된다. 소년이 휴가를 보내러 간 콩브레 마을엔 두 개의 산책길이 있다. 하나는 파리의 스왕가의 별장이 있는 길로 그 별장엔 스왕의 딸이 살고 있다. 또 다른 길은 명문 게르망트 공작부인의 저택이 있다. 소년에게 이 두 길은 동경의 대상이었다.

　주인공 나는 파리에서 다시 만난 첫사랑 질베르트와 헤어진 뒤 할머니와 노르망디 해변으로 간다. 그곳에서 만난 소녀 알베르틴에게 끌린다. 그리고 게르망트가의 생 루와 샤를뤼와 친구가 된다. 그 후 파리로 돌아온 나는 이들을 통해 동경하던 생제르맹가의 귀족사회에 눈을 뜬다. 나는 알베르틴과 동거를 하지만 고모라의 여자로 의심하게 되고 그로 인해 동거는 끝나고 만다. 작가가 되겠다는 꿈도 잃은 채 파리로 와서는 초대를 받고 게르망트 대공의 집으로 간다. 그러던 중 나는 갑자기 행복감에 사로잡혀 베네치아를 떠올리며 과거 마들렌 과자의 체험 같이 무의식적인 기억에 과거와 현재의 공통되는 초시간적인 감각이 존재의 본질을 나타내고 그것을 통해 잃어버린 시간을 발견할 수 있다고 이해하게 된다. 그 후 나는 죽은 생 루와 질베르트 사이에서 난 딸을 보며 자신이 소년 시절 동경했던 두 개의 길이 한 방향으로 연결되어 있는 것을 본다. 그로 인해 나는 시간을 초월해 영원히 존재하는 세계를 알게 되고 글을 쓰겠다고 다짐한다.

　《잃어버린 시간을 찾아서》는 시간의 흐름 속에서 융합되어가는 서로 다른 세계를 보여주는 작품이라고 할 수 있다.

❖ 마르셀 프루스트Marcel Proust 1871~1922
프랑스 소설가. 주요 작품 《잃어버린 시간을 찾아서》

DAY 019 목로주점

프랑스 자연주의 소설가 에밀 졸라는 1840년 파리에서 태어났다. 그는 18세 때까지 어머니와 외조부모와 같이 프랑스 남부의 자연 속에서 보냈다. 이때 그는 빅토르 위고와 시인 알프레드 드 뮈세를 동경하며 지냈다.

파리로 온 그는 아세트 출판사에 입사한 뒤 산문적인 글을 지향하게 되었다. 그렇게 해서 쓴 원고는 1864년 단편집 《나농에게 주는 이야기》로 발간되었다. 그리고 1869년 《루공마카르》를 쓰기 시작해 제1권 《루공 집안의 운명》을 쓴 후 제20권 《파스칼 박사》를 완성할 때까지 24년이 걸렸다.

《목로주점》의 제르베즈와 랑티에는 자녀들을 데리고 프라상을 떠나 파리로 온다. 여자에 빠져 지내던 랑티에는 제르베즈를 버리고 여자와 떠나간다. 제르베즈는 세탁 일을 하며 살아간다. 평소 그녀에게 연정을 품고 있던 쿠포에게 결혼 제의를 받고 거절했지만 그의 열정에 결혼을 한다. 둘은 열심히 일하며 돈을 모으게 되자 제르베즈는 세탁소를 차릴 꿈에 부푼다.

그러나 쿠포가 다치는 바람에 치료비로 다 쓰고 말았다. 이 일을 알게 된 청년 구제는 세탁소를 차릴 돈을 빌려주고 그녀는 세탁소를 차린다. 세탁소는 번창하게 되지만 구포는 술에 빠져 논을 낭비하곤 했다. 그런데다 첫 남편 랑티에가 쿠포를 꾀어 가게에 들어와 살게 된다. 그리고 제르베즈는 첫 남편과 관계를 맺는다. 두 남자와 자유분방한 생활로 인해 가게는 넘어가고 쿠포는 알코올 중독으로 죽고 만다. 제르베즈는 창부가 되어 술에 절어 살다 처참하게 죽고 만다.

《목로주점》은 자연주의 효시가 된 19세기 자연주의 문학의 대표작으로 평가받는다. 에밀 졸라는 가난한 제르베즈와 그녀의 첫 남편 바람둥이 랑티에 그리고 그녀의 두 번째 남편인 양철공 쿠포를 통해 제2의 제정 시절 프랑스 사회의 하층민의 생활상을 리얼리티하게 보여준다.

성실하게 살려고 노력하는 제르베즈는 그녀에게 처해진 운명 앞에 더는 어쩌지 못하고 바람 앞에 흔들리는 촛불처럼 생을 마치고 만다. 그녀의 가혹한 운명의 검은 그림자가 된 랑티에와 쿠포는 제정 시절 프랑스의 현실적인 장치라고 볼 수 있다. 《목로주점》은 이러한 소설적 장치를 통해 에밀 졸라가 세운 문학적 성취를 이룬 작품으로써의 가치를 지닌다고 하겠다.

❖ 에밀 졸라 Emile Zola 1840~1902
프랑스 출생. 소설가. 주요 작품 《루공마카르》 외 다수

DAY 020 | 몽테크리스토 백작

☐ CHECK

《몽테크리스토 백작》의 작가 알렉상드르 뒤마는 1802년 프랑스 앤 빌레르코트레에서 태어났다. 그는 1825년 단막 희곡 〈사냥과 사랑〉을 쓰고, 1828년에 쓴 〈앙리 3세와 그의 조정〉이 큰 성공을 거두며 명성을 얻었다. 그 후 쓴 소설 《삼총사》가 성공하자 《몽테크리스토 백작》을 썼다.

일등항해사 에드몽 당테스는 갑자기 선장이 죽자 19세의 나이에 선장이 되었다. 이를 질시하는 회계사 당글라르는 당테스의 약혼녀 메르세데스를 연모하는 페르낭과 함께 당테스를 나폴레옹 스파이라고 밀고했다. 당테스는 약혼 피로연회장에서 체포돼 감옥에 갇히고 만다. 당테스는 늙은 죄수 파리아 신부를 통해 삶의 지략을 배우고, 몽테크리스토 섬에 매장된 보물의 비밀을 듣게 된다. 당테스는 신부가 죽자 그의 시체로 꾸며 탈옥한 뒤 보물을 찾아낸다. 그리고 이름을 바꾼 뒤 고향으로 돌아갔다.

그동안 14년의 세월이 흘러 아버지는 죽었으며, 은인인 선주船主 모렐은 파산 직전이었다. 당글라르는 대은행가이자 남작이 되었으며, 페르낭은 메르세데스를 아내로 삼고 육군 중장인 모르세르 백작이 되었으며, 당테스에게 음모를 씌운 검사 빌포르는 검찰총장이 되어 있었다.

당테스는 막대한 재력과 신부로부터 전수받은 지략으로 몽테크리스토 백작으로 변장해 모렐을 파산으로부터 구해준다. 파리 사교계의 명사가 된 몽테크리스토 백작은 세 사람의 가족을 끌어들여 자신의 계획을 실천한다. 세 사람은 그의 지략에 의해 어려움에 처한다. 모르세르는 에스파냐 전쟁에서 은인과 성을 적에게 팔아넘겼던 배신행위가 폭로되고, 당테스의 비밀을 알게 된 메르세데스와 아들로부터 버림받고 당테스까지 나타나자 자살하고 만다. 빌포르는 계속되는 가족의 독살사건에다 영아를 살해했던 악행이 폭로되자 당테스의 복수라는 사실을 알고 미쳐버린다. 당글라르는 당테스의 책략으로 파산한 뒤 당테스 앞에 무릎을 꿇는다. 그리고 그의 머리는 하얗게 변해 있었다. 복수를 끝낸 당테스는 모르세르 아들과 메르세데스를 구하고, 빌포르의 딸과 모렐의 아들을 결혼시킨 후 막대한 재산을 그들에게 주고 떠나간다.

《몽테크리스토 백작》은 정치적 음모에 휘말린 당테스의 복수를 통해 정의가 무엇이며, 진실이 무엇인지를 잘 보여준다고 하겠다.

❖ 알렉상드르 뒤마 Alexandre Dumas 1802~1870
프랑스 출생. 소설가. 주요 작품 《삼총사》, 《몽테크리스토 백작》 외 다수

DAY 021 베니스의 상인

윌리엄 셰익스피어는 어린 시절 라틴어를 중심으로 하는 기본적인 교육을 받음으로써 문학적인 재능을 일깨우는 계기가 되었다. 그는 집이 어려워짐에 따라 학업을 중단하고 런던으로 가 '로드 챔벌린 캄퍼니' 극단에 들어가 배우가 되었으며 극작가의 길로 나섰다. 그는 궁내부장관극단의 간부가 되었으며, 극단의 전속 극작가가 되었다. 또한 조연 배우로 활동하기도 했다. 그리고 두 편의 장시 〈비너스와 아도니스〉, 〈루크리스〉를 발표하여 시인으로서의 재능을 떨쳤다. 그는 평생을 연극인으로 살았다.

희곡 《베니스의 상인》은 셰익스피어의 4대 비극 중 하나로 유명하다. 바사니오는 벨몬트의 아름다운 상속녀인 포르티아에게 청혼하기 위해 3,000두카트를 빌려달라고 베니스의 상인인 친구 안토니오에게 부탁한다.

그러나 안토니오의 자본이 상품과 선박에 투입되어 있어 고리대금업자 샤일록에게 돈을 빌린다. 샤일록은 돈을 빌려주는 대신 살 1파운드를 요구한다. 안토니오 덕분에 돈을 손에 쥔 바사니오는 친구 그라티아노를 데리고 벨몬트로 간다. 바사니오는 그곳에서 포르티아의 초상화가 든 구리상자로 청혼에 성공한다. 그런데 문제가 생겼다. 안토니오의 배가 사라지고 계약 기간이 만료되자 샤일록은 그에게 살을 내놓으라고 말한다. 이 소식을 들은 바사니오와 그라티아노는 친구를 구하기 위해 베니스로 돌아간다. 포르티아와 그라티아노 아내인 네리사도 남편들 몰래 재판관과 서기로 변장한 뒤 안토니오를 변호하기 위해 베니스로 간다.

포르티아는 샤일록에게 안토니오에게서 살 1파운드를 가져가도 좋지만, 만약 살을 베어낼 때 피 한 방울이라도 흘리게 하면 샤일록의 전 재산을 몰수하겠다고 말한다. 베니스의 공작은 안토니오의 부탁을 받고 샤일록의 재산 가운데 반을 그에게 돌려주되 그는 유산으로 사위 로렌초에게 그 재산을 물려주고 그리스도교로 개종한다는 조건을 단다. 이 일이 있고 나서 안토니오의 배는 모두 항구로 돌아온다.

《베니스의 상인》은 돈보다는 인간의 존엄성의 소중함에 대해 잘 알게 한다. 또한 친구와의 의리와 우정에 대해서도 깊이 생각하게 한다.

❖ 윌리엄 셰익스피어 William Shakespeare 1564~1616
영국의 시인, 극작가. 주요 작품 《로미오와 줄리엣》, 《햄릿》 외 다수

DAY 022 제인 에어

《제인 에어》의 작가 샬럿 브론테는 1816년 영국 요크셔주에서 태어났다. 그녀의 아버지는 목사로 5세 때 어머니를 여의었다. 그리고 그녀는 두 언니를 잃고 1948년에는 남동생을, 1849에는 《폭풍의 언덕》 작가인 여동생 에밀리 브론테와 앤이 세상을 떠났다. 샬럿 브론테는 아버지가 목사로 있는 교회의 부목사와 결혼했으나 9개월 뒤 그녀 역시 세상을 떠나고 말았다.

1847년 발표된 《제인 에어》는 로맨스 소설의 고전이자 1840년대 영국을 대표하는 소설이다.

태어난 지 얼마 되지 않아 부모를 여읜 제인 에어는 혹독하고 냉혹한 숙모 밑에서 어린 시절을 보낸다. 그리고 로드의 기숙학교에 입학한다. 하지만 기숙학교의 특성상 규칙에 얽매어 있다 보니 답답한 생활에 힘들어한다. 입학 후 알게 된 헬렌이 있어 마음의 위안을 받지만 그녀는 얼마 뒤 죽고 만다. 제인 에어는 힘든 가운데서도 6년 동안 공부한 뒤 2년 동안 교사로 지낸다. 그리고 18세 때 로체스터 가문의 가정교사로 들어간다.

로체스터는 오만하고 추남이다. 하지만 제인 에어는 그를 사모하게 되고, 신분 차이를 극복하고 결혼하기로 약속한다. 그런데 결혼식 당일 로체스터에게는 미친 아내가 있고, 저택 안에 그녀를 숨기고 있었다는 사실을 알고는 절망한다.

제인 에어는 마음에 깊은 상처를 입고 로체스터 집에서 도망친다. 그녀는 길거리에서 쓰러지기 직전 리버스 일가에 의해 도움을 받게 된다. 그 후 정열 가득한 목사 세인트 존으로부터 청혼을 받는다. 그러나 화제로 아내를 잃고, 신에게 감사하는 마음을 갖게 된 로체스터와 다시 맺어지면서 올바른 사랑의 길을 걷던 그녀의 사랑의 가치관도 끝을 맺는다.

《제인 에어》는 사회적 인습에 얽매이지 않고, 주변 사람들의 편견에 굴하지 않고 당당하게 자신의 사랑의 길을 걸어가는 제인 에어, 그리고 그녀를 통해 고난과 역경에도 꿋꿋하게 자신의 길을 찾아가는 새로운 여성성을 잘 보여주는 작품으로 갖는 의미가 크다.

❖ 샬럿 브론테 Charlotte Bronte 1816~1855
영국 출생. 소설가. 주요 작품 《제인 에어》, 《교수》 외 다수

DAY 023 지킬 박사와 하이드

시인이자 소설가인 로버트 스티븐슨은 1850년 스코틀랜드에서 태어났다. 그는 아버지의 뜻대로 법학을 공부하고 변호사가 되었다. 그 후 폐병으로 요양하던 그는 독서와 창작에 전념했으며, 1883년 《보물섬》을 발간했다. 그리고 1886년 《지킬 박사와 하이드》를 발간해 성공함으로써 작가로서 명성을 얻었다. 이 작품은 며칠 만에 쓴 것으로도 유명하다.

런던의 번화한 뒷골목을 걸어가던 몸집이 작은 젊은 남자가 어린 소녀와 부딪친 후 쓰러진 아이의 몸을 짓밟고 가려고 할 때 이 광경을 본 사람들에 의해 붙잡혔는데, 남자는 소녀 가족에게 죄의식 하나 없이 100파운드를 위자료도 지불하겠다고 말한다. 그리고 골목 안쪽 오래된 집으로 들어가더니 저명한 의학자인 지킬 박사의 서명이 담긴 수표를 위자료로 지불했다.

이 사실을 알게 된 지킬 박사의 오랜 친구이자 법률고문인 어터슨 박사는 마음 아파한다. 지킬 박사는 어터슨의 반대를 무릅쓰고 하이드라는 사람에게 유산상속인으로 지정한 유언서를 맡겼던 것이다.

그 일이 있고 1년 뒤 안개 낀 밤에 템스 강변에서 끔찍한 사건이 발생한다. 하이드가 상원의원인 커루 경을 말다툼 끝에 지팡이로 살해를 하고 만다. 사건 후 지킬 박사를 찾아간 어터슨은 그곳을 뜨겠다고 써 놓은 하이드의 편지를 그로부터 받게 된다. 그런데 편지의 필적이 지킬 박사의 것임을 눈치챈다. 그리고 2개월 후 어터슨의 친구인 래니언 박사가 어터슨에게 유서를 남기고 사망한다. 봉투에는 지킬 박사가 사망하거나 실종되기 전에는 개봉하지 말라고 쓰여 있었다. 그 후 지킬 박사가 하이드의 손에 죽었다는 소식을 듣고 어터슨이 찾아갔을 땐 실험실에는 지킬 박사의 옷을 입은 하이드의 시신이 발견되었다. 그리고 책상 위에는 하이드가 아니라 어터슨을 상속인으로 한다는 유언장이 있었다. 어터슨은 래니언의 유서를 읽었다. 커루의 살인범이 지킬 박사라는 내용이었다. 그리고 지킬 박사가 곧 하이드라는 것을 알게 되었다.

《지킬 박사와 하이드》는 인간의 이중성을 고발하는 작품으로 인간의 내면에는 선과 악이 함께 존재한다는 사실을 극명하게 보여준다고 하겠다.

❖ 로버트 스티븐슨 Robert Stevenson 1850~1894
스코틀랜드 출생. 소설가. 주요 작품 《지킬 박사와 하이드》, 《보물섬》 외 다수

DAY 024 폭풍의 언덕

에밀리 브론테는 소설가이자 시인으로 1818년 영국 요크셔에서 태어났다. 3세 때 어머니를 여의고 아버지와 큰어머니의 보살핌을 받았다. 《제인 에어》의 작가 샬럿 브론테는 두 살 위인 그녀의 언니이다.

에밀리 브론테는 1838년 시집 《곤달 시집》을 발간했다. 그리고 1847년 《폭풍의 언덕》을 발간했다. 1년 뒤인 1848년 폐병으로 30세의 나이에 사망했다.

이 소설은 폭풍의 언덕이라고 불리는 요크셔의 한 농장이 주무대로 설정되어 있다. 농장 주인인 언쇼 씨는 리버풀에서 고아를 집으로 데리고 온다. 그는 아이에게 히스클리프라는 이름을 지어준다. 아들 힌들리는 처음부터 그를 적대시하고 괴롭힌다. 하지만 캐서린은 히스클리프와 정이 두텁다.

캐서린은 우연히 지주인 린턴 가문을 알게 되고 히스클리프를 사랑하면서도 린턴 가문의 아들인 에드거의 청혼을 받아들인다. 이 사실을 안 히스클리프는 갑자기 자취를 감춘다. 캐서린은 그를 찾지만 찾지 못하자 에드거와 결혼한다.

3년 뒤 폭풍의 언덕으로 돌아온 히스클리프는 돈 많은 신사가 되어 있었다. 그러나 그의 마음은 캐서린은 물론 힌들리를 비롯한 사람들을 향한 복수심으로 불타고 있었다. 그는 도박판에서 힌들리의 재산을 빼앗고, 힌들리의 아들까지 학대를 일삼는다. 그리고 에드거의 여동생 이자벨라를 유혹해 아내로 삼는다. 또 캐서린에게 접근해 에드거를 괴롭힌다. 캐서린은 그의 집착에 시달리다 딸을 낳다 죽는다. 하지만 그의 증오심은 꺼지지 않는다.

증오심에 불타는 히스클리프와의 생활을 견디지 못하고 이자벨라는 집을 나가 아들 린턴을 낳고, 아들이 12세 때 죽는다. 그리고 실의에 빠져 지내던 힌들리 역시 죽고 만다. 히스클리프는 린턴의 가문을 손에 넣기 위해 자신의 아들 린턴을 캐서린의 딸과 강제로 결혼시키지만 린턴이 병으로 죽는다. 에드거 또한 죽고 만다. 히스클리프 역시 죽고 만다.

《폭풍의 언덕》은 사랑과 증오에 사로잡힌 한 인간의 복수심이 얼마나 무서운 결과를 낳고, 죄의 사슬에 얽매이는지를 잘 보여주는 작품이다.

❖ 에밀리 브론테 Emily Bronte 1818~1848
영국 출생. 소설가이자 시인. 주요 작품 《곤달 시집》, 《폭풍의 언덕》 외 다수

DAY 025 테스

《테스》로 잘 알려진 토머스 하디는 1840년 영국 도체스터에서 태어났다. 책을 좋아하는 어머니의 영향으로 어릴 때부터 책을 즐겨 읽었다. 또한 라틴어와 그리스어를 공부하고 시를 습작했다.

1871년《최후의 수단》을 익명으로 발간했다. 그리고 1874년《광란의 무리를 떠나서》를 내고 안정적인 생활을 할 수 있어 결혼을 했다. 1891년《테스》를 썼지만 비난과 악평에 시달려 주로 시를 쓰며 지냈는데 시극《패왕》과 시집으로 안정적이고 행복한 생활을 했다.《테스》는 그의 최고의 걸작으로 평가받는다.

영국 남부지방 웨식스라는 마을에 사는 가난하고 어리숙한 잭 더버필드의 맏딸 테스는 아름답고 순수한 아가씨이다. 테스의 아버지는 자신의 조상이 기사인 더버빌 가문의 직계라는 것에 알고는 게으르고 술에 빠져 지냈다.

테스는 근처에 사는 같은 성을 가진 가짜 친척의 집으로 일을 하러 가 그 집 아들 알렉에게 유린을 당한다. 그 후 아이를 낳지만 아이는 곧 죽고 만다.

테스는 농장에서 젖 짜는 일을 하다가 목사의 아들인 엔젤 클레어와 사랑하게 되어 결혼한다. 그런데 결혼하던 첫날밤 과거에 있었던 일을 고백하자 클레어는 그것을 받아들이지 못하고 그녀를 버리고 브라질로 떠난다.

테스는 남편에게 버림받고 갖은 고난과 역경에도 굴하지 않고 오직 남편을 기다리며 열심히 살아가기 위해 애쓴다. 그러나 불행은 그녀를 가만히 두지 않는다. 남편에 대한 마지막 호소와 애원도 소용이 없고, 아버지를 잃은 친정 식구들을 위해 어쩔 수 없이 알렉의 정부가 되기로 한다.

그러던 어느 날 남편이 돌아오자 테스는 발작을 일으켜 알렉을 죽인 뒤 남편과 도망을 친다. 남편과의 사랑을 다시 맺고 행복이 무엇인지에 대해 알게 되고 행복에 겨워한다. 하지만 애석하게도 살인범으로 체포되어 교수대에 오르게 된다.

《테스》는 불행을 운명처럼 타고난 한 여자의 삶을 그린다. 이기적이고 사회적 인습에 얽매어 인권을 유린당하는 여자의 가녀린 삶을 통해 당시의 사회를 비판하고 남자들의 삐뚤어진 여성성에 대한 인식을 지적한다.

❖ 토머스 하디 Tomas Hardy 1840~1928
영국 출생. 소설가. 주요 작품《테스》,《패왕》외 다수

DAY 026 아들과 연인

영국의 소설가이자 에세이스트인 데이비드 허버트 로렌스는 1885년 이스트우드에서 태어났다. 아버지는 광부였지만 어머니는 책을 좋아하는 교사 출신이다. 로렌스는 병약하고 섬세한 감성을 지녔다. 어머니는 그에게 절대적이어서 어머니의 꿈을 이루기 위해 노력했으며, 그는 작가의 길로 나아갔다.

1913년 로렌스는 《아들과 연인》을 발간하고, 1915년에 낸 《무지개》와 1920년에 낸 《사랑하는 연인들》은 그를 20세기 최고의 작가 중 한 사람이 되게 했다.

잉글랜드 중부에 있는 베스트우드는 아름다운 탄광촌이다. 그런데 19세기 탄광이 근대화되면서 개발되고 광부용 주택들이 줄지어 들어섰다. 월터 모렐은 이 탄광의 광부이고 그의 아내는 기사의 딸로 교양 있는 여자이다. 이들은 서로에게 끌려 부부가 되었지만, 자주 부부 싸움을 했다. 남편은 아이들이 광부가 되길 바라지만 아내는 아들들에게 기대를 건다. 그러나 큰아들 윌리엄이 런던으로 갔다가 약혼녀를 데리고 돌아오지만, 폐렴으로 죽는다. 작은아들 폴은 어머니의 사랑을 한 몸에 받는다. 폴은 어머니를 사랑하지만 아버지를 증오한다.

폴은 노팅엄에 있는 회사에서 일하며 그림 대회에서 입상하여 어머니의 기대에 부응한다. 폴은 농장주의 딸 미리엄을 사랑하게 된다. 그런데 문제는 미리엄이 폴에 대해 정신적인 사랑에만 머문다는 데 있다. 그로 인해 폴은 그런 미리엄과의 사랑에 화가 난다. 게다가 자신과 똑같은 감정을 미리엄에게서 발견한 폴의 어머니가 둘의 사랑을 방해하는 바람에 두 사람의 사랑은 좌절된다. 그 후 폴은 남편과 별거한 뒤 여권운동을 하는 연상의 클라라 도스를 사랑하게 되지만, 폴은 미리엄의 사랑에 대한 미련으로 클라라는 남편에 대한 미련으로 이들의 사랑도 끝나고 만다.

폴은 25세 때 어머니가 세상을 떠나자 절대고독을 느낀다. 폴은 고독 속에서 어머니에 대한 미련을 떨치고 홀로서기의 길을 걸어간다.

《아들과 연인》은 어머니의 사랑에 갇혀 이성적인 사랑에 갈등하고, 번민하는 폴을 통해 사랑이 무엇이며 어떻게 그 길을 가야 하는지를 잘 알게 한다.

❖ 데이비드 허버트 로렌스 David Herbert Lawrence 1885~1930
영국 출생. 소설가. 주요 작품 《아들과 연인》, 《사랑하는 연인들》 외 다수

DAY 027 | 인간의 굴레

월리엄 서머싯 몸은 영국의 소설가로 1874년 프랑스 파리에서 태어났다. 8세 때 어머니를 여의고, 10세 때 아버지마저 여의게 되어 목사인 삼촌 집에서 보낸다. 그 후 세인트 토머스의 학교에 진학하고, 그때 쓴 소설《램버스의 라이자》가 비평가들의 인정을 받고 작가 생활을 시작했다.

1908년 쓴 희곡《프레더릭 부인》이 큰 성공을 거두며 부와 명성을 얻게 되었다. 그리고 1915년《인간의 굴레》를 발표하고, 1919년《달과 6펜스》를 발표했으며 많은 작품을 남겼다.

유모가 잠이 덜 깬 아이를 데리고 어머니의 침실로 데리고 갔다. 아이의 이름은 필립 케리이다. 어머니는 잠이 덜 깬 아이를 어루만지며 숨을 거둔다. 아이는 목사인 큰아버지 집으로 간다. 아이는 자라서 킹스 스쿨 예비학교를 거쳐 킹스 스쿨로 진학한다. 필립은 태어날 때부터 신체적 결함을 갖고 있었는데, 아이들을 그런 그를 괴롭힌다. 그런데다 교사들로부터 냉대를 당한다.

필립은 상처를 입고 고독한 학창시절을 보내고, 큰아버지는 옥스퍼드대학교에 진학시키려고 한다. 그러나 그는 성직자가 되는 것을 원치 않아 독일로 유학을 떠난다. 그는 하이델베르크에서 영국인 헤이워드를 만나 큰 영향을 받게 된다. 독일에서 돌아온 그는 공인회계사무소에서 일하다 그림에 흥미를 느끼고 프랑스 파리로 가서 그림 공부를 한다. 그러던 중 크론쇼라는 사람을 만나 그로부터 인생에 대해 크게 깨우친다.

영국으로 돌아온 필립은 의학 학교에 들어간다. 그러던 어느 날 식당 직원인 로조 밀드레드를 알게 되고 번뇌에 빠진다. 심신이 피폐해진 그는 소설을 쓰면서 가난하지만 행복하게 사는 네스빗 노라는 여인을 만나 따뜻한 감정을 느낀다. 그러나 한 남자에게 버림받고 임신까지 한 밀드레드는 필립 주변을 맴돌고 파괴적인 행동을 일삼아 필립은 그녀로부터 벗어난다. 필립은 큰아버지 유산으로 다시 공부를 시작한다. 그리고 필립은 환자일 때 알게 된 애설니 일가와 친분을 쌓고 딸 샐리와 살아갈 결심을 한다.

《인간의 굴레》는 열등감과 그로 인한 고뇌를 안고 살아가는 필립이 자기를 에워싸고 있는 삶의 굴레를 벗고, 자유롭게 살아가는 과정을 진지하게 그리고 있다. 이 작품은 서머싯 몸의 자전적인 요소가 가미된 작품이다.

❖ 윌리엄 서머싯 몸 William Somerset Maugham 1874~1965
영국 소설가. 주요 작품《인간의 굴레》,《달과 6펜스》외 다수

DAY 028 동물농장

□ CHECK

조지 오웰은 1903년 아버지의 부임지이었던 인도에서 태어났다. 인도에서 살다 1907년 영국으로 돌아왔다. 이튼스쿨에 입학해 공부를 마치고 경찰관이 되어 미얀마에 부임했다. 그러나 식민지 경찰관이라는 직업 관념에 사로잡혀 1927년 귀국해 작가가 되기로 했다. 조지오웰은 사회주의자로 에스파냐 내전에 참가해 목에 부상을 입기도 하고, 소련의 지원을 받은 공산당이 다른 당파를 심하게 탄압하는 것을 목격한 뒤 평생을 반공주의자가 되었다.

《동물농장》은 이러한 조지오웰의 사상이 잘 나타난 작품이다.

존스의 농장에서 사육되는 동물들은 늙은 소령인 돼지의 유언에 따라 반란을 일으켜 인간들의 착취가 없는 모든 동물이 평등하게 살아가는 이상 사회를 세운다. 동물농장의 주체가 된 동물들은 희망을 품고 열심히 살아간다.

동물들의 지도자는 수퇘지 스노볼과 나폴레옹으로, 이론가인 스노볼은 풍차를 건설해 농장의 기계화를 추진한다. 하지만 나폴레옹은 스노볼을 추방하고, 그의 편에 가담했던 동물들도 처형한 뒤 독재자로 군림한다.

풍차는 폭풍에 의해 쓰러지고, 농장을 되찾으려고 한 존스에 의해 폭파된다. 하지만 동물들은 물러서지 않고 맞선다. 그중에서도 복서인 말이 제일 활약이 컸다. 그러나 그는 무리해서 쓰러지고 만다. 그러자 인간에게 팔려 마을 도살장으로 끌려간다.

몇 년 뒤 풍차가 완성되고 생산량도 좋아지지만, 돼지 이외의 동물들의 생활은 나아지지 않는다. 인간들의 착취로부터 혁명을 벌일 때 외치던 '두 다리 짐승은 적이지만, 네 다리 짐승은 우리의 아군이다'라는 구호를 잊고, 근처에 있는 농장주들과 거래를 시작한 돼지들은 어느 날 밤 농장주들을 초대해 밤새도록 파티를 연다. 두 다리로 서서 한때 적으로 간주했던 인간들과 건배를 나누는 돼지들의 모습은 누가 인간이고 누가 돼지인지 구분이 되지 않는다.

《동물농장》은 구소련이 공산주의 국가로 진입하는 과정과 독재자의 폭압과 만행을 수퇘지 스노볼과 나폴레옹을 통해 보여준다. 스노블은 이론가인 트로츠키를 나폴레옹은 스탈린을 빗댔다. 공산당을 끔찍이도 싫어하는 조지 오웰의 생각이 잘 드러난 작품이다.

❖ 조지 오웰 George Orwell 1903~1950
영국 소설가. 주요 작품《동물농장》외 다수

DAY 029 오만과 편견

《오만과 편견》의 작가 제인 오스틴은 1775년 영국 햄프셔에서 태어났다. 그녀는 어린 시절 영국, 프랑스, 이탈리아의 문학을 즐겨 읽었는데 특히 소설을 좋아했다. 그녀는 15세 때부터 단편을 쓰기 시작했으며, 1811년 장편《분별과 다감》을, 1813년《오만과 편견》을, 1814년《맨스필드 공원》을, 1815년《엠마》을 발간했다.

하트퍼드셔의 작은 마을에는 딸 다섯을 둔 베넷 가문이 살고 있다. 딸 다섯 중 첫째와 둘째는 결혼 적령기를 맞았다. 첫째 딸 제인은 순진하고 착한 반면 둘째 딸 엘리자베스는 자유분방하고 활달하다.

제인은 근처로 이사 온 빙글리를 사랑하게 되지만, 속마음을 숨기고 있다. 빙글리의 친구 다시는 불필요한 인사치레 따위를 하지 않아 엘리자베스는 그를 오만하다고 생각한다.

다시는 엘리자베스를 사랑하지만, 그녀의 어머니와 3명의 여동생의 궁핍한 모습에 더 이상 엘리자베스와 가까워지는 것을 꺼린다. 그는 제인을 사랑하면서도 자신에 대한 그녀의 사랑을 확신할 수 없어 초조해하는 빙글리와 하트퍼드셔를 떠난다.

이후 다시는 신분의 차이와 궁핍한 엘리자베스의 가족에 대한 혐오감을 버리고 엘리자베스에게 청혼한다. 하지만 그가 오만하다는 편견을 갖고 있는 엘리자베스는 청혼을 거절한다. 한편 경박한 콜린스와 친절하지만 성실하지 못한 위컴과의 교제를 통해 남자의 첫 이미지란 믿을 게 못 된다고 깨닫는다.

엘리자베스는 남자들과 교제를 통해 다시가 관대하고 속이 깊다는 것을 알고 그동안의 편견을 씻어버린다. 다시는 빙글리에 대한 제인의 사랑이 진실하다는 것을 알고 두 사람이 결혼하길 바란다. 그 또한 엘리자베스와 이해와 사랑으로 맺어진다.

《오만과 편견》은 제인과 엘리자베스가 빙글리와 다시와 교제를 하면서 겪게 되는 편견에 대해 잘 보여준다. 편견은 지극히 주관적인 것으로 당사자의 가치관과 심정의 흐름에 따라 갖게 된다는 것을 잘 알게 한다. 헤어짐과 만남을 통해 그것이 얼마나 잘못된 것인지를 잘 알게 된 엘리자베스의 마음의 변화가 행복한 결말을 맺게 한다.

❖ 제인 오스틴 Jane Austen 1775~1817
영국 출생. 소설가. 주요 작품《오만과 편견》,《엠마》외 다수

DAY 030 천로역정

□ CHECK

　존 번연은 1628년 영국 베드퍼드에서 태어났다. 그는 가난한 가정 형편상 교육도 받지 못한 채 집안일을 도와야 했다. 청교도 혁명 때는 의회군에 참여했다. 그는 아내를 통해 신앙을 가진 후 1666년 《넘치는 은혜》라는 자서전을 썼다. 그 후 기퍼드 신부를 통해 구원을 확신하게 됨으로써 훗날 목사가 되었다. 하지만 침례교 목사로 국교가 아니라는 이유로 여러 차례 투옥되었다. 존 번연은 투옥 중에 《천로역정》을 썼다. 1680년 《개구쟁이의 일생》을, 1682년 《거룩한 전쟁》을, 1684년 《속 천로역정》을 발간했다.

　주인공인 크리스천은 누더기를 걸치고 한 권의 성경에 의해 큰 감화를 받는다. 그는 자신의 가족과 이웃이 사는 도시가 하늘에서 쏟아져 내리는 불에 타버림으로써 멸망에 이르게 되는 위기에 처해 있음을 알고, 가족들의 비웃음 속에 전도사의 인도에 따라 구원을 찾아 여행길에 오른다.

　낙담의 진창길을 벗어나 빛을 찾아 영광의 문을 향해 가던 그는 말재주꾼의 감언이설에 빠져 율법적인 종교에 의해 구원을 얻으려고 하다 목숨을 잃을 뻔했다. 그 일이 있은 후 전도사의 가르침을 받아 영광의 문으로 들어가려는데 그곳에서부터 하늘 도시로 가는 길은 좁고 똑바른 길이다.

　해설자의 집을 거쳐 십자가가 있는 곳까지 온 크리스천은 신비스러운 체험을 한다. 그것은 어깨의 짐이 사라졌다는 사실을 깨달은 것이다. 밝은 빛을 내는 사람에게서 새로운 옷과 함께 이마에 낙인을 받은 뒤 하늘 문에서 내놓아야 할 두루마리를 받는다.

　멋스럽고 아름다운 집에서 성스러운 소녀들의 환영을 받는다. 그러고 나서 전신을 무장하고 여행을 하는 크리스천 앞에 일대일로 싸우자는 아폴리언과 소름이 돋을 만큼 음습한 죽음의 계곡과 마음을 현혹케 하는 허영의 도시와 절망 거인의 감옥 등이 스크린처럼 나타나지만, 크리스천은 이 모든 시련을 극복하고 죽음의 강을 건너 하늘 도시에 다다른다.

　《천로역정》은 영국 근대소설의 효시로 자신에게 주어진 죄를 씻고 구원의 길에 이르는 한 청교도인의 과정을 그린 작품으로 그 의미가 크다 하겠다.

❖ 존 번연 John Bunyan 1628~1688
영국 출생. 목사. 소설가. 주요 작품 《천로역정》

DAY 031 주홍글씨

나대니얼 호손은 1804년 미국 매사추세츠의 세일럼에서 태어났다. 그가 3세 때 아버지를 여의고 외가에서 자랐다. 그는 메인주의 보든 대학교를 졸업하고 고향으로 돌아와 1828년《팬쇼》를 썼다. 그 후 그는 잡지편집과 동화를 쓰는 등 12년 동안 습작을 하며 단편소설을 썼다.

1837년《두 번 들려준 이야기》로 작가로서의 입지를 굳혔다. 그는 세관원으로 일하다 해고되었는데 아내의 격려로 소설을 쓰기 시작했다. 그렇게 쓴 소설이《주홍글씨》로 이 소설은 그에게 명성을 안겨주었다.

보스턴 감옥에서 한 여인이 시정에 있는 교수대로 끌려나갔다. 생후 3개월 된 아기를 안고 있는 그녀의 가슴에는 주홍글씨 문신이 있었다. 헤스터 프린이란 이름의 여인으로 나이 많은 의사와 결혼 후 홀로 미국에 와 살았다. 총독과 목사, 젊은 성직자인 아서 딤스데일의 추궁에도 그녀는 간통의 상대가 누군지 함구했다. 군중 속에 있던 로저 칠링워스는 헤스터에게 그녀의 남편이라는 사실을 비밀로 하라고 말한다. 헤스터는 교외의 허름한 집에 살면서 삯바느질을 하며 살아간다.

옥스퍼드 출신의 목사 딤스데일은 스스로를 채찍질하고, 금식하고, 철야를 하는 등 경건한 수행을 일삼는다. 그러나 지나친 수행으로 몸이 약해져 칠링워스와 공동생활을 한다. 그의 설교는 신도들에게 큰 인기를 끌지만, 칠링워스는 마음의 병을 고백하려 하지 않는 그의 가슴에서 주홍글씨의 문신을 목격한다.

7년의 세월이 흐르고 5월 한밤중에 딤스데일은 헤스터 모녀에게 세 사람이 손을 잡고 교수대에 서자고 말한다. 그의 고뇌를 알게 된 헤스터는 칠링워스에게 그를 용서해달라고 애원한다. 그러나 그는 거절한다. 그러자 헤스터는 딤스데일을 만나 칠링워스가 전 남편임을 밝힌다. 새 총독의 부임을 축하하는 날 딤스데일의 설교가 흘러나온다. 설교를 마친 그는 헤스터 모녀와 함께 교수대에 서서 자신이 헤스터와 간통한 사람임을 밝히고 죽는다. 그 후 칠링워스도 죽고, 헤스터는 죽은 후 딤스데일 옆에 묻힌다.

《주홍글씨》는 청교도의 경건한 교리에 따르는 목사의 죽음과 헤스터의 삶을 통해 당시의 종교가 인간에게 미치는 영향을 극명하게 보여준다.

❖ 나대니얼 호손 Nathaniel Hawthorne 1804~1864
미국 출생. 소설가. 주요 작품《주홍글씨》외 다수

DAY 032 백경

《백경》을 쓴 허먼 멜빌은 1819년 뉴욕에서 태어났다. 그는 유복한 어린 시절을 보냈다. 하지만 무역업자인 아버지의 사업 실패로 다니던 학교를 그만두었다. 그 후 이런저런 아르바이트를 하며 지내다 19세 때 여객선 승무원으로 일했다. 승무원을 그만둔 뒤에는 고래잡이배를 타며 생활을 이어나갔다. 1847년 멜빌은 자신의 경험을 소재로 한 소설《타이피족》과《오모》를 썼다. 그리고 1851년《백경》을 썼다. 그는 생전에 크게 주목받지 못했지만 사후 미국의 대표적인 문학가로 부각되었다.

이 소설의 주인공인 이슈멜은 아브라함이 하녀와의 사이에서 태어났지만, 포경선을 타고 생활한다. 그러던 어느 날 한 숙박 집에서 쿠퀘그란 사내와 한 방을 쓰게 된다. 그때 이슈멜은 그를 통해 따뜻한 인간애를 느끼고, 그와 같이 포경선을 탄다. 그 배의 선장은 한쪽 다리에 의족을 했는데, 의족은 고래의 뼈로 만든 것이었다. 선장은 매우 음울한 얼굴을 했으며, 고래에 대한 증오로 가득한 인물이었다. 그는 고래에게 한쪽 다리를 잃었다고 했다. 그런 까닭에 그는 고래에 대한 증오로 가득 차 있었다.

선장은 백경을 발견한 자에게는 금화와 함선의 가장 큰 돛대인 메인마스트를 상금으로 준다고 했다. 그는 온갖 방법으로 선원들에게 자신의 권력을 행사하고, 자신의 욕망을 분출한다.

일등 선원인 스타벅은 경건하고 진솔한 그리스도교 신자로, 고래 사냥을 그만두자고 선장에게 말한다. 하지만 선장은 그의 부탁을 일언지하에 거절한다. 또한 흑인 하인이 피프의 부탁도 무시해버린다.

선장은 오직 고래가 나타나길 기다리며 자신의 욕망을 불태웠다. 그러던 어느 날 고래가 나타났다. 그는 자신의 심복인 페댈러에게 작살로 쏘아 고래를 쫓으라고 명령했다. 고래와의 피 터지는 싸움이 시작되었다. 싸움은 사흘간 계속되었고, 선장을 비롯해 배에 탄 모든 승무원이 죽고 말았다. 산 사람은 이슈멜뿐이었다.

《백경》은 미국 상징주의의 대표적인 작품으로, 고래와 싸움을 통해 인간의 그릇된 욕망을 그려냄으로써 진정한 삶에 대한 성찰을 깨치게 한다.

❖ 허먼 멜빌 Herman Melvile 1819~1891
미국 출생. 소설가. 주요 작품《백경》,《레드번》,《빌리바드》외 다수

DAY 033 시가 내게로 왔다

그러니까 그 나이였어… 시가 나를 찾아왔어
몰라, 그게 어디서 왔는지
모르겠어, 겨울에서인지 강에서인지
언제 어떻게 왔는지 모르겠어

아냐, 그건 목소리가 아니었고,
말도 아니었으며, 침묵도 아니었어
하여간 어떤 길거리에서 나를 부르더군
밤의 가지에서
갑자기 다른 것들로부터
격렬한 불 속에서 불렀어
혹은 내가 혼자 돌아올 때
얼굴도 없이 거기에 지키고 서 있다가
나를 툭 건드리더군

나는 뭐라고 해야 할지 몰랐어
내 입은 이름 부를 줄 몰랐고
나는 눈멀었어
그런데
내 영혼 속에서 뭔가 꿈틀거렸어
열병 혹은 잃어버린 날개들이
그리고 내 나름대로 해보았어
그 불에 탄 상처들을 해독하며
나는 고독해져 갔어.

나는 어렴풋한 첫 줄을 썼어
어렴풋한, 뭔지 모를,
순전한 난센스,
아무것도 모르는 어떤 사람의 순수한 지혜
그리고 문득 나는 보았어

하늘이 걷히고 열리는 것을
유성들을
고동치는 논밭
구멍 뚫린 어둠
화살과 불과 꽃들로
들쑤셔진 어둠
소용돌이치는 밤, 우주를

그리고 나
이 미소한 존재는
그 큰 별들 총총한
허공에 취해
신비의 모습에 취해
나 자신이 그 심연의 일부임을 느꼈어

나는 별들과 함께 떠돌았고,
내 가슴은 바람 속에서 뛰어놀았어

이는 파블로 네루다의 시 〈시가 내게로 왔다〉이다. 그는 칠레의 위대한 민중 시인이자, 노벨문학상 수상 작가이다. 또한 외교관으로, 정치가로, 남미를 대표하는 시인으로 한 생을 구가했다. 그는 19살 때 첫 시집 《황혼의 노래》를 출간했으며, 20살 땐 시집 《스무 편의 사랑의 시와 한 편의 절망의 노래》로 대중의 사랑을 받으며, 이름을 떨쳤다. 그는 칠레공산당위원회에서 대통령 후보로 지명되었지만, 사퇴하고 끝까지 자신의 길을 갔다. 이런 점을 높이 평가하고 그에게 갈채를 보냈던 것이다.

❖ 파블로 네루다 Pablo Neruda 1904~1973
칠레 출생. 시인. 외교관. 노벨문학상 수상(1971). 주요 작품 《스무 편의 사랑의 시와 한 편의 절망의 노래》,《질문의 책》,《너를 닫을 때 나는 삶을 연다》 외 다수

DAY 034 가보지 못한 길

노랗게 물든 숲속에 두 갈래 길이 있었습니다
몸이 하나니 두 길을 다 가볼 수는 없어
나는 서운한 마음으로 한참을 서서
덤불 속으로 난 한쪽 길을
끝도 없이 바라보았습니다

그러다가 다른 쪽 길을 택했습니다
먼저 길과 똑같이 아름답고 어쩌면 더 나은 듯했지요
사람이 밟은 흔적은 먼저 길과 비슷했지만
풀이 더 무성하고 사람의 발길을 기다리는 듯했으니까요

그날 아침 두 길은 모두 아직
발자국에 더럽혀지지 않은 낙엽에 덮여 있었습니다
아, 먼저 길은 다른 날 걸어보리라 생각했지요
길은 길로 이어지는 것이기에
다시 돌아오기 어려우리라 알고 있었지만

오랜 세월이 흐른 다음
나는 한숨지으며 이야기할 것입니다
"두 갈래 길이 숲속으로 나 있었다. 그래서
나는 사람이 덜 밟은 길을 택했고, 그것이
내 운명을 바꾸어 놓았다"라고

　로버트 프로스트는 1974년 미국 샌프란시스코에서 태어났다. 뉴햄프셔 농장에서 오랫동안 생활하며, 아름다운 자연을 사랑했다. 그는 자연에서 소재를 찾았으며, 일상에서 느끼고 경험하는 모든 것은 그에겐 생생한 시적 울림이 되었다.
　이러한 그에게 '자연주의의 시인'이란 별명이 따르는 것은 당연하다. 자연을 즐기고 사랑했던 만큼, 프로스트는 무욕無慾의 삶을 살았다. 그는 평생을 자연으로부터 삶을 깨쳤고, 그것을 시로 표현했다. 그에게 있어 자연은 철학자이자 인생이며, 소망이자 생의 원천이었다.

자연과 더불어 삶을 사는 동안 프로스트가 깨달은 것은 '욕심을 버리고 자연과 삶에 순응하는 법'을 배우는 것이었다. 그것만이 삶을 가치 있고 소중하게 여기며 살 수 있다고 깨우쳤기 때문이다.
　이 시의 시적화자는 두 길 중 풀이 더 무성하고, 사람의 발길을 기다리는 듯한 길을 택했다. 풀이 무성하다는 것은 사람의 발길이 미치지 않았다는 것이고, 설령 발길이 미쳤다 해도 극히 소수에 지나지 않아 흔적이 남지 않는 길이다. 이런 길은 사람들이 잘 가지 않는 길이다. 가시도 있을 것이고, 돌부리가 깊은 큰 돌도 있을 것이고, 전갈이나 뱀과 같은 독을 지닌 곤충이나 동물이 있어 위험한 길일 수밖에 없다.
　그렇다면 풀이 무성한 길은 어떤 길일까? 그 길은 실리를 좇는 길도 아니고, 명예로운 길도 아니고, 이익을 좇아가는 길도 아니다. 그 길은 다른 사람에게는 보잘것없지만, 자신에게 있어서만큼은, 온 삶을 내던져 후회 없는 삶을 보낼 수 있는 은혜로운 길을 의미하는 것이다.
　프로스트의 시는 많은 사람이 살아가는 데 있어 많은 영감을 주었다. 그는 4회에 걸쳐 퓰리처상을 수상한, 20세기 미국의 최고 시인으로 평가받고 있다.

❖ 로버트 프로스트Robert Frost 1874~1963
미국 출생. 20세기 미국의 최고의 시인. 퓰리처상 4회 수상. 주요 작품 《뉴 햄프셔》, 《서쪽으로 흐르는 강》 외 다수

DAY 035 그대여, 사랑해주지 않으시겠습니까

□ CHECK
LITERATURE

그대여, 사랑해 주지 않으시겠습니까
그대의 사랑이 지속되는 한
언제까지나 기다리고 있겠습니다
가슴에 꽂아 놓은 그대의 꽃은
6월에 꽃을 피운 4월의 씨앗이랍니다
손에 들고 있던 씨앗을 뿌렸습니다
하나둘 싹이 트고 꽃이 피는 것은
사랑이라는 것
아니, 사랑과 비슷한 것
당신은 결코 버리지 않을 것이라고 믿었습니다

사랑을
죽음을
바라보십시오
무덤에 꽂아 놓은 한 송이 제비꽃
당신의 눈짓 한 번이
천만 번의 괴로움을 씻어주고 있다는 것을…
죽음이란 아무것도 아니랍니다
그대여, 사랑해주지 않으시겠습니까

영국의 대표적인 시인인 로버트 브라우닝의 시 〈그대여, 사랑해 주지 않으시겠습니까〉이다. 그는 자신보다 6살이나 많은 여자를 사랑했는데, 그녀는 바로 부인이자 시인인 엘리자베스 배럿이다. 그가 배럿에게 고백할 때, 이 시를 바쳤다는 얘기가 전해진다. 그랬기에 그녀의 마음을 얻어 사랑의 동반자가 될 수 있었다.
이처럼 시는 '사랑의 향기'를 품고 있어야 한다.

❖ 로버트 브라우닝 Robert Browning 1912~1889
영국 출생. 시인. 주요 작품 《반지와 책》, 《파라켈수스》 외 다수

DAY 036 이런 사랑

세상에 둘도 없는 친구나
이 세상 하나뿐인 다정한 엄마도
가끔 멀리하고 싶을 때가 있는데
당신은 아직 한 번도 싫은 적이 없습니다.
어떤 옷에도 잘 어울리는 벨트나
예쁜 색깔의 매니큐어까지도
몇 번 쓰고 나면 바꾸고 싶지만
당신에 대한 마음은 아직 한 번도
변한 적이 없습니다.
새로 산 드레스도
새로 나온 초콜릿도
며칠만 지나면 곧 싫증나는데
당신은 아직 한 번도
싫증난 적이 없습니다.
오래 숙성된 포도주나 그레이프 디저트도
매일 먹으면 물리는데
당신은 매일매일 같이 있고 싶습니다.

이 시는 버지니아 울프의 〈이런 사랑〉이다. 그녀는 어머니와 아버지의 사망에 따른 충격으로 정신이상 증세를 보이며 투신자살을 시도했으나 미수에 그쳤다. 그 후 그녀는 레너드 울프와 결혼하고 남편의 극진한 사랑과 지원으로 글을 썼다. 울프의 남편은 그녀를 위해 그녀만의 출판사를 차렸을 정도로 그녀를 사랑했다. 시 〈이런 사랑〉에서 보듯 그녀는 자신에게 헌신적인 남편에 대한 사랑을 잘 보여준다.

최초의 페미니스트로 평가받는 울프는 1915년 《출항》을 펴냈으며, 1925년 《댈러웨이 부인》 등으로 큰 인기를 얻으며 주목받았다.

❖ 버지니아 울프 Virginia Woolf 1882~1941
영국 출생. 소설가이자 에세이스트. 주요 작품 《등대로》, 《자기만의 방》 외 다수

DAY 037 노르웨이 숲

서로 사랑하던
우리는
나란히 길을 걸어가며
세상에서 가장 순수한 것을
생각했지요

우리는
이름도 모르는 꽃들 사이를
한 마디 말도 없이 다정히 걸어가며
시나브로, 떨리는 손을
처음으로 마주 잡았지요

우리는 마치
사랑의 맹세를 한 연인처럼
아름다운 숲길을 끝없이 걸어갔지요

세상에
이렇게 아름다운 숲이
우리를 위해 존재한다는 것만으로도
행복에 겨워하던 우리는
흐르는 눈물을 참을 수가 없었지요

그리고 우리들은
그 숲길의 어느 한 곳에
조용히 죽어 있었지요

아득히 먼
기억들 속으로 빛과 어둠이
서로 교차하며 멀어져 가는 듯
아주 은밀한 속삭임으로

아름다운 숲 그늘 아래에서
우리는 죽어 있었지요

저 하늘 위에서
한없이 쏟아지는 빛의 찬사에
우리는 눈물을 흘리며
두 손을 마주 잡고 누워 있었지요

오, 아름다운 나의 사랑이여!

　프랑스의 시인이자 비평가이며, 사상가인 폴 발레리는 18세 때부터 시를 쓰기 시작했다. 방대한 산문과 비평으로 유명하다. 소설 《좁은 문》으로 유명한 소설가 앙드레 지드와는 절친 사이였다. 앙드레 지드는 그가 유망시인으로 발돋움하는 데 도움을 주었다고 한다.
　발레리는 20세 때 지적 혁명을 체험하고, 시 쓰기를 중단하고 추상적 탐구와 글쓰기에 몰입했다. 그러나 그는 시적 감성을 버릴 수는 없었다. 시적 감성은 버린다고 해서 버려지는 것은 아니기 때문이다. 지적인 탐구와 글쓰기를 즐겨 하던 그도 사랑에 대한 감정은 어쩔 수 없었다. 인간은 본능적으로 사랑에 민감한 존재이기 때문이다. 더구나 그는 시인이 아닌가.
　폴 발레리는 〈노르웨이 숲〉 길을 걸으며 사랑하는 이와의 일체감을 공유하는 사랑을 보여주고 있다. 참으로 가슴 벅차고 아름다운 사랑의 풍경이다.
　한적하고 호젓한 숲길을 사랑하는 사람과 단둘이 걸어본 적이 있는가? 있다면 그때 기분은 어땠는지. 마치 온 우주가 둘 만을 향해 존재하고 있다는 생각은 안 들었는지. 자연 속에서 둘만이 아담과 이브처럼 생각되지는 않았는지.
　더 이상 말을 잇는다는 것은 어쩌면 무모한지도 모르겠다. 나머진 이 시를 읽는 이들의 상상에 맡기는 것이 좋을 듯하다.

❖ 폴 발레리 Paul Valery 1871~1945
프랑스 시인. 비평가이자 사상가. 주요 작품 《매혹》, 《젊은 파르크》 외 다수

DAY 038 안개

작은 고양이의 걸음걸이로
안개는 옵니다.

조용히 앉아
항구와 도시를
허리 굽혀 바라본 뒤
다시 일어나 걸음을 옮깁니다.

 C. 샌드버그는 1878년 미국 일리노이주 게일즈 버그에서 태어났다. 그는 역사학자이자 소설가이며, 민속학자로 활동하며 시를 썼다. 그는 도시의 풍경이라든가, 사물에 대한 관찰을 통해 마치 그림 그리듯이 시를 표현하는데 뛰어났다. 즉, 시적리얼리즘에 특출한 재능을 보인 것으로 유명하다.
 앞의 시는 C. 샌드버그의 〈안개〉로 널리 알려진 시이다. 2연 6행의 짧은 시이지만, 함축적인 시어에서 오는 울림은 웬만한 장시長時에서 주는 것만큼이나 깊다.
 시는 간결성과 함축, 비유와 상징, 운율(리듬)에 따라 시의 품격이 달라진다. 그러나 이는 어디까지나 시가 갖는 외형적인 형식에 불과하다. 현대시는 리듬이니, 간결성이니 하는 따위는 무시한 지 오래다. 현대시는 난해하고 산문적이다. 그래서 장황하고 읽기가 껄끄럽다. 그런데 안개를 고양이에 비유한 〈안개〉라는 시는 현대시의 난해성도 산문적인 장황함도 없다. 아주 깔끔하고 매끄럽다.
 소리 없이 내리는 안개, 그리고 소리 없이 걷히는 안개는 흡사 침묵의 발걸음으로 다가왔다 가는 고양이와 같다. 아주 절묘한 비유이나. 항구와 도시를 굽어보는 안개, 한 폭의 풍경화와 같은 시이다. 이런 이미지즘적인 시는 회화성이 특징인데, 이런 면에서도 〈안개〉는 성공한 시이다.
 사랑도 때론 한 폭의 풍경화이다. 풍경화가 된 사랑의 주인공이 되고 싶은가. 그렇다면 감동이 있는 사랑, 울림이 있는 사랑을 해야 한다. 풍경화가 되는 사랑, 이런 사랑이라면 '성공한 사랑'이다.

❖ C. 샌드버그 Carl Sandburg 1878~1967
미국의 시인. 주요 작품 《시카고 시집》, 《링컨전》, 《밀을 쌓는 사람》 외 다수

DAY 039 한 가슴이 깨어짐을 막을 수 있다면

내가 만일 한 가슴의 미어짐을 막을 수 있다면
내 삶은 결코 헛되지 않으리
내가 만일 병든 생명 하나를 고칠 수 있다면
한 사람의 고통을 진정시킬 수 있다면
새끼 새 한 마리
보금자리로 돌아가게 해줄 수 있다면
내 삶은 결코 헛되지 않으리

　미국의 여류시인 에밀리 디킨슨은 1830년 미국 매사추세츠 앰허스트에서 태어났다. 그녀는 2,000편이 되는 시를 썼는데, 사랑, 죽음, 이별, 영혼, 천국 등을 소재로 하는 명상시가 주를 이룬다. 미국의 대표적인 여류시인으로 평가받는다. 하지만 그녀는 생전에는 주목받지 못했다. 그녀의 사후 그녀의 여동생인 라비니아 노크로스 디킨슨이 에밀리의 시를 펴냄으로써 크게 주목받았다. 에밀리 디킨슨은 여성 특유의 섬세한 감성을 포착하여, 짧고 간결한 시어로 표현해내는 솜씨가 일품이라는 평을 얻었다.

　내가 만일 애타는 한 가슴을 달랠 수 있다면 / 내 삶은 정녕 헛되지 않으리. / 내가 만일 한 생명의 고통을 덜어 주거나 / 또는 한 괴로움을 달래 주거나 / 또는 할딱거리는 로빈 새 한 마리를 도와서 / 보금자리로 되돌려 줄 수만 있다면 / 내 삶은 정녕 헛되지 않으리.

　이 시는 에밀리 디킨슨의 〈내가 만일〉이다. 이 시에서 보듯 그녀의 간결한 시의 특징이 잘 나타나 있다. 마찬가지로 시 〈한 가슴이 깨어짐을 막을 수 있다면〉에서도 그녀 특유의 시적 간결성이 잘 드러난다.
　타인을 위한 사랑과 배려와 동물에 대한 관심을 크게 소리 내지 않고, 잔잔하게 말하고 있는 시이다. 나 아닌 다른 것들에 대한 관심이 소담스럽지만, 진실하다면 큰 위안이 되고 의미가 된다. 하지만 의미 있는 삶은 그냥 되는 게 아니다. 의미 있는 생각과 의미 있는 행동을 할 때만이 주어지는 것이다.

❖ 에밀리 디킨슨 Emily Elizabeth Dickinson 1830~1886
미국의 여류시인. 주요 작품 《내가 만일》 외 다수

DAY 040 남몰래 흘리는 눈물

샐리 가든에서
나는 내 사랑과 만났습니다
그녀는 아주 조심스럽게
그 앞을 지나가고 있었습니다
나뭇잎이 자라나듯이
사랑도 서두르면 좋을 것이 없다고
그녀는 충고를 했지만
나는 내 어리석음을 앞세운 채
그녀의 말을 들으려 하지 않았습니다

푸른 들판의 시냇가에서
나는 내 사랑하는 사람과 함께
서 있었습니다
그녀에게 기댄 내 어깨 위로
그녀가 새하얀 손을 얹으면서
강둑에서 자라는 풀들처럼
인생을 서둘러 조급하게
생각하지 말자고 충고했습니다
그러나 난
너무나 어렸고 어리석었답니다
이제는 후회조차 할 수 없고
그저 아련한 눈물을 흘릴 뿐입니다

예이츠의 시 〈남몰래 흘리는 눈물〉을 보면 그는 서두르는 사랑으로 인해, 헤어짐의 아픔을 겪었다는 것을 알 수 있다. 이별을 맞는 사랑은 대게 성숙하지 못해서이다. 사랑은 서로 존중하고 배려할 때 가장 아름답게 피어난다.

❖ 윌리엄 B. 예이츠 William Butler Yrats 1865~1939
아일랜드 시인. 극작가. 노벨문학상 수상. 주요 작품 《집》, 《나선 계곡》, 《고양이와 달》 외 다수

DAY 041 톰 아저씨의 오두막

백인들로부터 인권을 유린당한 채 온갖 억압을 받으며, 짐승처럼 살아가는 노예의 비참한 현실을 정면으로 다룬 《톰 아저씨의 오두막》 작가 해리엇 비처 스토는 1811년 미국 코네티컷주 리치필드에서 태어났다. 그의 아버지는 목사로 엄격한 가정환경에서 자랐다. 성인이 된 해리엇은 신학자와 결혼 후 평범한 주부로 생활했다. 그러던 중 노예의 참혹한 실상을 목격한 후 소설을 쓰기 시작했고, 1852년 책으로 출판되었는데 바로 《톰 아저씨의 오두막》이다. 이 소설은 나오자마자 사회적으로 센세이션을 불러일으키며, 크게 주목받았다.

이 소설은 19세기 초 미국 켄터키주의 한 농장을 무대로 한다. 이 농장엔 많은 흑인 노예들이 따뜻한 성품을 지닌 백인 주인 가족의 보살핌을 받으며 일한다. 당시 흑인 노예들은 채찍을 맞아가며 짐승 취급을 받았다. 인격을 지닌 인간이 아니라, 동물과 같이 취급되었다. 그런데 셸비 농장 주인 가족은 인격적으로 그들을 대하며, 노예가 아닌 농장 일꾼으로 대우해주었던 것이다. 노예들은 그런 주인 가족의 고마움에 감사해하며 성실하게 일한다.

그러던 어느 날 농장이 파산하면서 흑인 노예들도 큰 어려움에 처하게 된다. 어쩔 수 없는 현실에 흑인 노예들은 농장을 떠난다. 캐나다로 탈출을 꾀하는 조지 해리스와 엘리자, 그리고 루이지애나주의 뉴올리언스로 팔려가는 톰 아저씨, 그들은 지금과 다른 현실에 부딪히게 되고, 운명처럼 자신들의 현실을 받아들인다.

톰 아저씨는 루이지애나에서 세인트 클레어라는 새로운 주인을 만나게 된다. 새로운 주인은 다행히 따뜻한 성품을 지녔고, 특히 주인 딸 에반젤린에 대한 톰 아저씨의 헌신은 소설을 읽은 이들에게 감동과 감흥을 불러일으킨다.

그러나 노예들은 앞날을 예측할 수 없는 불확실성 속에 운명처럼 하루하루를 살아가는 하루살이 같은 존재들이다. 악마와 같은 노예상인 사이먼 레그리에게 채찍으로 맞아 죽는 톰 아저씨의 비극을 통해, 이 소설은 백인들의 비인간적인 흉포성을 비판적으로 그린 수작이라고 할 수 있다.

❖ 해리엇 비처 스토 Harriet Beecher Stowe 1811~1896
미국 출생. 소설가. 주요 작품 《톰 아저씨의 오두막》 외 다수

DAY 042 마지막 잎새

미국의 대표적 단편소설가 오 헨리는 1862년 미국 노스캐롤라이나에서 태어났다. 가난한 집안 형편으로 15세 때부터 약국 점원으로 일하는 등 수많은 직업을 거쳐 소설가가 되었다.

오 헨리가 소설가가 된 계기는 은행에서 근무하던 중 공금을 횡령했다는 혐의로 3년 동안 감옥에 갇혀 지낸 경험에 의해서다. 그는 감옥 생활 중에 틈틈이 습작을 하고 수십 편의 단편소설을 썼다.

1901년 출감하는 오 헨리는 옥중에서 쓴 소설을 발표하여, 인기를 끌며 크게 주목받았다. 그는 《마지막 잎새》, 《현자의 선물》 등 280여 편의 단편소설을 썼다.

《마지막 잎새》는 뉴욕의 그리니치빌리지를 무대로 이야기가 펼쳐진다. 그리니치빌리지엔 무명화가들이 모여 살았다. 젊은 여성화가인 수와 존시는 3층 건물에 공동화실에서 그림을 그렸다. 존시는 폐병을 앓았다. 그녀는 창밖으로 보이는 담쟁이덩굴을 보며, 이파리 숫자를 세었다. 바람에 떨어지고 다섯 개의 이파리가 남아 있었다. 존시는 이파리들이 모두 떨어지면 자신도 죽을 거라는 생각에 사로잡혀 있었다.

함께 지내는 수는 산다는 희망을 잃으면, 존시가 살아날 가망성이 없다는 의사의 말에 크게 슬퍼한다. 수는 아래층에 사는 늙은 화가 베어먼에게 이 사실을 말한다. 베어먼은 수의 이야기를 듣고, 눈물을 흘린다.

그날은 진눈깨비가 밤새도록 내렸다. 이튿날 아침에 창문을 열자 놀라운 일이 벌어졌다. 마지막 남은 잎이 떨어진 줄 알았는데, 그대로 벽에 매달려 있었다. 존시는 그 모습을 보고, 살아야겠다는 희망을 가슴에 품고 용기를 냈다. 그 나뭇잎은 늙은 화가 베어먼이 진눈깨비를 맞아가며 그린 그림이었다. 이틀 후 베어먼은 급성 폐렴으로 세상을 뜨고 말았다.

베어먼은 평생 걸작을 남기겠다고 했지만, 40년 화가 생활에 여전히 무명화가였다. 그런 그가 수의 목숨을 살리고 대신 죽은 것이다. 비록, 그는 유명화가가 되지 못했지만, 한 생명을 구한 그림을 남겼다. 이 그림이야말로 그가 바라던 명작이라고 할 수 있다.

❖ 오 헨리 O. Henry 1862~1910
미국 출생. 소설가. 주요 작품 《마지막 잎새》, 《현자의 선물》 외 다수

DAY 043 위대한 개츠비

CHECK

출세에 대한 욕망을 품은 개츠비의 삶을 그린《위대한 개츠비》의 작가 프랜시스 스콧 피츠제럴드는 1896년 미국 미네소타주에서 태어났다. 아버지의 파산으로 가난한 삶을 살아야 했던 피츠제럴드는 대학에 들어가 풋볼 선수를 꿈꾸었다. 그러나 그것은 꿈에 불과했고 그는 문학에 뜻을 두고 습작했다. 그러던 중 제1차 세계대전이 발발하자 지원병으로 입대하여 전쟁터를 누볐다. 제대를 한 그는 소설 쓰기에 몰두했다.

1920년 장편소설《낙원의 이쪽》으로 문단에 주목을 받으며 화려하게 문단으로 진출했다. 그 후 많은 단편을 썼으며, 1925년《위대한 개츠비》를 출판하여 큰 성공을 거뒀다.《위대한 개츠비》는 주인공 개츠비를 통해, 원초적인 인간의 욕망이 무엇인지를 사실적으로 보여준다.

소설 속의 닉은 제이 개츠비의 대저택이 있는 주면에 집을 구해 살게 된다. 개츠비의 저택에서는 밤마다 성대한 파티가 열린다. 개츠비가 날마다 파티를 여는 건 자신이 전쟁터 나간 후, 사랑하는 여자 데이지가 부자인 톰과 결혼함으로써 그에게 절망을 안겨준 것에 대한 반작용이었다. 즉, 지금 자신은 부자로서 잘 살고 있다는 것에 대한 심리적인 보복행위이자, 데이지의 마음을 자신에게 돌이키려는 수단이라고 할 수 있다.

데이지의 8촌 조카인 닉의 주선으로 개츠비와 데이지는 만나게 된다. 순박한 개츠비는 데이지를 만나고 나서, 그녀의 사랑을 다시 찾았다고 생각했다. 그러던 어느 날 데이지가 운전하던 개츠비의 차가 데이지의 남편 톰의 정부를 치어 죽인다. 개츠비가 그랬다고 오해한 톰은 개츠비를 죽음에 이르게 한다.

개츠비의 장례식날 데이지는 남편과 여행을 떠나고, 그 사실을 알고 실망한 닉은 그곳을 떠나 고향으로 돌아간다.《위대한 개츠비》는 자신의 사랑만을 바라던 개츠비의 죽음을 통해, 물질에 깃든 황폐한 인간들의 욕망을 비판적으로 그렸다는데, 의미가 크다고 하겠다.

❖ 프랜시스 스콧 피츠제럴드 Francis Scott Fitzgerald 1896~1940
미국 출생. 소설가. 주요 작품《위대한 개츠비》외 다수

DAY 044 바람과 함께 사라지다

LITERATURE

미국 소설가 마거릿 미첼의 소설《바람과 함께 사라지다》는 미첼이 10년 동안 써서 완성한 책이다. 책은 출판과 동시에 큰 인기를 끌며 베스트셀러가 되었다. 1937년 퓰리처상을 수상했으며, 1939년에는 영화화되어, 30년 동안 흥행 순위 1위를 유지했을 만큼 많은 사랑을 받았다. 이를 증명하듯 아카데미 작품상, 주연상, 감독상을 비롯해 10부문을 석권했다.

《바람과 함께 사라지다》의 여주인공 스칼렛 오하라는 농장 타라에서 태어났다. 스칼렛은 예쁜 얼굴은 아니지만, 16세가 되었을 때 마을 청년들로부터 사랑을 받았다. 하지만 그녀는 애슐리를 사랑했다. 그는 교양을 갖춘 인물이었다. 애슐리 또한 스칼렛에 호의를 갖고 있었지만, 결혼 상대로는 그녀의 사촌 멜라니를 선택했다. 이를 알고 스칼렛은 애슐리의 여동생과 결혼하기로 한 멜라니의 오빠인 찰스와 결혼한다. 이는 단순히 애슐리에 대한 보복심리에 의해서였다.

찰스는 전쟁에 나갔다 전사를 하고, 스칼렛은 아이를 낳는다. 남편이 죽은 뒤에도 애슐리를 사랑하는 스칼렛은 아들과 유모를 데리고 애슐리의 숙모집으로 가서 산다. 애슐리 또한 전쟁에 징집되어 간다. 그가 휴가를 받고 집으로 오자, 스칼렛은 그에게 자신의 사랑을 고백한다. 하지만 애슐리는 그녀의 말을 듣고 가족을 부탁한다는 말을 남기고 부내에 복귀한다. 그 후 애틀랜타가 북부군에게 포위되자, 스칼렛은 아들과 유모, 멜라니와 함께 마을 탈출하여 타라로 간다. 어머니는 병으로 죽고, 아버지는 폐인이 되어 있었다. 스칼렛은 가족을 위해 일했고, 북부군의 승리로 전쟁은 끝났다.

스칼렛은 돈 때문에 여동생 약혼자였던 목재상인 프랭크 케네디와 재혼을 했다. 하지만 사업 실패와 함께 남편이 죽고 만다. 그리고 세 번째 결혼을 하지만, 그녀의 가슴엔 애슐리가 자리하고 있었다. 죽음을 맞은 멜라니는 스칼렛에게 남편 레트 비틀러를 소중히 여기라는 유언을 한다. 스칼렛은 레트를 사랑으로 대하지만, 이미 그의 사랑은 차갑게 식어버린 뒤였다. 레트는 떠나가고, 멜라니는 세상을 떠난다.

스칼렛은 냉혹한 현실에도 굳세게 살아가겠다고 다짐한다. 이 소설은 가혹한 운명과 맞서는 여인을 통해 사랑과 삶의 의지를 잘 보여준다.

❖ 마거릿 미첼 Margaret Mitchell 1900~1949
미국 소설가. 주요 작품《바람과 함께 사라지다》

DAY 045 욕망이라는 이름의 전차

☐ CHECK

　《욕망이라는 이름의 전차》의 작가 테네시 윌리엄스는 극작가로 1911년 미국 미시시피주 콜럼버스에서 태어났다. 가난한 집안 형편으로 갖은 고생 끝에 아이오아대학교를 졸업했다. 1940년 첫 단막극 《천사의 싸움》을 발표했지만, 별다른 반응을 얻지 못했다. 그러나 1944년에 쓴 극본 《유리 동물원》이 큰 인기를 받았으며, 1945년엔 브로드웨이 상연에서 큰 호평을 받았다. 1947년 《욕망이라는 이름의 전차》, 1955년 《뜨거운 양철지붕 위의 고양이》 등 많은 작품을 남겼다.

　《욕망이라는 이름의 전차》는 3막으로 구성된 희곡이다. 이 작품의 주인공은 몰락한 남부 대농장주인 뒤부아 가문의 자매이다. 동생 스텔라는 거친 성격의 노동자인 스탠리 코발스키와 결혼했다. 남편은 동료들과 포커를 즐기고, 아내인 그녀에게 함부로 군다. 하지만 그녀는 잘 견디며 살아간다.

　그러던 어느 날 스텔라의 언니 블랜치가 '욕망이라는 이름의 전차'를 타고, 묘지라고 쓴 곳에서 갈아타, 극락이라는 곳에서 내려서 찾아온다. 그녀는 교사를 휴직했다지만, 품행이 방정하지 못해 마을에서 쫓겨났다. 블랜치는 여성 특유의 매력으로 스탠리의 동료인 미치를 유혹한다. 그 역시 그녀에게 이끌려 청혼한다.

　그러나 스탠리는 블랜치의 방정하지 못한 과거를 폭로하는 바람에 그들의 결혼에 대한 욕망은 깨지고 만다. 그 일이 있고 블랜치는 차츰 정신쇠약 증세에 시달리게 된다. 그 여파로 그녀는 이상한 옷을 입고, 허황된 몽상에 사로잡힌다.

　그러던 어느 날 스텔라를 산부인과로 보내고 온 스탠리는 블랜치를 강제로 성폭행한다. 그 일이 있는 후 불랜치는 정신이 완전히 돌아버리고 만다. 그녀는 의료진에게 인도되어 정신병원에 갇히게 된다.

　《욕망이라는 이름의 전차》는 풍요로웠던 과거의 삶과 지금이란 현실에서의 욕망에 휩싸여 황폐화되어 붕괴되는 블랜치를 통해 사랑과 갈등, 욕망, 고뇌에 대한 인간의 내면을 적나라하게 보여준다. 결국 과거의 영광을 벗어나지 못하고 스러져간 여인의 삶은 연약한 인간성으로 인해 매몰되고 만다.

❖ 테네시 윌리엄스 Tennessee Williams 1911~1983
미국 출생. 극작가. 주요 작품 《욕망이라는 이름의 전차》, 《뜨거운 양철지붕 위의 고양이》 외 다수

DAY 046 변신

《변신》을 쓴 작가 프란츠 카프카는 1883년 체코슬로바키아 프라하에서 태어났다. 그의 아버지는 유대인 상인이었으며, 카프카는 프라하 대학에서 법을 공부한 뒤, 25세 때 상해보험회사에 입사했다.

카프카는 직장생활을 하면서도 여가 생활 중에도 쓰는 일을 멈추지 않았다. 그는 34세 때 폐결핵으로 직장을 그만두고 투병생활을 하며 글을 썼다. 그는 아버지와 관계가 좋지 않았다. 그 일은 그에게 심한 콤플렉스를 갖게 했고, 그러한 자신의 심정을 작품에 담아냈다. 1925년에 펴낸《심판》과 1926년에 펴낸《성》은 그의 명망을 높여준 작품이다.

《변신》의 주인공 잠자는 경영학과를 나온 뒤, 군에 입대했다. 제대를 한 그는 파산한 아버지를 대신해 직장생활을 하며 가정을 꾸려나간다. 그러던 어느 날 그는 흉측한 벌레로 변한다. 그렇게 되자 그는 다니던 직장을 나갈 수 없었다. 그러자 직장 책임자가 그를 찾아오지만, 벌레로 변한 잠자는 방 안에서 사정을 얘기한다. 그러나 직장 책임자는 놀라서 급히 도망치듯 가 버린다.

흉물스럽게 변한 잠자를 보고 어머니는 놀라 말도 못 하고, 아버지는 그를 방 안으로도 밀어 넣는다. 한바탕 소동이 있고 나서 가족들 간엔 변화가 인다. 잠자의 어머니는 해오던 바느질 일을 더 열심히 하고, 아버지도 은행 잡부로 나가고, 점원이던 여동생은 더 나은 직장을 잡기 위해 속기술과 프랑스어를 공부한다.

그런데 하숙생을 3명이나 두는 바람에 잠자의 방은 어수선해지고, 그는 아버지의 학대로 식욕을 잃고 의욕을 잃은 상태로 가정부에게 발견되었다. 그러자 잠자의 아버지는 하나님께 감사하는 일이라고 말했다. 그리고 어머니, 아버지, 여동생은 함께 밖으로 나간다.

《변신》은 가족으로부터 소외받는 주인공 잠자를 통해, 소통이 단절되고, 이해관계가 얽힌 인간의 고독과 실존에 대해 말한다. 즉, 실존은 하지만 소통이 단절된 소외된 삶은 죽음처럼 적막하고, 허무하다는 것을 말해준다. 이런 점에서《변신》은 실존주의 문학이라고도 말한다.

❖ 프란츠 카프카 Franz Kafka 1883~1924
체코슬로바키아 출생. 소설가. 주요 작품《변신》,《심판》외 다수

DAY 047 양철북

《양철북》의 작가 귄터 그라스는 1927년 독일 단치히에서 태어났다. 그는 제2차 세계대전 때 징집되어 전쟁에 나갔다 포로가 되었다. 전쟁이 끝난 후 베를린에서 공부를 하고, 파리에서 그림을 그리며 시와 소설을 썼다.

1958년 《양철북》으로 수상한 후 널리 이름이 알려졌다. 1961년 《고양이와 쥐》를, 1963년 《개 같은 시절》을 발표했다. 귄터 그라스는 《양철북》으로 1999년 노벨문학상을 수상했다.

《양철북》의 주인공 오스카 마체라트는 3살 때 성장이 멈춰 키가 1m도 안 되는 왜소증 환자다. 그는 3살 때 받은 양철북으로 지난날을 기억하며, 정신병원에서 지낸다.

오스카는 자신의 어머니가 잡화상과 결혼을 하고, 폴란드 사람인 얀 브론스키와도 교류가 있었던 걸 목격했다. 그리고 얀이 자신의 친아버지가 아닐까 생각했다. 오스카는 학교에 가는 대신 빵집 아주머니에게 읽고 쓰는 법을 배웠다. 그는 육체적으로는 어린이 몸을 갖고 있지만, 정신세계는 성인과 똑같다. 하지만 주변 사람들로부터 어린이 취급을 받자, 의식적으로나 무의식적으로 많은 사람을 죽인다.

제2차 세계대전은 삶의 환경을 바꾸어 버렸으며, 오스카는 양철북을 두드리며 나치의 군악대를 조롱하고, 난쟁이 전선위문극단의 일원이 되어 전쟁을 경험했다. 전쟁이 끝나고 오스카는 나치 당원이었던 아버지가 소련군에게 사살당하자, 계모와 같이 서독으로 간다. 그는 석공과 화가들의 모델로 활동하며, 레스토랑에서 연주를 하기도 했다. 그런데 그것이 계기가 되어 재즈 연주가로 성공했다.

오스카는 간호사인 도로테아를 좋아해 그녀를 성폭행하려고 했지만 실패로 끝났다. 그 일이 있고 간호사의 시신이 발견된다. 그 일로 오스카는 범인으로 지목되었지만, 성적 결함으로 판명돼 정신병원에서 감호를 받게 되었다. 그 후 진짜 범인이 잡힘으로써 석방의 기회를 맞게 된다. 오스카는 서른 번째 생일을 맞아 예수 그리스도를 떠올린다.

《양철북》은 나치즘의 득세와 패장을 의미하며, 인간들의 속성을 낱낱이 보여줌으로써 어떻게 살아야 하는지에 대해 생각하게 한다.

❖ 귄터 그라스 Gunter Grass 1927~
독일 출생. 소설가. 노벨문학상 수상(1999). 주요 작품 《양철북》

DAY 048 수레바퀴 밑에서

시인이자 소설가인 헤르만 헤세는 1877년 독일의 슈바벤에서 태어났다. 목사인 아버지와 저명한 신학자인 외할아버지를 둔 그는 특히, 외할아버지의 영향을 많이 받았다.

헤세는 신학교에 진학했으나, 중도에서 그만두고 서점에서 일하며 습작을 했다. 그는 장편《페터 카멘친트》로 데뷔했다. 그리고 1906년《수레바퀴 밑에서》는 베스트셀러가 되었다. 1919년《데미안》으로 폰타네상을 수상하며 널리 이름을 떨쳤다.

《수레바퀴 밑에서》주인공인 소년 한스 기벤라트는 공부에 치여 지냈다. 재능이 뛰어난 한스를 잘 가르치겠다는 것이 아버지와 목사를 비롯한 교사들의 바람이었기 때문이다. 한스는 아버지와 주변 사람들 뜻대로 마울브론 신학교에 합격했다. 그러나 신학교 생활은 한스에겐 그다지 즐겁지 않았다. 하지만 그런 가운데도 한스는 1등을 목표로 공부하고, 기숙사 친구인 헤르만 하일러와 친하게 지냈다.

그러던 어느 날 하일러는 학교를 몰래 나가려다 들켜 퇴학되었다. 친하게 지내던 친구가 없자 한스는 학교생활에 흥미를 잃고, 공부에도 등한시하게 된다. 그러자 학업성적은 떨어지고, 의욕을 상실하고 말았다.

한스는 우울증에 빠져 정신질환을 앓게 되어, 고향으로 돌아갔다. 그로 인해 학교생활도 퇴학으로 마무리되고 말았다. 집으로 돌아온 한스는 에마라는 여성을 통해 이성적인 사랑의 감정에 빠진다.

그러나 그녀에게 놀림거리가 되고 만다. 그 후 한스는 친구인 아우구스트가 일하는 공장에 취직한다. 그런데 그에게 사건이 발생한다. 일요일 날 한스는 친구와 같이 자전거를 타러 갔다가 술을 마신다. 그리고 그는 강물에 빠져 죽고 만다.

《수레바퀴 밑에서》는 재능이 뛰어난 한스가 어른들의 지나친 기대에 압박을 느껴, 우울증에 시달리다 정신질환을 앓고 죽음으로써 삶을 끝내는 과정을 심도 있게 그려 불합리한 인간의 내면을 적나라하게 보여준다.

❖ 헤르만 헤세 Herman Hesse 1877~1962
독일 출생. 소설가이자 시인. 주요 작품《수레바퀴 밑에서》,《데미안》외 다수

DAY 049 아버지와 아들

☐ CHECK

 기성세대와 자식세대 간의 갈등을 밀도 있게 그린 소설 《아버지와 아들》의 작가인 이반 투르게네프는 1818년 러시아의 오를에서 태어났다. 아버지는 가난한 집안에서 태어났지만, 어머니는 수천 명의 농노를 둔 대지주로 거친 성격을 가진 여자였다. 어린 투르게네프는 농노들을 함부로 대하는 어머니의 모습에 큰 충격을 받았다. 투르게네프는 상트페테르부르크 대학을 졸업한 뒤 헤겔 철학과 서유럽 문화에 심취했다. 1852년 《사냥꾼의 수기》로 작가의 길을 걸었다. 1855년 장편 《루딘》을, 1862년 《아버지와 아들》을 발표하는 등 작가로서의 지위를 굳혔다.
 《아버지와 아들》의 주인공 아르카디는 대학 졸업 후 친구와 같이 집으로 온다. 아르카디 친구 바자로프는 이상주의자인 아르카디는 큰아버지 파벨을 혐오한다. 그의 모습은 파벨을 분노하게 한다. 하지만 파벨은 기성세대로 현세대인 그들에게 뒤떨어져 있음을 느낀다. 아르카디는 가정부를 함부로 대하는 아버지의 횡포를 용서한다. 가정부와 하인들은 자신들에게 우호적인 바자로프에게 큰 관심을 기울인다.
 파벨과 바자로프는 문화와 예술, 정치 등에 대해 논쟁을 벌인다. 그러던 어느 날 아르카디와 바자로프는 무도회에서 만난 미망인인 오딘초바에게 연정을 느낀다. 바자로프는 그녀에게 사랑을 고백하지만, 그녀는 망설인다. 상심한 바자로프는 아르카디와 함께 자신의 고향으로 돌아가지만, 부모의 지나친 간섭을 못 견뎌 아르카디의 집으로 간다.
 그러나 파벨과의 불화로 집으로 돌아간다. 그리고 아버지를 도와 진료를 하다, 상처를 입게 돼 패혈증에 걸려 죽어간다. 이 소식을 듣고 오딘초바가 그를 찾아온다. 바자로프는 그녀에게 사랑을 고백하고, 부모님의 사랑에 감사해한다. 그리고 그는 죽고 만다. 늙은 그의 부모는 자식의 무덤 앞에서 한없는 비애에 젖어 멍하게 앉아 있다.
 《아버지와 아들》은 세대 간의 갈등을 그린 소설로, 세대 간의 갈등이 그들의 삶에 끼치는 불합리함을 단적으로 보여준다. 세대 간의 간격을 좁히기 위해서는, 세대 간에 이해와 배려가 절대적으로 필요하다 하겠다.

❖ 이반 투르게네프 Ivan Turgenev 1818~1883
러시아 출생. 소설가. 주요 작품 《아버지와 아들》, 《루딘》 외 다수

DAY 050　부활

☐ CHECK

LITERATURE

　《부활》을 쓴 톨스토이는 1828년 남부 러시아 툴라 헌의 야스나야 폴랴나에서 부유한 명문 백작 가문의 4남으로 태어났다. 그러나 불행하게도 어린 시절 부모를 여의었다. 1851년 형의 권유로 카프카즈 군대에 들어가 복무하며 창작을 시작해 1852년 처녀작 《유년시대》를 익명으로 발표했다. 그 후 1854년 《소년시대》, 《세바스토풀 이야기》를 발표하며 청년작가로서의 지위를 확보했다. 나폴레옹의 모스크바 침입을 중심으로 한 러시아 사회를 그린 불후의 명작 《전쟁과 평화》와 《안나 카레니나》를 출간했다.

　《부활》의 주인공인 공작 네흘류도프는 법원의 배심원으로 재판에 참여한다. 한 매춘부가 손님에게 독을 먹여 죽인 살인강도 사건에 대한 재판이었다. 피고의 이름은 카튜샤 마슬로바였다. 그녀의 이름을 듣고 그녀를 본 순간 네흘류도프는 깜짝 놀랐다. 그녀는 그가 혈기왕성한 청년 시절 고모 집에 가정부로 있던 여자였던 것이다. 그 당시 그는 아름답고 청순한 그녀에게 빠져 임신을 시킨 뒤 돈을 주고 무마한 적이 있었기 때문이다.

　카튜샤는 억울하게 징역 4년 형을 받고 시베리아로 유형을 가게 되었다. 네흘류도프는 자신의 탐욕이 한 여자를 파멸시켰다는 깊은 죄의식에 그녀를 구해내려 결심을 한다. 그는 그녀가 갇힌 감옥으로 가 그녀에게 용서를 구했다. 그리고 변호사와 권세가에게 도움을 요청했다. 하지만 모든 것이 수포가 되고, 카튜샤는 시베리아로 떠났다. 그 역시 그녀를 따라 시베리아로 갔다.

　다행히도 카튜샤의 사건은 시베리아에서 판결 취소 명령이 떨어졌다. 네흘류도프는 카튜샤를 찾아가 그녀에게 결혼을 요청할 생각이었는데, 그녀는 정치범인 시몬손과 결혼하기로 결정한 뒤였다. 카튜샤는 자신은 네흘류도프와 결혼할 수 없다고 양해를 구했다. 그녀 또한 그를 사랑하지만, 그의 미래를 위해 자신이 택한 길이었던 것이다.

　네흘류도프는 고심 끝에 그녀의 결혼을 축복한다. 그리고 성경을 읽으며, 자신을 다독이며 결심했다. 성경 말씀대로 사랑하며 진실 되게 살겠다고. 《부활》은 자신의 잘못으로 한 여자의 인생을 파멸로 이끈 죄를 뉘우치고, 인간답게 살겠다는 공작의 의지를 부활적 의미로 그린 수작이다.

❖ 레프 N. 톨스토이 Lev Nikolayevich Tolstoy 1828~1910
러시아 소설가. 사상가. 문명 비평가. 주요 작품 《전쟁과 평화》, 《안나 카레니나》, 《부활》 외 다수

DAY 051 인형의 집

《인형의 집》을 쓴 작가 핸리크 입센은 노르웨이의 시인이자 극작가로 1828년 노르웨이 남부의 바닷가 시엔에서 태어났다. 아버지의 사업 실패로 15세 때 약국의 직원으로 일했다. 그는 시를 습작하며, 희곡을 썼다. 1848년 희곡《카틸리나》를 자비로 출판했다. 그 후 그는 시와 희곡을 쓰며, 베르겐에 극장이 개관하자 전속 작가와 무대감독으로 일했다. 입센은 우여곡절을 겪으며 1866년《브렌》을, 1879년《인형의 집》을, 1898년《우리 죽은 자들이 깨어날 때》등 많은 작품을 남겼다.

결혼한 지 8년 된 노라에게는 세 아이가 있다. 그녀의 남편 헬메르는 아무리 어려워도 돈을 빌리지 않겠다는 신념을 지닌 성실한 사람이다. 그런데 노라에겐 남편이 모르는 비밀이 있다. 남편의 병을 고치기 위해 크록스타라는 이에게 돈을 빌린 적이 있다. 노라는 알뜰히 생활하여 빚을 갚아나갔다. 그런데 돈을 빌릴 당시 차용증엔 그녀의 아버지가 보증인으로 서명되어 있지만, 그것은 위조된 것이기에 자신이 입을 열면 그녀가 위증죄에 걸린다고 크락스타가 말했다. 그러자 그녀는 아버지와 남편의 목숨을 구할 권리가 있다며 그에게 항의한다.

이 일은 순전히 은행장으로 있는 그녀의 남편인 헬메르로부터 해고당하지 않으려는 그의 계책이었던 것이다. 노라는 크록스타를 물리쳤으나, 불안한 마음에 남편에게 그를 해고시키지 말 것을 부탁한다. 하지만 남편은 부탁을 거절하고, 그에게 해고통지서를 보냈다. 그러자 크록스타는 노라의 남편에게 편지를 보내 그녀의 비밀을 폭로했다. 이 사실을 알게 된 남편 헬메르는 크게 분노하여 그녀에게 입에 담지 못할 욕을 퍼부어댔다. 그러나 노라의 예전 친구인 린데 부인의 도움으로 크록스타가 차용증을 돌려주자, 그녀의 남편은 자신은 살았다는 말과 함께 그녀에게 잘해주려고 한다. 하지만 노라는 그가 가식적으로 보일 뿐이다. 노라는 그에게 결혼반지를 돌려주고 세 아이를 데리고 집을 떠난다.

《인형의 집》은 아내가 남편에게 부당한 대우를 받는 것에 대한 반기를 다룬 소설로, 여성의 인격권과 자유에 대해 진지하게 생각하게 한다.

❖ 헨릭 입센Henrik Ibsen 1828~1906
노르웨이 출생. 소설가. 주요 작품《인형의 집》,《우리 죽은 자들이 깨어날 때》외 다수

DAY 052 쿠오바디스

《쿠오바디스》는 라틴어로 "주여, 당신은?"이란 뜻이다. 여기에 '도미네'를 붙여 '쿠오바디스 도미네'는 그 유명한 "주여, 어디로 가시나이까?"가 된다. 이 작품을 쓴 헨리크 시엔키에비치는 1846년 폴란드의 볼라오크제이스카에서 태어났다. 그는 이른 나이에 소설을 습작하며 단편과 장편을 썼다.

헨리크는 3부작 《대홍수》를 5년에 걸쳐 썼으며, 1905년 《쿠오바디스》로 노벨문학상을 받았다. 그의 작품은 대개가 국난시대에 탄압받는 민족저항을 그린 작품이다. 결국 그의 작품의 결론은 정의가 반드시 이긴다는 권선징악에 그 본질이 있다. 이는 그리스도의 사상인 사랑과 선 그리고 정의와 구원에 이르는 연장선상에 있다고 하겠다.

《쿠오바디스》에서 로마의 폭군 네로는 갖가지 악행을 저지른다. 그는 로마에 불을 질러 쾌감을 즐겼다. 로마 시민들은 혼비백산이 되어 살기 위해 우왕좌왕했다. 네로는 불을 지른 자들로 그리스도교도들에게 죄를 뒤집어씌우고, 대학살을 일으켰다.

그러나 그리스도 신자들의 내면 깊숙이 들어있는 하나님에 대한 사랑과 믿음을 꺾지 못했다. 게다가 명을 받은 군대까지 네로에게 등을 돌렸다. 네로는 자살로 삶을 끝내고, 그의 악행도 멈추고 만다.

로마의 귀족 청년 비니키우스는 인질로 로마에 끌려온 유대왕의 딸인 리기아를 사랑하게 됨에 따라, 그리스도의 가르침을 따르고 마침내 회심한다. 물론 처음부터 그랬던 건 아니다. 그는 강제로 그녀의 육체를 소유하려 했으나, 그녀의 인도에 따라 그리스도인들과 교류함에 따라 선한 마음, 즉 그리스도인의 마음을 닮게 되었다. 그로 인해 둘은 사랑으로 맺어진다. 하지만 얼마 뒤 리기아는 들소의 뿔에 묶인 채 투기장으로 끌려갔다.

그러나 우직하고 충직한 하인의 도움으로 죽음의 문턱에서 살아났다. 그 후 두 사람은 화제로 황폐화가 된 로마를 떠났다. 그리고 서로 사랑하며 평화로운 일상에 젖어 새로운 삶을 시작한다.

《쿠오바디스》는 박해와 압박 속에도 굴복하지 않는 그리스도인을 통해, 정의는 반드시 이긴다는 진리를 전한다.

❖ 헨리크 시엔키에비치 Henryk Sienkiewicz 1846~1916
폴란드 출생. 소설가. 노벨문학상 수상(1896). 주요 작품 《쿠오바디스》, 《대홍수》 외 다수.

ETC | 세계 3대 문학상

01
노벨문학상
/

노벨문학상은 세계문학상 중 가장 권위가 있는 상이다. 노벨문학상은 스웨덴의 과학자인 알프레드 노벨의 유언에 따라 시행된 6개 분야 노벨상 중의 하나로, 1901년부터 매년 스웨덴의 한림원에서 선정 시상한다. 선정기준은 그해 전 세계에서 출간한 소설, 시집 중에서 가장 문학적 성과가 뛰어난 작가에게 주어진다. 1901년 첫 수상자는 프랑스의 시인 쉴리 프뤼돔이다. 동양에서 첫 수상자는 인도의 시성 라빈드라나트 타고르로 수상시집은 《기탄잘리》이다. 2021년에는 탄자니아의 작가 압둘라자크 구르나가 수상했다. 상금은 800만 크로나(약 13억 원)이다. 선정 시기는 매년 10월 초에 발표하고 12월 10일에 시상한다.

02
맨부커상
/

맨부커상은 1969년 영국 기업 부커사에서 제정한 문학상으로, 영국에서 출간된 영어 소설을 대상으로 한다. 매년 그해 최고의 소설로 선정된 작가에게 시상하는 영국문학상으로 세계적으로 권위를 인정받고 있다. 처음엔 영국과 영국연방, 아일랜드, 짐바브웨 국적의 작가에게만 시상하다, 2013년부터는 작가의 국적과 무관하게 영국에서 출간한 모든 영어소설을 대상으로 확대시켰다. 2005년부터는 맨부커 국제상이 추가로 제정되었다. 2016년 한국인으로는 최초로 한강이 소설 《채식주의자》로 맨부커 국제상을 수상했다. 상금은 약 5만 파운드(8천만 원)로 작가와 번역가에게 똑같이 주어진다. 선정 시기는 매년 10월이며, 맨부커 국제상은 5월이다.

03
공쿠르 문학상
/

공쿠르 문학상은 프랑스에서 가장 권위 있는 문학상으로, 1903년 작가 에드몽 드 공쿠르의 유지에 따라 제정되었다. 첫 소설, 단편소설, 시, 전기 등 4개 분야에 시상한다. 상금은 10유로이다. 마르셀 프루스트, 시몬드 보부아르, 로맹가리 등 세계적인 작가들 중엔 이 상을 받은 작가들이 많다. 그런 만큼 권위를 인정받는 상이라고 할 수 있다. 선정 시기는 매년 12월이다.

CHAPTER 2
인생을 배우다

세계인물사

DAY 053 스티븐 스필버그

☐ CHECK

CHARACTER

　세계 최고의 흥행감독인 스티븐 스필버그는 1946년 미국 신시내티에서 태어났다. 그의 부모는 유대인으로 어린 시절 그에게 유대인만의 교육법으로 자율과 창의성을 길러주었다.
　그는 어렸을 때부터 영화에 큰 관심을 보였다. 그는 이미 13세 때 아버지에게 400달러를 지원받아 단편 영화를 찍었을 정도였다. 이때 그의 부모는 스필버그에게 공부나 하지 괜한 짓을 한다고 말하지 않았다. 자식이 원하니까 자신의 뜻대로 맡긴 것이다. 특히 그의 어머니는 "No"라는 말을 한 번도 하지 않았다. 그의 어머니는 언제나 그를 믿었고 격려를 아끼지 않았다.
　스필버그는 영화감독의 꿈을 펼치기 위해 할리우드를 수시로 찾아갔고, 그런 그를 유니버설 스튜디오 직원으로 알 정도였다. 그러는 가운데 스필버그는 영화관계자들과 자연스럽게 알게 되었고, 마침내 기회를 얻었다. 그렇게 해서 만든 첫 영화〈죠스〉가 놀랄만한 흥행기록을 세웠을 때 그의 나이 고작 20대였다. 그 후 그는 뛰어난 연출력으로 많은 영화를 찍었는데 그중 대표작품으로는〈인디아나 존스〉,〈쥬라기 공원〉등이 있다. 그는 만드는 영화마다 공전의 히트를 치며 세계영화사에 전설이 되었다.
　스필버그의 성공요소는 첫째, 자신을 사랑하고 세상 중심에 서는 꿈을 늘 가슴에 품고 있었다. 둘째, 준비된 미래의 영화감독이었다. 셋째, 자신만의 상상력과 창의력이 뛰어났다. 넷째, 한 번 마음 먹은 것은 반드시 실행에 옮겼다. 다섯째, 좋은 작품을 보는 예리한 직관력을 갖고 있었다. 여섯째, 쇠붙이도 녹이는 강한 열정을 갖고 있었다. 일곱째, 현실적이고 중용적인 사고를 가졌다.
　스필버그는 1999년 제56회 골든 글로브 감독상을, 제71회 아카데미 감독상을, 2008년 레지옹 도뇌르 훈장을 수훈하는 등 많은 상을 수상했다. 그리고 2001년 대영제국 명예기사 작위를 받았다. 스필버그는 준비된 영화감독으로서 자신이 이루고 싶은 상상력으로 최고의 영화를 만든 이 시대 최고의 감독이다.

❖ 스티븐 스필버그Steven Allan Spielberg 1946~
미국 출생. 캘리포니아주립대학 영화학과 졸업. 대표적인 작품〈죠스〉,〈인디아나 존스〉,〈쥬라기 공원〉,〈맨 인 블랙〉,〈E.T〉,〈라이언 일병 구하기〉등 다수. 세계 최고의 흥행감독

DAY 054 조지 소로스

21세기 최고의 펀드매니저이자 소로스 펀드 매니지먼트 회장인 조지 소로스는 1930년 헝가리 부다페스트에서 태어났다. 그는 제2차 세계대전 때 조국 헝가리가 독일에 점령당하자 히틀러의 박해를 피해 영국으로 갔다. 영국으로 간 그는 자신의 미래를 위해 포터, 웨이터로 일하며 힘든 나날을 보냈다. 하지만 그는 그런 가운데서도 런던경제대학에 입학했다.

소로스는 대학 재학 중 《열린 사회와 그 적들》의 저자인 철학자 칼 포퍼의 가르침을 받았는데 이는 그의 삶에 막대한 영향을 끼쳤다. 또한 철도 노동자로 일하다 다친 그는 보험 혜택을 받지 못하자 훗날 자신이 성공하면 자선사업을 하겠다면 굳게 마음먹었다.

세일즈맨으로, 노동자로 일하면서 힘들게 공부한 끝에 학교를 마친 소로스는 자신의 꿈을 위해 동분서주했다. 1969년 짐 로저스와 함께 설립한 '퀀텀펀드'가 10년간 연 35%의 수익률을 올리며 크게 성공했다. 그는 1979년 자신의 결심대로 '열린사회기금'을 창립했으며, 1984년에는 헝가리에 소로스재단을 설립했다. 이후 동유럽 각 나라에 설립한 소로스재단의 지원을 받고 학생은 물론 지식인 등 많은 사람이 유학하는 혜택을 누렸다. 소로스는 1979년 오픈 소사이어티 펀드를 설립하며 자신만의 뛰어난 투자의 법칙을 적용하여 많은 부를 축적했다.

소로스에 대해 환투기꾼으로 부르며 그를 악마로 지칭하기도 하지만 한편으로는 자선사업가로서의 천사라는 지칭을 하기도 한다. 미국경제전문지 〈포브스〉는 2010년 억만장자 리스트를 발표했을 때 그의 재산은 140억 달러로 억만장자 중 35위였다. 하지만 그가 그동안 기부한 총액은 75억 달러나 되었다. 이는 당시 빌 게이츠 다음으로 많은 액수였다.

그의 말 한마디에 세계 주가가 움직일 만큼 막대한 영향력을 갖고 있다. 그가 세계 경제를 움직이는 미다스의 손이 될 수 있었던 것은, 최악의 순간에도 꿈을 포기하지 않고 낙관적인 인간관으로 최선을 다했기 때문이다. 그는 특유의 유대인 근성으로 어떤 상황에서도 살아남아 자신의 존재감을 유감없이 보여준 대표적인 유대인이다.

❖ 조지 소로스 George Soros 1930~
헝가리 태생. 세계해지펀드 귀재. 21세기 최고의 펀드매니저이자 소로스 펀드 매니지먼트 회장

DAY 055 알버트 아인슈타인

알버트 아인슈타인은 1879년 독일에서 태어났다. 어린 시절 아인슈타인은 학교생활에 적응하기 어려워했다. 틀에 짜인 정형화된 교육은 그의 흥미를 끌지 못했다. 그러나 수학과 과학에 대해서는 놀라운 집중력을 보이며 매우 흥미로워했다. 그리고 특이한 것은 어머니의 권유로 바이올린을 배웠는데 놀라운 연주 실력을 보이며 주변 사람들을 놀라게 했다.

아인슈타인은 뛰어난 수학과 물리학의 재능으로 16세에 '운동체의 광학'에 착안했다. 그는 스위스 취리히 연방공과대학에서 물리학과 수학을 공부했다. 대학졸업 후 스위스 특허사무소 심사관으로 일하며 독일의 유명한 월간 학술지인 '물리학연보'에 〈분자 차원의 새로운 결정A New Determination of Molecular〉이라는 논문을 게재했는데, 이 논문으로 취리히 대학교에서 박사학위를 취득했다. 그 해 '물리학 연보'에 4개의 중요한 논문을 발표했는데, 이는 인간의 우주에 대한 생각을 완전히 바꾸게 했다.

1911년 보히미아의 프라하 대학, 1912년 취리히 공과대학 교수가 되었고, 1914년 베를린 대학에 초빙되었다. 그리고 카이저 빌헬름 협회 물리학 연구소 물리학부장, 베를린 학사원 회원이 되었다.

아인슈타인은 1915년 '일반상대성이론'을 완성했으며 이어 1917년 '상대적우주론'을 발표했다. 1921년 노벨물리학상을 수상했으며 1929년에는 상대성이론을 더욱 확장하여 만유인력 및 전자기력의 일체를 포함한 '장의 통일이론'을 발표했다. 그의 연구는 불변의 진리라고 믿던 뉴턴의 물리학에 근본적 변혁을 가져옴으로써 20세기 이후의 최고의 물리학자가 되었다.

아인슈타인은 유대인으로서 유대민족주의와 시오니즘운동을 지지하고 평화주의자로 활약했다. 그러다 히틀러가 정권을 잡자 1933년 나치스에게 추방되어 미국으로 건너가 프린스턴 고등연구소에서 연구에 전념했다.

그는 독일이 원자폭탄을 만드는 계획을 세워 진행하자 루스벨트 대통령에게 원자폭탄 제조의 필요성을 역설하여 2차 세계대전의 종식을 빠르게 했으며, 평화주의자로서 세계평화운동에 크게 기여했다.

❖ 알버트 아인슈타인Albert Einstein 1879~1955
20세기 최고의 물리학자. 특수상대성이론을 발표하며 세계 주목을 받음. 베를린 대학교수 역임. 노벨물리학상 수상

DAY 056 윈스턴 처칠

　영국 수상을 두 번이나 역임한 명연설가이자 영국의 대정치가이며, 회고록《제2차 세계대전The Second World War》를 써서 노벨 문학상을 수상한 윈스턴 처칠은 영국 명문 귀족인 말버러가의 후손이다. 그는 공부를 잘 하지 못해 해로우 공립학교에 꼴등으로 들어갔고, 성적이 좋지 않아 부모의 바람과는 달리 대학진학을 하지 못했다. 그가 고민 끝에 선택한 샌드허스트 육군사관학교도 두 번이나 떨어지고 세 번째 도전에서 겨우 합격할 수 있었다.
　처칠의 내면 깊숙이에는 강한 불굴의 의지와 신념이 있었으며, 유머와 개성이 넘쳤다. 또 그에게는 상대방을 끌려오게 하는 진지한 설득력과 강한 리더십이 있었다. 그리고 사람들의 마음을 읽고 그 사람 입장에서 생각하고 배려할 줄 아는 포용력을 지닌 너그러운 성품을 가지고 있었다. 처칠은 자신에게 숨겨진 성공적인 요건들을 위해 많은 노력을 기울였다.
　육군사관학교 졸업 후 기병 소위로 임관하여 보어 전쟁에 참여했다 포로로 잡혔지만 탈출했으며, 제1차 세계대전당시 해군장관으로 활동했다. 하지만 작전에 실패하여 문책을 당해 장관직을 사퇴했다. 그 후 중령으로 복귀해 전쟁에 참전하여 자신의 능력을 유감없이 발휘했다.
　제1차 세계대전 후 보수당 의원으로 활동하다 자유당으로 당적을 옮겼지만, 다시 보수당에 입당하여 보수당 정치인들의 비난을 사기도 했다. 하지만 처칠은 개의치 않고 자신의 신념대로 적극 정치활동을 했다. 그는 나치가 영국을 공습할 것을 염려해 공군력을 강화해야 한다고 주장했으나 반대에 부딪혀 뜻을 이루지 못했다.
　그러던 어느 날 나치가 처칠의 말대로 영국을 공격하자 그의 견해를 중시하게 되었고, 해군장관에 임명했다. 그 후 처칠은 영국을 지켜내고 연합국의 승리를 이끌었다. 처칠은 조지 6세의 승인으로 총리에 임명되었다. 총리가 된 후 그는 미국의 루스벨트 대통령을 비롯한 서방국가지도자들과 활발하게 교류하며 세계적인 정치가로 우뚝 섰다.

❖ 윈스턴 처칠Winston Leonard Spencer Churchill 1874~1965
영국 수상을 두 번이나 역임한 명연설가이자 영국의 대정치가.《제2차 세계대전》으로 노벨문학상 수상

DAY 057 프랭클린 루스벨트

　미국 역사상 최초로 4선 대통령이 된 루스벨트도 시련과 고난의 시절이 있었다. 그는 윌슨 대통령 재직 시 해군 차관을 거쳐, 1920년 대통령 선거 시 민주당 대표로 출마했으나 공화당에 패배하여, 실패의 쓰라림을 맛보아야만 했다. 거기다 설상가상으로 소아마비에 걸려 병마와 싸우는 시련과 아픔의 세월을 보내야만 했다. 하지만 그는 좌절하지 않았다. 그는 자신의 미래를 꿈꾸며 스스로를 강하게 담금질하는 데 최선을 다했다. 마침내 병마와 싸워 이긴 루스벨트는 1928년 대통령 선거에서 불편한 몸을 이끌고 대통령 후보인 스미스를 위해 최선의 활약을 보이며, 자신은 뉴욕 지사에 당선되었다.

　루스벨트는 자신의 당선을 위해 표를 준, 열광적인 국민들을 위해 목숨을 바쳐 최선을 다할 것을 굳게 다짐하며 열성적으로 일을 했다. 이렇게 열심히 일한 그에게 또다시 대통령에 도전하는 기회가 찾아왔다. 그는 1932년 극심한 경제 불황에 빠진 미국을 위해 '뉴딜New Deal'정책을 선언하여, 압도적인 표차로 대통령에 당선되었다.

　그는 약자를 보호하고, 전쟁을 증오했으며 언제나 국민의 자유와 권리를 생각했다. 그 결과 그는 미국을 극심한 경제대란으로부터 구해낼 수 있었고, 국민과 국가의 미래를 위해 확실한 꿈을 심어 주었다.

　그는 '언론의 자유, 신앙의 자유, 결핍으로부터의 자유, 공포로부터의 자유'라는 4가지 원칙을 세우고, 민주국가가 하나로 뭉쳐 이 4가지 자유를 구현하고 세계를 재건해야 한다고 호소했다. 이 4가지 자유는 1941년 '대서양 헌장' 1942년 '연합국 공동선언'을 거쳐, 국제연합UN헌장의 인권조항이 되었다. 그리고 1948년 국제연합UN총회에서 채택된 '세계 인권선언'의 전문이 되는 놀라운 결과를 얻어냈다.

　루스벨트는 거듭된 실패와 소아마비라는 신체적 장애를 극복하고, 최악의 상황에서도 결코 좌절하지 않고, 불굴의 의지와 믿음과 겸손과 온유한 미덕으로, 끊임없는 창의력과 비전을 제시하며 자국은 물론 세계인류평화와 자유를 드높이는 데, 자신의 인생을 바친 진정한 인생의 승리자이며 온 인류의 귀감이 된 위대한 정치가이다.

❖ 프랭클린 D. 루스벨트 Franklin Delano Roosevelt 1882~1945
미국 32대 대통령으로서(4선) 경제 대 공황 때 뉴딜정책을 편 대정치가

DAY 058 존 F. 케네디

미국 대통령 중 최초의 40대(44세)에 대통령으로 당선된 존 F. 케네디. 그는 19세기 후반 할아버지 때 아일랜드에서 매사추세츠주로 이민 온 가문의 자식으로 태어났다. 그는 어려서부터 매우 총명했고, 매사에 당당했다. 그의 눈은 언제나 초롱초롱 빛났고, 불의를 보면 참지 못하는 정의로운 성품을 지녔다. 그리고 친구들 간에 리더십이 뛰어나고, 말을 잘하는 친구였다. 그의 그런 성격은 대학에 가서도 그대로 이어졌다. 그는 어떤 주제에 대해 토론하기를 좋아했고, 자신의 의견을 증명하기 위해 열정적으로 자신의 주장을 관철시키는 집념을 보여 주변 사람들에게 강한 인상을 일찍이 심어주었다.

케네디는 제2차 세계대전 중인 1942년 해군으로 참전하지만 부상을 당했다. 제대 후 INS 통신원으로 UN 창설의 샌프란시스코 회의, 영국 총선거, 포츠담 회의를 취재하는 등 활발하게 활동했다.

그는 정치에 관심을 갖고 1947년 매사추세츠주 하원의원이 되었고, 1953년에 상원의원에 당선되어서는 자신이 공약으로 내세운 일들을 최선을 다해 처리하여 국민들로부터 많은 인기를 얻었다. 그는 넘치는 열정과 번뜩이는 지성으로 민주당 대통령 후보로 선거에 나서 44세의 젊은 나이로 대통령에 당선되었다.

케네디는 '뉴프런티어New Frontier' 정책을 내세워 미국이 냉전의 해소에 적극 참여하여 세계평화의 주축이 되려 했고, 1962년 카리브 해 해상 봉쇄에 의한 쿠바 내 소련기지의 강제철거를 실행했고, 소련과 부분적인 핵실험 금지 조약을 맺고 미소 간의 해빙기를 이루어냈다. 그는 또 남미의 여러 나라와의 〈진보를 위한 동맹〉 결성하고, 평화봉사단을 통한 후진국을 원조하며 적극적으로 세계평화에 앞장섰다.

케네디는 자신이 세운 뜻을 이루어내기 위해 한편으론 강경론으로 또 한편으로는 한없는 부드러움으로, 정치인들과 국민들을 설득하는 탁월한 명연설가였으며 국민과 정치인들의 마음을 읽어내는 지혜로운 사람이었다. 그는 지금도 미국 국민들의 사랑과 존경을 받는 미국 역사상 가장 인상적인 대통령 중 한 사람으로 기억되고 있다.

❖ 존 F. 케네디 John Fitzgerald Kennedy 1917~1963
미국 제35대 대통령으로 '뉴 프런티어' 정책을 내세워 세계 냉전 해소에 지대한 영향을 끼친 정치가

DAY 059 펠레

　브라질 출신의 축구 황제라 불리는 불세출의 축구 선수 펠레. 그는 1940년 브라질 미니스 제라스주의 토라 코다소에라라는 작은 마을에서 축구 선수였던 아버지 돈 딘요의 끼를 물려받고 태어났다. 펠레는 초등학교 때부터 축구하는 것을 무척이나 좋아해 공을 찰 때가 가장 행복했고, 그 누가 하라고 하기 전에 이미 공을 차고 있었다. 그는 어린 시절부터 남다른 재능과 열정을 가지고 있었다.
　펠레는 15세 되던 해 아버지의 친구인 유명 축구 선수 브리트의 눈에 띄어 산토스 축구팀에 입단했고, 16세 때 베스트 멤버가 되는 놀라운 진가를 발휘했다. 청소년 시절 이미 그는 성인 축구 무대를 휘저으며 자신의 실력을 유감없이 보여주었다. 그는 눈부신 활약으로 17세 때 기라성 같은 축구 선수들이 즐비한 브라질의 대표 선수로 발탁되었다.
　축구 선수는 브라질 국민들의 꿈이자 삶의 목적일 만큼, 브라질 국민에겐 절대적이다. 그런 사람들 숲에서 펠레는 어린 나이에 자신의 자리를 차지했던 것이다. 그는 브라질 축구계는 물론 브라질 국민의 희망이었다.
　펠레는 1958년 스페인 월드컵을 비롯해 1962년, 1970년 등 세 번에 걸쳐 브라질을 우승으로 이끌었다. 그로 인해 브라질은 우승컵인 쥘리메트로피를 영구히 소장할 수 있게 되었다. 그리고 그에게는 축구황제라는 영예로운 별칭이 붙게 되었고, 그의 이름은 세계 축구의 대명사가 되었다.
　1960년도부터 세계 최고의 선수라는 평가를 받은 그는 1969년 11월 19일에는 1,000골을 돌파하는 영광을 안았다. 1,000골이란 숫자는 소위 말해 1급 경기라는 경기만으로 이뤄낸 놀라운 것이기에 그 의미가 매우 크다.
　펠레는 키 173cm, 몸무게 75.6kg의 축구 선수로서는 보통 체격을 가졌지만, 그가 최고의 축구 선수가 된 비결은 그의 천부적인 재능에도 있지만 끊임없는 연습과 기술 개발에 있었다. 그는 뛰어난 재능을 가졌음에도 한시도 가만히 있지 못하고 축구 연습에만 몰두했다. 뿐만 아니라 자신의 재능을 과신하지 않았고, 언제나 한결같은 마음으로 초심을 잃지 않았다.
　그의 마음속에는 오직 축구에 대한 열정만이 가득했다. 축구는 그의 인생이었고, 그의 인생은 축구 그 자체였다.

❖ 펠레Pele 1940~
브라질 출신의 축구 황제라 불리는 역사상 가장 뛰어난 불세출의 축구 선수

DAY 060 타이거 우즈

☐ CHECK

    타이거 우즈는 1975년 미 육군 중령인 얼 우즈와 타이 출신의 컬티다 우즈 사이에서 태어났다. 그는 어릴 적부터 골프를 좋아하는 아버지로부터 골프를 배웠는데 어린 우즈는 힘든 기색 없이 골프를 즐기며 배웠다. 그의 능동적인 골프연습은 놀라우리만치 그의 실력을 하루가 다르게 변화시켰다.

    우즈는 16세 때인 1991년에 이어 1992년, 1993년 연속으로 미국 주니어 아마추어 챔피언십에서 우승했다. 이 기록은 1984년 매리 루 리턴 이래 처음으로 3년 연속 우승한 놀라운 기록이다. 이어 1994년 US 월드 아마추어, 1995년 워커 컵, 1997년 리더 컵 대회에 국가 대표로 참가했다.

    우즈는 대학 3학년 때인 1996년 중퇴를 하고 처음으로 PGA 투어에 참가했으며, 라스베이거스 인비테이셔널, 월드디즈니 월드, 올즈 모빌 클래식에서 우승을 거둠으로써 PGA 투어 신인상을 받았다.

    1997년에는 PGA의 메르세데스 챔피언십, 마스터스 토너먼트, GTE 바이런 넬슨 골프 클래식, 모토롤라 웨스턴 오픈을 제패함으로써 프로 골프계를 뒤흔들어 놓으며 우즈란 이름을 드높였다.

    우즈는 1998년 PGA 벨사우스 클래식에서 우승했고, 국제대회에서는 1997년 아시안 혼 다 클래식, 1998년 조니 워커 클래식을 제패했다. 또한 닛산 오픈 2위, 메르세데스 챔피언십 공동 2위, 브리티시 오픈 챔피언십 3위, 뷰익 인비테이셔널 공동 3위, 스피린트 인터내셔널 공동 4위에 오르는 쾌거를 이뤘다.

    타이거 우즈는 기록의 사나이다. PGA사상 최연소 50승을 이뤄냈고, US 오픈에서 106년 역사상 처음으로 두 자릿수 언더파(12언더파)와 역대 최다 타수(15타) 타이기록을 세웠다. 그리고 브리티시오픈에서는 역대 메이저대회 최저타 우승기록 및 한해 4대 메이저대회를 석권하는 그랜드슬램을 최연소로 이뤄냈다. 그리고 통산 3차례의 그랜드슬램을 이뤘다. 또 2005년에는 한 시즌 상금 사상 첫 1,000만 달러를 기록했다. 그 후 이혼과 부상으로 오랫동안 슬럼프에 빠졌다가 2012년 PGA 아널드 파머 인비테이셔널 우승, 2013년 두 번 우승, 2019년 메이저대회인 마스터스 우승 등 통산 81승을 기록했다.

    우즈는 PGA사상 최고의 선수로 평가받는 불세출의 선수이다.

❖ 타이거 우즈Tiger Woods 1975~
미국 프로골프 선수. PGA(미국 프로골프협회) 골프 황제

DAY 061 엔리코 카루소

엔리코 카루소는 1873년 이탈리아 나폴리의 가난한 집안에서 태어났다. 친구들은 모두 학교에 가서 공부를 하는 동안 카루소는 집안일을 거들어야 했다. 그의 마음속에는 배움에 대한 열망으로 가득 차 있었는데 그것은 노래를 하는 거였다. 그는 공장에 취직을 하여 열심히 돈을 모았다. 하루하루가 힘들고 고달팠지만, 꿈이 있는 그에겐 그 정도의 고생은 얼마든지 참아낼 수 있었다.

그러던 어느 날 카루소는 자신의 꿈을 키워 줄 선생을 찾아갔다. 하지만 선생으로부터 그런 목소리로는 좋은 가수가 될 수 없으니 다른 꿈을 찾아보라는 혹평을 듣고 크게 실망했다. 하지만 그는 어머니의 격려에 힘입어 일하는 틈틈이 노래연습에 몰두했다. 카루소는 자신을 위해 애쓰는 어머니를 볼 때마다, 그리고 칭찬을 들을 때마다 자신감이 넘쳐났다. 연습에 연습을 거듭한 그는 1894년에 그토록 꿈에 그리던 첫 무대를 열었다. 그의 노래를 들은 사람들은 천상의 목소리를 듣는 것 같다고 열광했다.

그는 연주회를 하며 성악가로서의 입지를 탄탄히 굳혀나갔다. 그는 예전의 기계공에서 멋지고 열정적인 테너 가수로 화려한 변신에 성공했다. 1902년 몬테카를로의 오페라극장과 런던의 코벤트 가든 왕립오페라극장에 출연하여 성황리에 연주를 마치고, 이듬해에는 뉴욕의 메트로폴리탄 오페라극장에도 출연하여 극찬을 받았다.

그 후 카루소는 테너 가수로서 최고의 영예를 누리며, 메트로폴리탄 오페라극장에서만 무려 607회나 출연하는 영광을 누렸다. 특히, 그는 아름다운 미성에 벨칸토 창법의 모범으로 인정받는 테너가 되었다.

카루소가 노래뿐만 아니라 더욱 훌륭한 것은 그의 삶의 자세에 있다. 그는 자신의 노래를 듣기 원하는 사람이 있다면, 그곳이 어디든 그리고 사람 숫자가 몇 명이든 가리지 않고, 자신의 노래를 들려주었다.

"내 노래를 사랑하는 사람이 있는 곳이 곧 나의 무대다. 그리고 나는 그들을 위해 노래해야 한다. 그것은 나의 의무이다."

카루소의 말에서 보듯 그는 프로정신이 매우 투철한 사람이었다. 그는 철두철미한 프로정신과 열정으로 세계 최고의 테너가 되었다.

❖ 엔리코 카루소 Enrico Caruso 1873~1921
이탈리아 전설적인 테너 가수

DAY 062 아놀드 슈왈제네거

☐ CHECK

　터미네이터 시리즈에서 강한 액션에 멋진 활동으로, 수많은 영화관객을 사로잡았던 아놀드 슈왈제네거. 그는 1947년 오스트리아에서 태어났다. 그의 아버지는 아메리칸 드림의 밝은 미래를 위해 가족과 함께 미국으로 이민을 왔다. 그의 가족은 미국 캘리포니아에서 매우 힘들게 살았다. 하루하루의 삶이 그를 고달프고 힘들게 했지만, 그에겐 세 가지 꿈이 있었다.

　슈왈제네거의 세 가지의 꿈이란 첫째, 미국 할리우드의 영화배우가 되는 것이고, 둘째는 미국 최고의 명문가인 케네디가의 여인과 결혼하는 것이고, 셋째는 정치가가 되는 것이었다.

　그는 할리우드 최고의 영화배우가 되기 위해 작고 사소한 일에도 최선을 다했다. 그의 열정적인 노력은 드디어 그를 당당한 배우로 만들어 주었다. 몸을 사리지 않는 실감나는 액션, 현실인 듯 착각하게 만드는 멋들어진 연기에 사람들은 열광했다. 그리고 그는 두 번째의 꿈대로 케네디가의 여인과 결혼했다. 그는 자신의 꿈을 하나씩 이루어 갈 때마다 뜨거운 감사와 희열을 느끼며, 더욱 자신의 꿈을 소중히 여기는 마음을 갖게 되었다.

　케네디가의 여인과의 결혼으로 두 번째 꿈을 이룬 그는, 세 번째 꿈인 정치가를 향해 도전을 해 나갔다. 그의 성실한 삶은 많은 사람들에게 신뢰감을 주었고, 그가 정치가가 되는 데 있어 큰 도움이 되었다. 꿈을 향해 가던 그에게 2003년 드디어 정치가의 꿈을 이룰 수 있는 기회가 찾아왔다. 캘리포니아 주지사 보궐선거에 그가 나가게 되었다. 그는 선거를 통해 당당히 캘리포니아 주지사에 당선되었다.

　슈왈제네거는 자신이 세운 세 가지 꿈을 모두 이루어냈다. 그의 가슴은 자신이 세운 세 가지 꿈을 이루어냈다는 것에 대한 자긍심으로 가득 찼다. 그는 생각했다. '꿈을 꾸며 산다는 것은 아름다운 일이고, 그 꿈을 이루어 내는 것은 더욱 행복한 일'이라고.

　여기서 한 가지 분명히 할 것은 꿈은 꾸는 것만으로는 이룰 수 없다는 것을 알아야 한다는 사실이다. 그 꿈을 이루어내기 위해 노력하고 최선을 다할 때 꿈은 이루어지는 것이다.

❖ 아놀드 슈왈제네거 Arnold Schwarzenegger 1947~
미국 인기 영화배우. 미국 캘리포니아 주지사. 주요 작품 〈터미네이터〉, 〈코만도〉 외 다수

DAY 063 알프레드 베르나르드 노벨

알프레드 베르나르드 노벨은 1833년 스웨덴의 스톡홀름에서 태어났다. 그의 아버지 임마누엘 노벨은 발명가이자 공학자였다. 그는 8명의 자녀를 두었지만 노벨과 3명의 자녀를 제외하곤, 모두 어렸을 때 잃고 말았다.

노벨은 지적 호기심이 매우 많아 매사에 관심을 보였으며, 특히 폭탄에 관심이 많아 공학자인 아버지로부터 공학의 기초를 배웠다. 그의 부모님은 개인 가정교사를 붙여 노벨에게 공부를 가르쳤다. 총명했던 노벨은 열심히 공부하여 16세 때, 이미 화학에 대한 폭넓은 지식을 습득했다. 그뿐 아니라 그는 영어, 프랑스어, 독일어, 러시아어에도 능통했다.

노벨은 좀 더 폭넓은 지식을 배우기 위해 1850년 프랑스 파리로 유학을 떠났다. 파리에서 1년간 화학을 공부한 그는 더 많은 지식을 탐구하기 위해 미국으로 갔다. 미국에 도착한 그는 장갑함 모니터호를 만든 발명가 존 에릭슨 밑에서 4년 동안 일을 하며 자신이 알고 싶었던 많은 것을 배웠다. 자신이 알고 싶은 것을 배운 그는 러시아 상트페테르부르크로 돌아왔다. 노벨은 군수물품을 만드는 아버지 공장에서 일을 시작했다. 하지만 아버지 회사에서 일한 지 3년 만에 그의 아버지 회사는 또다시 파산하고 말았다.

이후 노벨은 부모님과 함께 스웨덴에 오자마자 아버지 소유의 땅에 지은 조그만 실험실에서 밤낮을 가리지 않고, 폭탄을 제조하기 위해 연구에 몰두했다. 노벨은 광산에서 안전하게 사용할 수 있는, 폭탄을 만들기 위해 니트로글리세린을 제조하는 공장을 세웠다. 그리고 거듭된 연구 끝에 드디어 니트로글리세린의 취약점인 이상 폭발을 막는 장치인 뇌관을 발명했다. 그로 인해 노벨은 발명가로서의 명성을 얻으며 자신이 입지를 굳건히 했다.

많은 부와 명성을 쌓은 그는 더 나은 인류의 미래를 위해, 자신이 평생 모은 돈을 아낌없이 내놓았다. 그가 아니면 할 수 없는 큰일을 유언으로 남기고 떠난 노벨. 그의 유언대로 노벨재단이 설립되고 인류발전에 이바지한 사람들에게 1901년부터 물리학, 화학, 문학, 평화, 경제학, 생리학의학 등 6개 부문에 걸쳐 매년 노벨상을 시상하고 있다. 그는 지금도 살아서 온 세계에 빛과 희망이 되고 있다.

❖ 알프레드 베르나르드 노벨 Alfred Bernhard Novel 1833~1896
스웨덴 출신의 발명가. 다이너마이트를 발명. 노벨상 제정자

DAY 064 | 벤저민 프랭클린

　벤저민 프랭클린은 미국의 정치가이자 과학자, 문필가로 그리고 미국 독립기초위원으로, 독립의 아버지 중 한 사람이다.
　1706년 보스턴에서 태어난 프랭클린은 어린 시절 아버지가 경영하는 회사에서 양초와 비누 제조를 돕다가, 형이 운영하는 인쇄소에서 견습공으로 일했다. 그러던 중 그는 17세 때 형과의 충돌로 필라델피아로 가서 인쇄공이 되었다. 인쇄공으로 일하던 그는 영국으로 가 2년간 머물다 귀국했는데, 그곳에서의 경험은 그에게 새로운 꿈과 열정을 심어주었다.
　1729년 프랭클린은 〈펜실베이니아 가제트〉지를 인수하여 편집에도 직접 참여하는 열의를 보이며 〈펜실베이니아 가제트〉를 유명한 신문으로 발전시켰다. 그리고 교육에도 관심이 많아 펜실베이니아 대학교의 전신이었던 필라델피아 아카데미를 창설하고, 도서관을 설립했으며 미국철학협회를 창립하는 등 폭넓은 교육문화 활동에도 전념했다. 또한 프랭클린은 자연과학에도 유난히 관심이 많았는데, 지진의 원인을 연구하여 발표했고, 고성능의 '프랭클린난로'를 발명했으며, 획기적인 피뢰침을 발명하여 명성을 떨쳤다.
　그의 멈출 줄 모르는 도전은 연을 이용한 실험을 통해 번개와 전기의 방전은 동일한 것이라는 가설을 증명하고, 전기유기체설을 제창했다. 그의 성과는 많은 사람들에게 감명을 주었고, 1753년에는 영국 로열소사이어티회원에 선정되어 코플리상을 받았다.
　프랭클린은 체신장관 대리가 되어 우편제도를 새롭게 개선했고, 올리버 회의에 펜실베이니아 대표로 참석하여 최초의 식민지연합안을 제안했다. 그는 영국에 파견되어 식민지에 자주과세권을 획득하고 귀국했는가 하면, 다시 영국으로 가 인지조례의 철폐를 성공시켰다.
　1775년 영국에서 귀국한 그는 제2회 '대륙대회'의 펜실베이니아 대표로 뽑혔고, 1776년에는 독립기초위원에 임명되었다. 그리고 그해 프랑스로 건너가 아메리카와 프랑스동맹을 성립시켰고, 프랑스 재정원조를 얻는 데 성공했으며, 1783년 파리조약에 미국 대표의 일원이 되었다.
　프랭클린은 다방면에서 업적을 남겨 미국 국민들의 존경을 받고 있다.

❖ 벤저민 프랭클린 Benjamin Franklin 1706~1790
미국의 정치가. 과학자. 문필가. 미국 독립기초위원

DAY 065 브라이언 트레이시

자기계발 동기부여가이자 강연가로 유명한 브라이언 트레이시는 1944년 미국에서 태어났다. 그는 어려운 집안 환경으로 고등학교도 마치지 못하고, 생계를 위해 작은 호텔에서 접시 닦는 일을 해야 했다. 그 후 몇 년 동안은 여기저기를 떠돌며 온갖 막노동으로 생계를 겨우 유지했다.

이후 트레이시는 영업을 시작했는데 6개월 동안 실적이 없었다. 그는 프로 영업인을 찾아가 비법을 알려 달라고 간청한 끝에 비법을 전수받았다. 그는 배운 대로 실행해 판매 실적을 올려 매니저가 되었다. 그 후 그는 아프리카에서 3년 동안 머물며 이곳저곳을 여행하며 몸과 마음을 다졌다. 단련된 몸과 마음으로 귀국한 그는 닥치는 대로 책을 읽었다. 심리, 철학, 경제학, 경영학 등 자신의 꿈을 이루는 데 도움이 되는 책들을 읽으며 공부했다. 또 대학에서 주최하는 강의가 있으면 한달음에 달려가 들었다. 배움만이 자신의 꿈을 구체화시키며 힘이 되어 준다는 사실을 깨달았기 때문이다. 그는 자신의 방법대로 익힌 지식을 발판으로 삼아 성공했다.

그는 강연 때마다 공부를 통해 배운 것을 적용하며 일할 것을 당부했다.

"평생 배우기에 힘써야 한다. 당신의 정신과 머리에 집어넣는 것, 그것이 당신이 가질 수 있는 최고의 자산이다."

브라이언 트레이시의 말에는 삶을 통해 배움의 소중함을 깨달은 그의 신념이 담겨있다. 배움보다 더 중요한 것이 있다. 배움을 통해 깨달은 것을 행동으로 옮기는 것이다. 깨달음 자체만으로 달라지는 것은 아무것도 없다. 깨달음을 행동으로 옮겼을 때 놀라운 결과가 나타난다.

대부분의 사람들은 배움을 통해 깨닫는 것까지는 잘하지만 실천의 의지가 부족하다. 몇 번 해보다가 뜻대로 되지 않으면 금세 포기해 버린다. 의지와 신념이 약하기 때문이다. 아무리 견고한 이론으로 무장했다 하더라도 행동이 뒷받침되지 않으면 소용이 없다.

브라이언 트레이시는 매년 100회 이상을 강연하는 등 왕성한 활동을 통해 자신의 진가를 유감없이 발휘했다. 그는 자기계발 전문가로, 베스트셀러 작가로 크게 성공하며 행복한 인생을 구가하고 있다.

❖ 브라이언 트레이시 Brian Tracy 1944년~
컨설턴트, 자기계발 동기부여가, 강연가, 저술가 저서 《전략적 세일즈》, 《판매의 심리학》, 《위대한 기업의 7가지 경영 습관》 외 다수

DAY 066 오프라 윈프리

오프라 윈프리는 1954년 미국 미시시피주에서 사생아로 태어났다. 미혼 부모 사이에서 태어난 그녀는 조부모 밑에서 지독한 가난과 힘겨운 시절을 보냈다. 사촌에게 성폭행을 당하고, 14살 어린 나이에 아기를 낳았지만 사고로 죽었다.

그녀의 성장기는 하나부터 열까지 시련으로 가득했다. 하지만 그녀는 절망하지 않았다. 눈앞에 벌어지는 모든 일을 긍정적으로 받아들이며 자신을 훈련하는 시간으로 삼았다.

그러던 어느 날 그녀에게 지역 라디오 방송국에서 일할 기회가 주어졌다. 저녁 뉴스의 공동 진행 자리를 맡게 된 것이다. 그녀의 재치 있는 말솜씨는 시청자들에게 좋은 인상을 주었고, 이 일을 계기로 낮에 진행하는 토크쇼까지 맡게 되었다. 그녀에게는 더없이 기쁘고 행복한 일이었다. 방송을 통해 그녀가 사람들에게 알려질 무렵에는 새로운 기회가 찾아왔다.

1983년 오프라 윈프리는 시카고에서 30분짜리 아침 토크쇼를 진행하게 되었다. 그녀는 천재일우의 기회로 삼아 자신의 역량을 마음껏 발휘했다. 그러자 놀라운 일이 벌어졌다. 그녀의 토크쇼가 단번에 시청자들의 주목을 받았다. 기존의 토크쇼와는 다른 그녀만의 진행 방식과 화법이 대중의 이목을 사로잡은 것이다. 그녀의 독특한 개성은 시청자들을 끌어당겼고, 마침내 그녀는 누구나 인정하는 최고의 진행자가 되었다.

오프라 윈프리는 1998년 실시한 미국에서 가장 영향력 있는 여성 중 힐러리 클린턴에 이어 2위에 뽑혔다. 그리고 〈포브스〉가 연예인과 스포츠 스타, 작가, 영화감독 등 소득과 명성을 기초로 선정한 2007년, 2008년 '세계의 가장 영향력 있는 유명인사 100인'에 연이어 1위를 차지했다.

그녀는 단순한 엔터테이너가 아니다. 그녀는 피부와 인종을 뛰어넘은, 모든 여성의 꿈의 대상이며 실체이다. 그녀가 진행한 '오프라 윈프리 쇼'는 2002년까지 30회의 에이미상을 수상하는 영예를 안았다. 또한 그녀는 영화 '컬러 퍼플'에 출연하여 골든글러브상을 수상하고, 미국 아카데미시상식에서 여우조연상을 수상하는 등 성공한 여성의 대명사로 평가받고 있다.

❖ 오프라 윈프리|Oprah Winfrey 1954~
방송인. 2013년 〈포브스〉 세계에서 가장 영향력 있는 유명인사 100인 선정. 미국 케네디센터 평생공로상(2010), 하버드 대학 명예박사

DAY 067 데일 카네기

자기계발 동기부여가이자 인간관계를 위한 처세술의 대가이며 영원한 베스트셀러 《카네기 처세술》의 저자인 데일 카네기는 미국의 수많은 자기계발 전문가 중에서도 독보적인 존재로 유명하다.

카네기는 처음부터 처세술의 대가가 아니었다. 그는 위런스버그 주립 사범대학을 졸업하고 네브레스카에서 교사로 아이들을 가르쳤다. 하지만 그는 더 늦기 전에 무엇인가 새로운 것에 도전을 해보고 싶어 학교를 사직했다. 그는 소설가를 꿈꾸며 2년 동안 열심히 작품을 썼으나 출판사로부터 작가의 가능성이 없다는 말을 듣고 작가의 길을 포기했다. 그 후 그는 자기만의 강의 콘텐츠를 짜고, 거기에 맞는 프로그램을 직접 연구·계발하는 데 몰입했다. 그리고 자기만의 철학과 사상이 담긴 자기계발 및 인간관계 향상을 위한 처세술 전략을 완성했다.

그는 자신의 뜻을 펼치기 위해 대학에 문을 두드렸지만 뜻을 이루지 못하자, YMCA 측에 성인들을 대상으로 강연할 것을 제의했다. YMCA 측에서는 그의 제안을 받아들였고, 마침내 그는 자신의 꿈의 프로젝트인 '인간관계를 위한 대화와 스피치'에 대한 강연을 시작했다. 그가 계획한 강의는 당시로써는 블루오션과도 같았다. 그의 강연을 들은 사람들은 열광했고, 입소문을 타고 확산되었다. 그러자 여기저기서 많은 사람이 그의 강연을 듣기 위해 몰려왔다. 카네기도 예상하지 못한 놀라운 결과였다. 이에 용기를 얻은 그는 〈카네기 연구소〉를 설립하고 '인간경영과 자기계발' 강좌를 개설했다.

이후 미국과 캐나다를 비롯해 많은 나라에 〈카네기 연구소〉가 설립되었다. 놀라운 일이었다. 그는 자신에게 강의를 듣고 감동한 출판사 사장의 제의로 그동안 강의한 원고를 모아 《카네기 처세술》을 출간했다. 이 책은 돌풍을 불러일으키며 많은 독자에게 사랑을 받았으며, 초판이 나온 지 90년이 지났지만 지금도 꾸준히 팔리는 스테디셀러이다.

그의 강연을 듣고 그의 가르침대로 실천한 끝에 성공한 사람들은 숫자를 헤아리지 못할 정도로 많다. 그는 자기계발 동기부여가이자 강연자로서 최고의 자리에 오른 입지전적인 인물로 평가받고 있다.

❖ 데일 카네기 Dale Carnegie 1887~1955
미국 출생. 자기계발 전문가이자 강연자. 〈데일 카네기 연구소〉 소장. 대표적인 저서 《카네기 처세술》, 《카네기 성공철학》 외 다수

DAY 068 버락 오바마

미국 최초의 흑인 대통령으로서 재선에 성공한 버락 오바마는 1961년 케냐 출신의 흑인 아버지와 백인 어머니 사이에서 태어났다. 그런데 불행히도 부모가 이혼하는 바람에 재혼한 어머니의 보살핌을 받다가 외조부모와 같이 살기 위해 인도네시아에서 하와이 호놀룰루로 돌아왔다. 오바마는 외조부모의 보살핌으로 1979년 고등학교를 졸업하고, 명문 컬럼비아 대학교와 하버드 대학교 법학대학원을 졸업했다.

오바마는 시카고 지역사회개발프로젝트에 처음으로 기금을 지원한 재단 '시카고 숲 기금'의 이사회에서 일했으며, '조이스재단' 이사회, '시카고 애넨버그 챌린지' 이사를 지냈으며, '지역기술센터'이사회, 인권변호사로 일하는 등 자신의 역량을 지역사회활동에 온통 쏟아부었다.

오바마는 시카고 사회활동 경험을 바탕으로 정계에 진출하여 1997년부터 2004년까지 일리노이주 상원의원 3선에 성공했다. 그리고 2004년엔 미연방상원의원에 출마하면서 그의 존재가 미국 전역에 알려짐으로써 미국인들의 관심을 끌기 시작했다. 이때 오바마의 총선 상대는 공화당의 앨런 키스였다. 오바마는 70%의 표를 얻어 앨런 키스를 물리치고 상원의원에 선출되었다. 그는 아프리카계 미국인으로서는 다섯 번째 상원의원이 되었다.

그는 대권에 도전해 미국의 '희망과 변화Hope and Change'와 '우리는 할 수 있다Yes We Can'는 슬로건으로 미국 유권자들을 감동시켰다. 그리고 마침내 제44대 미국 대통령에 당선되었다.

그의 업적으로는 이라크전을 종식시킨 것과 알카에다 최고지도자인 오사마 빈 라덴을 제거했으며, 새로운 일자리 500만 개를 만들었으며, 주택가격 상승, 원유 해외 의존도 하락, 자동차산업을 회복시킨 것 등을 들 수 있다.

2012년 11월 그는 대통령 선거에서 공화당 후보 롬니와의 경쟁에서 큰 표 차이로 재선에 성공하며 자신의 존재감을 미국은 물론 세계에 재확인시켰다.

오바마는 강력한 리더십으로 미국이 세계 중심 국가로서의 역할을 충실히 해냄은 물론 세계평화에 기여한 공로로 2009년 '노벨평화상'을 수상했다. 그는 미국을 초강대국으로서의 발전과 변혁을 이끈 대통령으로 평가받는다.

❖ 버락 오바마Barack Hussein Obama 1961~
미국 44대, 45대 대통령. 2008년 〈뉴욕타임지〉 선정 '올해의 인물'. 2009년 노벨평화상 수상

DAY 069 이사도라 덩컨

현대무용의 개척자, 현대무용의 여제 이사도라 덩컨. 그녀는 1878년 미국에서 태어났다. 어린 시절 음악 교사였던 어머니로부터, 음악의 기초와 발레를 배웠으며, 18세 때인 1897년 델리 단원으로 영국으로 건너가 발레수업을 받았으며, 뉴욕으로 돌아와 다시 발레수업을 받았다.

이사도라 덩컨은 무용을 잘한 것 못지않게 개성과 주관이 뚜렷해서 무용복을 만들 때도 옷감 선택은 물론, 의상제작 등에 세밀하게 신경을 썼다. 또한 그녀는 정통무용복보다는 무용의 성격에 따라, 파격적인 무용복을 즐겨 입었다. 그 예로 1899년 시카고에서 무용을 발표할 때 그녀는 반라에 가까운 차림으로 무대에 섰다. 그녀의 모습을 본 관객들은 놀라움을 감추지 못했지만, 그녀에 대해 강렬한 인상을 받았다. 그녀의 파격적인 행보에 많은 사람은 놀라워하면서도 그녀의 미래를 예의주시했다.

이사도라 덩컨은 자신의 뜻을 좀 더 펼쳐 보이기 위해 유럽으로 갔다. 그녀는 파리에서 새로운 무용을 발표했는데, 지금과는 다른 개성의 발레를 보여주었다. 관객들의 반응은 뜨거웠다. 그녀가 택한 새로운 무용 스타일은 기존 무용에 대한 거부이며 새로움을 추구하는 도전이었다. 그리고 그녀가 시도한 발레의 대중화운동은 발레 역사에 하나의 혁신이었다.

"발레는 일부 사람들만 즐기는 무용이 아니다. 발레는 누구나 즐겨야 한다. 그것이 내가 생각하는 발레다."

그녀의 말에서도 발레에 대한 그녀의 철학을 잘 알 수 있다. 이사도라 덩컨에게 고무된 사람들은 그녀가 하는 일에 열렬한 지지와 아낌없는 사랑과 관심을 보내주었다. 그녀가 전개한 발레운동을 신무용이라고 불렀다. 그녀가 시도하고 보급한 신무용은 기존 발레를 한층 업그레이드시키며 신선한 바람을 일으켰던 것이다.

그녀가 세계 발레 역사에서 영원한 전설이 될 수 있었던 것은, 기존의 것을 보다 새롭게 이끌어낸 창조적이고 도전적인 마인드를 가졌기 때문이다. 그렇다. 이사도라 덩컨은 그 누구보다도 치열한 자기를 살아낸 현대무용의 개척자이자 현대무용의 여제라고 할 수 있다.

❖ 이사도라 덩컨 Isadora Duncan 1878~1927
미국 출생. 자유무용의 창시자로 현대무용의 개척자. 1904년 베를린에 무용학교 설립

DAY 070 자하 하디드

　세계 최고 여성건축가 자하 하디드. 그녀는 1950년 이라크 바그다드에서 태어났다. 대학에서 수학을 전공하다 뜻을 바꿔, 1972년 영국의 명문 건축학교인 런던건축협회학교로 유학하여 건축학을 공부했다.
　그녀는 런던에서 활동하면서 '페이퍼 아키텍트'로 유명해졌다. 페이퍼 아키텍트는 실제 지을 건물보다는 개념적이고 실험적인 건축아이디어를 도면상으로 시도하는 건축가를 말한다.
　하디드는 새로운 스타일의 건축구상으로 국제전 공모에서 여러 차례 우승하며 주목을 받았다. 하지만 그녀의 독창적인 건축은 실제에서는 적용되지 못했다. 돈 되는 건축이 아니라는 선입견을 갖게 했기 때문이다.
　그러나 그녀는 실망하지 않았다. 반드시 자신의 개성을 알아봐 줄 기회가 올 거라고 굳게 믿었다. 그러던 어느 날이었다. 그녀가 그렇게도 간절히 원하는 기회가 찾아왔다. 독일 기업 바트라가 건축설계를 의뢰해온 것이다. 하디드는 천재일우의 좋은 기회를 살려, 자신의 역량을 맘껏 펼쳐 보였다. 그렇게 해서 지어진 건물이 바트라 소방서인데, 이 건물은 현대건축물의 걸작으로 평가받으며 그녀를 새롭게 태어나게 했다. 그녀가 택한 새로운 시도는 마치 조각 작품 같은 건축물이었다. 이 건축물은 건물의 용도뿐만 아니라, 예술적 가치를 지녀 많은 사람의 감상거리가 되었다. 이에 대해 그녀는 이렇게 말했다.
　"나는 기존의 그 어떤 것과는 좀 더 다른 나만의 개성을 보여주고 싶었다. 나다운 것 그것이 내가 추구하는 스타일이다."
　이후 그녀는 오스트리아 인스부르크의 베르크이젤 스키점프대를 비롯해, 독일 라이프치히 BMW 빌딩 등을 건축하며 세계적인 명성을 쌓으며 능력을 과시했다. 그리고 우리나라 동대문 운동장터에 복합문화공간인 '동대문 디자인 플라자'를 설계하는 쾌거를 이뤄냈다.
　하디드는 평범한 것을 거부했다. 자신만의 색깔이 묻어나는 새롭고 독창적인 것을 추구했다. 기존적인 틀을 벗어나 개성을 중시하는 그녀만의 스타일이, 그녀를 성공적인 건축가로 거듭나게 했던 것이다.

❖ 자하 하디드 Zaha Hadid 1950~2016
이라크 출신 영국 여성건축가. 메트로폴리탄 건축사무소 공동대표. 2004년 프리츠커 건축상 수상

DAY 071 | 사라 문

□ CHECK
CHARACTER

　세계적인 포토그래퍼 사라 문. 그녀는 패션모델 출신으로 1970년에 사진작가로 입문했다. 사라 문의 작품 세계는 환상적이고 동화적이다. 사실적인 것을 찍되 그것에 환상을 입히는 것이 그녀만의 장점이다. 일흔이 넘은 나이에 환상적인 작품세계를 보일 수 있는 것에 대해 다음과 같이 말했다.
　"난 어린아이의 영혼을 아직 간직하고 있다. 예전 열정을 그대로 유지하고 있다는 것에 대해 나 자신도 놀라고 있다. 현실도 중요하지만 허구의 세계를 찍기 위해 노력하고 있다."
　사라 문은 1972년에 피렐리의 달력을 촬영한 최초의 여성 사진작가로 명성을 얻었다. 피렐리의 달력은 유명 작가만이 찍을 수 있을 뿐만 아니라 그때까지만 해도 남성 작가의 고유한 영역으로 여겨 그녀로서는 영예이자 명성을 얻는 디딤돌이 되었다.
　2008년에는 〈12345〉라는 작품집으로 '나다르' 상을 수상했다. 이 상은 사진작가에게 주어지는 최고의 상으로써 그 가치를 인정받기에 충분하다.
　사라 문의 작품은 그 시대와는 다른 그녀만의 색깔이 분명한 개성과 철학을 담고 있다. 그녀는 사진의 본질은 흑과 백으로 규정하고 컬러풀한 것은 배격한 것으로 유명하다.
　"나는 나 자신을 위한 작업을 한다. 패션계의 주문을 받아도 지금 스타일과는 다른, 좀 더 틀에 박히지 않고 풍부하게 표현하려는 나만의 작업을 한다."
　그녀는 자신의 말처럼 개성적이고 자기다운 것을 매우 중시한다. 이런 그녀의 장인정신이 그녀를 성공적으로 만든 것이다. 그녀는 자신을 장인이라고 말하는 데 주저하지 않는다. 그녀가 패션모델을 하다 진로를 사진가로 바꾸고, 영화도 할 수 있었던 것은 그녀의 확고한 신념 때문이다.
　자신의 길을 잘 가던 사람이 어느 날 다른 길을 간다는 것은 쉽지 않다. 지금 가는 길은 그동안 갔던 길이라 잘 알고 가는 길이지만, 새로 가는 길은 생소함으로 여러 면에서 불안감을 갖게 될 것이기 때문이다. 사라 문은 모험과 같은 길을 마르지 않는 열정으로 걸어간 끝에 성공했다.

❖ 사라 문Sarah Moon 1942~
프랑스에서 출생한 유대인계 프랑스인으로 패션모델 출신 포토그래퍼. 2008년에는 〈12345〉라는 작품집으로 '나다르' 상 수상

DAY 072 미첼 바첼레트

　남미 최초의 여성 대통령인 칠레의 미첼 바첼레트. 그녀는 2006년 선거를 통해 당당하게 칠레의 대통령이 되었다. 그녀는 대통령이 되기 이전엔 소아과 의사로 일했으며, 최초의 여성 국방장관을 역임했다. 그녀의 이름 앞에는 최초라는 낱말이 마치 수식어처럼 따라붙는다.
　바첼레트는 남성을 능가하는 포용력과 결단력, 그리고 자신의 뜻을 관철시키는 추진력이 대단히 뛰어났다. 그 일례로 그녀는 남녀 동수의 내각을 구성했다. 이는 남성 위주의 내각 구성에 대한 일대의 변혁이었다. 또 그녀는 자신의 아버지가 군사정권의 고문에 의해 희생됐던 과거사 청산을 주도했다. 여기서 대통령으로서의 그녀의 진면목이 잘 드러난다. 억울하게 희생된 아버지에 대한 원한을 갚기보다는 국가의 미래와 국민들의 자유와 평화 그리고 경제성장과 안정을 위해 정적들을 용서하고 화합을 이끌어냈다.
　국가를 위한 원대한 포부를 화합과 협력으로 이끌어낸 유연한 마인드와 탄력성 있는 리더십은 위기에 처한 국가경제를 안정시키고 칠레를 남미 최초로 경제개발협력기구(OECD)의 일원이 되게 했다.
　대통령으로서 그녀가 지닌 지도력을 잘 알게 해주는 이야기이다.
　그녀의 대통령 퇴임을 며칠 앞두고 지진이 발생해 하루아침에 쑥대밭이 되었다. 그녀는 한 치의 망설임도 없이 즉각 소집 명령을 내려 차분하고 신속하게 대응했다. 오전에 각료들과 군 장성들을 대통령 궁에 소집해 정부대책회의를 열어, 약탈이 벌어진 콘셉시온 지역 등에 계엄령을 선포하고, 직접 사고지역을 뛰어다니며 이재민들을 격려하고 용기를 북돋워 주었다. 칠레 국민들은 최선을 다하는 그녀를 보고 마음에 안정을 찾고 위기를 극복했다.
　그녀는 2013년 대선에 승리함으로써 2014부터 2018년까지 대통령을 역임하며 재선 대통령으로 칠레를 이끌었다. 미첼 바첼레트가 성공적인 대통령이 될 수 있었던 것은 남성 못잖은 두둑한 배짱과 용기, 결단력과 판단력, 그리고 통치력에 있다. 또한 투철한 책임감으로 국민을 사랑하고, 진정으로 나라를 생각하는 국가관에 있다. 그녀는 여성성을 잘 보여준 탁월한 리더십의 여제라고 할 수 있다.

❖ 미첼 바첼레트 Michelle Bachelet 1951~
칠레 첫 여성대통령으로 두 번 재임(2006~2010, 2014~2018). 국방장관 역임

DAY 073 제인 구달

침팬지와 평생을 함께하며 연구한 이 시대의 진정한 동물학자이자 휴머니스트인 제인 구달. 그녀는 어린 시절 아프리카 동물에 관한 책을 읽고 큰 흥미를 느끼고 10대 때부터 자신의 꿈을 설계하고, 동물에 대한 책을 탐독하며 다양한 지식을 길렀다.

그녀는 23세 때인 1957년 케냐로 날아갔다. 그녀는 그곳에서 고생물학자인 루이스 리키와 함께 침팬지 연구를 시작했다. 자신이 생각했던 것보다 연구는 만만치 않았다. 하지만 어느 정도 적응을 하게 된 그녀는 좀 더 깊이 있는 연구를 하기 위해 탄자니아로 갔다.

그녀는 탄자니아 국립공원에서 야생 침팬지들과 함께 지내며 본격적으로 침팬지 연구에 들어갔다. 침팬지는 도구를 사용하는 영리한 유인원이지만 임팔라나 원숭이 같은 작은 동물을 잡아먹고, 팔 힘은 성인 남자의 4배가 넘는 공격성을 가진 위험한 동물이다. 그런 침팬지와 야생에서 산다는 것은 자살행위나 마찬가지이다. 하지만 그녀는 수많은 위험에도 밤낮으로 침팬지를 관찰하며 소리, 몸짓, 특징을 세밀히 살피며 기록했다. 그 결과 침팬지들이 사람처럼 도구를 사용한다는 것을 알게 되었다.

그녀는 지속적이고 체계적인 연구를 위해 공부를 하고 캠브리지 대학교 대학원에서 동물행동학 박사학위를 받았다. 그리고 1975년 제인구달연구소를 설립했다. 제인 구달은 자신의 연구결과를 《내 친구 야생 침팬지》, 《무지한 킬러들》, 《인간의 그늘 아래서》, 《내가 사랑한 침팬지》 등의 책으로 담아냈다.

여성은 약하지만 또한 여성은 위대하다는 것을 온몸으로 보여준 제인 구달은 침팬지 연구와 자연환경보호운동에 대한 공로를 인정받아 알버트 슈바이처 상, 에든버러 메달, 내셔널지오그래픽 소사이어티 허버드 상을 비롯하여 벤저민 프랭클린 메달과 엘리자베스 2세로부터 작위를 받았다.

제인 구달의 위대성은 자신의 자아를 실현함은 물론 동물을 보호하는 것이 환경을 보존하는 일이며, 그것은 곧 온 인류를 위하는 일이라고 여겨 평생을 다 바쳐 그 일을 해내며, 인생을 승리로 이끌어 냈다는 데 있다.

❖ 제인 구달 Jane Goodall 1934~
영국 출생. 동물학자. 침팬지연구권위자. 2019년 미국 타임지 '세계에서 가장 영향력 있는 100인 지도자 부문' 선정. 저서 《제인 구달 생명의 시대》 외 다수

DAY 074 마거릿 대처

영국의 역대 수상 가운데 3선을 연임한 최초의 마거릿 대처 총리. 그녀는 옥스퍼드 대학 서머 빌 칼리지를 졸업하고, 1953년 변호사 자격을 취득했다. 그리고 1959년 보수당 소속으로 하원의원에 당선됐다. 그 후 1961년부터 1964년까지 연금 국민보험부 장관을, 1970년부터 1974년까지 교육 과학부장관을 역임했다. 그리고 1975년 영국 최초의 보수당 당수가 되었다. 1979년 노동당의 E. J 캘러헌 내각이 의회에서 불신임을 당하고 해산한 직후, 총선거에서 보수당이 승리함으로써 영국 최초의 여성 총리가 되었다. 그녀의 진면목을 잘 알게 하는 이야기이다.

대처가 집권 후 긴축재정을 실시할 때 영국경제가 힘든 상황에 놓인 것은 고질적인 노조문제라 보고 이를 개혁하려고 하자, 많은 사람이 반대했다. 역대 총리들도 해내지 못할 만큼 힘든 일이라는 게 반대의 이유였다. 하지만 그녀는 단호하게 반대파들을 굴복시키고 골칫거리였던 노조를 와해시키는 데 성공하며 침체되었던 경제부흥을 일으켰다.

1982년도 아르헨티나와 벌인 포틀랜드 전쟁 때 일이다. 그 당시 아르헨티나는 영국령인 포틀랜드에 대한 자국의 영토임을 주장하며 영국에 도전장을 내밀었다. 그녀는 즉시 공격 명령을 내렸다. 전쟁은 아주 싱겁게 끝나고 말았다. 기세등등했던 아르헨티나가 꼬리를 내리고 항복한 것이다.

이 전쟁으로 인해 대처는 국민들로부터 절대적 지지를 받았다. 그리고 대외적으로는 영국의 강한 힘을 전 세계에 알리며 강력한 정치가로 부각되었다. 또한 국가 예산을 물먹듯 먹어치우는 공공기관에 대해 과감한 사유화를 시도하고, 교육 의료 등 공공분야에서 대폭적인 국고지원을 삭감하는 등 획기적인 정책을 실시했다. 그 결과 그녀의 과감한 정책은 고질적인 문제를 단숨에 해결하며 성공적으로 매듭지었다. 그녀는 성공적으로 개혁을 단행함으로써 대처리즘이란 신조어를 만들어 내며 철의 여인이라는 별칭을 얻었다.

대처는 영국 경제를 정상화시키고 정치 역량을 한껏 끌어올리며, 영국 정치사에 길이 남는 정치가가 되었다.

❖ 마거릿 대처Margaret Hilda Thatcher 1925~2013
영국의 정치가. 유럽 최초의 여성 총리로 3선 연임. 대처리즘이란 신조어를 만들어 냄. 오더 오브 메리트(Order of Merit) 수훈. 남작 작위를 받음. 1995년 가터훈장 수훈

DAY 075 조지 워싱턴

　미국의 초대 대통령인 조지 워싱턴은 1732년 미국의 부유한 가정에서 태어났다. 이복형으로부터 막대한 부동산을 물려받고 어린 나이에 대지주가 되었지만, 그는 버지니아 군대에 들어가 남부의 부대장이 되었으며, 프렌치 인디언 전쟁에서 연대장이 되었다. 그리고 23세 때 버지니아 식민지군의 총사령관이 되었다. 그 후 워싱턴은 버지니아 하원의원으로 선출되었다.
　1764년 워싱턴은 제1차 대륙회의 버지니아 대표로 선출됨으로써 정치를 시작했다. 그리고 제2차 대륙회의에서도 버지니아 대표로 선출된 그는 미국군의 총사령관이 되었다.
　이후 워싱턴은 영국과의 독립전쟁에서 승리함으로써 제헌의회 의장으로 선출된 후 선거인단의 만장일치로 미국의 초대 대통령이 되었다. 그는 안정적으로 정치를 이끌며 신생독립국가인 미국의 기초를 탄탄히 다져나갔다. 그로 인해 국민들의 절대적인 지지에 힘입어 재선에 성공했다. 그는 국가의 기반을 탄탄히 다진 후 국민들의 열렬한 성원에도 마다하고 아름다운 퇴임을 결행하여 미국 정치사에 한 획을 그었다.
　워싱턴은 정직하고 신념이 강했으며 인품이 뛰어나 덕德으로 사람들을 대했다. 다음은 그의 인간적인 면모가 잘 드러나는 감동적인 이야기이다.
　그가 사령관 시절 사복을 한 채 한적한 시골길을 지나갈 때였다. 한구석에서 군인들이 막사를 짓느라 분주하게 움직이고 있었다. 그는 잠깐 멈춰 서서 그들이 일하는 모습을 지켜보았다. 그때였다. 한 부사관이 자신은 일하지 않으면서 꾸물대지 말라고 장병들을 향해 고함쳤다. 그 모습을 지켜보던 워싱턴은 부사관에게 다가가 장병들이 힘들어서 쩔쩔매는데도 왜 거들어 주지 않으냐고 물었다. 그러자 그는 저들은 졸병이고 나는 고참 부사관이니까 같이 할 수 없다고 했다. 그러자 워싱턴은 팔을 걷어붙이고 장병들의 일을 거들어 주었다. 마침 외출 중이던 부대장이 도착해 그를 알아보고는 놀라워하자 지나다 잠깐 도운 것뿐이라며 말했다. 부대장을 비롯한 부사관과 장병들은 그의 너그러움과 자상함에 깊은 감동을 받았다.
　워싱턴은 미국이 초강대국으로 세계 속의 미국이 되는 데 근간을 이뤘으며, 지금도 인품이 뛰어난 강직한 대통령으로 미국 국민의 존경을 받고 있다.

❖ 조지 워싱턴 George Washington 1732~1799
미국 초대 대통령(재선)

DAY 076 마이클 조던

☐ CHECK

120년 농구 역사에서 가장 위대한 선수로 평가받는 농구의 황제 마이클 조던. 그는 노스캐롤라이나 대학교에 입학해 두 차례나 올해의 대학선수상을 수상했다. 그는 3학년 때 학교를 중퇴하고 시카고 불스에 입단해 6차례나 우승을 이끌었다.

그의 현란한 드리블은 예술에 가까우며 198센티미터의 장신을 이용해 내리꽂는 덩크슛은 보는 이들의 탄성을 자아내기에 충분하다.

"신이 조던의 모습으로 변장하고 나타났다."

보스턴의 농구 전설로 불리는 래리 버드가 한 말로 조던이 자신의 팀을 상대로 혼자서 63점을 득점한 것에 대한 찬사이다. 조던은 상대의 선수가 극찬할 만큼 공수 양면에서 뛰어난 선수였다. 조던의 슛은 방향을 가리지 않았다. 조던은 공격 기술도 뛰어났지만 민첩성과 돌파력, 퍼스트 스텝은 따라올 자가 없었다. 조던은 자신보다 키가 큰 선수들을 뚫고 슛을 하는 데도 거침이 없었다. 그의 공격을 막는 것은 불가능에 가까울 정도였다. 그는 실력이 탁월한 선수였고 실력 못지않게 승부욕과 정신력 또한 강했다. 먹시 보그스는 조던에 대해 다음과 같이 말했다.

"내 생각에 조던은 농구 역사상 최고의 선수이다. 조던만큼 정신적으로 강인한 사람을 만나 본 적이 없다."

농구계 관계자들이나 선수들이 평가하는 조던은 '완벽' 그 자체이다. 그만큼 결점이 없는 선수가 조던이다.

조던이 NBA 최고의 선수가 될 수 있었던 것은 천재적 재능 덕만은 아니었다. 그의 성공은 지치지 않는 열정으로 누구보다 열심히 피나게 연습한 결과였다. 농구 선수로는 작은 키를 보완하기 위해 그는 하루에도 수백 번씩 점프 연습을 했다. 꾸준한 점프 연습으로 다리의 근육을 키웠고 마침내 제자리에서 1미터를 뛸 수 있게 되었다. 그가 덩크슛의 달인이 된 것과 자신보다 10센티미터나 더 큰 선수들을 제치고 공중볼을 잡아낼 수 있었던 것과 다양한 공격 기술, 수비 기술은 피나는 노력의 결과다. 이처럼 조던이 농구 역사상 최고가 된 것은 실력과 정신력, 인품을 두루 갖추었기 때문이다.

❖ 마이클 조던 Michael Jordan 1963~
NBA 전 농구 선수, 샬럿 밥캐츠 구단주. 1998년 NBA 올스타전 MVP, NBA 파이널 MVP, NBA 역대 최우수 선수 선정

DAY 077 윌리엄 오슬러

현대의학의 아버지로 불리며 세계 최고의 의과대학인 존스홉킨스 대학을 설립한 윌리엄 오슬러는 1849년 캐나다 온타리오에서 태어났다. 그는 목사인 아버지처럼 목회를 하려고 했으나 포기하고 토론토 의과대학에 입학했다. 그는 진로와 미래에 대해 진지하게 고민하던 중 영국의 사상가 토마스 칼라일의 글을 읽고 그의 삶은 변화의 계기를 맞이했다.

"우리들의 중요한 임무는 멀리 있는 것이 아니라, 희미한 것을 보는 것이 아니라, 가까이 있는 분명한 것을 실천하는 것이다."

윌리엄 오슬러는 글귀를 읽고 가슴이 불에 덴 듯 뜨거워지며 감동으로 물들었다. 그날 이후 그의 생활은 180도 달라졌다. 의과 공부를 하면서도 막연했던 그의 미래는 분명하고 확실해졌다.

그는 하나를 배워도 확실하게 배웠고, 실습을 할 때도 다른 친구들보다 더 열심히 했다. 그의 실력은 날로 늘어갔고 교수진들에게도 인정받았다. 확고한 신념으로 자신의 길을 닦아 나가던 그는 맥길 대학교로 옮겨 공부한 끝에 의사 자격증을 취득했다.

이후 윌리엄 오슬러는 유럽의 연구소를 방문해 견문을 넓혀 나갔다. 그는 연구소 중에서도 실험 생리학을 부각시킨 존 버든 샌더슨의 생리학 연구소가 있는 런던 대학교에 머물며 배움을 지속했다.

캐나다로 돌아온 윌리엄 오슬러는 일반 진료를 시작했고, 맥길 대학교 의학연구소의 강사에서 교수로 임용되었다. 그는 몬트리올 종합병원으로 자리를 옮겨 의사로 일하면서도 대학에서 가르치는 것을 멈추지 않았다. 그는 환자 진료와 강의, 연구를 병행하며 자신을 한시도 가만히 두지 않았다.

윌리엄 오슬러의 명성은 널리 알려졌다. 그는 미국 볼티모어에 새로 생기는 존스홉킨스 대학의 의학교수로 와달라는 초청을 받고 흔쾌히 승낙했다. 윌리엄 오슬러는 자신을 포함한 네 명의 멤버들과 대학의 설립자가 되었으며, 모든 연구는 철저하게 책상이 아닌 실험실에서 진행되었다.

그 결과 존스홉킨스 대학의 명성은 날로 높아져 세계 최고의 의과대학이라는 평가를 받게 되었다.

❖ 윌리엄 오슬러 William Osler 1849~1919
의사. 미국 존스홉킨스 의과대학 설립. 저서 《의학의 원칙과 실제》 외 다수

DAY 078 모리스 해럴드 맥밀런

☐ CHECK

　모리스 맥밀런은 1894년 영국 런던에서 태어났다. 그는 이튼 칼리지와 옥스퍼드대학을 졸업했다. 졸업 후 맥밀런은 군에 입대해 제1차 세계대전에 참전해 총상을 입고 예편했다.

　맥밀런은 맥밀런 출판사에 근무하다 정계에 뜻을 두고 1924년 보수당 하원의원 선거에 출마해 당선되었다. 그는 처칠 내각의 주택장관을 지냈으며 1954년에는 국방장관이 되었다. 이든 내각의 외무장관에 임명되었지만 몇 달 만에 물러난 뒤 재무장관에 임명되었다.

　1957년 수상이던 이든이 실책으로 중도에서 물러나자 후임 자리를 놓고 당시 외무장관이었던 버틀러와의 경쟁에서 승리해 마침내 그는 수상이 되었다. 수상이 된 맥밀런은 1960년 '유럽 자유무역 연합'을 발족시키고, 당시 소원했던 미국과의 우호 증진을 도모해 결속력을 강화했다.

　맥밀런은 따뜻한 성품으로 영국 국민은 물론 각국의 지도자들과도 원만한 관계를 유지하며 경제 발전을 이룬 수상으로 평가받고 있다.

　"어제의 수상도 자리에서 물러나면 한 사람의 영국 국민일 뿐이다."

　이는 맥밀런의 말로 그의 성품에 대한 이야기이다. 수상에서 물러난 맥밀런이 정류장에서 전차를 기다리고 있을 때였다. 그는 신문을 보느라 전차가 도착한지도 몰랐다. 그때 한 소년이 "아저씨, 전차가 왔어요! 빨리 타세요!" 하고 소리쳤다. 소년의 외침에 맥밀런이 고개를 들었다. 그는 소년 덕분에 무사히 전차에 올랐다. 맥밀런은 만면 가득 미소를 띠며 고맙다고 말하며 이름을 물었다. 소년은 "전 조지예요. 열두 살이고요. 아저씨 성함은요?" 초롱초롱한 눈망울을 반짝이며 물었다. 그가 자신을 맥밀런이라고 말하자 소년은 "수상 아저씨와 이름이 똑같네요" 하고 말했다. 그 모습을 보고 맥밀런이 웃으며 며칠 전까지만 해도 나는 수상이었다고 말했다. 소년은 놀라며 수상이셨던 분이 왜 전차를 타려고 줄을 서서 기다리느냐며 물었다. 그는 수상도 자리에서 물러나면 평범한 시민이라고 말했다. 소년은 맥밀런의 말에 고개를 끄덕이며 이해했다는 듯 활짝 웃었다.

　겸손과 따뜻한 인품으로 영국 정부를 이끌었던 맥밀런은 귀감이 되는 정치인으로 지금도 영국 국민의 존경을 받고 있다.

❖ 모리스 맥밀런Maurice Macmillan 1894~1986
영국 수상 역임, 맥밀런 출판사 사장 역임

DAY 079 페르디난드 마젤란

인류 역사상 최초로 세계 일주에 성공한 탐험가이자 항해자인 마젤란. 당시 지배적이던 생각을 깨고 그는 지구가 둥글다는 생각으로 탐험을 결심했다. 그는 자신의 꿈을 실현하기 위해 신념을 굽히지 않았다. 북아프리카 모로코 전쟁에 참전하여 큰 공을 세우고 사령관이 된 그는 전쟁 중에 한쪽 다리에 장애를 입고 말았다.

이후 조국으로 돌아온 마젤란은 평생의 꿈이었던 세계 일주를 위해 왕에게 지원을 간청했다. 당시 그는 불법 무역 거래를 했다는 의심을 받고 있던 터라 왕은 그의 청을 거절했다. 그러자 마젤란은 스페인으로 가서 국왕 카를로스 1세에게 자신의 계획을 말하고 지원을 요청했다. 스페인 국왕 지원으로 그는 5척의 함대와 300여 명으로 구성된 선단을 이끌고 세계 일주에 나섰다.

마젤란은 대서양을 횡단하여 남아메리카의 대서양쪽 해안을 따라 남쪽으로 내려갔다. 제일 남단에 이르러 해협을 만나 통과하던 중 폭풍우에 휘말려 산티아고호가 난파되고, 산 안타니오호는 도망치고 말았다. 우여곡절 끝에 반대쪽 바다에 도착해서 바라본 바다는 잔잔하고 평온했다. 감격한 마젤란은 그 바다를 '태평양'이라고 이름 붙였다. 고생 끝에 그가 지나온 해협은 후에 '마젤란 해협'으로 명명되었다.

마젤란은 사람들에게 항해를 계속할 것인지 물었다. 식량도 얼마 남지 않았고 배도 세 척밖에 남지 않은 열악한 상황이었다. 고국으로 돌아가자고 하는 사람들이 압도적으로 많았다. 마젤란은 생각에 잠겼다. 해협을 발견한 것에 만족하고 돌아갈 것인지, 탐험을 더 할 것인지 고민했다. 생각을 굳힌 마젤란은 우리는 끝까지 탐험을 계속한다며 항해를 명령했다. 배는 서쪽으로 나아갔다. 태평양에 대한 정보가 전혀 없어 매 순간이 목숨을 건 항해였다.

마젤란은 항해를 재개해 이윽고 필리핀에 도착했다. 마젤란은 필리핀에 도착한 것을 신대륙의 발견으로 여겼다. 그 후 막탄섬에 갔는데 그곳 사람들에게 목숨을 잃고 탐험대가 스페인에 도착했을 때 살아남은 사람은 300명 중 겨우 18명이었고, 배도 다섯 척 중 단 한 척뿐이었다.

마젤란의 삶이 위대한 것은 아무도 가보지 못한 길을 걸어가며 자신의 꿈을 이뤄냈다는 것이다.

❖ 페르디난드 마젤란 Ferdinand Magellan 1480~1521
포르투갈 출신 탐험가. 항해가

DAY 080 장 앙리 파브르

《파브르 곤충기》의 저자인 장 앙리 파브르는 인류 역사에 찬란한 금자탑을 세운 생물학자이자 곤충들의 세계를 추적하며 한평생을 바친 곤충의 아버지이다. 그의 곤충에 대한 집요한 탐구 정신은 곤충학이라는 새로운 학문의 영역을 개척하는 데 한 사람이 이룬 업적으로는 숭고할 정도로 크게 기여했다.

파브르는 1824년 프랑스 생레온 시골 농가에서 태어났다. 집이 가난하여 그는 벌레들을 장난감 삼아 놀았다. 그는 벌레의 생김새를 관찰하고 생활하는 모습을 세심하게 살폈다. 곤충에 대한 관심은 자라면서 더욱 깊어졌다. 어려운 집안 환경으로 낮에는 돈을 벌기 위해 시장에서 과일을 팔고, 저녁에는 공사장에서 일해야 했지만 곤충에 대한 관심은 식지 않았다.

파브르는 철도 공으로 취직해 받은 첫 월급으로 벌레와 꽃, 새들을 소재로 한 시집을 사서 읽으며 그동안 몰랐던 사실을 알아가는 즐거움에 푹 빠졌다. 그는 고학으로 사범학교를 졸업하고 중학교 교사가 되었다. 교사 생활을 하면서도 곤충에 대한 연구는 계속되었다. 곤충은 그에게 꿈이며 미래였다. 그는 코르시카 섬에 가서 새롭게 둥지를 틀어 섬에 서식하는 동식물에 깊은 관심을 가졌다. 그는 유명한 생물학자인 에스프리 르키앙과 함께 연구하며 새로운 사실을 발견할 때마다 환희를 느꼈다. 그러나 연구에 매진한 지 얼마 되지 않아 그는 건강을 잃었고 치료를 위해 섬을 떠나 아비뇽으로 왔다.

어느 날 그는 곤충학 연구의 권위자인 레옹 뒤프르의 연구가 잘못되었음을 발견했다. 뒤프르는 노래기벌이 엉덩이 침으로 비단벌레를 쏘아 죽인다고 했는데 관찰을 통해 죽은 것이 아니라 신경이 마비된 것이라는 사실을 알아냈다. 파브르는 뒤프르의 이론이 틀렸다는 것을 논문으로 써서 발표했고 그 논문으로 학계의 주목을 받게 되었다. 뒤프르는 물론《종의 기원》의 저자로 유명한 찰스 다윈에게도 아낌없는 찬사를 받았다. 그는 공적을 인정받아 프랑스 학술원으로부터 상을 받으며 학자로서의 입지를 다졌다.

교직에서 물러난 뒤로 곤충을 탐구하며 28년 동안 곤충기를 썼는데 그 책이 바로 열 권의《파브르 곤충기》이다. 평생 자신의 일을 사랑했던 파브르, 그는 일을 행복의 수단으로 승화시킨 인물이다.

❖ 장 앙리 파브르 Jean Henri Fabre 1823~1915
생물학자, 린네상 수상, 레지옹 도뇌르 훈장 수훈. 저서《파브르 곤충기》

DAY 081 구스타브 에펠

프랑스의 랜드마크이자 전 세계적인 건축물로 유명한 에펠탑을 건축한 구스타브 에펠. 에펠탑을 그의 이름에서 따와서인지 사람들은 에펠탑과 그를 동일시한다. 에펠은 평범한 것들을 다르게 보고 비틀어서 보았던 건축가였다. 그에게는 예술가적 상상력과 독특한 개성이 있었다. 그래서인지 건축물도 그의 기질이 반영되어 독특한 세계를 담고 있다. 에펠이 에펠탑을 세울 때의 이야기이다.

1889년 프랑스 정부는 만국박람회를 기념하기 위해 파리 마르스 광장에 기념 조형물을 설치할 계획으로 설계도를 공모했다. 많은 건축가들이 공모에 응모했다. 공모전에서 당선되면 건축가로서의 입지가 탄탄해지는 것은 물론 경제적인 부를 쌓을 수 있는 절호의 기회였기 때문이다. 심사 결과 에펠의 설계가 1위를 차지하게 되었다.

이때 문제가 생겼다. 그의 철골 설계를 반대하는 여론이 형성된 것이다. 작곡가인 샤를로 구노, 작가인 에밀졸라, 르콩트 드릴, 기 드 모파상, 알렉산드르 뒤마 등 많은 이들이 반대에 나섰다. 철골 탑은 격조가 떨어져 예술 도시인 파리의 위상을 크게 추락시킨다는 이유에서였다.

에펠의 생각은 달랐다. 에펠은 그들이야말로 무엇이 진짜 중요한지 모르는 무식한 사람들이라고 생각했다. 그는 자신의 설계야말로 프랑스의 명물이 되어 전 세계적으로 돌풍을 일으킬 것이라고 주장하며 사람들을 설득했다.

에펠의 주장은 사람들에게 확신을 심어주기에 충분했고 프랑스 정부는 결국 에펠의 설계대로 시공했다. 에펠탑은 건축한 지 2년 만에 완공되었다. 높이 300미터의 탑이 도시 한가운데 우뚝 서자 파리 시민들은 열광했다. 세계 어디에서도 볼 수 없는 위대한 건축물이라며 도시는 축제의 분위기에 휩싸였다. 에펠은 열광하는 파리 시민들을 바라보며 크게 감격했다. 그는 에펠탑 완공에 대한 소감을 다음과 같이 밝혔다.

"프랑스는 300미터 높이의 돛대에 기를 단 유일한 국가다."

에펠의 말엔 건축가로서 긍지와 자부심이 느껴진다. 그는 남과 다른 자신만의 관점을 추구한 결과 프랑스 건축사에서 군계일학과 같은 인물이 되었다.

❖ 구스타브 에펠Gustave Eiffel 1832~1923
건축가. 도루강 철도교 가설(1977). 에펠탑 건설(1889)

DAY 082 플로렌스 나이팅게일

☐ CHECK

크림전쟁 당시 스쿠타리의 야전병원에서 죽음을 무릅쓴 헌신적인 간호로 '백의의 천사'라는 별칭을 얻은 나이팅게일. 그녀는 '간호사란 무엇을 위해 사는가?'라는 물음의 해답이라고 할 수 있을 정도로 간호에 평생을 바쳤다. 간호는 생명의 존엄성과 인간에 대한 사랑이 없으면 절대로 할 수 없는 일이다. 그녀는 타고난 박애주의자였다.

나이팅게일은 1820년 영국의 부유한 가정에서 태어났다. 그녀는 프랑스어, 라틴어, 지리학 등 다양한 분야를 배우며 꿈을 키워 나갔다. 그녀가 간호학에 관심을 갖게 된 계기는 열악한 간호 환경을 목격하고 나서였다. 그녀의 부모는 안정적인 직업을 갖기 바랐지만 그녀는 사람의 생명을 중요히 여겨 간호학에 관심을 갖고 공부했다. 그녀의 부모도 그녀의 신념을 꺾을 수는 없었다. 그녀는 독일 카이저벨트의 프로테스탄트 학교에서 간호학을 공부하고 런던여성병원의 간호부장으로 일했다.

나이팅게일은 전쟁이 끝난 후에도 간호사 일을 계속했다. 그러던 중 그녀는 잘못된 간호 행정체계와 간호학에 관심을 기울여 간호학에 대한 책을 쓰고, 관리들을 설득하여 병원 질서를 체계화한 덕분에 환자의 사망률은 42퍼센트에서 2퍼센트로 떨어지는 성과를 거두었다.

1860년에는 나이팅게일의 업적을 기념하기 위해 영국 국민들이 기부한 4만 5천 파운드로 토마스 병원에 세계 최초로 나이팅게일 간호학교를 설립하여 간호사를 양성했다. 간호사를 전문 직업으로 인식시키는 데 성공한 것이다. 그 후 그녀는 간호 시설을 확충하는 데 힘써 많은 결실을 맺었다.

나이팅게일은 단순한 간호사가 아니다. 그녀는 간호학에 관한 유능한 행정가이며 기획자였다. 자신이 원하는 것은 협상을 통해 얻어내는 발군의 순발력을 지닌 협상가였다. 그녀는 1907년 영국의 에드워드 7세로부터 업적을 인정받아 여성으로는 최초로 공로훈장을 수훈했다. 세계적십자는 나이팅게일상을 만들어 그녀의 업적을 길이 전하고 있다.

오늘날 간호학이 발달하고 간호사라는 직업이 인정받는 것은 나이팅게일의 헌신 덕분이다. 그녀는 간호학의 상징이며 자유와 평화의 기수이다.

❖ 플로렌스 나이팅게일Florence Nightingale 1820~1910
런던 숙녀병원 간호부 부장. 이스탄불 위스퀴다르 야전병원 원장

DAY 083 로널드 레이건

제40, 41대 미국 대통령을 역임한 로널드 레이건. 그는 강경한 보수주의자로 알려져 있다. 그는 2011년 갤럽의 여론 조사에서 미국의 역대 대통령 중 미국인이 생각하는 가장 위대한 대통령으로 선정되기도 했다. 그가 링컨을 2위로 밀어내고 1위로 선정된 것은 그만큼 미국인들의 기억 속에 그가 깊이 자리하고 있다는 것을 의미한다.

레이건은 유레카 대학을 졸업하고 아이오와에서 라디오 방송국 아나운서가 되어 일했다. 그 후 그는 캘리포니아 로스앤젤레스로 이주하여 영화배우가 되었다. 영화배우로서는 크게 주목받지 못했지만, 그는 영화배우들의 권익 보호를 위해 1947년 미국노동총연맹 산하 영화배우협회장 선거에 입후보해 회장으로 선출되어 영화배우들의 권익을 위해 힘써 일했다. 비록 영화배우로 성공하지는 못했으나 관리자로서의 능력은 탁월했다.

레이건은 정치에 관심을 가졌는데 1962년 공화당에 입당하여 자신의 입지를 굳혀 나간 끝에 1966년 제 33대 캘리포니아 주지사에 당선되었다. 그는 조세 감면, 고등교육 정책에 열정을 바쳐 캘리포니아주 재정을 적자에서 흑자로 바꾸어 놓으며 많은 인기를 얻었다. 그는 그 여세를 몰아 1968년 공화당 대통령 후보로 나섰으나 공화당 대통령 후보 지명대회에서 제럴드 포드에게 패했다. 1980년 다시 공화당 대통령 후보 지명대회에 도전하여 대통령 후보가 되어 당시 민주당 대통령이었던 지미 카터를 누르고 제40대 대통령이 되었다.

레이건은 대통령으로 재임하는 동안 민주주의와 공산주의의 냉전을 종식시키며 핵전쟁의 위험으로부터 벗어나게 했다. 이 일로 동유럽은 공산의 독재로부터 벗어나게 되었다. 레이건은 자유민주주의가 공산주의보다 도덕적으로 우월하다고 믿었으며, 미국이 그 선봉에 있음을 만천하에 천명했다. 그의 넘치는 자신감과 정책 수행에 미국 국민들은 열렬한 지지를 보냈다. 레이건은 미국이 세계 최고의 강국임을 미국 국민들의 가슴에 새김으로써 자긍심을 한껏 끌어올렸다.

강한 미국, 위대한 미국, 세계 경찰국가로써의 미국을 지향한 레이건. 그는 역동적이고 강력한 대통령이었으며 성공한 인생이었다.

❖ 로널드 레이건 Ronald Wilson Reagan 1911~2004
미국 제40, 41대 대통령

DAY 084 찰리 채플린

영국 출신의 영화배우이자 영화감독 겸 제작자로 널리 알려진 찰리 채플린. 그의 부모는 런던 뮤직홀의 가수이자 배우였다. 부모의 이혼으로 찰리는 어린 시절부터 지독한 가난에 허덕여야 했다. 재주가 많았던 그는 17살 때 카노 극단에 입단하여 자신의 끼와 기량을 펼치며 주목받았다. 그는 미국과 프랑스에서 순회공연을 하던 중 코미디계의 제작자인 M. 세네트 눈에 띄어 그가 운영하는 영화사 키스톤 소속의 배우가 되었다.

채플린은 24세 때 주급 150달러를 받고 〈생활비 벌기〉라는 작품으로 데뷔했는데 흥행의 실패로 관객들에게 존재를 알리지 못하다, 1914년 〈베니스 어린이 자동차 경주〉에 출연하면서 중절모에 짧은 양복바지, 지팡이를 휘두르는 캐릭터를 선보였다. 관객들의 반응은 놀라웠다. 캐릭터가 그의 연기와 잘 어울려 대중에게 그의 존재는 깊게 각인되었다. 이어 출연한 영화 〈마벨의 이상한 재난〉에서 그는 자신만의 캐릭터를 크게 끌어올렸다.

키스톤에서 그의 작품은 과장된 몸짓과 어수선하고 소란스러운 코미디가 주를 이루었다. 비평가들은 그의 연기를 저속하다고 평가했지만 관객들의 반응은 뜨거웠다. 인기에 힘입어 그는 〈틸리의 구멍 난 로맨스〉 외에 34편의 영화에 출연하며 자신의 존재를 확실히 대중에게 각인시켰다. 영화 출연이 거듭될수록 그의 연기는 일취월장했고, 더불어 인기도 급상승했다. 영화배우로 명성을 얻은 그는 1916년 '뮤추얼 필름'으로부터 12편의 영화를 제작해 줄 것을 의뢰받고 18개월 동안 12편의 영화를 제작했다. 이 중 〈전당포〉, 〈어느 날 오전〉 등 여러 편이 성공을 거두었다. 그 후 그는 '퍼스트네셔널 픽처스'와 계약하여 8편의 영화를 만들었고 자신이 만든 영화사 '유나이티드 아티스츠'에서 영화를 제작하며 전성기를 구가했다.

그는 베니스영화제 특별공로상, 아카데미 주제가상 외 많은 상을 수상했으며, 영화 발전에 기여한 공로를 인정받아 영국 옥스퍼드 대학에서 명예 문학박사 학위를 받았다.

채플린은 〈살인광 시대〉라는 영화에서 사회 비판과 풍자로 반미주의자, 공산주의자로 낙인찍혀 시련을 겪기도 했지만, 자신이 추구한 분야에서 뛰어난 업적을 이룸으로써 세계 영화사의 큰 별이 되었다.

❖ 찰리 채플린 Charles Chaplin 1889~1977
영화배우. 영화감독 겸 제작자. 베니스영화제 특별공로상(1972), 45회 아카데미 주제가상(1973) 외 다수 수상. 저서 《찰리 채플린 나의 자서전》

DAY 085 스티븐 호킹

세계 최고의 우주물리학자 스티븐 호킹은 1942년 영국 옥스퍼드에서 태어났다. 그는 어린 시절부터 의지가 굳고 신념이 강했다.

1962년 옥스퍼드 대학을 졸업한 그는 케임브리지 대학원에 입학해 물리학을 전공하고, 박사학위과정을 밟고 있던 1963년 몸속 운동신경이 차례로 파괴되어 전신이 뒤틀리는 근위축성 경화증(루게릭병)에 걸려 잘 해야 1년에서 2년밖에 살지 못한다는 시한부 인생을 선고받았다. 날이 갈수록 굳어지는 그의 몸은 힘들게 그를 괴롭혔지만 그는 놀라운 집중력으로 우주물리학 공부에 전념했다. 그러던 중 그는 놀라운 연구결과를 세상에 내놓아 세계과학계를 뒤흔들어 놓았다. 그것은 '블랙홀은 검은 것이 아니라 빛보다 빠른 속도의 입자를 방출하여 뜨거운 물체처럼 빛을 발한다'는 학설이었다. 블랙홀은 강한 중력을 지녀 주위의 모든 물체를 삼켜버린다는 종래의 학설을 뒤집어 버린 것이다. 이는 세계과학계에 대단한 반향을 불러일으키며 세계적인 과학자로 주목을 받기 시작했다.

그는 이런 업적으로 1974년 '영국왕립학회' 회원이 되었고, 1980년엔 뉴턴, 디랙에 이어 케임브리지대학 제3대 루카시언 석좌교수가 되었다. 그런데 완벽하다고 여긴 그의 학설은 30년 동안 과학자들에 의해 반론에 반론을 거듭하다가 '블랙홀이 소멸해도 정보는 남는다'는 서스킨트의 '홀로그램이론'이 반향을 일으키자 스티븐 호킹의 학설은 퇴색되는 듯한 상황에 놓였다. 하지만 스티븐 호킹은 전혀 다른 각도에서 문제를 바라보았다.

그는 2004년 더블린에서 열린 학회에서 블랙홀이 사라져도 정보는 남아있다며 자신의 이론을 스스로 철회했다. 이런 그의 결단은 과학자로서 대단한 용기이며 학자의 신성성을 살 보여준 학자의 표본이라고 할 수 있다.

그렇다면 '30년 동안이나 그가 잘못 알고 있었던 건 아닌가'라는 의구심에 빠지지만 스티븐 호킹은 '홀로그램이론'을 받아들이지 않고 블랙홀과 정보 상실의 역설을 스스로 해결했다. 그것은 무수히 많은 우주가 평행으로 결합하면 블랙홀에서 사라진 정보를 블랙홀이 없는 우주에서 회수할 수 있다는 학설이다. 그는 불굴의 의지로 죽음을 극복하고 새로운 인생에 금자탑을 쌓아 올린 우주물리학계 세계 최고의 과학자가 되었다.

❖ 스티븐 W. 호킹Stephen William Hawking 1942~2018
영국의 우주 물리학자

DAY 086 헨리 키신저

　미국의 정치학자이며 정치가이자 핵전략 전문가인 헨리 키신저. 그는 1923년 독일 퓌르트에서 태어났다. 그의 가족은 유대인으로 나치의 유대인 박해를 피해 1938년 미국으로 이주했다. 그리고 1943년 미국에 귀화하여 미국 국적을 취득했다.

　키신저는 뉴욕의 시티 대학을 졸업하고 2차 세계대전에 참전했다. 그 후 독일 주둔 미군군정청에서 근무하다, 미국으로 돌아온 그는 1954년 하버드 대학교에서 정치학 박사학위를 받았다. 강사로 임명되어 강의하던 그는 1962년 정치학 교수가 되었다. 키신저는 1956년부터 1960년까지 참모본부병기 체제평가 고문에 임명되었고, 1957년 하버드 대학 국제문제센터 부소장에 취임했다.

　1957년 그는 《핵무기와 외교정책》을 출간하여 대량보복 전략을 비판하여 많은 관심을 집중시켰다. 그 후 '한정전쟁론'을 주창했고, 1958년 하버드 대학 방위연구 계획 주임에 임명되었다.

　키신저는 1969년 닉슨 대통령에게 발탁되어 안보담당 특별 보좌관에 임명되었다. 그는 미국과 소련 간의 긴장완화 정책을 추진했으며, 1969년 '전략무기제한협정SAIT'을 이뤄냈다. 그리고 1971년 인도와 파키스탄 전쟁 때 친 파키스탄 정책을 펼쳤으며, 1972년 미국과 중국과의 관계개선을 위해 활발한 외교정책을 펼쳤는데, 이는 중국 공산당 정권과의 최초의 공식 접촉이었다. 키신저는 1973년 베트남 전쟁을 종식시키며, 국무장관으로 발탁되었으며 세계평화에 기여한 공로로 노벨평화상을 수상했다.

　키신저는 세계 여러 분쟁지역을 다니며 활발한 활동을 펼쳐 외교의 달인이란 별칭이 붙은 탁월한 외교행정가로서의 역할을 톡톡히 해내며 세계적으로 자신의 존재감을 확실하게 드러냈다.

　1977년 국무장관에서 물러난 그는 작가와 강연자로 활동했으며 레이건 대통령에 의해 중앙아메리카 전국위원회 위원장에 임명되었다. 이처럼 키신저가 타국인 미국에서 크게 성공할 수 있었던 것은, 극한 상황에서도 두려워하지 않는 뛰어난 소통능력을 지닌 인간관계의 귀재였기 때문이다.

❖ 헨리 키신저Henry Kissinger 1923~
미국의 정치학자. 정치가. 핵전략 전문가. 노벨평화상 수상. 저서 《미국의 외교정책》, 《백악관 시절》 외 다수

DAY 087 벤저민 디즈레일리

　영국의 수상을 두 번이나 역임한 벤저민 디즈레일리. 그는 17세 때 변호사 사무소에 들어갔으나 문학에 흥미를 가져 1826년 처녀작 《비비엔 그레이》와 풍자소설 《젊은 군주》를 발표하며 소설가로서의 삶을 시작했다. 그러나 정치에 뜻을 둔 그는 1832년 정계에 들어가 급진당의 후보로 보궐선거에 나가 낙선했다. 이어 토리당원으로서 입후보했으나 역시 낙선했다. 그 후 4차례나 더 낙선했다. 하지만 그는 좌절하지 않고 1837년 토리당원으로 입후보하여 하원의원에 당선됐다. 1941년에는 토리당 내에서 '청년 영국'을 조직했다.

　1845년에는 토리민주주의를 논하고 1846년 산업자본가의 보수주의를 대표하는 필과 그의 곡물법 폐지에 반대 보호 무역주의의 지도자가 되었다. 그리고 필 내각을 실각케 하고 보수당을 신시대에 적응케 하여 제1차, 제2차 다비 내각의 재무상을 지내고 이후 2차례 더 다비 내각의 재무상을 지냈다. 1868년 다비의 은퇴로 수상이 되었으나 같은 해 개정 후 최초의 총선거에서 패배하여 퇴진했다. 그는 1874년 선거에서 대승하여 제2차 내각을 조직한 후 수에즈 운하를 400만 파운드에 매수하여 동방 항로를 확보했다.

　대표적인 그의 공적은 가난한 노동자들의 주거개선법을 시행해 빈민가를 새롭게 단장하며 서민들이 쾌적한 환경에 주거하도록 한 것이다. 그 외에도 복잡했던 공중 보건법을 크게 개선했고, 노동 착취를 방지하는 공장법과 노동자 단체의 지위를 인정하는 두 개의 노동조합법 제정도 그의 업적이다. 대외적인 업적으로는 러시아와 투르크 간의 전쟁으로 영국이 인도로 가는 길에 방해받지는 않을까 염려했는데, 디즈레일리는 전쟁으로 지쳐있는 러시아에 세를 과시하며, 영국은 전쟁으로 발생하는 어떤 불이익도 허용하지 않겠다는 강한 의지를 보였다. 러시아가 투르크에 강요한 산스테파노 조약은 1878년 베를린에서 열린 유럽 의회에 상정되었는데, 디즈레일리는 회의에 참석해 러시아로부터 원하는 것을 모두 받아냈다. 이 일은 영국의 자긍심을 드높인 역사적 사건으로 불리며 그의 정치적 위상을 높여 주었다.

　그는 빅토리아 여왕의 총애와 신임은 물론 영국을 '해가 지지 않는 나라'로 만든 위대한 정치가로 높이 평가받고 있다.

❖ 벤저민 디즈레일리 Benjamin Disraeli 1804~1881
영국 출생. 영국의 정치가, 문인. 주요 작품 《비엔 그레이》, 《젊은 군주》 외 다수

DAY 088 월드 휘트먼

　　미국의 대표적인 시인 중 한 사람인 월드 휘트먼. 그는 가난한 가정환경으로 인해 11살 때까지만 정식으로 공부했다. 그는 먹고살기 위해 어린 나이에 변호사사무실 소사로, 인쇄 견습공으로 일하며 인쇄술에 대해 조판에 대해 배웠다. 그 후 교사로 일했지만 그만두고 뉴욕 헌팅턴에 신문사 〈롱아일랜더〉를 창간하여 편집자이자 인쇄공으로, 마케팅과 배달 등 일인다역으로 일했다. 그러나 10개월 후 신문사를 팔고, 조판공으로 잠시 일하다 시인이자 저널리스트인 파크 벤저민 시니어 밑에서 일했다.
　　휘트먼은 자비로 시집《풀잎》을 출판하여 에머슨으로부터 좋은 평가를 받았다. 하지만 성적인 표현을 못마땅하게 생각한 지질학자 존 피터 레슬리로부터 '쓰레기처럼 불경스럽고 외설적이다'라는 혹독한 비판을 받았다. 그 후 20편의 시를 추가하여《풀잎》제2판을 내었다. 그리고 그 이후에 여러 번에 걸쳐 개정판을 내었다.
　　휘트먼은 경제적 어려움을 극복하기 위해 친구인 시인 윌리엄 더글러스 오코너의 도움으로 내무부 사무국의 직원으로 일했다. 그러나 새롭게 부임한 장관에 의해 해고되었다가 오코너의 강력한 항의로 법무장관 사무국에서 일하게 되었다.
　　휘트먼은 링컨에게 바치는 헌시 〈오 캡틴! 마이 캡틴!〉으로 인기를 얻음으로써 이름을 알리게 되었지만, 그가 국제적으로 명성을 얻기 시작하게 된 것은 윌리엄 마이클 로제에 의해 영국에서《월트 휘트먼 시선》을 발간하고 나서였다. 그는 '자유시의 아버지'라는 평가를 받을 만큼 미국의 대표적인 시인이 되었다. 그가 그처럼 될 수 있었던 것은 운명 같은 가난과 여러 형제들의 죽음의 슬픔 속에서도 굴하지 않고 최선을 다한 결과였다.
　　"영원히 이어지는 눈길 위에 발자국을 남겨라. 칠흑같은 어둠이 장막을 뚫고 환한 밝음으로 가는 길을 개척하라"는 그의 말은 그의 삶을 함축적으로 잘 보여준다.
　　휘트먼은 자신의 말처럼 갖은 고난 속에서도 굴하지 않고 자신의 인생에 주인공이 될 수 있었다.

❖ 월드 휘트먼Walt Whitman 1819~1892
미국 출생. 시인. 대표작《풀잎》,《북소리》외 다수

DAY 089 조지 마셜

□ CHECK
CHARACTER

　미국의 군인, 정치가로 유럽부흥계획으로 불리는 마셜 플랜을 완성한 조지 마셜은 제2차 세계대전 이후 초토화된 유럽을 재건하고 경제부흥을 위해 노력하여 혁혁한 공을 세웠다.

　그는 17세 때 군에 입대해 필리핀에서 일어난 스페인과 미국 간에 벌어진 전쟁에 참가하여 공을 세웠으며, 제1차 세계대전에서는 프랑스에서 미군의 군사작전을 지휘하며 자신의 능력을 인정받아 1936년에 준장이 되었다. 그리고 1939년에는 미 육군참모총장이 되었다.

　조지 마셜은 제2차 세계대전이 일어나자 총지휘관으로써 발군의 능력을 발휘했다. 특히, 그는 군 인사에 있어 탁월한 능력을 발휘했다. 그의 이런 능력을 눈여겨본 트루먼 대통령은 그를 중국대사로 임명해 중국의 마오쩌둥과 대만의 장제스와의 악화된 관계를 복원하는 데 적극 개입하게 하여 큰 성과를 거두었다.

　조지 마셜은 미 국무장관으로 임명되어 제2차 세계대전으로 인해 황폐화된 서유럽 재건과 경제부흥을 위한 조지 마셜 플랜을 세워 큰 공을 세웠다. 이러한 공을 인정받아 노벨평화상을 수상했다.

　조지 마셜이 성공한 인생이 될 수 있었던 데에는 그만이 비결이 있다. 첫째, 성신함이었다. 그는 성실성의 대명사로 불릴 만큼 자신이 맡은 일에 대해 최선을 다했다. 그 결과 그가 맡은 일마다 좋은 성과를 냈다. 둘째, 뛰어난 인사정책이다. 그는 사람을 보는 눈이 뛰어났다. 어느 자리에 누가 가면 좋을지에 대해 잘 알았던 것이다. 이런 인사정책은 그 자신이 정부로부터 인정받는 데 있어 크게 작용했다. 셋째, 치열한 열정이다. 그는 인생을 치열하게 살아야 하는 것에 대해 잘 알았다. 치열하게 인생을 산다는 것은 곧 자신을 가치 있게 하는 최선의 방법이라는 것을 잘 알았다. 그는 매사를 치열하게 실행함으로써 하는 일마다 성공할 수 있었다. 넷째, 자신을 과신하지 않는 신중함에 있다. 자신을 과신한다는 것은 자만이자 오만이다. 자만과 오만으로 가득 차게 되면 이성을 상실하게 된다. 이성을 상실한다는 것은 곧 패배를 뜻하는 거와 같다.

　조지 마셜은 뛰어난 소통능력과 지혜로 품격 있는 멋진 인생이 되었다.

❖ 조지 마셜 George Marshall 1880~1959
미국 출생. 국무장관. 노벨평화상 수상

DAY 090 오드리 헵번

〈티파니에서 아침을〉, 〈전쟁과 평화〉, 〈로마의 휴일〉 등 수많은 영화에서 열연을 펼치며 세기의 연인으로 사랑받은 오드리 헵번. 그녀는 1929년 벨기에 브뤼셀에서 태어났다. 그녀의 아버지는 영국 귀족 출신의 은행가이며 그녀의 어머니는 네덜란드 출신의 남작부인으로 유복하게 자랐다. 오드리 헵번은 영국 런던의 발레학교에서 공부를 하고 모델이 되었다. 그러던 어느 날 영화제작자의 요청으로 1948년 영화 〈7교시〉로 데뷔했다.

그녀는 데뷔 때부터 깜찍하고 귀여운 미모에 매혹적인 눈과 그녀만의 허스키한 목소리, 그리고 백합화를 닮은 청순한 이미지와 연약함은 많은 팬들에게 깊은 인상을 주어 그 어떤 여배우에도 뒤지지 않는 사랑받는 배우였다.

그녀는 〈티파니에서 아침을〉을 통해 유명해졌으며 〈로마의 휴일〉에서의 열연으로 아카데미 여우주연상을 수상함으로써 세계적인 스타가 되었다. 이 외에도 골든 글로브상, 에미상, 그래미상을 수상했다.

오드리 헵번은 1999년 미국영화연구소가 선정한 '지난 100년 동안 가장 위대한 인물 100명의 스타' 여성배우 목록에서 3위에 오르기도 했다.

오드리 헵번의 삶이 아름답고 고귀한 것은 그녀가 영화배우로서 이룬 업적이 아니다. 그녀가 영화배우의 직을 내려놓고 나서 행한 행보에 있다. 그녀는 유니세프 홍보대사(1988~1993)로 활동하며 아프리카, 아시아, 남미 등지에서 헌신적으로 봉사하며 자신의 후반부 인생을 보냈다. 더구나 암에 걸린 상황에서도 그녀는 헌신을 멈추지 않았고 자신의 목숨이 다할 때까지 자신의 인생에 헌신했다.

그녀가 화려한 은막의 세기적인 배우로서 헐벗고 굶주린 어린이들을 위해 헌신할 수 있었던 것은 생명의 존엄성을 누구보다도 잘 알았기 때문이다. 만일 그렇지 않다면 화려함에 물든 그녀가 최악의 환경 속에서 그것도 암에 걸린 환자로서 헌신적으로 살지 못했을 것이다.

그녀가 많은 사람들에게 기억되고 존경받는 것은 세계 영화사에 두고두고 남을 명배우이기도 하지만, 사랑과 헌신으로 봉사활동에 그녀의 마지막 인생을 아낌없이 바쳤기 때문이다.

❖ 오드리 헵번 Audrey Hepburn 1929~1993
벨기에 출생. 영화배우. 〈로마의 휴일〉로 아카데미 여우주연상 수상. 유니세프 홍보대사

| DAY 091 | 김구 |

김구는 우리나라 근대사의 걸출한 인물 중 가장 영향력을 끼친 대표적인 인물이다. 임시정부 주석으로, 평생을 독립운동에 헌신한 애국자로 국민들의 존경을 받고 있다.

김구는 1876년 황해도 해주 백운방 텃골에서 태어났다. 그는 어린 시절 혼자서 한글을 깨치고 천자문을 깨칠 만큼 배움에 목말라 했다. 그는 비록 짧은 기간이었지만 여러 차례 글방 선생에게 글을 익혔다. 그리고 평생 존경했던 스승 고능선을 만남으로써 인간의 도리와 삶의 가치에 대해 배웠다. 특히, 김구 선생이 인간관계에서 제일 중요하게 생각했던 '의리'에 대해 배운 것은 그의 인생에서 절대적인 영향을 끼쳤다.

김구가 호를 백범白凡이라고 한 데는 그만한 이유가 있다. 백정범부白丁凡夫, 즉 천한 직업의 '백정白丁'과 보통의 사내라는 '범부凡夫'라는 말에서 따서 지었다. 호에서 보듯 그의 겸손함을 잘 알 수 있다.

김구는 18살 때 동학東學에 입도하여 동학농민운동을 펼쳤으며 19살에 접주가 되어 해주성 전투에 참여하는 등 언제나 의기로 충천했다. 또한 그는 21세 때 황해도 안악군 치하포에서 일본군 쓰치다 중위를 죽이고 인천감옥에 수감되었으나 탈출하여 숨어 지내다 고향으로 돌아와 학문을 펼쳤다. 그러다 김구는 국무의 품을 품고 상해로 갔다. 그는 임시정부 문지기라도 하게 해달라고 내무총장이었던 안창호에게 청했을 때, 안창호는 김구를 경무국장에 임명했다. 김구는 자신이 맡은 일을 엄정하게 처리하는 등 한 치의 소홀함이 없었다. 김구는 윤봉길의 청을 받아들여 그로 하여금 상해 홍구 공원에서 폭탄을 던져 일본군 요인들을 저격했다. 이 사건으로 대한민국의 독립운동이 세계적으로 알려지게 되었으며, 미국을 비롯한 서방국가의 관심을 이끌어 내었다. 또 이봉창으로 하여금 일본 천황을 암살하게 했으나 실패로 끝났지만, 이 사건 역시 대한민국의 독립의 의지를 확실하게 보여주었다.

김구는 광복 후 한국으로 돌아와서도 남북연석회의에 참여하는 등 하나의 조국을 위해 동분서주하다 안두희의 총탄에 목숨을 잃고 말았다. 평생을 조국의 독립과 국가와 만족을 위해 투신한 김구는 애국하는 길이 무엇인지를 몸소 보여준 위대한 민족의 영웅이다.

❖ 김구金九 1876~1949
임시정부 주석. 독립운동가. 평생 독립을 위해 투신

DAY 092 | 마더 테레사

　마더 테레사 수녀는 로마 가톨릭 교회의 '사랑의 선교회'를 창립하여, 사랑의 성녀로 일컬음을 받으며 많은 사람으로부터 존경을 받았다.
　테레사는 1910년 오스만투르크 제국 치하의 위스퀴프(지금의 북마케도니아 스코페)에서 태어났다. 그녀는 18세 때인 1928년 아일랜드 더블린에 가서 '성모수녀회'에 들어간 후 인도로 갔다. 인도에 도착한 그녀는 '로게토 성모수녀회'의 수녀로서 종신서원을 했다. 이때부터 테레사라고 이름을 쓰기 시작했다. 수녀회에서 운영하는 성 마리아 학교에서 역사와 지리를 가르쳤다.
　인도 시민권을 취득한 테레사는 1946년 수녀원을 나와 간호학을 공부하고 콜카타의 빈민촌에서 봉사활동을 시작했다. 그리고 1948년 '사랑의 선교회'를 창립하고 2년이 지난 후 교황 피우스 12세로부터 교회법에 따른 인가를 받았고, 1965년에는 바티칸만이 책임을 물을 수 있는 교황청 직속 수도회로 격상되었다.
　테레사는 보수적인 로마 가톨릭 지도자들의 반감을 사면서도 수녀원 밖에서의 활동을 멈추지 않았다. 그녀가 가톨릭 지도자들의 반감을 산 이유는 수녀는 수녀원에서 지내야 한다는 생각에 의해서였다.
　테레사는 고아를 비롯해 노인들을 돌보고, 나환자들을 치료하고 돌보는 일에 전력을 다했다. 그녀는 동남아시아, 유럽, 아프리카, 오스트레일리아를 비롯해 라틴 아메리카, 중국 등에 사랑의 선교회를 세웠다. 그리고 1971년에는 미국 뉴욕시티에도 사랑의 선교회를 세웠다.
　1971년 테레사는 제1회 교황 요한네스 23세 평화상과 노벨평화상을 수상했다. 이후 그녀는 더욱 활발하게 봉사활동을 펼쳐나갔다. 그녀는 심장질환을 앓으면서도 봉사활동을 멈추지 않았다. 그러나 무리가 따라 활동하는 데 제약을 받자 1991년 대수녀원장직을 사임했다. 하지만 마땅한 후계자를 찾지 못해 1997년 인도 출신의 나르말라 수녀가 임명될 때까지 봉사활동을 계속 해나갔다.
　150센티미터의 작은 체구로 어려운 일들을 평생 헌신적으로 해온 테레사 수녀는 '참사랑의 본질'이 무엇인지를 잘 보여준 위대한 사랑의 성녀이다.

❖ 마더 테레사 Mother Teresa 1910~1997
오스만투르크 제국 출생. 사랑의 선교회 원장. 1971년 노벨평화상 수상

DAY 093 김종직

김종직은 조선 전기 문인이자 문신이며, 성리학자, 사상가, 교육자이다. 그는 정몽주에서 길재로, 길재에서 아버지인 김숙자에게 이어진 학풍을 이어받아 크게 발전시킴으로써 영남학파의 종조가 되었으며 사림파의 시조가 되었다.

김종직은 어린 시절 총명하여 암기에 능했으며 날마다 수천 자씩 기억해 신동으로 불리었다. 그는 15세에 이미 시문에 능해 많은 문장을 지었으며 20세 이전에 뛰어난 문장으로 이름을 크게 떨친 것으로 유명하다. 그의 시를 본 어세겸은 크게 감격하여 "나보고 말채찍을 잡고 하인이 되라 해도 달게 받아들이겠다"고 할 만큼 극찬을 했다.

김종직은 벼슬길에 올라서도 수많은 제자를 길러냈는데 대표적인 제자로 김굉필, 정여창, 김일손, 손중돈, 이복, 권오복, 남곤, 권경유, 남효온, 조위, 이원, 강희맹 등 일일이 셀 수 없을 정도로 많다. 조선 전기에서 중기로 내려오는 문신 중 뛰어난 학자들은 대개 그의 학풍을 이어받은 제자들이다.

김종직을 따르는 제자들이 많았던 것은 그의 올곧은 정신과 뛰어난 학식, 학행일치 學行一致(학문과 행동이 일치하는 것) 때문이다.

성종은 김종직의 학문의 출중함과 올곧은 인품을 높이 샀다. 그의 말이라면 어떤 말도 받아들여 시행할 정도로 그를 신뢰했다. 그에 대한 성종의 믿음은 대단했다. 김종직이 신분과 집안 배경을 가리지 않고 인재를 등용할 것을 진언하자 성종은 그대로 시행했다. 면학 분위기의 장려를 권고하자 전국에 서원, 향교, 서당을 짓는 등 적극적으로 시행했다.

김종직은 1463년에 세조에게 불사佛事를 간언하다가 파직당했다. 1464년에는 세조에게 음양오행 등의 잡학을 장려한다며 극구 반대하다 어려움을 겪기도 했다. 이처럼 김종직은 대쪽 같은 곧은 절개로 한번 정한 원칙은 반드시 실행했으며, 자신이 한 말에 대해서는 목숨을 내놓을지언정 번복하는 법이 없었다. 하지만 안타깝게도 그가 지은 조의제문으로 연산군 4년에 무오사화로 참화를 당하는 바람에 그가 지은 책과 시문 등 그에 관한 모든 기록이 불태워지고 말았다.

김종직은 올곧은 정신과 뛰어난 학문으로 언제나 한결같은 모습을 보이며 당파를 떠나 많은 사람으로부터 존경받은 현인이었다.

❖ 김종직 1431~1492
조선 전기 문신이자 성리학자. 영남학파의 종조로 사림파 시조. 저서 《점필재집》, 《유두유록》, 《청구풍아》, 《당후일기》, 《동문수》 외 다수

DAY 094 묵자

묵자墨子는 춘추전국시대의 학자이자 사상가이다. 그의 본명은 묵적이다. 그는 중국의 역사에서 매우 중요한 인물이다. 그는 지배 계층을 배격하고 가난하고 힘없는 이들을 대변하며, 인간은 누구나 평등하다는 논리를 펼쳤던 진보적인 사상가이다.

묵자는 공자가 죽고 여러 해 뒤에 태어났는데, 당시 중국은 사분오열되어 매우 혼란한 시기였다. 이른바 춘추전국시대로 무리를 이루어 패권을 다투던 시기로서 당시의 사상가들은 어떻게 하면 시대적으로 안정을 찾을 수 있을지에 대한 문제에 대해 골몰했다.

묵자는 본래 공자의 가르침을 배우고 따르던 유학자였지만, 유교는 불필요한 의례를 지나치게 강조한다는 데 대해 부담스러움을 갖게 되어 그는 자신의 길을 걸어가기로 결심하고 자신만의 사상을 추구했던 것이다. 이러한 그의 사상은 공자나 맹자, 노자, 장자와는 구별 짓는 사상적 특성을 지녔다.

묵자의 중심사상은 겸애兼愛사상이다. 겸애사상이란, 사람을 가리지 않고 누구나 똑같이 사랑하는 것을 말한다. 즉, 보편적인 사랑을 뜻한다. 이는 그리스도의 사상과 너무도 닮아 있어 놀라울 정도다. 또한 그는 인간의 도리란 서로 존중하고 사랑하며, 이익은 서로 나눔으로써 함께 해야 한다고 주장했다. 인간으로서 도리를 다할 때 인간의 가치가 바로 서고, 삶다운 삶을 살 수 있다고 주장했다.

묵자는 서민적이고 소박하고 솔직한 인간성을 지녔으며, 귀족이나 부자들보다는 평범한 사람들에게 관심이 많았으며 조용하고 평화스러움을 꿈꿨다. 그는 평화를 추구하는 평화주의자로서 전쟁을 싫어했으며 전쟁을 막는 일에도 열정을 다한 것으로 잘 알려져 있다.

묵자는 독서를 즐겨 했으며 시를 즐겨 지었다. 그는 자신의 가르침을 받고 가르침대로 실천할 수 있는 군주나 만나기 위해 노력했지만 자신의 뜻에 맞는 군주를 찾을 수 없었다. 그러자 그는 가르침을 주기 위해 학교를 열고 제자를 길러 관직에 나아가게 했다.

묵자가 존경받은 것은 그의 소박함과 평등사상과 철학을 실천해 옮겼으며, 평화를 사랑하는 박애주의자이자 철저한 행동가였다는 데 있다.

❖ 묵자墨子 B.C 5세기경
춘추전국시대의 학자이자 사상가. 평화주의자

DAY 095 김대건

우리나라 최초의 신부이자 순교자로 널리 알려진 김대건은 1821년 충청남도 내포 솔뫼, 즉 지금의 당진에서 태어났다. 증조할아버지는 50세 때 아들의 권유로 천주교에 입교했다. 1791년 박해를 박으며 수차례 투옥되어 고문을 받고 귀양을 가는 등 심한 고난을 겪다 1841년 해미 옥중에서 순교했다. 그 후 김대건의 부모는 경기도 안성으로 이사했으며 이곳에서 어린 시절을 보냈다. 그 후 또다시 내포로 이사했으며 그의 아버지는 1839년 기해박해 때 한양 서소문에서 순교했다.

김대건은 이러한 집안의 영향으로 일찌감치 믿음 생활을 하며 신부로서의 자질을 키웠다. 그러던 중 조선인 신부 양성을 위한 정책에 따라 최양업과 함께 선택되어 그는 모방 신부로부터 라틴어를 배우며 성직자의 기본 소양을 교육받았다. 이후 마카오로 보내져 교육을 받으며 중국 상하이에서 페레올 주교로부터 사제서품을 받고 한국인 최초로 정식 사제가 되었다.

김대건은 페레올 주교와 함께 조국으로 돌아와 선교 활동을 펼치던 중 1846년, 메스트르 신부의 입국을 위해 애쓰다 체포되었다. 다음은 김대건 신부가 황해도 감사로부터 심문을 받는 자리에서 신부로서의 사명감에 대해 잘 보여주는 일화이다. 황해도 감사가 그에게 말했다.

"그대는 죽는 것이 두렵지 않으냐!"

"사람은 한 번 태어나면 반드시 죽는 것이거늘 무엇이 두려울 것인가. 더구나 천주님을 위해 이 한목숨 바치는 것은 영광스럽고 은혜로운 일이므로 나는 죽는 것이 두렵지 않다."

"그래? 네 기개는 장하다만 막상 죽음이 임박하면 네 생각도 변할 것이다."

감사는 그를 지그시 바라보며 말했나.

"그런 소리 마라. 나는 잡힐 때부터 이미 죽을 준비를 하고 있었다. 그러니 그런 말따위로 나를 시험하지 마라."

황해 감사는 조서를 꾸며 김대건 신부를 서울로 압송했고, 김대건 신부는 다시 취조를 받았지만 끝끝내 자신의 믿음에 대한 신앙의 지조를 지켰다. 그리고 그는 1846년 새남터에서 순교했다. 그는 1925년 교황 피우스 11세에 의해 복자위에 올랐고, 1984년에는 103인의 성인에 이름을 올렸다.

❖ 김대건 1821~1846
우리나라 최초의 천주교 신부. 1984년 103인의 성인으로 선포

DAY 096 안중근

"뜻을 세웠으면 사사로운 정은 잊어버려라."

애국지사 안중근의 이 말에는 이토 히로부미를 저격하여 조국의 한을 풀고 독립을 앞당기겠다는 굳은 의지가 서릿발처럼 흐르고 있다. 안중근은 31세라는 젊은 나이에 조국의 독립을 위해 형장의 이슬로 사라졌지만, 그의 애국심은 지금도 살아 숨 쉬는 듯하다.

안중근은 1879년 황해도 해주에서 태어났다. 그의 아버지 안태훈은 수천 석지기의 대지주로 일찍이 근대 문물을 받아들이는 등 개혁적인 성향의 인물이었다. 그는 수백 명의 사병을 양성했으며 동학농민운동이 일어나자 반동학군 투쟁에 나섰다. 안중근은 이런 아버지의 영향을 받음은 물론 8세 때 할아버지로부터 유교경전을 익혔으며 한학과 조선 역사를 배움으로써 민족정신이 싹텄다. 또한 그는 말타기와 활쏘기를 배웠으며, 삼촌으로부터 사격술을 익혔는데 명사수로 널리 이름을 떨쳤다.

안중근은 아버지의 뜻에 따라 천주교에 입교했고, 천주교 포교에 힘쓰는 한편 민중계몽에 힘쓸 인재를 양성하기 위해 대학교 설립을 계획했다. 하지만 신부들의 반대에 의해 계획이 수포水泡가 되자 신부에 대해 불신하게 되었다. 하지만 그는 자신의 믿음에는 여전히 변함이 없었다.

안중근은 진남포에 삼흥학교외 돈의학교를 설립하고 본격적으로 계몽운동에 힘썼다. 그는 대한민국이 일본의 지배에 들자 연해주로 가서 동의회란 의병부대를 조직했다. 그리고 일본군대와 독립투쟁을 벌이며 일본군대를 격파하여 이름을 떨쳤다. 그러나 의병부대가 알려져 크게 패했다.

안중근은 다시 조직을 재건하려 했으나 여의치 않아 좌절감에 빠져 있던 중 이토 히로부미가 만주로 온다는 소식에 민족의 원흉인 그를 사살하여 굳건한 독립 의지를 보여줌으로써 일본 압제로부터 벗어나는 계기로 삼고자 했다.

치밀한 준비를 마친 안중근은 이토 히로부미가 모습을 드러내자 거침없이 저격하여 거사를 완성했다. 현장에서 붙잡힌 그는 투옥되어 6회에 걸쳐 재판을 받으면서도 당당한 기개를 잃지 않고 의연하게 세상을 떠났다. 오직 조국의 독립을 위해 헌신한 그는 우리 민족의 영원한 영웅으로 추앙받고 있다.

❖ 안중근 1879~1910
독립운동가, 대한의군 참모중장, 특파독립대장, 삼흥학교 설립, 건국훈장 대한민국장 수훈. 저서 《동양평화론》, 《안중근 자서전》

DAY 097 노자

노자는 도가의 창시자이자 《도덕경》의 저자로 유명한 학자이다. 그는 B. C 6세기경에 활동했으며, 사마천에 의하면 초나라 사람으로 성은 이李 씨이고 이름은 이耳이며 주나라 수장실의 사관이었다고 한다. 하지만 이는 어디까지나 사마천 개인의 얘기일 뿐 언제 어디서 태어나고 죽었는지는 정확히 알려진 바가 없다.

노자는 자연의 이치를 따르고 무위하게 사는 도道를 중요하게 생각했다. 그가 이렇게 주장하는 것은 도가 없어지자 인仁과 의義가 생겼고, 교묘한 지혜가 나타나자 거짓이 생겼다고 생각했기 때문이다. 그는 육친이 화목하지 못해 효와 자애가 생겨났고, 국가가 혼란해지자 충신이 나왔다고 주장했다. 노자의 사상이 공자의 사상과 전면 배치되는 것에 대해 사마천은 다음과 같이 말했다.

"세상에서 노자의 학문을 배우는 이들은 유가 학문을 배우는 자들을 멀리하고, 유가 학문을 배우는 자들은 노자의 학문을 멀리했다. 길이 다르면 서로 도모하지 않는다는 말은 이를 두고 한 말일 것이다. 노자는 무위로써 저절로 교화되게 하고, 맑고 고요하게 있으면서 저절로 올바르게 되도록 했던 것이다."

노자가 말하는 무위란 무엇인가. 무위란 '자연을 그대로 두고 인위를 가하지 않음'을 말한다. 자연의 순리에 따라야지 인간의 생각으로 판단해 좌지우지하면 안 된다는 것이다. 있는 그대로를 따르는 것이 무위인 것이다.

노자에게 물은 무위사상의 중심이다. 물은 항상 높은 곳에서 낮은 곳으로 흐른다. 절대로 낮은 곳에서 높은 곳으로 흐를 수 없다. 물이 위에서 아래로 흐르는 것은 자연의 이치에 따르는 것이다. 물은 흐르다 막히면 돌아서 흐르고, 웅덩이가 있으면 웅덩이에 물이 찰 때까지 기다렸다가 흐른다. 낭떠러지를 만나면 벽을 타고 흘러내린다. 장소를 가리지 않고 흐르는 것이다. 물은 흐르는 곳마다 생명을 틔운다. 물이 지나간 자리에는 물고기가 뛰고, 나무가 자라고, 풀이 돋고, 꽃이 핀다. 이것이 물의 본질이다.

노자의 무위를 따른다는 것은 쉽지 않은 일이다. 무위를 따르지는 못해도 그 경지에 닿기 위해 노력한다면 최선의 삶을 살게 될 것이다.

❖ 노자老子 B.C 6세기경
도가의 창시자이자 학자, 저서 《도덕경》

DAY 098 허레이쇼 넬슨

☐ CHECK

　영국의 영원한 명장, 넬슨 제독은 1758년 영국의 노포크의 버넘에서 태어났다. 그는 9세 때 어머니를 잃은 환경에서 자랐다. 넬슨은 기본교육만 받고 12세 때 해군 대령이었던 외삼촌이 선장으로 있는 배에 선원으로 들어가 키잡이로 일했다. 그의 외삼촌은 지속적으로 넬슨을 돌봐주었고, 그가 자라서 해군에 입대하는 데 많은 도움이 되어주었다. 그 후 그는 해군 사관생도가 되어 본격적으로 장교교육을 받았다.
　넬슨은 처음 얼마 동안은 서인도제도를 항해하고, 북극 탐사에 나섰다 실패를 하는 등 모험을 하기도 했다. 그는 18세 때 대위 시험에 합격하여 서인도제도 전투에 나서 능력을 발휘하여 록커 선장은 그를 총사령관인 파커에게 추천했다. 파커는 그를 함대의 기함인 브리스톨호에서 근무하게 했다. 그 후 넬슨을 큰 활약을 벌여 파커는 그를 함선 배저호의 함장으로 임명했다. 그는 약관의 스무 살에 함장이 되었지만 산후안 전투에서 이기고도 말라리아에 걸려 영국군이 거의 전멸을 하는 시련을 겪기도 했다.
　영국으로 돌아온 그는 요양 후 앨버말호 함장으로 발령을 받고 미국독립전쟁이 끝날 때까지 전투에 나가 많은 전리품을 획득했다. 1783년 전쟁이 끝나자 영국으로 돌아왔다. 1793년 프랑스가 전쟁을 선포하자 넬슨은 전투에 참가하여 프랑스군을 격파하고 승리했지만 시력을 상실하고 말았다.
　1796년 넬슨은 지중해에서의 전투를 거쳐, 상비센터 곶 해전에서 스페인 함대를 물리치고 소장으로 승진했으며 백작 작위를 받았다. 그러나 그가 주요독립부대 지휘관으로서 첫 번째 벌인 전투에서는 참패를 하고 말았다. 설상가상으로 넬슨은 한쪽 팔을 잃고 말았던 것이다. 하지만 그는 더 강해졌고, 나일해전 등 하는 전쟁마다 승리로 이끌었으며 특히 트라팔가르 해전에서 나폴레옹 군대를 격파하여 이름을 크게 떨쳤다.
　그러나 넬슨은 적의 총탄에 숨을 거두고 말았다. 국왕 조지 3세는 "우리는 얻은 것보다 더 많은 것을 잃었다"며 그의 죽음을 애도했으며 영국 국민들 또한 크게 슬퍼했다. 영국 국민들은 넬슨을 추앙推仰하며 존경하고 있다.

❖ 허레이쇼 넬슨Horatio Nelson 1758~1805
영국의 제독. 세계 해전사의 영웅으로 추앙받음

DAY 099 존 밀턴

영국의 시인이자 사상가며, 혁명가이자 대서사시인《실낙원》의 저자인 존 밀턴은 1608년 영국 런던의 브래드 가에서 태어났다. 그의 아버지는 부유한 공증인으로 신흥 중산계급이었다. 할아버지는 가톨릭교도였으나 아버지가 신교로 개종해 밀턴은 청교도의 엄숙한 분위기 속에서 자랐다. 밀턴은 학구열이 높은 아버지를 둔 덕에 음악, 문학, 어학 등 많은 교육을 받았다.

밀턴은 청교도 신학자였던 토마스 영을 비롯한 개인 교사들에게 배움은 물론 세인트 바울 학교에서 히브리어, 라틴어, 그리스어, 신학, 르네상스 시대 문학과 인문 교육을 받았는데, 그중 어학과 라틴어에 뛰어났다.

밀턴은 〈그리스도 탄생의 아침에〉란 시를 발표하면서 성직자의 길을 포기하고 시골로 가 독서와 집필, 여행을 하며 지냈다. 여행하던 어느 날 영국에서 내전이 일어나자 귀국하여 정치에 뛰어들었다.

밀턴이 귀국했을 때 왕당파와 의회파가 심하게 대립하고 있었다. 이는 곧 구교인 국교회와 신교인 청교도의 대립이었다. 밀턴은 국가와 구교가 청교도를 탄압하는 데 반대하고 올리버 크롬웰을 지지하며 종교와 언론, 정치 문제에 대한 많은 글을 썼다. 그는 서양역사상 처음으로 언론 및 출판의 자유를 주장했으며 〈아레오파기티카〉라는 소논문을 통해 '국가에 대해 시민이 자유롭게 의견을 개진할 수 있는 것이 진정한 자유다'라고 역설했다. 나아가 찰스 1세의 처형에 관한 정당성을 제시하고, 반군주제를 주장한 〈국왕과 관료들의 재직 조건〉 등으로 유럽 전 지역에서 키케로에 비견될 정치적 논객, 지식인으로 이름을 떨쳤다.

그러나 그에게 불행이 엄습했다. 그는 눈을 실명했으며 찰스 1세의 아들 찰스 2세가 복귀하면서 대대적인 숙청을 벌여 가산을 몰수당하고 감옥에 갇혔다. 그 후 감옥에서 나온 밀턴은 고향으로 돌아갔다. 심신의 고통을 겪은 후 삶은 피폐해질 만큼 힘들었지만, 청교도인으로서 마음을 다잡고 시를 쓰기 시작했다. 《실낙원》, 《복낙원》 등 그의 유명작품은 이때 쓰여졌다. 밀턴은 '마음은 자신의 터전이다'라는 자신의 말처럼, 실명한 상태에서도 좌절하지 않고 자신을 천국으로 이끈 위대한 시인이었다.

❖ 존 밀턴 John Milton 1608~1674
영국의 시인. 정치가. 주요 작품 《실낙원》,《복낙원》 외 다수

DAY 100 마르쿠스 아우렐리우스

"만일 당신이 외적인 요인에 의해 고통받는 것이 아니라면, 그 고통은 당신의 생각이 만든 것이다. 당신은 언제든지 그것을 바꿀 수 있는 능력을 가지고 있다."

이는 로마의 황제이며 사상가이자 저서 《명상록》으로 유명한 마르쿠스 아우렐리우스가 한 말로 사람에겐 고통을 이겨낼 수 있는 능력, 즉 힘이 있음을 의미한다.

마르쿠스 아우렐리우스는 121년 로마에서 태어났다. 그는 안토니누스 피우스 황제의 양자가 되어 17세 때 콤모두스의 아들과 공동 황제로 즉위하기로 되어 있었으나 40세가 되어서야 황제에 즉위했다. 황제가 되기 전 그는 에픽테토스의 《담론》을 탐독하는 등 철학에 깊이 매료되었다. 한편 그는 안토니누스의 곁에서 통치술을 배웠다.

황제에 오른 마르쿠스 아우렐리우스는 국가의 기강을 바로 세우고 많은 법률을 만들었으며 그리스도교를 비롯한 그 어떤 조직도 박해하지 않았다. 그러나 그는 황제로서 수많은 시련과 고난을 겪었다. 동쪽으로는 파르티아 제국이, 북쪽에서는 게르만족이 수시로 침략해왔다. 그는 침략들로부터 로마를 지켜내기 위해 로마의 황제 중 가장 많은 시간을 전쟁터에서 보냈다. 하지만 마르쿠스 아우렐리우스는 실망하거나 비관하지 않았다. 언제나 긍정적으로 자신에게 닥친 역경을 극복하며, 봉사와 헌신의 정신으로 황제의 본분을 다했다.

로마시민들은 국가와 자신들을 위해 최선을 다하는 그를 마음으로부터 깊이 존경했으며, 그는 황제이자 사상가로서의 본분을 착실히 실행한 위대한 실천가였다.

"우리의 인생은 우리의 생각에 의해 만들어진다."

그의 말처럼 자신의 인생은 자신이 어떻게 생각하고 행동하느냐에 따라 결정되는 것이다.

마르쿠스 아우렐리우스는 통치를 하면서 그때마다 떠오른 생각을 썼는데, 그것이 바로 《명상록》이다. 이 책은 오늘날까지도 널리 읽히고 있으며 황제로서 사상가로서의 그의 진면목이 잘 드러나 있다.

❖ 마르쿠스 아우렐리우스 Marcus Aurelius 121~180
로마 황제. 저서 《명상록》

DAY 101 무하마드 알리

세계프로복싱사상 세 번의 헤비급 챔피언을 지낸 무하마드 알리. 그는 13살 때 동네 깡패로부터 자신을 보호하기 위해 경찰에게 복싱을 배웠다. 그는 몸놀림이 매우 유연했고 스피드가 탁월해 복서로 대성할 자질이 보였다. 거기에 강인한 의지와 끈기까지 있어 복싱 선수로서는 금상첨화였다.

알리는 복싱에 빠져 사춘기를 보냈다. 그 결과 그의 나이 17살에 골든 글러브 챔피언이 되었다. 1960년 로마 올림픽에 참가해서는 18살의 어린 나이로 헤비급 금메달을 획득했다.

알리는 1964년 헤비급 세계 챔피언인 차를레스 리스톤과의 타이틀 매치에서 그를 누리고 권투 역사상 두 번째로 나이 어린 챔피언에 올랐다. 그 후 9회 연속 챔피언 벨트를 지켜내며 전 세계인들을 열광시켰다.

그는 191센티미터의 키에 100킬로그램이 넘는 몸무게를 지니고도 플라이급 선수들보다도 빠른 몸놀림과 현란한 테크닉은 보는 사람들을 즐겁게 했다. 그가 가는 곳마다 구름떼 같은 관중들이 그를 보기 위해 몰려들었으며, 말솜씨 또한 빼어나 그의 말을 듣는 것만으로도 흥미를 더했다. 그가 인기가 있는 것은 권투를 잘해서만이 아니다. 자신의 생각에 대한 확고한 소신이 뚜렷했기 때문이다. 그는 미국 정부로부터 베트남전에 참전하라는 명령을 받았다. 그러나 그는 종교적 신념에 의해 참전을 거부했다.

"이것은 평화의 문제가 아니라 힘의 문제다. 왜 나와 내 민족을 공격하지 않은 이들을 내가 공격해야만 하는가?"

이렇게 말하며 징집을 거부했던 그에게 3년 반 동안 선수 자격 박탈과 챔피언을 박탈당했고, 출국조차 금지당했다. 그는 자신의 신념을 굽히지 않고 3년 5개월의 긴 싸움 끝에 무죄 선고를 받아냈다.

다시 선수 자격을 얻은 알리는 시련을 극복하고 헤비급 역사상 세 번이나 챔피언에 오르는 등 인간의 강인함과 위대함을 보여주었다. 알리가 소신 있는 선수로서 인정받는 것은 선수로서의 전성기 때 선수 자격을 박탈당함으로써 더 좋은 기록을 낼 수 있는 불합리함을 극복한 데 있다. 알리는 파킨슨을 앓다 2016년 세상을 떠났다. 그는 세계복싱사상 가장 위대한 복서로 평가받는 복싱영웅이다.

❖ 무하마드 알리 Muhammad Ali 1942~2016
미국 출생. 세 번의 세계 헤비급 챔피언

DAY 102 마르틴 루터

독일의 가톨릭 수사이자 신학교수이며 종교 개혁가인 마르틴 루터는 마음을 새롭게 하기 위해서는 다음과 같이 하라고 조언한다.

"매일 면도를 하는 것처럼 우리의 마음도 매일 다듬어야 한다. 어제 세운 뜻은 오늘 새롭게 되지 않는다. 그 뜻은 곧 우리를 떠나고 만다. 그러므로 어제의 좋은 뜻은 날마다 마음속에 새기고 되씹어야 한다."

루터의 말은 누구나 다 아는 말 같지만 참진리라고 할 수 있다. 알아도 실행하지 않는 것은 모르는 것만 못 하다. 하지만 실행으로 옮긴다면 새롭게 변화됨으로써 참진리라는 것을 스스로에게 각인시키게 되기 때문이다.

루터는 1483년 광산업을 하는 아버지 한스 루터와 어머니 마가레테 린데만 사이에서 태어났다. 그의 아버지는 교회의 부패를 비판하는 양심적인 신앙인이었다. 루터는 아버지의 신심을 본받고 자랐다. 그의 아버지는 루터가 법률가가 되기를 바랐다. 루터는 에르푸르트 대학을 마치고 문학 석사 학위를 받았다. 그리고 아버지의 뜻에 따라 법률 공부를 시작했다.

그러던 어느 날, 에르푸르트로 가는 길에 벼락이 떨어졌지만 살아남으로써 그는 신부가 되겠다고 다짐했다. 그 후 아버지의 반대에도 수사신부가 되고, 신학교수가 되었다. 그런데 그의 인생에 변화가 일어나는 일이 발생했다.

중세사회의 봉건제도와 길드, 장원경제가 무너지면서 자본주의로 급격히 변화하자 교회 또한 급변화하기 시작했다. 그런 과정에서 성직을 판매하고 면죄부를 판매하는 등의 부패가 만연하자 루터는 95개조의 반박문을 작성하여 1517년 비텐베르크 대학 교회 문 앞에 붙여 교황청을 비판했다. 그 일로 인해 교황청은 물론 신성로마제국의 카를 5세 황제로부터 비판을 철회하라는 요구를 받았으나 거절했다. 결국 그는 파문을 당했다. 그는 사형의 위기에 처했으나 독일의 왕자와 지지자들로 인해 사면을 받고, 은거하면서 라틴어로 된 신약성경을 독일어로 번역했다.

루터는 부패한 교회를 새롭게 변화시키기 위해 날마다 자신을 새롭게 하는 데 힘썼다. 그리고 그는 자신의 뜻을 따르는 사람들을 중심으로 루터파를 조직하여 새로운 교회제도를 수립하기 위해 노력했으며 오늘날의 개신교가 탄생되는 데 빛과 소금이 되었다.

❖ 마르틴 루터 Martin Luther 1483~1546
독일 출생. 종교개혁가. 성서학자

DAY 103 이순신

우리나라 역사상 가장 위대한 인물로 평가받는 충무공 이순신은 성품이 강직하여 그 어떤 불의에도 마음을 두지 않았으며, 강한 사람 앞엔 강하고, 약한 사람에겐 한없이 너그럽고 관대했다. 하지만 이순신은 부하장수가 불의를 저지르면 엄격하게 벌하여 다시는 같은 일로 죄짓는 일이 없게 했다. 이런 이순신도 어린 시절에는 매우 마음이 여렸다고 한다.

이순신은 할아버지인 백록이 조광조를 비롯한 소장파 사림들과 뜻을 같이하여 벌어진 기묘사화로 참화를 당하자 그의 아버지는 관직에 뜻을 접고 평민으로 지내는 관계로 가세가 기울대로 기울었다. 가난한 집안 형편이었으나 이순신은 어머니로부터 엄한 교육을 받았다. 어머니의 교육은 이순신의 정신적 토양이 되었으며 그가 위대한 장군이 되는 데 밑거름이 되었다.

이순신은 28세 되던 해 무과에 응시했다. 그는 달리는 말에서 떨어졌으나 다친 다리를 싸매고 끝까지 달려 사람들을 놀라게 했다. 하지만 아쉽게도 실격하고 말았다. 그 후 4년이 지난 1576년 식년무과에 급제했다.

이순신은 강직하고 정의로운 성품으로 인해 어려움을 많이 겪었다. 그는 언제나 한결같은 마음으로 그 어떤 불의와도 타협하지 않았다. 그러다 보니 상관의 미움을 사 한직으로 돌다 47세가 되어서야 전라좌도수군절도사가 되었다. 이순신은 왜군의 침공에 대비해 군사훈련을 실시했으며, 전선을 제조하고 거북선을 만드는 등 군비를 확충하는 등 만반의 준비를 했다.

임진왜란이 일어나자 이순신의 지략은 빛을 발했다. 그는 싸우는 전투마다 승리했다. 그러나 원균 등의 모략으로 옥에 갇히고 말았다. 이순신이 없는 조선 수군은 왜군의 침공으로 추풍낙엽이 되었다. 그러자 조정에서는 이순신에게 다시 지휘권을 주었다. 하지만 남은 군사는 120인에 배는 고작 12척이었다. 이순신은 이에 굴하지 않고 133척의 왜군과 싸워 배 31척을 격침시키는 대승을 거뒀다. 이를 명량해전이라고 한다. 이순신은 수군을 재정비하고 강화하는 데 열정을 다함으로써 탄탄한 수군으로 거듭나게 했다.

1598년 이순신은 왜군 500척 중 200여 척을 격파하고 대승을 거두었는데 이를 노량해전이라고 한다. 하지만 안타깝게도 이순신은 전사하고 말았다. 모든 전투에서 전승을 거둔 것은 세계 해전사에서 유일하다.

❖ 이순신 1545~1598
삼도수군통제사. 임진왜란을 승리로 이끈 명장

DAY 104 제갈량

　제갈량은 181년 낭야군의 지방관이었던 제갈규의 둘째 아들로 태어났다. 자는 공명이며 별호는 와룡이다. 15세가 되기 전에 부모를 여의어 한동안 백부 제갈현의 보살핌을 받았다. 백부가 죽자 제갈량은 형주로 옮겨갔다. 그는 양양의 융중이란 마을에서 농사를 지으며 학문을 연마했다. 당시 형주에는 전란을 피해온 명망 높은 문인들이 많이 살고 있었는데, 제갈량은 그들과 활발히 교류했다. 그는 양양지역의 유명한 문인이며 대부호였던 황승언의 사위로, 20대 중반의 나이에 이미 재야의 현인으로 명성을 얻었다. 그의 소식을 듣고 찾아간 유비에 의해 책사로서 정치가로서의 삶을 시작했다.
　한마디로 제갈량을 평한다면 엄정함의 철저한 원칙주의자였다. 하지만 그는 부드러울 땐 부드럽게 대처할 줄도 아는 융통성도 지니고 있다. 엄정하기만 하면 사람들로부터 외면받기 십상이다. 이를 잘 아는 제갈량은 자신이 엄정함만을 추구하는 원칙주의자가 아니라는 것을 보여주었다. 그는 철저한 신상필벌信賞必罰주의자였다. 이런 제갈량의 인품이 잘 드러나는 이야기이다.
　위나라와의 전쟁이 한창일 때였다. 선봉장은 젊은 장수 마속이 맡았다. 제갈량은 마속을 장래가 촉망되는 장수로 총애했다. 그러나 마속은 제갈량이 세운 전략을 무시한 채 자기 멋대로 전술을 펴는 바람에 크게 패하고 말았다. 제갈량은 너무도 아끼는 참모였지만, 일벌백계하는 뜻으로 참하라는 명령을 내렸다. 제갈량의 말이 떨어지기가 무섭게 마속의 목이 날아갔다. 그는 공명정대한 군율을 위해 마속의 목을 베고야 말았다. 그는 지위고하를 막론하고 그 누구라도 잘못을 하면, 엄한 벌을 받는다는 사실을 널리 알림으로써, 실수를 줄이고 끝까지 최선을 다하는 마음을 심어주었다. 장졸들은 제갈량의 엄정함에 자신이 맡은 일에 책임을 다했다. 그 결과 촉나라는 더욱 강성해졌다.
　제갈량의 이런 엄정함의 이면엔 융통성이 있다. 그는 잘못을 저지른 사람도 잘못을 뉘우치면 기회를 주었으며, 아무리 적이라 할지라도 자신의 잘못을 인정하고 받아들이면 그를 자신의 곁에 두었다. 그는 공과 사를 엄격히 하고 뛰어난 전략을 펼친 최고의 지략가이다.

❖ 제갈량 181~234
촉나라 정치가. 유비의 책사. 당대 최고의 지략가

CHAPTER 3
역사적 사건과 진실

한국사 속에 숨은 이야기

DAY 105 | 이항복과 스승

조선 중기 때 명재상이었던 백사白沙 이항복李恒福은 오성대감이라 불린다. 그 까닭은 임진왜란 때 왕비와 왕자를 안전하게 모시고, 선조를 의주까지 잘 모신 공을 인정받아 오성부원군에 봉해졌기에 따른 것이다. 그는 권율 장군의 사위가 되어 임진왜란을 극복하는 데 크게 일조했다. 이러한 이항복은 스승 받들기를 하늘과 같이 모신 걸로 유명하다.

"대감마님, 대감마님의 스승님께서 오셨습니다."
"스승님께서 오셨다고?"
어느 날 스승이 왔다는 하인의 말에 방에 있던 이항복은 버선발로 뛰어나갔다. 좌중에 있던 사람들은 그의 행동에 놀라움을 감추지 못했다. 일인지하만인지상一人之下 萬人之上 영의정인 그가 보여준 행동은 그러고도 남았다.

"스승님, 오셨습니까?"
이항복은 이렇게 말하며 초라한 행색의 노인을 모시고, 방으로 들어와서는 큰절을 올렸다.

"스승님, 잘 오셨습니다. 어떻게 지내시나 궁금했는데 찾아주셔서 감사드립니다. 그간 잘 지내셨는지요?"
"나는 잘 지냈소이다."
그의 스승은 말을 올려 말했다. 이항복은 말씀을 놓으라며 깍듯이 말했다.

"스승님, 계시는 동안 편히 지내십시오."
이항복은 어린 시절 가르침을 주었던 스승을 극진히 모시고, 그가 갈 때 면포 십여 단과 쌀 두 섬을 노자로 주었다. 그러자 스승은 나라의 재산을 이렇게 많이 받을 수 없다고 말했다. 이항복은 자신의 것에서 드리는 것이니 받아달라고 청했다. 그러자 스승은 쌀 두 말만 갖고 가겠다고 했다. 이에 이항복은 스승님이 그러시면 제가 너무 송구하다고 말했고, '어찌 스승이라고 하면서 말을 따르지 않는가' 하고 말했다. 그러자 이항복은 아무 말도 못 하고 스승의 말에 따랐다고 한다.

이항복의 스승은 청빈하고 강직했는데, 제자인 이항복 또한 청빈하고 강직하여 명재상으로 이름을 드높였다.

❖ 이항복李恒福 1556~1618
조선 중기 때 문신. 우승지, 예문관 대제학, 병조판서, 영의정. 주요 저서 《사례훈몽》, 《주소계의》 외 다수

DAY 106 김구의 호 백범白凡에 얽힌 이야기

일본에 빼앗긴 조국의 독립을 위해 평생을 조국과 민족에게 헌신한 김구가 호를 백범白凡이라고 한 데는 그만한 이유가 있다. 백정범부白丁凡夫, 즉 천한 직업의 백정白丁과 보통의 사내라는 범부凡夫라는 말에서 따서 지었다. 이를 보더라도 김구는 지위의 높고 낮음, 배우고 배우지 못하고, 잘 살고 못 사는 것 등에 편견을 두지 않고 누구에게나 겸허하고 스스로 자신을 낮추었다는 것을 알 수 있다. 이는 마음이 어질지 못하면 절대로 할 수 없다.

그런데 사람들 중에는 김구의 호 백범을 흰색의 호랑이인 백호白虎로 잘못 알고 있는 사람들이 의외로 많다. 임시정부의 주석이라는 신분에는 백호白虎, 즉 백범이 잘 어울리니 그렇게 생각하는 것도 무리는 아니다.

김구는 사람을 대할 때 차별을 두지 않았다. 사람은 누구나 평등하다고 생각했으며 누구에게나 겸허하게 대했다. 김구가 그렇게 생각하는 데 있어 영향을 끼친 것으로는 첫째는 김구의 집안 내력에서 볼 수 있다. 김구는 신라 마지막 임금인 경순왕의 자손이다. 고려시대에는 공신으로 살았지만, 조선 중기 때 선조인 김자점이 반역죄를 지은 후 화를 면하기 위해 신분을 감추고 평민으로 살아왔다. 그런 연유로 선조 중엔 변변한 벼슬을 지낸 사람이 없었다. 김구의 부친은 존위로서 세금을 거두는 일을 한 게 고작이었다. 뿐만 아니라 양반 같지 않은 양반들에게 온갖 멸시와 천대를 받아야만 했다.

김구는 이런 집안 내력으로 인해 양반에 대한 불신감이 컸다. 그 반면에 평민이나 천민에 대해서는 따뜻한 마음을 품고 있었다. 그들에게서 강한 동질감을 느꼈던 것이다. 그의 이런 생각이 누구에게나 겸허한 마음이게 했다. 둘째는 동학東學의 영향을 받은 까닭이다. 김구는 동학에 입도하면서 인내천人乃天, 즉 '사람은 곧 하늘'이라는 의미로 사람이 그만큼 소중한 존재라는 동학사상에 깊이 매료되었다. 동학은 김구에게 인간에 대한 예의를 갖게 하는 데 큰 영향을 끼쳤다. 셋째는 개신교에 입교하면서 인간에 대해, 신학문에 대해 지대한 영향을 받았다. 믿음, 소망, 사랑이라는 기독교정신은 사람을 사랑하고 아끼는 마음을 갖게 했으며, 훗날 독립운동을 하는 데 있어 크게 작용했다. 이 세 가지가 김구가 사람들을 차별하지 않고 평등하고 겸허하게 대하는 데 크게 영향을 끼쳤던 것이다.

❖ 김구金九 1876~1949
임시정부 주석. 독립운동가. 평생 독립을 위해 투신.

DAY 107 학사루 현판이 불태워진 이유

김종직은 조선 전기 문인이자 문신이며, 성리학자, 사상가, 교육자이다. 그는 정몽주에서 길재로, 길재에서 그의 아버지인 김숙자에게 이어진 학풍을 이어받아 크게 발전시킴으로써 영남학파의 종조가 되었으며, 사림파의 시조가 되었다.

김종직은 인품이 높고, 올곧은 정신과 뛰어난 학식, 학문과 행동이 일치하는 학행일치學行一致의 도를 추구했다. 뿐만 아니라 옳고 그름에 정확했으며, 그 어떤 시류에도 물들지 않고, 의리와 믿음을 매우 중요하게 생각했다. 또한 그는 어느 누구 앞에서도 전혀 주눅 드는 법이 없었다. 이에 대한 이야기이다.

김종직이 중앙정계를 떠나 병든 노모를 돌보기 위해 함양군수로 있을 때 일이다. 유자광이 경상도 관찰사로 있으면서 대관림을 돌아보고, 소고대의 절경을 본 후 감탄하여 쓴 시를 현판으로 만들어, 학사루에 걸어 놓은 것을 김종직이 보게 되었다.

"아니, 유자광 따위가 감히 학사루에 현판을 걸 자격이 있느냐? 고매한 선비들의 현판 가운데 어찌 쌍놈의 작품이 걸릴 수 있느냐. 당장 저 현판을 내려 불태워버려라."

"사또, 그래도 이 현판은 관찰사 나으리의 현판이옵니다."

"관찰사가 아니라 정승이면 무엇하겠느냐? 쌍놈은 쌍놈이니라."

김종직의 추상같은 명령에 이방은 얼른 현판을 내려 불태워버렸다. 김종직은 유자광을 소인배라 칭하며 몹시도 멸시했다. 유자광은 세도가였지만 김종직의 미움을 산 것은 그가 충신인 남이 장군을 모함하여 죽게 했다는 이유에서다. 김종직은 그가 믿음에 근본이 없고, 정의와 의리에 벗어난 하찮은 것으로 본 것이다. 나중에 이를 안 유자광은 아무 소리 못 하고 속만 태웠다. 비록 김종직이 자신보다 한참이나 직위가 낮았지만, 그를 상대한다는 것은 버거운 일이었기 때문이다.

김종직은 대쪽 같은 굳은 절개를 지닌 인물로 그의 눈밖에 벗어나면, 그 누구라 할지라도 철저하게 외면하고, 그와는 절대로 상종하지 않았다.

❖ 김종직金宗直 1431~1492
조선 전기 문신이자 성리학자. 영남학파의 종조로 사림파 시조. 저서 《점필재집》, 《유두유록》, 《청구풍아》, 《당후일기》, 《동문수》 외 다수

DAY 108 이성계와 정도전의 밀담密談

이성계가 대업을 이루게 한 정도전의 결정적인 말이다.
"장군, 제가 바라는 나라는 덕을 갖춘 임금이 예를 갖추는 왕도정치의 나라며, 귀족이 아니라 백성이 근본이 되는 나라입니다. 또한 가문의 혈통이 아니라 능력만 있다면 누구나 벼슬을 할 수 있고, 백성이라면 자기 땅을 갖고 농사를 지을 수 있으며, 강력한 군대를 보유한 나라이며, 모든 백성이 군자가 되어 사는 나라입니다."
"뜻은 좋지만 나는 그럴 생각이 없소."
정도전이 이성계에게 새로운 나라의 필요성을 말하며 이성계가 중심이 되어달라고 말하자, 이성계는 관심이 없다고 말했다. 하지만 정도전은 대업을 주저하는 이유가 무엇이냐며 묻자 이성계는 칼에 피를 묻히고 싶지 않다고 말했다. 정도전은 자신 또한 피를 원치 않는다고 말하며, 힘을 앞세워 폭력으로 세운 나라는 망한다고 말했다. 그 이유는 정통성이 없기 때문이라고 했다. 그러면서 정도전은 덕을 앞세워 백성을 근본으로 세운 나라는 천 년을 간다고 말했다. 그의 말을 듣고 이성계는 말했다.
"정통성이라는 것은 어떻게 만드는 겁니까?"
"그것은 백성의 마음에서 나옵니다. 저는 그런 나라를 만들 것입니다."
이성계는 정도전의 말을 듣고도 무덤덤해했다.
정도전이 이성계에게 부패한 고려를 무너뜨리고 대업을 이루자며 권하는 말이다. 그의 말은 위험스럽기 짝이 없는 말이다. 그것은 반역을 획책하는 말이기 때문이다. 이성계가 마음만 먹으며 그를 반역죄로 처단할 수도 있다. 하지만 그는 자신의 생각을 주저하지 않고 말했다. 물론 이성계의 마음을 간파한 정도전의 계산된 말이기도 했지만, 그렇게 말한다는 것은 매우 위험한 발상이 아닐 수 없다. 정도전은 그럼에도 불구하고 지속적으로 이성계에게 대업의 필요성을 역설했다.
이 이야기에서 보듯 정도전은 누구를 만나도, 자신이 생각을 말할 때는 주저하거나 머뭇거리지 않고 말했다. '화통하다'는 것은 바로 정도전을 두고 하는 말과 같다.
결국 이성계는 정도전의 직설화법에 넘어갔고 그와 함께 대업을 이루었다.

❖ 정도전鄭道傳 1342~1398
조선 전기 정치가. 태조 이성계가 조선을 건국하는 밑그림을 설계하고 완성라는 데 도움을 준 책략가. 주요 저서 《조선경국전》,《경제문감》외 다수

DAY 109 박문수의 실행력

조선 영조 때 정치가이자 암행어사로 이름을 날린 박문수는 실행력이 대단히 뛰어났다. 계속되는 가뭄에 백성들이 굶주리자 영조의 명을 받고 어사로 나간 그는 탐관오리들을 엄격히 문책하고, 자신의 곳간의 쌀을 백성들에게 내주었다. 그는 곡식판매를 통해 전국 규모의 세금을 탕감하고, 문무백관의 녹봉을 감할 것을 주장했으며, 30세가 지나도록 혼인하지 못한 남녀들을 조사해 혼수를 대주어 혼사시킨 수가 740여 명이나 되었다.

그리고 박문수가 경상도 관찰사 시절 영일만에 가재도구들이 산더미처럼 떠내려와 함경도에서 수해가 난 걸로 판단하고 즉시 쌀 삼천 석을 보내 구휼하여 그들을 크게 놀라게 했다. 그런데 그 당시 조정에 허락 없이 관청의 쌀을 보내는 것은 문책을 받을 사항이라, 주변에서 그를 말렸을 때 이렇게 말했다.

"내가 문책받는 것은 작은 문제이나 굶주린 백성을 구제하는 것은 큰 문제다."

박문수의 말엔 자신의 안위보다도 백성을 더 아끼고 염려했음을 잘 알 수 있다. 그의 선처에 감동한 함경도민들은 고마운 마음을 표하기 위해 '북민감은비'라는 송덕비를 세워 그를 칭송했다.

이어 박문수는 관료들의 곡식을 백성에게 나눠주자고 했으나, 신하들이 극구 반대하여 녹봉을 삭감하는 것으로 대신했다. 그로 인해 관료들로부터 욕설을 당하고 심한 배척당함을 감수했다.

당시에 군역으로 인해 백성들이 어려움을 겪었다. 전란과 대기근으로 급격히 줄어든 군역의 대상자 수로 인해 할당된 군포는 증가하고, 양반들은 군역부담에서 제외돼 그 몫까지 백성들이 고스란히 떠안았던 것이다. 이에 박문수는 백성들의 고통을 덜어주어야 한다고 주장하여 균역법을 제정하고, 군포를 년 2필에서 1필로 줄임으로써 백성들의 고통을 덜어주었다. 또한 병조판서가 되어 병조 자체에 인신印信이 없어 군무의 신속한 일처리에 불편을 주고, 간리奸吏가 중간에서 농간을 부리는 폐단이 있어 군기의 중요성에 많은 문제점을 야기할 수 있는 바, 영조에게 주청해 병조판서와 이군색二軍色의 인신을 만들어 병조를 혁신시켰다.

❖ 박문수朴文秀 1691~1756
조선 후기 문인. 암행어사로 유명. 병조판서. 호조판서.

DAY 110 유금필의 직언

평주(황해도 평산군) 출신으로 왕건을 도와 공을 세운 공신으로, 고려가 후백제를 무너뜨리고 통일하는 데 가장 혁혁한 공을 세운 무장이자 정치가이다.

유금필은 덕德과 무武를 겸비한 현무賢武의 지략가로, 잘못된 생각이나 옳지 않다고 생각되면 기탄 없이 직언했다. 대상이 왕건이라 해도 예외를 두지 않았다. 이에 대한 이야기이다.

925년(태조 8년) 정서대장군에 임명된 유금필은 후백제 연산진(옥천)을 공격하여 그곳에서 후백제 장수 길환이 목을 베고, 임존군(예산)을 공격해 백제군 3,000명을 베거나 포로로 잡는 대승을 거두었다. 그러고는 조물성(김천) 부근에서 불리한 상황에 있던 왕건을 돕기 위해 그곳으로 갔다. 유금필이 조물성에 입성했다는 소식을 들은 견훤이 왕건에게 화친을 청하자 유금필이 다음과 같이 말했다.

"사람의 마음이란 알기 어려운데 어찌 경솔히 적과 화친을 하겠습니까."

하지만 왕건은 화친을 하고 말았다. 그러나 백제가 약속을 깨자 그것이 잘못이라는 걸 알고는 유금필의 말을 듣지 않은 것을 후회했다.

929년(태조 11년) 견훤이 고창군(안동)을 공격하자 왕건이 말했다.

"싸움에서 불리하면 장차 어찌하면 좋겠는가?"

이에 홍유가 말했다.

"만약 불리하게 되면 죽령 길로 돌아올 수 없게 될 것이니, 빠져나갈 길을 사전에 알아두는 것이 좋겠습니다."

그러자 이번엔 유금필이 말했다.

"어차피 병兵은 흉기와 같고 전투는 위태로운 것이라 했습니다, 죽을 각오로 싸움에 임해도 힘든 게 전투인데 미리 도망갈 길부터 찾는다면 어떻게 승리를 할 수 있겠는지요? 만약 여기서 패배한다면 우리의 땅과 고귀한 생명을 적에게 고스란히 넘겨주는 것이 될 터이니 지금 곧바로 공격하시옵소서."

유금필의 말을 듣고 왕건은 공격을 명했고, 고려군은 대승을 거두었다.

이 이야기에서처럼 유금필은 자신이 옳다고 생각하는 것은 직언을 서슴지 않았으며, 그의 직언은 그대로 적중되었다.

❖ 유금필庾黔弼 ?~941
고려건국의 공신이자 정치가

DAY 111 을파소의 과단성

고구려의 국상으로 진대법을 비롯해 수많은 개혁을 통해, 고구려가 강력한 국가가 되는데 기틀을 마련한 고구려의 역사상 가장 빛나는 재상인 을파소. 그는 고국천왕의 부름을 받고 그와 함께했다. 고국천왕은 자신이 을파소를 청한 이유를 말했다.

"짐이 외람되게 선왕의 위업을 계승하여 신하들과 백성들의 윗자리에 앉았으나, 덕이 부족하고 재주가 없어 사리에 밝지 못하다. 그대가 재능과 총명을 감추고 곤궁하게 초야에 묻혀 지냈는지 참으로 오래인데 이제 나의 부름을 받고 왔으니, 내 곁에 그대가 있음은 나에게는 참으로 다행할 뿐만 아니라 나라와 백성의 복이라고 생각한다. 내 이제 그대의 가르침을 달게 받겠으니 마음을 다해주기를 바라노라."

을파소는 고국천왕의 말을 듣고 이렇게 말했다.

"신은 우둔하여 명하신 일을 감당할 수 없사오니, 원컨대 폐하께서는 현명한 사람을 택하여 높은 관직을 줌으로써 대업을 성취토록 하십시오."

고국천왕은 그의 뜻밖의 말에 잠시 생각을 하다, 그 말의 진의를 파악한 후 을파소를 국상(국무총리)으로 임명했다.

고국천왕은 을파소에게 중외대부와 우태의 작위를 내렸는데, 을파소의 마음에 차지 않았다. 자신이 가슴에 품은 뜻을 펼치기 위해서는 보다 더 강력한 힘이 필요로 했고, 그런 직위를 바랐던 것이다. 을파소는 자신의 생각을 간접적으로 표현하여 고국천왕으로부터 자신이 원하는 직위를 받아냈다.

여기서 한 가지 생각할 것은 만약 을파소가 중외대부의 벼슬이 맘에 안 든다고 직접적으로 말했다면, 왕에게는 불충스러운 일이며 자신에게는 자신의 속마음을 드러내는 꼴이라 이를 잘 알고 있는 그는 간접적으로 예를 갖춰 말했다. 고국천왕은 지혜롭게 그의 뜻을 알아채고 국상의 벼슬을 내린 것이다. 을파소의 예와 현명함 속에는 당당함이 있었다.

국상에 오른 을파소는 근신들과 외척들을 정계에서 밀어내고, 그들이 정사에 간섭하지 못하게 했다. 그러자 그들은 사사건건 을파소에게 태클을 걸었지만, 그는 굴하지 않고 당당하게 자신의 직무를 수행해나갔다. 을파소는 강직함과 부드러움, 결단력과 융통성을 지닌 지략가였다.

❖ 을파소乙巴素 ?~203
고구려의 정치가. 국상. 진대법을 만든 개혁주의자.

DAY 112 정보분석가 거칠부

국사를 편찬하여 신라의 지위를 부각시키고, 뛰어난 무장으로서 신라 영토확장에 크게 기여한 상대등 거칠부. 그는 젊은 시절 모든 면에서 신라보다 발달한 백제와 고구려에 잠입하여 그들의 생활방식과 그들의 사회상에 대해서, 그리고 국가에 대한 정보를 수집했다. 그들이 현재 신라와 같은 점은 무엇이고, 다른 점은 무엇인가를 세부적으로 조사했다. 그가 그렇게 한 데에는 앞으로 자신의 정보가 신라를 위해 중요하게 활용될 것을 알았기 때문이다. 그의 눈은 매우 예리했으며, 그의 머리 회전은 빠르게 돌아갔다. 자칫 잡히기라도 하면 모든 것이 수포로 돌아간다는 걸 그는 너무도 잘 알았다. 그래서 그는 최대한 빠른 시간 내에 정보를 수집했고, 정확하게 분석하려고 노력했다.

정보 수집을 마치고 신라로 온 거칠부는 진흥왕의 명에 국사를 편찬하고, 551년(진흥왕 12년) 대각간 구진, 각간 비태, 잡찬 탐지, 비서, 파진찬 노부, 서력부, 대아찬 비차부, 아찬 미진부 등 8명 장군을 이끌고 백제와 연합하여 죽령이북 10개 군을 점령했다. 그리고 553년(진흥왕 14년) 7월 백제의 한강 유역을 침공하여 여러 성을 빼앗아 아찬 무력을 군주로 삼았다. 이로 인해 120년 동안이나 지속되어 온 나제동맹(고구려의 남침을 막기 위해 433년 신라의 눌지왕과 백제의 비류왕 사이에 맺은 공수동맹)은 깨지고 말았다.

554년(진흥왕 15년) 백제 성왕이 대가야와 연합하여 침공하자 관산성(옥천)에서 대승을 거두었다. 이로 인해 한강 하류 지역에 대한 지배권을 확고히 하여, 중국과 직접 교류를 할 수 있게 되어, 삼국 중 가장 유리한 위치를 차지하게 되었다. 그 후 신라는 비화가야(창녕)와 아라가야(함안)를 신라로 귀속시켰으며, 562년(진흥왕 23년) 대가야를 정벌함으로써 가야국은 전체가 신라로 귀속되었다. 신라는 가야와 백제 한강 유역, 고구려 영토인 지금의 함흥과 안변 지역까지 영토를 넓혀 신라 역사상 가장 넓은 영토를 차지했다.

고구려와 백제, 대가야를 정벌하는 데 있어 거칠부가 수집했던 정보의 효력은 매우 컸다. 당시 고구려와 백제, 대가야의 국력의 정도와 사회적인 분위기, 지리적인 요충지는 어디이며, 허점이 있는 지역은 어디인지를 손금 보듯 알았던 것이다. 그는 오늘날에 있어 정보수집 분석가라고 할 수 있다.

❖ 거칠부居柒夫 502~579
신라 진흥왕 때의 정치가. 상대등. 국사國史를 편찬함.

DAY 113 이사부와 가짜 사자

CHECK ☐
STORY

이사부는 신라 22대 지증왕 때 장수로 하슬라주(강릉)의 군주가 되었다. 그는 우산국(지금의 울릉도) 정복하기 위해 정탐병을 보냈다.
"우산국의 동태를 면밀히 살피고 오라."
"네, 장군."
이사부의 명을 받은 병사는 거친 파도를 헤치고 우산국으로 가서 은밀히 정탐했다. 정탐을 마친 병사는 그간 정탐했던 내용을 보고 했다. "장군, 우산국의 사람들은 기골이 장대하고, 무척이나 사납습니다. 무력으로 그들을 굴복시키는 데 많은 힘이 들 것입니다. 그에 맞게 대책을 세워야 한다고 생각합니다."
정탐병의 보고를 받고 이사부는 고개를 끄덕이며 깊은 생각에 잠겼다. 얼마 후 그는 병사를 소집했다.
"지금 산으로 가서 큰 통나무를 베어 오도록 하라."
이사부의 명을 받은 병사들은 산으로 가서 아름드리나무를 베어 왔다. 그러자 이번에 목수에게 명했다.
"너는 지금 당장 나무를 깎아 사자 형상을 만들도록 하라."
"명 받들겠습니다. 장군."
이사부의 명을 받은 목수는 통나무를 깎아 나무 사자를 만들었다. 나무 사자들이 완성되자 이사부는 나무 사자를 배에 태우고 우산국으로 갔다. 배가 우산국에 도착하자 우산국 병사들이 몰려 나와 유심히 살펴보았다. 그들을 보고 회심의 미소를 지으며 이사부가 큰 소리로 외쳤다.
"우산국 사람들은 들을지어다. 지금 당장 항복하면 살려주되, 그렇지 않는다면 이 사자들이 너희들의 목숨을 순식간에 빼앗을 것이다. 어찌하겠느냐. 항복하겠느냐, 아니면 우리와 싸울 것인지를 결정하라!"
서슬 퍼런 이사부의 말에 우산국 사람들은 당황하여 웅성거렸다. 그리고 잠시 후 그들은 항복하고 말았다. 이사부는 손 하나 안 대고, 우산국을 정복하여 신라의 영토가 되게 했다. 이사부는 용맹스럽기는 사자와 같고, 두뇌는 명석하고 지략에 뛰어나, 신라가 튼튼한 국가로 발전하는 데 있어 혁혁한 공을 세웠다.

❖ 이사부異斯夫 출생 몰 미상
신라 지증왕 때 장수로 우산국을 정복시킨 지략가. 진흥왕 때 거칠부와 함께 신라영토 확장

136

DAY 114 이순신의 기개

이순신이 전라도 발포수군의 만호(품계가 종 4품의 무관)로 있을 때 일이다. 어느 날 좌수사가 사람을 보내왔다.
"만호 나리께 아룁니다."
"무슨 일이냐? 어서 말해보라."
이순신의 말에 좌수사가 보낸 이가 말했다.
"좌수사께서 발포진 동헌에 있는 오동나무를 베어 오라하셨습니다."
"그래? 그 나무는 어디에 쓰시려고 하는가?"
"좌수사께서 풍유를 좋아하시는지라, 그동안 좋은 오동나무를 보면 거문고를 만드시려고 했습니다. 그런데 일전에 이곳 오동나무를 보고 맘에 드셨나 봅니다."
이순신은 그의 말을 듣고 굳은 얼굴로 말했다.
"뭐라? 거문고를 만들기 위해서 오동나무를 베어오라고 했다고? 전함을 만들기 위해서라면 몰라도, 거문고를 위해서라면 절대 아니 된다. 가서 그렇게 전하라."
"정녕, 좌수사 영감의 영을 거역하시겠습니까?"
"아무리 윗분이라 해도 부당한 것은 들어줄 수 없다. 나무 하나라도 관청의 것은 그가 누구든 사사로이 할 수 없느니라."
"알겠습니다. 그리 전하겠나이다."
좌수사가 보낸 이는 이렇게 말하며 속으로 중얼거렸다.
'허참, 앞뒤가 막혀도 꽉 막힌 사람이구나. 그까짓 오동나무가 뭐라고.'
그는 좌수영으로 가서 이순신이 말한 대로 전했다. 그러자 좌수사는 얼굴이 붉으락푸르락 대노하여 말했다.
"뭐라, 내 말을 거역해? 내 이놈을 당장! 어디 두고 보자."
그로부터 얼마 후 좌수사의 말대로 이순신은 발포만호의 자리에서 물러났다. 그러나 이순신은 좌수사를 원망하지 않았다. 그는 공과 사를 엄격히 하여 아무리 윗사람이라 해도 옳지 않은 일엔 응하지 않았으며, 아무리 아끼는 부하라 할지라도 군율을 어기거나, 법도에 어긋나면 절대 용서하지 않았다.

❖ 이순신李舜臣 1545~1598
시호 충무공. 삼도수군통제사. 임진왜란을 승리로 이끔. 주요 저서 《난중일기》

DAY 115 동명성왕의 탄생 비화

　　부여의 금와왕은 태백산 우발수로 사냥을 나갔다가 미모의 여인 유화를 만났다.
"그대 이름이 무엇이오?"
"유화라 하옵니다."
"유화라, 참으로 아름답구려."
　금와왕은 그녀의 미모에 흠뻑 빠져버렸다.
　유화는 물을 다스리는 신 하백의 딸로 천제의 아들 해모수와 관계를 맺어 우발수로 귀양 온 것이다. 이 사실을 알게 된 금와왕은 유화가 가지 못하게 방에 가둬두었다. 그러던 어느 날 유화는 큰 알을 낳았다.
"유화가 알을 낳았다고? 이상한 일이로구나. 그 알을 갖다 버리도록 하라."
　금와왕은 불길하다 여겨 알을 갖다 버리게 했다. 이상하게도 그 알은 돼지도 먹지 않았으며, 말과 소들도 그 알을 피해서 다녔다. 그런데 새가 날아와서는 그 알을 품어주었다.
"어찌 새가 그 알을 품어주는가. 참으로 희한한 일이구나."
　이것이 어서 그 일을 가서나 유화에게 두었다. 알을 두자 유화는 기뻐하며 반기는 었다. 유화는 따뜻하게 알을 감싸 정성껏 아랫목에 두었다. 그러기를 얼마 후 알에서 영민하고 비범한 사내아기가 태어났다.
"아가, 우리 예쁜 아가가 태어나다니."
　유화는 기뻐하며 정성으로 아이를 키웠다. 아이는 7살 때부터 활을 쏘았는데, 쏘는 화살마다 백발백중이었다.
"어찌하여 저토록 활을 잘 쏜단 말인가. 과연 신궁이구나."
　보는 사람마다 이렇게 말하며 크게 놀라워했다. 그래서 지어진 이름이 고주몽이다. 고주몽은 온갖 고난을 극복하고, 졸본성에 나라를 세우니 그 나라가 바로 고구려이다.

❖ 고주몽高朱蒙 출생 몰 미상
고구려 시조. 재위 기간 B.C 37~B.C 19

DAY 116 조선건국공신 조온의 검소함

조선을 건국하는 데 공을 세운 건국공신 조온이 벼슬을 그만두고 지낼 때 일이다. 어느 날 한 젊은이가 찾아왔다. 벼슬길에 오른 젊은이가 조온에게 청탁을 하기 위해서였다. 젊은이는 그의 집이 너무도 초라한 것을 보고, 크게 놀라워했다. 혹시나 집을 잘못 알고 찾아온 건 아닐까 생각하는데 어떤 초라한 노인이 문을 열고 나왔다.
"조온 대감을 뵈러 왔네. 대감께서 안에 계신가?"
젊은이는 그 집 하인인 줄 알고 하대하며 말했다.
"내가 조온인데, 무슨 일로 오시었소?"
조온의 말을 듣고 젊은이는 노심초사하며 말했다.
"대감, 몰라뵈어 송구스럽습니다. 저의 경솔함을 용서하여주시옵소서."
"허허. 괜찮소. 내 행색이 이러니 오해할 만도 하지요."
조온은 이렇게 말하며 젊은이를 방으로 들게 했다. 방엔 아무것도 없고 책장에 책만 덩그렇게 꽂혀 있을 뿐이었다. 그 모습을 보고 젊은이는 그저 놀라울 뿐이었다.
잠시 후 저녁상이 나왔다. 보리밥과 반찬은 나물 된장국뿐이었다. 그런 밥상을 한 번도 본 적이 없는 젊은이는 예의상 먹는 척하다가 수저를 놓았다.
"왜 안 드시오? 입에 안 맞나 보구려."
"아니옵니다. 점심 먹은 지 얼마 안 돼 그렇습니다."
젊은이는 이렇게 말하며 조온이 식사 마치기를 기다렸다. 상을 물리고 나자 젊은이가 말했다.
"대감께서는 음식을 너무 소홀히 하시는 건 아니신지요?"
"허허, 그렇게 보이는가요? 여기저기 다니며 오랜 관직 생활을 하다 보니 습관이 되어 그런다오. 그러다 보니 이런 생활이 더 편하다오."
조온은 이렇게 말하며 빙그레 웃었다.
"그래도 춘추가 높으신데 건강을 생각하셔야지요."
"나는 검소하게 사는 게 나라를 돕는 일이라고 생각하오."
젊은이는 조온의 말에 청탁하러 온 자신을 크게 부끄러워했다.

❖ 조온趙溫 1347~1417
조선건국공신. 시호는 양절. 의정부찬성사.

DAY 117 의적義賊 임꺽정

의적으로 알려진 임꺽정은 경기도 양주에 사는 백정의 아들로 태어났다. 그는 어린 시절부터 힘이 세고 정의로웠다.

조선 13대 임금인 명종 10년 왜구가 쳐들어왔다. 그는 지체 없이 왜구를 물리쳐 공을 세웠다. 그러나 천민이라는 이유로 벼슬을 받지 못했다. 크게 실망한 그는 이때부터 황해도 일대를 누비며, 관가와 부잣집을 털어 가난한 사람들에게 나누어주었다. 사람들은 그를 의적이라고 불렀지만, 조정에서는 다만 도적일 뿐이었다.

임꺽정 무리는 명종이 문정대비에게 보내는 생신 선물을 강탈했다. 그러자 명종은 이억근에게 명하여 그들을 토벌하게 했다.

"제깟 놈이 아무리 날쌔 봐야 내 손 안에 든 쥐새끼일 뿐이지."

이억근은 이렇게 말하며 임꺽정을 얕잡아 봤다. 아니나 다를까, 청석골 골짜기에 매복하고 있던 임꺽정 무리에게 전멸하다시피 했다. 그러자 조정에서 이번엔 장수 남치근과 이몽린을 보내 토벌하게 했다. 이 소식을 들은 임꺽정은 크게 웃으며 말했다.

"네놈들이 아무리 많이 와봐라. 내 절대 살려두지 않을 테다."

토벌대장 이몽린은 임꺽정이 매복하고 있는 가막재로 갔지만 섬멸당하고 말았다. 남치근은 임꺽정 산채로 직접 쳐들어갔다. 임꺽정이 이몽린을 섬멸하고 산채로 왔을 때 그의 아내와 자식들은 모두 잡혀가고, 산채는 잿더미로 변해 있었다. 구월산으로 간 임꺽정은 부하 서림에게 아내와 자식들을 구출해 오라고 명했다. 서림은 변장을 하고 한양에 숨어들어 임꺽정의 아내와 자식들을 구출했다.

이몽린의 후임으로 온 포도대장 김순고는 기세가 등등했다. 그는 남대문 부근 객주집에 서림과 내통하는 사람이 있다는 걸 알고도 그대로 두었다. 그의 일행을 함께 잡을 생각이었다. 마침내 그의 생각대로 서림과 그 일당을 검거했다. 살기를 바라 변심한 서림을 통해 정보를 제공받았다. 그로 인해 임꺽정은 싸움에서 번번이 지고 말았다. 부하들은 모두 투항했고, 임꺽정은 홀로 버티다 관군이 쏜 화살에 맞아 숨지고 말았다.

❖ 임꺽정林巨正 ?~1662
양주 출생. 의적義賊. 백정 신분으로 인해 타고난 재능을 살리지 못하고 평생을 도적으로 살았다.

DAY 118 사명당 유정

사명대사로 잘 알려진 고승 유정은 어릴 때 아버지를 여의고, 할아버지의 보살핌을 받다 13세 때 경북 황학산 직지사에 입산하여 불도를 닦았다. 이후 사명당은 황해도 묘향산에 있는 서산대사를 찾아갔다.
"큰 스님, 가르침을 받고자 왔습니다. 거둬주시기를 간청하옵니다."
사명당의 말을 듣고 그의 범상치 않은 기운을 느낀 서산대사는 그를 제자로 삼아 가르침을 주었다. 사명당은 서산대사의 가르침을 받고 불도佛道가 한 층 깊어졌다. 그 후 명산을 돌며 불심을 쌓아, 높은 불도로 사람들에게 많은 신망을 받았다. 명종 16년 승과에 급제하여 봉은사 주지로 갈 수 있는 것을 마다하고, 묘향산으로 가 서산대사의 불법을 이어받았다.
임진왜란이 일어나자 서산대사의 휘하에서 승병을 모아 왜적과 싸웠다. 그는 승군도총섭이 되어 명나라 군사와 함께 평양을 수복하는 데 큰 공을 세웠다. 그리고 권율 장군과 함께 경북 의령에서 왜적을 크게 물리쳤다. 그 공으로 정 3품 당상관이 되었다. 사명당은 일본 장수 가토를 만나 담판을 지었는데, 그 자리에서 가토가 물었다.
"조선은 어떤 좋은 보배가 있는지요?"
"조선에는 보배가 없고, 일본에는 많습니다."
유정은 한 치의 망설임도 없이 말했다.
"그게 무슨 말씀인지요? 일본에는 많고, 조선에는 없다니요?"
"우리나라에서는 당신들의 머리를 보배로 여기고 있지요."
가토는 단호한 사명당의 말에 간담이 서늘했다.
사명당은 일본으로 건너가 최고권자인 도쿠가와를 만나 말했다.
"조선과 일본 백성들이 전쟁으로 인해 도탄에 빠진지 이미 오래, 내가 구제하기 위해 왔소이다."
사명당의 말에 도쿠가와는 그를 귀히 여겨 예를 다하고, 포로 3,500명도 기꺼이 내어주었다. 사명당은 불제자로서 애국자로 크게 기여했다.

❖ 유정惟政 1544~1610
호는 사명당四溟堂. 사명대사. 높은 도력으로 승병장이 되어 임진왜란 승리에 크게 기여했다.

DAY 119 박팽년의 대代가 이어지게 된 이야기

조선 제5대 임금인 문종이 승하하자 그의 어린 아들이 왕위를 계승했는데, 그가 바로 비운의 왕인 단종이다. 단종이 왕위에 올랐을 때 나이는 12살이었다.

단종의 삼촌인 수양대군은 야심이 많은 사람으로, 호시탐탐 왕의 찬탈을 꿈꿨다. 그는 자신의 그런 속내를 감추지 않고, 은연중 드러내 어린 왕을 불안하게 했다. 그러던 어느 날 그는 자신의 야심을 드러내기 시작했다. 세종대왕의 총애와 신임 두터웠던 황보인과 세종 때 육진을 개척하는 등 세종의 신임이 두텁고 백성들의 존경을 받던 김종서, 그리고 자신의 동생인 안평대군 등을 죽이고 권력을 손에 쥐었다. 이른바 계유정란을 일으킨 것이다.

쿠데타로 왕위에 오른 수양대군은 스스로 세조라 칭하고, 의정부를 장악했다. 이에 박팽년을 비롯한 성삼문, 이개, 하위지, 유성원, 유응부, 김질 등이 단종의 복위를 도모했다. 그러나 김질의 배신으로 김질을 제외한 6명이 모두 형장의 이슬로 사라지고 말았다. 그렇게 해서 붙여진 이름이 사육신이다.

"나와 함께한다면 내 그대들의 목숨을 살려주겠다."

이들은 자신과 함께한다면 살려주겠다는 세조의 회유에도 넘어가지 않고, 협박에도 굴하지 않았다. 결국 박팽년, 성삼문, 이개, 하위지, 유성원, 유응부는 역모를 꾀했다는 죄목으로 자신들은 물론 그의 가족까지 멸문지화를 당했던 것이다. 또한 부인이나 딸들은 관비가 되는 운명을 받아들여야 했다. 그야말로 집안이 풍비박산이 나고 혈통이 끊기는 비극을 겪었던 것이다.

특히, 박팽년은 자신을 비롯한 아들과 부친, 동생 등 모두 8명이 목숨을 잃었다. 한 집안의 대가 완전히 끊기고 말았다. 그런데 다행스럽게도 박팽년의 아들 박순의 아내인 이씨가 관비가 되어 목숨을 잃지 않았다. 그 당시 그녀는 임신을 했던 관계로 아들이 낳았는데, 충복인 여자 종이 자신이 낳은 딸과 바꿔치기를 하는 바람에 목숨을 구할 수 있었다.

그 후 성종 때 전라도관찰사 이극균이 이를 알게 되어 조정에 고하고, 용서를 받음으로써 박팽년의 대는 이어지게 되었다.

❖ 박팽년朴彭年 1417~1452
조선전기 문신. 세종 때 집현전학사를 지냈으며 형조참판으로 있을 당시, 단종 복위를 도모하다 죽임을 당한 사육신의 한 사람.

DAY 120 윤관과 오연총의 의리

윤관은 고려 제16대 임금인 예종 때 여진족을 물리치고, 9개의 성을 쌓아 국방을 튼튼히 한 장수로 유명하다. 그가 북방책임자인 원수로 있을 때 부원수인 오연총은 그와는 평생을 같이한 친구였을 만큼 의리가 돈독했다. 그 둘은 친구만으로도 부족하여 자식들을 혼인시켜 사돈 관계이기도 했다.

둘은 생사고락을 같이 한 장수로서, 고위관리로서도 함께 한 그야말로 일심동체와도 같은 사이였다. 그들은 관직에서 물러나 내川를 사이에 두고 살았다. 그 둘은 수시로 만나 이야기를 주고받으며 남은 세월을 함께했다.

그러던 어느 날이었다. 윤관은 담근 술이 맛있게 익자 집에서 일하던 하인에게 짐을 지워 오연총 집으로 향했다. 그런데 내에 이르자 갑자기 소나기가 오는 바람에 물이 불어 내를 건널 수가 없었다. 바로 그때 건너편에서 오연총도 하인에게 무언가를 지워 오고 있었다. 그러다 윤관을 발견하고는 큰소리로 물었다.

"대감, 어디를 가는 중이십니까?"

"집에서 담근 술이 맛있게 익어 대감과 함께 한잔 하려고 가려는 중에 소나기에 물이 불어 있던 참입니다."

그러자 오연총 자신도 술을 가지고 그에게 가는 중이라고 했다. 그러고는 이렇게 말했다.

"우리가 서로 이야기는 하지만, 술을 나누지 못하니 참으로 유감입니다."

이에 윤관이 너털웃음을 지으며 말했다.

"허허, 우리가 함께 술을 하지 못하지만, 대감이 한잔 들라 하면 대감의 술처럼 생각하고 마시고, 제가 대감 한잔 드시지요 하면 대감이 제가 가지고 온 술로 생각하고 들면 되지 않겠습니까?"

"대감, 그것 참 좋은 생각입니다. 그러면 함께 마시는 거와 진배없지요."

둘은 이렇게 말하고는 서로에게 술을 권하며 한 잔씩 주고받았다.

이 이야기에서 보듯 윤관과 오연총은 서로를 의지하며, 의를 지키며 함께한 막역지우였다.

❖ 윤관尹瓘 ?~ 1111
려 중기 문신. 여진족을 징벌하고 9성을 쌓은 장수 / 오연총吳延寵(1055~1116) 고려 중기 문신. 여진족을 윤관과 토벌한 장수.

DAY 121 성종의 선정善政

조선시대 임금 중 세종과 더불어 선정을 베푼 왕으로 칭송받는 제9대 임금인 성종. 그는 세조의 손자로 아버지인 예종이 재위 13개월 만에 승하하자, 13살의 어린 나이에 왕위에 올랐다. 그 후 7년간 그의 할머니인 정희대비의 수렴청정을 받았다. 성종은 김종직의 청을 받아들여 전국에 서원을 세우고 학문을 장려하고, 민심을 잘 살핌은 물론 선정을 베푼 왕으로 역사에 기록되었다.

어느 해 가을밤에 민심을 둘러보기 위해 잠행을 나섰다. 남산 밑 마을을 지나는데, 어느 오막살이집에서 흐느낌 소리와 함께 거문고 소리가 들렸다. 이상한 생각에 성종은 걸음을 멈추고 오막살이 들창 안을 가만히 들여다보았다. 방 안에서는 고깔을 쓴 여승 차림의 여인이 덩실덩실 춤을 추었고, 한 사내는 낡은 거문고를 타고 있었다. 방 가운데는 술상이 놓여 있었고, 술상 앞에서 한 노인이 울고 있었던 것이다.

'거참, 이상한 일이로구나.'

호기심이 발동한 성종은 헛기침을 하여 사람이 있음을 알렸다. 그러자 방문이 열리고 노인이 나왔다.

"누구신지요?"

"지나가는 객이 오만 이상한 생각이 들어 헛보았소. 무슨 일이 있습니까?"

성종은 이렇게 말하며 궁금한 표정을 지었다.

"보셨다니 말씀드리지요. 애는 내 아들이고, 이 애는 며느리입니다. 오늘 내 회갑인데 살림이 어렵다 보니 며느리가 제 머리를 잘라 팔아서 조촐하지만 술상을 차렸지요. 그리고 흥을 돋우기 위해 머리를 고깔로 가리고 춤을 추니, 아들이 그에 맞춰 거문고를 켰지요. 이 애들의 지극한 효성에 눈물이 나 울었던 것입니다."

성종은 참으로 감동적인 효행을 봤다 말하고는 반드시 큰 복을 받을 거라며 자리를 떴다. 다음날 성종의 명을 받고 노인과 아들 부부는 대궐에 초대되어 융숭한 대접과 상과 쌀을 하사받았다. 참으로 감동적인 이야기가 아닐 수 없다.

❖ 성종成宗 1457~1494
조선 제9대 임금. 왕권을 견고히 하고, 개혁을 통해 나라의 기강을 굳건히 했다. 또한 선정을 베풀어 성군으로 평가받는다.

DAY 122 판서가 된 건달

한나라를 세운 한고조 유방은 한때 건달이었다. 그런데 시골 출신이자 무식쟁이인 그가 한나라 건국의 3걸로 불리는 지략가 장량과 소하, 명장 한신 등 뛰어난 사람들을 곁에 둠으로써 한나라를 세워 자신의 뜻을 이룬 걸로 유명하다. 그는 배움은 없었지만, 인정이 많고 사람을 잘 다루었기 때문이다.

세계사적으로 볼 때 유방과 같은 처지에서 일약 인생의 주인공이 된 이들이 도처에 있는 걸 보면, 인생이란 참으로 알 수 없는 미지未知의 세계라는 걸 느끼게 된다.

조선 제13대 임금인 중종 때 공조판서를 지냈을 뿐만 아니라 서화에도 뛰어나 크게 주목받은 유진동이란 이가 있었다. 그 또한 일찍이 부모를 여의고, 공부도 하지 못한 채 건달들과 어울려 도둑질을 일삼고, 힘자랑을 하며 손가락질받는 일을 서슴지 않았다. 그런데 그런 그를 유심히 눈여겨보던 이가 있었다. 그는 중종 때 호조판서를 지낸 이자견이다.

어느 날 그는 자신의 누나에게 말했다.

"누님, 제가 소개하는 사람과 혼인을 하심이 어떻겠는지요. 지금은 비록 보잘것없지만 장차 큰 인물이 될 사람입니다."

"그래? 네 뜻이 그렇다면 그 사람을 받아들이마."

이자견이 비록 동생이지만, 그의 누나는 평소 그를 믿고 그의 말을 잘 따라주었다. 그녀는 동생의 말에 유진동과 혼인했다. 유진동은 결혼을 해서도 별로 달라지지 않았다. 하지만 이자견은 때가 오기를 묵묵히 기다렸다.

그러던 어느 날이었다. 말을 타고 사냥을 나갔던 유진동이 그만 말에서 떨어지고 말았다. 그는 그날로부터 바깥출입을 삼가고 책을 읽고 글을 쓰는 등 학문에 정진했다. 그리고 마침내 과거에 급제하여 벼슬길에 올랐다.

이자견의 사람 보는 눈은 정확했다. 유진동은 건달인 자신을 이끌어줌으로써 인생을 변화시킨 처남 이자견을 인생의 스승처럼 존경했다. 사람들 중엔 유진동처럼 타고난 재능이 있어도 길가에 구르는 자갈돌처럼 지내다가 의인을 만나 인생을 활짝 꽃피우는 이들이 있다. 그 또한 그가 지닌 인생의 복이 아닐까 한다.

❖ 유진동柳辰소 1497~1561
조선 중기 문신. 중종 때 공조판서를 지냄. 서화에 뛰어났다.

DAY 123 아버지의 유언을 평생 좌우명으로 삼다

"황금 보기를 돌같이 하라."

이 말하면 떠오르는 이가 고려 말 충신 최영 장군이다. 그가 이 말을 평생 동안 마음에 간직하고 실천했던 것은 아버지의 유언이기 때문이다.

최영 장군은 체격이 우람하고 힘이 장사였다. 그는 위기 때마다 혁혁한 공을 세워 왕의 절대적인 신임을 받았으며, 백성들로부터 존경을 한 몸에 받았다. 그의 전공戰功 몇 가지의 예를 보기로 하겠다.

1358년 오예포에 침입한 왜적과 싸움을 벌여 무려 400척의 배를 격파했다. 1361년에는 홍건적 4만 명이 서경(지금의 평양)을 공격하고 개경(지금의 개성)에 이르자, 이를 격퇴했다. 또한 1376년 왜적이 삼남지방에 쳐들어 와 백성들을 괴롭히자 단숨에 패퇴시켰다. 그 후 왜적들은 최영 장군을 크게 두려워하여 그의 이름만 들어도 벌벌 떨었다고 한다.

그가 명장이 될 수 있는 데에는 그의 아버지의 영향이 컸다. 그의 아버지는 그가 열여섯 되던 해 세상을 떠났다. 그의 아버지는 눈을 감기 전에 어린 아들에 당부했다.

"얘야, 내가 네게 한 가지 당부하느니 그대로 따르기를 바란다. 너는 재물을 탐내지 말고, 황금 보기를 돌같이 해야 하느니라."

"네, 아버님. 아버님 분부대로 따르겠습니다."

그는 아버지의 당부에 이렇게 말하며 평생을 지켰다고 하니, 그 효성은 말할 것도 없고 의지 또한 굳기가 한량이 없었다.

대개의 사람들은 '황금 보기를 돌같이 하라'는 말을 최영 장군이 말한 것으로 알고 있다. 하지만 그 말은 앞의 얘기에서 보듯 그의 아버지가 그에게 남긴 유언이었던 것이다.

최영 장군의 위대함은 고려 말 충신이며 명장이었다는 데만 있는 것이 아니다. 아버지의 말을 평생 가슴에 새겨 실천함으로써 인생을 성공적으로 살았다는 데 있다. 그것은 심지가 굳고, 의지가 강하지 않으면 절대 할 수 없는 일이다. 이런 점에서 볼 때 최영 장군의 삶은 더욱 가치를 발하는 것이다.

❖ 최영崔瑩 1316~1388
고려 말 명장이자 충신. 평생을 나라와 백성을 위해 산 그는 신라의 백결, 조선의 황희와 더불어 3대 의인이라 불린다.

DAY 124 아내의 표본標本

아내의 신분은 남편의 신분에 따라 정비례하는 것이 마치 정한 이치와도 같은 게 예나 지금이나 별반 다를 게 없다. 때에 따라서는 아내가 오히려 더 위세가 높아, 그로 인해 구설수에 오르고 남편을 자리에서 끌어내리는 원인이 되기도 한다. 그러나 어떤 아내는 남편의 지위에 관계 없이 검소하고 정숙하여 높임을 받기도 한다.

조선 중기 때 좌의정 이정귀의 아내는 고관대작의 부인답지 않게 언제나 검소하고 정숙하여 칭송이 자자했다. 이에 대한 이야기이다.

인조의 딸인 정명공주 집에 잔치가 열렸다. 3정승 6조판서의 부인들은 물론 명문세가 부인들은 한껏 치장을 하고 모여들었다. 저마다 자신들의 자태를 뽐내기라도 하듯 화려함 그 자체였다. 모두들 자기 옆 사람과 담소를 나누느라 정신이 팔려있을 때 가마가 마당 안으로 들어왔다. 가마에서 내린 이는 나이든 여인으로 차림은 검소했으나 몸가짐엔 품격이 넘쳤다. 그 모습을 보고 공주는 얼른 달려나가 정중하게 맞아 윗자리에 모시며 예를 다했다. 그러자 부인들은 일제히 그녀가 누구인지 궁금증 가득한 얼굴이 되었다.

잔치 흥이 무르익고 분위기가 화기애애한 가운데, 나이 든 여인이 자리에서 일어났다. 그러자 공주는 좀 더 있다가 가라고 말했다. 그러자 나이 든 여인은 가족들이 돌아올 시간이라 가서 저녁을 차려야 한다고 말했다. 공주는 그 말에 더 이상 말릴 수 없어 예를 다해 배웅했다.

그 여인의 남편은 당시 조정의 약원도제조였다. 또 큰아들은 이조판서이고, 작은아들은 도승지였다. 그야말로 권문세가 중의 권문세가였던 것이다. 그런데도 그녀는 매우 검소했고, 사치와는 거리가 멀었다.

남편이 잘 되는 데는 아내의 역할이 매우 크다. 선처先妻를 두면 더불어 남편이 잘 되고, 악처惡妻를 두면 더불어 남편은 패가망신하는 것은 예나 지금이나 또한 동서고금이나 매한가지이다. 이정귀의 부인은 아내란 자리가 어떠해야 하는지를 잘 보여준 모범 사례라 할 만하다 하겠다.

❖ 이정귀李廷龜 1506~1635
조선 중기 문인. 인조 임금 때 좌의정을 지냄.

DAY 125 대동여지도의 숨은 진실

대동여지도를 위해 평생을 바친 고산자 김정호. 그는 정밀한 지도를 그리기 위해 30년을 쏟아부은 집념의 학자이다. 당시에도 지도는 있었지만, 제대로 된 지도는 없었다. 그가 지도를 그려야겠다고 생각한 것은, 나라를 위해서였다. 정확한 지도가 나라에 큰 도움이 될 거라는 생각에서였다.

그는 아내와 딸이 있는 가장이었지만, 집을 떠나 자신의 뜻을 펼치기로 했다. 어떤 때는 남의 집 울타리에서 자기도 하고, 산속 동굴에서 지내기도 하고, 맹수를 만나 죽을 고비를 겪기도 하고, 적군의 첩자로 몰리기도 하는 등 그야말로 고생을 사서 했다. 하지만 그 어떤 장애물도 그에겐 문제가 되지 않았다.

김정호는 조선 팔도를 세 번, 백두산은 여덟 번이나 오르내렸다. 지금처럼 등산 장비가 잘 갖춰진 상태에서도 변화무쌍한 백두산을 오르는 일은 쉽지 않다. 모든 것이 열악하고 취약한 가운데서도 불굴의 의지로 행한 그의 행적은 가히 기적에 가까운 일이라 할 수 있다.

그의 아내는 처자식을 내팽개치고 지도에만 빠져 있는 남편이 미워 사정도 하고 화를 내기도 했지만 그의 뜻을 꺾지 못했다. 김정호의 아내는 그가 세 번째 답사를 떠난 사이 남편을 보지도 못한 채 세상을 떠났다. 그의 딸은 혼인을 했다 남편이 죽는 바람에 친정으로 와서 홀로 집을 지키며 아버지가 무사히 돌아오기를 바랐다.

마침내 답사를 마친 그가 집으로 돌아왔지만 아내는 이미 세상을 뜨고 없었다. 남편을 잃고 홀로 집을 지키고 있는 딸을 보자 가슴이 무너지는 충격을 받았다. 하지만 그는 몸과 마음을 추스르고, 그동안 답사하며 얻은 자료를 바탕으로 그의 딸이 지도를 그리고 목판에 새겼다. 그렇게 해서 마침내 지도가 완성되었는데, 이것이 그 유명한 32권 15책의 〈대동여지도〉이다. 그의 딸은 그가 대동여지도를 만드는 데 있어 일등공신이었다.

김정호는 지도를 조정에 바쳤지만, 지도가 너무 세밀해 적군을 이롭게 한다는 죄목으로 감옥에 가뒀다. 그리고 그는 감옥에서 세상을 뜨고 말았다. 하지만 그가 남긴 대동여지도는 우리나라만의 고유한 문화유산으로 찬란하게 빛나고 있다.

❖ 김정호金正浩 1804~1866
조선 말기 지리학자. 대동여지도를 만듦.

DAY 126 대왕암 수중릉

　신라시대 제30대 왕인 문무왕은 태자 시절 외삼촌인 김유신 장군과 함께 백제를 멸망시킨 왕으로 아버지인 태종무열왕과 더불어 신라가 삼국을 통일하는 데 큰 업적을 남겼다. 문무왕은 김유신 장군을 마음으로부터 깊이 의지하며 신라를 강한 나라로 만들기 위해 노력했다. 김유신은 문무왕에겐 신하이자 커다란 산과 같은 존재였다.
　문무왕 13년 어느 날부터 이상한 일이 벌어졌다. 하늘에는 알 수 없는 별이 나타나는가 하면, 자주 지진이 일어났다.
　"참으로 이상한 일입니다. 어찌하여 이런 일이 자주 일어난단 말입니까."
　문무왕은 근심 가득한 얼굴로 말했다. 이에 김유신은 이렇게 말했다.
　"지금 일어나는 현상은 국가의 재앙을 뜻하는 것이 아니라, 소신에게 있는 일이니 염려치 마십시오."
　"그 무슨 말씀이오? 그렇다면 더더욱 근심이 되는군요."
　문무왕은 이렇게 말하며 국가의 건재함과 김유신의 건강을 위해 점술가에 기원을 빌게 했다. 그러나 문무왕의 바람과는 달리 김유신은 자리에 눕고 말았다. 소식을 듣고 문무왕이 찾아와 문병했다.
　"신이 대왕의 힘이 되어드려야 하는데, 명이 다했으니 다시는 뵙지 못할 것 같습니다."
　그러자 문무왕은 눈물을 흘리며 그의 목숨이 다함을 크게 슬퍼했다.
　"대왕께서는 어진 이를 가까이하시고, 조정의 화합과 백성들의 삶을 안정되게 하셔야 합니다. 그래야 나라가 융성하고 태평성대를 이루게 됩니다. 그래야 신은 여한이 없을 것입니다."
　김유신은 이 말을 남기고 세상을 떠났다. 문무왕은 김유신의 당부대로 나라를 안정시키고 백성들이 평안한 삶을 잇게 했다. 그리고 죽음이 임박하자 자신은 죽어서 동해의 용이 되어 나라를 지키겠다며, 화장하여 바다에 수장하라고 당부했다. 대왕암의 수중릉은 문무왕의 지극한 나라사랑을 잘 알게 하는 역사의 산실이다.

❖ 문무왕文武王 ?~681
신라 30대 임금으로 삼국통일의 대업을 이뤘다. 신라를 강성하게 하고 백성들의 삶을 안정적으로 이끈 왕으로 평가받는다.

DAY 127 여류거상 女流巨商 김만덕

조선 정조 임금 때 제주도에 김만덕이란 여자 거상巨商이 있었다. 그녀의 아버지는 상인으로 전라도를 드나들며 장사를 했다. 그렇게 번 돈으로 농작물을 길러 남부럽지 않게 생활했다.

그러나 아버지가 죽은 후 가세가 기울어 김만덕은 기녀가 되었다. 나이가 들고 삶의 이치를 깨닫게 되자, 기녀 생활을 청산하고 객주집을 차리고 장사를 시작했다. 워낙 성실하고 셈이 빨라 그녀는 차곡차곡 부를 일궈나갔다.

'지금부터는 더 크게 장사를 벌여야겠다.'

많은 돈이 모이자 그녀는 더 크게 장사를 벌였다. 배를 이용해 육지에서 귀한 제주 말총과 양태를 비롯해 해산물을 내다 팔고, 제주도에 귀한 육지의 생필품을 들여와 팔았다. 그렇게 교역을 벌여 많은 부를 축적했다.

그 당시 제주도에 몇 년째 극심한 가뭄이 들어 사람들이 굶어 죽고, 거지들이 떼를 이루었다. 이를 알고도 관청에서는 손을 쓰지 못했다.

'모두 다 내 부모요, 형제자매가 다름없거늘, 내 어찌 이를 두고 보고만 있을 것인가.'

사람들의 배고픔의 고통을 덜어주기 위해 김만덕은 그동안 번 돈으로 육지에서 쌀을 사다 사람들에게 나눠주었다. 그로 인해 많은 사람들이 굶주림으로부터 구제되었다. 제주 관가나 나라에서 할 수 없는 일을 여자의 몸으로 그녀가 해낸 것이다. 그러자 사람들의 칭송이 자자했다. 이 소식은 조정에까지 알려지고 정조는 김만덕을 궁궐로 불러들였다.

"네가 여자의 몸으로 힘들게 번 돈으로 사람들을 굶주림으로부터 구해냈으니, 그 선행이 참으로 갸륵하구나. 내가 너의 선행이 상을 내리니 사양치 말라."

"성은이 망극하옵니다. 전하."

정조는 김만덕에게 '내의원 의녀반수'라는 벼슬을 내렸다. 그리고 그녀가 금강산을 유람할 수 있도록 해주었다. 그 후 김만덕은 평범한 삶을 살며 아름다운 여생을 보냈다.

❖ 김만덕金萬德 1739~1812
정조 때 제주의 여류거상으로 제주도민을 굶주림으로부터 구한 자선사업가.

DAY 128 김유신의 계략計略

신라 제29대 임금인 태종무열왕의 부인인 문명왕후가 왕후가 될 수 있었던 흥미진진한 이야기가 있다.

김유신에게는 보희와 문희라는 두 여동생이 있었다. 그러던 어느 날 보희는 꿈을 꾸었다. 그녀가 꿈에 서악의 선도산에 올랐다가 소변을 보게 되었다. 소변의 양이 얼마나 많은지 서라벌이 온통 오줌에 잠겨버렸다. 다음날 보희는 동생인 문희에게 자신의 꿈 얘기를 들려주고 깔깔대고 웃었다. 그러자 문희는 그 꿈을 자신에게 팔라고 했다.

"그 꿈을 사서 뭐하게?"
"그냥 내가 사고 싶어서 그래."
"그래? 그럼 뭘 줄 건대?"

보희가 대뜸 이렇게 말하자 문희는 비단 옷감 한 벌을 주겠다고 하자, 보희는 얼른 꿈을 팔아버렸다.

그 일이 있고 나서 김유신은 김춘추를 자신의 집으로 데리고 와서는 공을 차고 놀았다. 그러다 김유신이 김춘추의 옷고름이 밟는 바람에 옷고름이 뜯어지고 말았다. 그러자 김유신은 김춘추의 옷고름을 달아주겠다고 하고는 방으로 들어갔다. 이때 김유신은 보희에게 옷고름을 달아주라고 했으나, 남녀가 유별하다며 거절했다. 하지만 문희는 기꺼이 자신이 나서서 달아주었다. 그것이 인연이 되어 김춘추는 문희와 하룻밤 사랑을 나누게 되었고, 그로 인해 문희는 임신을 했다.

김유신은 시집도 안 간 여동생이 법도에 어긋난 일을 했다며 선덕여왕 행차에 맞춰 장작과 섶을 쌓아 불을 질렀다. 연기가 오르는 것을 보고 선덕여왕이 묻자 신하가 김유신이 임신한 여동생을 태워 죽이려 한다고 말했다.

선덕여왕은 임신을 시킨 남자가 누구냐고 물었고, 그 얘기를 곁에서 들은 김춘추의 안색이 변한 것을 보고는 "정녕, 네 짓이구나. 가서 구해주도록 하라"고 말했다. 이에 김춘추는 한걸음에 달려가 김유신을 말리고 문희를 구해냈다. 이 모두는 가야국 사람인 김유신의 힘을 얻기 위한 계략이었던 것이다. 김유신의 계획대로 여동생은 훗날 태종무열왕의 비가 되었고, 자신은 대장군이 되어 일생을 구가했다.

❖ 김유신金庾信 5954~673
신라시대의 명장. 태종무열왕과는 처남 매부 사이로 뜻을 모아 삼국통일을 도모했다.

DAY 129 풍류가객 단원 김홍도

STORY

단원 김홍도는 풍속화의 대가로 그가 그린 그림들은 하나같이 서민적인 향취가 물씬 풍겨난다. 서당에서 공부하다 훈장에게 혼이 나 눈물을 흘리는 학동, 씨름판을 벌이는 사람들, 빨래터에서 빨래를 하는 아낙네들, 대장간에서 인부들이 일하는 풍경 등은 정겹기 그지없다.

김홍도는 도화서의 화원이었지만 워낙 술과 풍류를 즐기는 까닭에 집안 형편은 가난을 면치 못했다.

어느 날 그는 길을 가다 울타리 안에 있는 매화나무를 보고 연신 감탄을 했다.

"참으로 멋진 나무로다."

그는 나무를 사고 싶은 마음에 그 집 주인에게 나무를 팔라고 말했다. 그러자 집주인은 200백 냥을 주면 팔겠다고 했다. 하지만 그 돈은 김홍도에겐 없었다. 그는 못내 아쉬웠지만 할 수 없이 돌아서서 나왔다. 집에 와서도 매화나무가 눈앞에 어른거렸다.

그로부터 며칠이 지난 날 큰 부자로부터 그림을 그려달라는 부탁을 받고 그림을 그려주고는 300냥을 받았다. 돈을 받아 든 그는 곧장 매화나무집으로 달려가 소리쳤다.

"여보시오. 여기 200냥을 갖고 왔으니 냉큼 그 매화나무를 내게 파시오."

그러자 그 집 주인은 흔쾌히 매화나무를 팔았다. 기분이 좋아진 김홍도는 나머지 100냥 중에 80냥은 친구들에게 술을 사주며 흥에 한껏 취했다. 친구들 중 한 친구가 궁금해서 김홍도에게 물었다.

"이보게 단원, 무슨 좋은 일이라도 있었는가? 사주는 술 먹으니 우리야 좋지만, 이 매화나무는 무엇이며 대체 무슨 돈으로 이리 술판을 벌였는가?"

"그림을 그려주고 300냥을 받았다네. 그중 200냥으로 매화나무를 사고, 80냥으로 술잔치를 벌었다네."

"하하, 그런가. 역시 단원답구만."

김홍도의 말에 친구들은 껄껄대며 웃으며 여흥을 즐겼다. 김홍도는 나머지 20냥으로 쌀과 땔감을 샀다. 이처럼 김홍도는 풍류를 즐기며 자신의 그림 세계를 완성시켰다.

❖ 김홍도金弘道 1745~?
조선 후기의 화가. 풍속화의 대가이다.

DAY 130 정순왕후의 간택 이야기

 CHECK

    조선 제21대 임금인 영조의 계비 정순왕후가 중전으로 간택된 이야기는 흥미로울 뿐만 아니라, 그녀가 매우 영특했다는 걸 잘 알게 한다.
    영조 임금은 중전이 정성왕후가 세상을 떠나고, 3년이 지나자 직접 새로운 중전을 간택했다. 이에 권문세가들의 규수들이 영조 앞에서 그의 간택을 받기를 바라며 다소곳이 앉아 있었다. 영조는 규수들을 둘러보는데 유독 한 규수만이 방석이 아닌 방바닥에 앉아 있었다.
    "너는 어찌하여 방석에 앉질 않았느냐?"
    "비록 종이 위에 쓴 부친의 존함이지만 그 종이가 바닥에 있는데, 방석 위에 앉는다는 것은 부친에 대한 도리가 아니라 여기기 때문이옵니다."
    "허허, 그래? 네 행동이 갸륵하도다."
    영조는 규수들에게 세상에서 가장 깊은 것이 무엇이냐며 물었다. 그러자 어떤 규수는 산골짜기가 가장 깊다 말하고, 또 어떤 규수는 물이 가장 깊다 하는 등 자신의 생각을 주저 없이 말했다. 하지만 조금 전 그 규수는 사람의 마음이라고 말했다. 영조는 그 뜻이 궁금하여 물었다.
    "왜 그렇게 생각하는지 말해보라."
    "모든 사물은 깊이를 잴 수 있으나, 사람의 마음은 잴 수 없기 때문입니다."
    영조는 고개를 끄덕이며 이 세상에 가장 예쁜 꽃이 무어냐며 물었다. 이에 어떤 규수는 복숭아꽃이라 하고, 또 어떤 규수는 모란꽃이라 하는 등 저마다 자신이 생각하는 꽃을 말했다. 그런데 그 규수는 목화꽃이라 말했다. 영조는 그 이유를 말해보라 했다.
    "다른 꽃들이 한때는 예쁘오나 때가 지나면 그뿐이지만, 목화꽃은 꽃도 예쁘지만 꽃이 지고 나면 솜이나 무명베가 되어 사람들을 따뜻하게 해주기 때문이옵니다."
    "허허, 그래? 네 얘기를 듣고 보니 그렇구나."
    영조는 크게 감탄하며 그녀를 칭찬했다. 결국 영조의 계비는 그녀가 간택되었다. 열다섯의 정순왕후의 파란만장한 삶은 그렇게 시작되었던 것이다.

❖ 정순왕후貞純王后 1745~1805
  영조의 계비. 46년 동안 국모의 지위에 있으며, 조정의 일에 크게 관여한 것으로 유명하다.

DAY 131 죽음 앞에서도 해학을 즐기다

해학諧謔의 사전적 의미는 '세상사나 인간의 결함에 대한 익살스럽고 우스꽝스러운 말이나 행동을 말한다. 즉, 익살스럽고 풍자적인 유머를 일러 하는 말이다. 해악이 넘치는 사람은 매사에 긍정적이고 에너지가 넘친다. 그리고 마음이 너그럽고 관대하여, 사사로운 일이나 하찮은 일엔 마음 쓰지 않는 경향이 있다.

평소에 해학적이어서 많은 사람에게 웃음을 주고, 죽음 앞에서도 해학을 잊지 않았던 흥미로운 이야기이다.

조선 제13대 왕인 중종 때 문신인 임형수는 평소 해학을 즐겼다. 그는 명종 때 부제학에 올랐지만, 을사사화로 인해 파직을 당했다. 그리고 언제 죽을지 모르는 그야말로 풍전등화와 같은 상황에 놓여 있었다. 아니나 다를까, 사약을 들고 금부도사가 그의 집에 들이닥쳤다. 그는 예감하고 있던 터라 조금도 당황하는 기색을 보이지 않았다. 사약을 받아 놓고 그는 자리에서 일어나 방으로 들어가 아내에게 작별인사를 하고, 열상 난 아들에게 말했다.

"애야, 너는 글을 배우되 벼슬은 하지 말거라. 알겠느냐?"

그는 이렇게 말하며 아들의 머리를 쓰다듬고는 밖으로 나갔다.

"이제 준비가 되셨습니까?"

금부도사는 사약 받을 준비가 됐느냐고 물었다. 그러자 임형수는 약을 마시고 고통스럽게 죽느니, 목을 졸려 빨리 죽는 게 좋은데 그리해도 좋겠는지를 물었다.

"그러시고 싶으면 그렇게 하십시오."

금부도사는 마지막 가는 길에 그의 부탁을 들어주었다. 허락을 받고 임형수는 방으로 들어가 벽에 구멍을 뚫고 노끈을 그곳으로 내밀고는 말했다.

"목에 노끈을 걸었으니, 힘껏 잡아당기시오."

그러자 나졸들이 힘껏 노끈을 잡아당겼다. 얼마의 시간이 지나고 방에 들어가자 죽은 줄 알았던 그가 목침에 노끈을 묶어두고 누워서 껄껄대고 웃었다.

그는 자리에서 일어나 궁을 향해 절을 하곤 사약을 마셨다. 임형수는 죽음 앞에서도 해학을 잊지 않은 대범한 사람이었다.

❖ 임형수林亨秀 1514~1547
조선 중종 때 문인. 부제학을 지냄. 을사사화로 참화를 입음.

DAY 132 청빈한 충신의 본보기

　한국사에서 청빈함의 대명사라 함은 신라시대의 백결선생, 조선시대의 황희 등을 익히 잘 알고 있다. 그러나 우리가 알지 못하는 이들 가운데에는 청빈한 삶을 살았던 선비들이 도처에 있었다.
　고려시대 또한 청빈한 삶을 삶으로써 귀감이 된 이들이 있는데, 그중 고려 제34대 임금 공민왕 때 보문각직학사 거쳐 상주판관을 지낸 안성이란 이가 있다. 그는 문과에 급제한 재원으로 본관은 경기도 광주이다.
　안성은 한쪽이 작아 소목小目이라 불리였는데, 그가 그렇게 불리게 된 것은 어느 날 왕이 그의 눈을 보고 소목이라 지어 하사한 것이다. 안성은 고려가 멸망하고 조선이 건국된 후 참찬과 사헌부 대사헌을 지냈다. 그는 고려로부터 조선 초에 이르기까지 무려 40년이나 벼슬을 했음에도, 재산이라고는 이불과 장롱 하나뿐이었다고 한다. 그런데 그 농마저 망가져 부인이 속생해하며 말했다.
　"수리할 종이도 없으니 무엇으로 고친단 말인가?"
　"부인, 그 무슨 소리요? 처음엔 그 농조차도 없질 않았소."
　"대체 당신은 무슨 사람이 그래요. 남들은 10년만 벼슬해도 먹고살 걱정이 없다던데. 당신은 40년이나 벼슬을 했는데도 어찌 이 모양이란 말이에요."
　그의 부인은 너무나 속이 상해 평소 안 하던 말을 하고 말았다.
　"허허, 안 하던 말을 하고 그러시오. 부인, 미안하오."
　안성은 생전 하지 않던 아내의 푸념에 미안하다고 말할 뿐이었다. 그는 벼슬을 하는 동안 자신의 것이 아니면, 종이 한 장도 손대지 아니했다. 그러니 평생을 가난하게 살 수밖에 없었다.
　안성은 태조 2년 청백리에 뽑혀 '송경유후'에 임명되었다. 그러나 그는 고려왕의 신하로 다른 사람의 신하가 되어 송경에 가서 조상의 영혼을 어찌 대할 것인가 말하며 머리를 기둥에 찧었다.
　태조는 그 사실을 알고 그런 사람을 죽이면 충성하는 선비가 없어질 것이라며 그를 살려주었다. 안성은 참으로 청빈한 충신이었다.

❖ 안성安省 1344~1421
고려 말에서 조선 초기의 문신. 대사헌을 지냄.

DAY 133 송도삼절松都三絶 이야기

조선시대 기녀 황진이는 뛰어난 글재주를 지녀 시조에 능했다. 또한 미모가 빼어나고 가무는 물론 거문고를 잘 타 수많은 남자들의 가슴을 들뜨게 했다.

황진이는 조선 중종 때 진사의 서녀로 태어나 어머니에게 글을 배워 사서심경과 수많은 고서를 읽었다. 서녀가 아니라면 좋은 가문과 혼사를 맺어 여성으로서 다복한 삶을 살 수도 있었으나, 그녀의 그런 삶 또한 그녀의 타고난 복이니 어쩔 도리가 없었.

황진이가 15세 되던 해 그를 애타게 연모하던 젊은이가 상사병으로 죽자, 자책감을 느끼고 기생이 되었다.

"스님, 오늘 저와 만리장성을 쌓는 것이 어떨는지요?"

황진이는 지족선사에게 추파를 던지며 유혹했다. 10년을 면벽수도 하던 지족선사도 그녀의 치마폭에 빠져 그만 파계破戒되었다. 뿐만 아니라 문장이 뛰어나고 지조가 있는 왕의 종친인 벽계수 이창곤 또한 그녀의 치마폭에 빠져 헤어나질 못했다. 그러나 단 한 사람 서경덕은 달랐다.

"나리, 오늘 저와 같이 밤을 보내는 것이 어떻겠습니까?"

"그 무슨 당치 않는 말이더냐. 다시는 불경스러운 말을 삼가라."

그는 황진이의 농염한 유혹에도 전혀 흐트러짐이 없었다. 이에 감동한 황진이는 그를 스승으로 모시고 받들었다.

서경덕의 호는 화담으로 그는 문장이 뛰어나고, 명필이었다. 또한 청렴하고 청빈하여 재물에 관심을 두지 않았으며, 벼슬에도 전혀 관심이 없었다. 오늘날로 말하면 재야학자로 자신이 좋아하는 학문을 즐기며 세상과 벗했다. 그는 이기론을 연구하여 이기이원론을 체계화했다. 그리고 평생을 도학, 주학, 역학을 연구했다.

박연폭포는 송도 천마산에 있는 폭포로 높이는 20여 미터에 이르고, 경치가 빼어나고 물이 옥수와 같이 맑아 송도의 명소로 유명하다. 송도(개성) 사람들은 서화담, 황진이, 박연폭포를 송도삼절松都三絶이라 불렀다. 송도삼절이란 송도의 유명한 세 가지란 뜻이다.

❖ 송도삼절松都三絶
서화담, 황진이, 박연폭포를 이르는 말이다. 서화담은 평생을 재야학자로 살았으며, 황진이는 시와 가무, 거문고에 능한 조선 최고의 기녀이다.

DAY 134 송강 정철의 지혜

조선시대 가사문학의 대가이자 문신이었던 송강 정철. 그는 문장이 뛰어나고 서예에도 일가견이 있었다. 정철은 당대 뛰어난 학자이자 문신인 이이, 성혼 등과 교류했다.

그런 그가 선조 때부터 시작된 동서 간의 당쟁에서 서인의 중심인물이었다. 그러던 어느 날 뇌물사건에 연루되어 귀양을 처해졌다. 그 후 그는 강원도 관찰사가 되었다. 그가 관찰사로 있던 어느 날 사건이 일어났다. 두 친구가 말다툼을 벌이다 한 친구가 갑자기 쓰러져 죽었던 것이다. 난감해진 친구는 의심을 받을까 두려워하여 정철을 찾아가 일어난 일을 고하고, 자신의 잘못이 아님을 주장했다. 그러자 정철은 글을 적어 그에게 주었다.

'독한 술이 있으니 마시지 않으면 취하지 아니하고, 썩은 노끈이 손에 있어도 당기지 아니하면 끊어지지 않는다.'

글을 읽고 난 자는 정철에게 말했다.

"대감, 대감께서는 어찌하여 저를 죽이고자 하십니까? 저는 절대 손가락 하나 대지 않았습니다."

그러자 정철은 엷은 웃음을 지으며 글을 적어 주었다.

'기름이 없는 등불은 바람이 불지 않아도 꺼지고, 동헌의 누런 밤은 서리가 내리지 않아도 가을이 되면 떨어지는 법이다.'

글을 읽고 난 그는 조금 전과는 달리 크게 기뻐하여 그 글을 사또에게 주었다. 글을 읽은 사또는 "죽을 때가 되어 죽은 것이니 너는 아무런 죄가 없다"고 판결했다.

송강 정철의 지혜로운 판단은 한 사람의 억울함을 막고, 그가 잘 살아가도록 도와주었다. 송강은 《관동별곡》, 《성산별곡》, 《사미인곡》, 《속미인곡》 등의 작품을 남겨 그가 왜 가사문학의 대가인지를 잘 알게 한다.

❖ 정철鄭澈 1536~1593
조선시대 중기 때 문신. 좌의정을 지냄. 서인의 영수로 가사문학의 대가이다.

DAY 135 이서우의 청렴함

이서우는 조선 제19대 임금 숙종 때 사람으로 홍문관으로 재직하고 있었는데, 어느 날 숙종은 그를 공조참판으로 승진시켰다. 여기에는 흥미로운 일화가 전해진다.

숙종은 성군인 세종대왕의 뒤를 이을 만큼, 인품이 뛰어나고 백성을 지극히 사랑한 임금으로 평가받는다. 어느 해 대보름날 밤 숙종은 내관을 불러 말했다.

"오늘은 정월대보름인데 이 약밥을 남산골에서 가장 가난한 선비에게 전해주도록 하라."

"네, 전하."

명을 받은 내관은 남산골로 가서 여기저기 살핀 끝에 집은 거의 반파되고, 눈 위에 사람 발자국조차 없는 집을 발견했다. 그런데 그때 방 안에서 희미한 여자의 목소리가 들렸다. 그리고 이어 힘없는 남자의 목소리가 들렸다. 가만히 들으니, 따뜻한 물을 마시고 싶다는 거였다. 내관은 이 집이 가장 가난하다고 여겨 약밥을 창문으로 밀어주고 왔다.

그 후 세월이 흐른 뒤 숙종은 몇 해 전 자신이 보낸 약밥을 먹은 남산골 가난한 선비가 궁금하여 자신도 모르게 혼잣말로 말했다.

"몇 해 전 내가 보낸 약밥을 먹은 선비는 어떻게 살고 있는지 궁금하구나."

그 말을 듣고 옆에 있던 이서우가 말했다.

"전하, 소신이 그 약밥을 받았나이다. 그때 추위와 굶주림을 견디지 못해 아내와 함께 죽을 지경에 이르렀습니다. 그런데 약밥을 나눠 여러 날을 버틴 끝에 살아날 수 있었나이다."

"그래? 그런 일이 있었구먼. 그럼 그 상자에 있던 다른 물건은 보지 못했는가?"

"은덩이가 들어있었나이다."

"그래? 그거면 넉넉하게 살 수도 있었을 텐데."

"신은 누가 보낸 것인지 몰라 지금껏 상자에 보관하고 있나이다."

숙종은 이서우의 청렴함에 크게 감동하여 그에게 특별히 공조참판의 벼슬을 내렸던 것이다.

❖ 이서우 李瑞雨 1633~1709
조선 후기의 문신. 공조참판을 지냄. 시문이 뛰어난 청백리.

DAY 136 영은문迎恩門의 교훈

 나랏돈은 곧 가난한 백성들의 돈이라는 이유로 한 푼도 허투루 해서는 안 된다는 교훈을 일깨우는 이야기가 있다. 예나 지금이나 나라의 돈은 백성들이 낸 세금인 까닭이다.
 조선시대 명나라 사신을 맞이하기 위해 세워진 문이 있는데 이를 영은문迎恩門이라고 한다. 어느 날 영은문 추녀 기와 한 장이 깨진 것을 담당 관리원이 발견했다. 그는 곧장 호조판서에게 그 사실을 알렸다. 얘기를 듣고 호조판서가 말했다.
 "그러면 수리할 좋은 방법이 있느냐?"
 "하오나 사다리 대기도 마땅치 않고, 자칫 무너져 내릴까 걱정이옵니다."
 "그래? 그렇다면 내가 직접 확인하도록 하지."
 호조판서는 자신이 직접 영은문으로 가서 이곳저곳을 세밀하게 살핀 후 말했다.
 "이천 냥을 줄 테니 이 돈으로 새벽에 장안에 들어가는 길목으로 가거라. 그러면 고양 등지에서 장작을 팔러오는 사람들이 있을 것이다. 그러면 그 장작을 모두 사서 영은문 처마 밑에 차곡차곡 쌓도록 하라."
 관리원은 호조판서의 명대로 장작은 영은문 추녀 밑에 차곡차곡 쌓았다. 그러자 호조판서는 장작더미에 올라 기왓장을 갈아 끼우라고 했다. 그가 시킨 대로 하자 아무 일 없이 말끔히 끝냈다.
 "대감, 이제 저 장작더미를 어떻게 할까요?"
 "이제 곧 장작을 사러 사람들이 몰려올 것이다. 그러면 그때 팔도록 하라."
 그로부터 얼마나 후 아니나 다를까, 어디서 왔는지 사람들이 우르르 와서는 순식간에 장작이 다 팔렸다. 그 모습에 관리원은 벌어진 입을 다물지 못했다.
 "나랏돈은 가난한 백성들이 세금으로 낸 것인데 어찌 한 푼이라도 허투루 하겠는가. 그러니 명심하도록 하라."
 호조판서의 말에 관리원은 크게 감동했다.

❖ 영은문迎恩門
지금의 서대문구 독립문 부근에 있었는데, 명나라 사신을 맞이할 때 사용하는 문이다. '영은문 기왓장 이야기'는 가난한 백성이 내는 세금을 소중히 해야 한다는 교훈을 준다.

DAY 137 사임당 신씨의 예견豫見

한국의 영인상의 정형하면 으레 사임당 신씨를 떠올리곤 한다. 그것은 신사임은 당은 자식으로서, 아내로서, 어머니로서 갖추어야 할 품격을 갖춘 대표적인 인물이기 때문이다. 시서화에 능하고, 특히 곤충이나 꽃, 벌레, 과일 등 세밀화가 뛰어나 나비가 꽃 그림을 실물로 알고 앉으려고 했다. 그만큼 그림에 뛰어났다.

반면에 그의 남편 이원수 가문은 대대로 벼슬을 한 가문이었으나, 어릴 때 부친을 여의고 홀어머니 아래서 자라 학문이 깊지 않았다. 하지만 신사임당은 자신보다 부족한 남편을 언제나 깍듯이 대했다. 아내로서 어머니로서 도리를 다하기 위함이었다.

신사임은 교육에 매우 엄격해 4남 3녀를 모두 훌륭하게 키웠다. 특히 3남인 율곡 이이는 특출한 문재를 가진 문신이자 학자로 유명하다. 그 모두는 어머니인 신사임당의 교육에 따른 것이다.

이원수 문중에는 영의정을 지내는 이가 있었다. 이원수는 틈나는 대로 그 집을 방문하고는 했다. 그러던 어느 날 신사임당은 남편에게 말했다.

"아녀자가 주제넘는 말씀을 드려 송구하지만, 방문을 삼가는 것이 좋을 듯합니다."

"왜요? 우리 문중의 어른이 아니시오?"

"그것은 맞지만 혹여, 남들이 벼슬자리를 얻기 위함이라 여길까 하여 그렇습니다. 또 그분 주변에는 아첨하는 이들이 많으니 그 또한 염려가 됩니다."

이원수는 아내의 말에 두 번 다시는 그 집을 방문하지 않았다. 그 후 큰일이 일어났다. 이른바 기묘사화이다. 그 사건으로 영의정인 문중 어른과 그를 따르는 많은 사람이 귀양살이를 떠났다. 이원수는 아내인 신사임당의 말을 들은 까닭에 참화로부터 자유로울 수 있었다.

이야기에서 보듯 신사임당은 사리에 밝아 앞을 내다볼 줄 아는 혜안을 지닌 여성이었다. 그러기에 그녀는 우리 한국을 대표하는 여성으로서 일컬음을 받는 것이다.

❖ 신사임당申師任堂 1504~1551
조선 중종 때 여류화가이자 율곡 이이의 어머니로, 한국의 여인상을 대표한다. 벌레, 꽃, 새, 과일 등의 그림에 능하고, 시서詩書에도 뛰어났다.

DAY 138 아버지의 가르침

☐ CHECK

　조선 21대 임금인 영조 때 일이다. 아들에게 진정한 친구란 무엇인지를 몸소 보여준 아버지의 가르침에 대란 이야기이다.
　전라북도 부안에 김재곤이란 이가 있었다. 그는 늦은 나이에 아들을 얻었는데, 아이는 반듯한 외모를 지니고 영특했다. 아이는 친구들과 잘 어울렸으며 그에게는 많은 친구들이 있었다. 김재곤은 아들에게 친구들이 많은 건 좋지만, 아무하고 어울려 내심 걱정이 되어 어느 날 아들에게 말했다.
　"애야, 너는 오래 사귄 친구와 새로 사귄 친구 중 어느 쪽이 더 많으냐?"
　"오래 사귄 친구가 더 많습니다."
　"그래? 그럼 친구를 많이 사귀는 것과 적지만 깊게 사귀는 것이 좋으냐?"
　"친구 많이 사귀기보다는 적지만 깊이 사귀는 것이 좋습니다."
　"믿음이 있는 친구는 많으면 많을수록 좋지. 그런데 너를 가만히 보면 너무 많은 친구를 사귀는 것 같구나."
　"저는 친구들에게 진심을 다하니 친구들 또한 그럴 것입니다."
　김재곤은 아들의 말을 듣고 큰 자루에 짚을 가득 넣은 후 날이 어둑해지면 네가 가장 믿는 친구에게 가서 실수로 사람을 죽였으나 숨겨달라 하라고 했다. 날이 어둑해지자 아들은 가장 믿는 친구에게 아버지의 말대로 하니 친구는 관가에 알리지는 않겠으나 숨겨줄 수 없다고 딱 잘라 말했다. 아들은 다른 친구에게도 똑같이 말하니 친구는 숨겨줄 수 없다고 딱 잘라 말했다. 그 모습을 보고 아버지는 자신의 친구를 찾아갔다. 가서는 아들이 싸움을 하다 그만 사람을 죽였다고 말하니, 어서 들어오라며 저녁상을 차려 내놓았다. 그리고 술을 따라주었다. 술을 마시고 난 김재곤은 아들에게 "보았느냐? 진정한 친구는 바로 이런 것이다"라며 말했다. 김재곤은 영문을 몰라 하는 친구에게 용서를 빌며 자초지종을 말했다.
　"아무리 오래 사귄 친구라 해고 믿음이 없으면 진정한 친구라 할 수 없단다. 그러나 믿음이 있다면 그런 친구야말로 진정한 친구인 것이다."
　아버지의 가르침에 아들은 큰 깨우침을 얻어 삶의 지표로 삼았다고 한다.

❖ 김재곤金在坤
조선 영조 때 선비로 아들에게 진정한 친구란 무엇인지에 대해 가르침으로 깨달음을 얻게 한 참 가정교육의 산증인으로 전해온다.

DAY 139 영조英祖의 방석

조선 21대 임금인 영조는 51년 7개월(1724~1776) 동안 재위함으로써 우리나라 역대 임금 중 가장 길다. 영조는 기름진 음식을 피하고, 검소하게 음식을 먹고, 소식을 한 것으로 유명하다.

"신하와 백성이 검소하게 생활할 수 있게, 짐이 실천함으로써 모범이 되고자 한다."

이 말엔 영조의 검소함이 잘 나타나 있다. 이른바 영조의 검소함을 상징하는 '영조의 방석'이 있다. 이에 대한 이야기이다.

어느 날 호조판서는 영조 임금이 방석도 깔지 않은 맨바닥에 앉는 것이 너무도 송구하여 부인에게 방석을 만들게 하여 임금에게 바쳤다.

"전하, 이 방석을 사용하시옵소서."

"이 무슨 방석이오?"

"전하께옵서 맨바닥에 앉으시는 것이 송구하여 만들어 봤나이다."

"공연한 일을 벌였군."

영조는 이렇게 말하면서도 방석을 받았다. 대개의 왕들은 비단 솜을 겹겹이 넣고, 고운 비단 천으로 만든 방석을 사용했다. 그런데 영조 임금이 워낙 검소해 그런 방식을 사용할 리 만무했고, 자칫 흠이 날 수도 있는 관계로 무명천에 푸른색을 들이고, 무명 솜을 넣어 만들었던 것이다. 그런데 며칠이 지난 후 영조는 호조판서에게 말했다.

"방석을 깔고 앉으니 몸은 편해 좋긴 한데, 게을러지는 폐단이 있어 안 쓰기로 했소. 그러니 서운하게 생각 마시오."

영조의 말에 호조판서는 몸 둘 바를 몰랐다.

영조는 왕실과 조정을 강화하고, 백성을 널리 사랑했다. 그는 실질적으로 생활에 도움이 되는 실학에 큰 관심을 기울여 학문으로 발전시켰으며, 예술과 문화를 장려하고, 백성들에게 도움이 되는 산업과 경제 정책을 펼쳤다. 검소함의 상징인 '영조의 방석'은 왕으로서 뿐만 아니라 영조의 인간적인 내면을 살필 수 있는 상징과도 같다.

❖ 영조英祖 1694~1776
조선 제21대 임금. 탕평책을 펼치고, 왕실과 조정을 굳건히 하고 민생정치를 펼침. 검소한 생활로 만백성에 모범을 보임. 역대 임금 중 재위 기간이 가장 김.

DAY 140 율곡 이이와 나도밤나무

　율곡 이이는 조선 중기 문인이자 유학자로 널리 이름을 떨쳤다. 이조판서와 판돈녕부사를 역임했다. 십만양병설을 주창한 것으로 유명하다. 율곡 이이는 강릉에서 태어났다. 그의 아명은 현룡으로 어릴 적부터 재주가 출중해서 주목받았다. 어린 시절 그는 외할머니의 보살핌을 받고 자랐다.
　그러던 어느 날 지나던 한 스님으로부터 현룡이 귀한 상이나 호랑이에게 물려갈 상이라 했다. 이에 놀란 외할머니가 액운을 물리칠 수 있는 묘책을 알려달라고 간청했다. 그러자 스님은 밤나무 천 그루를 심어야 한다고 말했다. 외할머니는 현룡이 아버지인 사위에게 이 사실을 말하고 천 그루의 밤나무를 심게 했다. 여기저기 수소문한 끝에 밤나무 묘목 500그루를 구해 심고, 나머지는 씨밤을 파주의 미추산에 심었다. 해가 바뀌고 밤나무 묘목도, 씨밤에서 싹튼 밤나무들도 무럭무럭 자랐다.
　현룡의 외할머니는 밤나무를 일일이 세어 보았다. 그런데 몇 번을 세어 보아도 한 그루가 모자란 999그루였다. 외할머니는 근심 가득한 얼굴로 말했다.
　"어째서 한 그루가 비는 걸까. 그러면 안 되는데."
　그러자 "여기 있습니다. 나도밤나무랍니다"라는 소리가 들려왔다. 외할머니는 소리 나는 쪽으로 고개를 돌리니, 밤나무 같은데 아닌 것 같기도 한 나무가 한 그루 서 있었다. 그 일이 있고 나도밤나무라고 부르게 되었다.
　이렇게 해서 현룡의 외할머니는 스님이 일러준 대로 천 그루의 밤나무를 심었다. 그 일이 있어서인지는 몰라도 현룡이는 무탈하게 영특하고 뛰어난 인재로 자라났다.
　율곡 이이는 '구도장원공'이라는 불린다. 그것은 그가 아홉 차례나 장원급제를 했다고 해서 붙여진 이름이다. 그가 뛰어난 인물이 될 수 있었던 것은 타고난 재주에 의해서도 이지만, 손자를 아끼고 사랑하는 외할머니의 정성이 함께해서였음은 두말할 나위가 없다.

❖ 율곡 이이栗谷 李珥 1536~1584
조선 중기 때 문인, 학자. 십만양병설을 주창함. 이조판서. 지은 책《성학집요》,《동호문답》,《격몽요결》외 다수

DAY 141   백결의 방아악

신라시대 거문고의 명인으로 널리 알려진 백결선생은 청렴하고 품격 높은 인격자로 칭송이 자자했다. 그는 신라 제20대 자비왕에게 백성들의 어려운 삶을 위해 정치를 바로 잡을 것을 상소했다. 하나, 달라지는 것은 아무것도 없었다. 그는 벼슬을 내려놓고 가난하게 살았다. 옷이 헤지자 백 군데나 기워 입고 다녔다. 그 모습이 마치 메추라기를 달아 놓은 것 같아, 그를 백결선생이라 부르게 되었던 것이다.

어느 해 세모에 곳곳에서 떡방아 찧는 소리가 요란하자, 백결선생의 아내가 속상해 하며 말했다.

"다른 집에서는 저처럼 설 준비를 하는데, 우리는 그러질 못하니 어떻게 차례를 지내요?"

아내의 말을 가만히 듣고 있던 백결선생이 말했다.

"사람이 살고 죽는 것은 명에 달린 것이고, 부귀는 하늘에 달린 것이구려. 오는 세월을 막지 못하고 가는 것을 쫓을 수가 없는 것이 인생입니다. 그런데 어찌 그리 마음 상해 하시오. 내가 당신을 위해 떡방아 찧는 소리를 들려주리니 마음이라도 즐겁게 하면 좋겠소."

말을 하고 난 백결선생은 그 어느 때보다도 정성껏 연주했다. 지나가던 사람들이 그 소리를 듣고 멈추어 서서 들었다. 하나 같이 역시 백결선생다운 연주라며 감동한 얼굴이었다.

"부인, 어떠시오. 좀 마음의 위안이 되었소?"

연주를 끝낸 백결선생이 넌지시 물었다. 그러자 그의 아내는 빙그레 미소 지으며 그를 바라보았다. 그가 연주란 곡이 바로 '방아악'이라는 곡이다.

백결선생은 바르지 못한 정치를 바르게 세워보려 했으나, 뜻을 이루지 못하자 한평생을 꼿꼿한 자세로 한 점 흐트러짐 없이 산 의인義人이었다.

❖ 백결선생百結先生 생몰 미상
신라시대 거문고의 명인으로, 떡방아 소리를 연주한 방아악으로 유명하다. 고결한 인품으로 덕망이 높아 사람들로부터 존경을 받았다.

DAY 142 네 말도 옳고, 너의 말도 옳다

조선시대 18년이나 영의정 자리에 있으면서도 청백리로 자자한 명재상 황희. 그는 인품 또한 뛰어나 자신의 집 하인과 그 자녀들에게도 함부로 하지 않은 것으로 전해져 내려온다. 반상의 법도가 엄격한 당시의 상황에서 상하관계에 그처럼 행할 수 있다는 것은 그 인품과 도량이 어떠한지를 잘 알게 한다. 이에 대한 이야기이다.

어느 날 황희 정승이 편지를 한 통 써 두었는데, 하인의 아이가 그 위에다 그만 오줌을 싸고 말았다. 그러나 그는 화를 내기는커녕, 아이의 머리를 쓰다듬으며 다음부턴 편지에 오줌 누지 말라고 말했다.

또 어느 날 그가 술을 마시고 있는데, 또 다른 하인의 아이가 흙 묻은 맨발로 들어와서는 술안주를 맨손으로 집어 먹었다. 그리고는 어떨결에 그의 말을 밟고 말았다.

"아이고 아프다. 이놈!"

그는 이렇게 말하며 껄껄 웃었다. 다른 양반들 같으면 하인을 불러다 호통을 치고 한바탕 난리가 났을 텐데 그는 아무렇지도 않게 여겼던 것이다. 그뿐만이 아니다. 두 여자 하인 간에 무슨 일인지 싸움이 났다. 그런데 한 하인이 와서는 상대방이 잘못을 하고도 대든다고 말했다. 이야기를 듣고 나서 황희 정승이 말했다.

"네 말이 옳다."

그러자 이번엔 다른 하인이 와서는 자기가 옳다고 말했다.

"그래. 네 말도 옳다."

그러자 옆에서 지켜보던 조카가 그런 판결이 어디 있느냐며 말했다. 황희 정승은 조카에게도 "네 말도 옳다" 하며 말했다.

이 이야기에서 보듯 황희 정승은 하인이든 하인의 아이든, 자신이 부리는 하인이 아닌 한 사람의 인격체로 대했던 것이다. 그러니 어찌 그를 존경하지 않을 수 있을까. 사람은 누구나 평등하다는 기본인권론을 600년 전에 이미 그는 지키고 실천했던 것이다. 참으로 높은 도량이 아닐 수 없다.

❖ 황희黃喜 1363~1452
조선 전기의 명재상. 청백리. 영의정을 18년이나 지냄. 고결한 인품으로 세인들의 존경을 받았다

DAY 143 온조왕溫祚王 이야기

온조는 고구려 시조 동명성왕東明聖王인 주몽의 아들이다. 그가 백제의 시조가 된 데에는 다음과 같은 사연이 있다.

주몽이 북부여에서 졸본부여로 왔을 때 부여왕이 그의 범상치 않음을 보고, 자신의 둘째 딸을 주몽에게 시집보냈다. 그 둘 사이에서 비류와 온조가 태어났다.

그러던 어느 날 북부여에서 주몽이 낳은 아들 유리가 찾아오자, 그를 태자의 자리에 앉혔다. 이에 비류와 온조는 자신을 따르는 사람들을 이끌고 남으로 내려와 비류는 미추홀(인천)에 정착을 하고, 온조는 위례성(하남)에 도읍을 정하고 국호를 십제라고 했다.

비류가 정착한 미추홀은 땅이 습하고 물이 짜서 살 수가 없었다. 비류가 정착에 실패하고 죽자, 비류의 사람들이 온조에게 옮겨 옴으로써 규모와 세력이 커지자 온조는 국호를 백제라 이름했다. 온조왕은 신하들에게 말했다.

"말갈이 우리 북쪽과 경계를 이루다 보니, 침략이 잦도다. 무기를 만들고, 망가진 무기는 쓸 수 있도록 고쳐라. 그리고 군량미를 비축하여 언제나 싸움에 임할 수 있도록 하라."

온조왕의 명에 따라 무기를 만들고 고쳐 비축하고, 군량미 또한 넉넉히 비축하니 말갈이 넘보지 못했다. 국가의 기강을 바로 세우고 국력을 튼튼히 하니 백제는 나날이 더욱 강성해져 갔다.

B.C 5년에 도읍지를 남한산으로 옮기고, B.C 1년에는 마한을 통합하여 국력을 더욱 튼튼히 했다.

온조왕은 46년 동안 재위하면서 영토를 크게 확장시킴은 물론 국가 기강을 바로 세웠다. 또한 국력을 튼튼히 하여 백제가 삼국시대의 하나로 우뚝 서게 했다.

❖ 온조溫祚 ?~ 28
백제의 시조. 고구려 동명성왕의 아들로 동명성의 아들 유리가 태자에 오르자, 남하하여 백제를 세우고, 기틀을 마련했다.

DAY 144 소를 탄 정승

맹사성은 세종 때 좌의정에 오른 청백리로 성품이 온화하고, 예인적인 기질이 강해 백성들로부터 존경을 받았다.

어느 날 그는 충남 온양에 계신 부모님을 뵈러 길을 떠났다. 다른 양반들은 말을 타고 다녔지만, 그는 소를 타고 다녀 소를 탄 정승으로 널리 알려졌다.

"애야, 늦기 전에 어서 길을 나서자."

맹사성은 소고삐를 잡은 시동에게 길을 나서자고 말했다.

"네, 대감마님. 이랴, 어서 가자."

시동의 말에 소는 천천히 움직이기 시작했다. 역시나 맹사성은 예외 없이 소를 타고 고향으로 향했다.

"서둘러 정승을 맞을 준비를 하라."

이 소식을 접한 온양 인근의 사또는 맹사성을 정중히 맞이하기 위해 준비를 한 채 기다렸다. 하지만 정승의 행차는 어디에도 없었다. 다만 그 시각에 한 노인이 소를 타고 지나가고 있었다. 맹사성이 지나가길 기다리다 화가 난 사또는 그 노인을 잡아 오라고 명했다. 그러자 형방은 노인을 향해 달려갔다. 그러고는 불러 세워 말했다.

"사또께서 노인을 붙잡아 들이라 했소. 그러니 어서 따르시오."

그러자 맹사성은 아무렇지도 않게 말했다.

"이보게, 온양에 가는 맹고불이라고 하면 사또께서 알 걸세."

형방이 돌아가 사실을 고하자 사또는 깜짝 놀라 어쩔 줄을 몰라 했다. 고불은 맹사성의 호였던 것이다.

"대감, 저의 무례함을 용서하여 주시옵소서."

두려움에 떨며 사또가 맹사성을 쫓아가 머리를 조아리며 사죄했으나 맹사성은 아무런 말 없이 가버렸다.

맹사성은 성품이 어질어 손아랫 사람이든, 하인이든 그가 누구든 함부로 대하지 않았다. 또한 그는 청렴하여 소박한 음식을 먹고, 의복 또한 남루했지만 그를 함부로 여기는 이가 없었다.

❖ 맹사성孟思誠 1359~1438
조선 초기의 문신. 세종 임금 때 좌의정을 지냄. 우승정승으로 불릴 만큼 소탈하고 어질어 백성들의 존경을 받은 청백리로 유명하다.

DAY 145 이장렴의 기개氣槪

흥선 대원군의 뺨을 때리고 금위대장禁衛大將이 된 이장렴의 이야기는 오늘날 시사하는 바가 매우 크다. 이에 대한 이야기이다.

흥선 대원군이 실권을 잃고 기생집에서 술을 마시다가 금군별장 이장렴과 언쟁이 붙었다. 비록 흥선 대원군이 실권했지만 엄연히 그는 왕족이다. 그런데도 이장렴은 기를 세워 흥선 대원군에게 대들었다. 시정잡배와 어울려 술이나 마시고 희희낙락하니 우습게 여긴 것이다.

대원군은 일개의 군직에 있는 자가 감히 왕의 종친에게 함부로 한다며 나무라자, 이장렴은 그의 뺨을 후려갈기며 말했다.

"당신이 비록 왕족일진 모르나 기생집이나 드나들고, 실없이 희희낙락하며 체통을 더럽히니 부끄러운 줄이나 아시오. 나라를 사랑하는 마음으로 내가 당신에게 매를 가한 것이오. 아시겠소이까?"

이에 대원군은 아무 말도 못 하고 자리를 벗어났다. 그 후 대원군이 집권하고 권력을 쥐고 있을 때, 이장렴을 불러들였다. 대원군의 부름을 받은 이장렴은 옛일이 생각났지만 그의 부름에 나가지 않을 수 없었다.

대원군은 그를 보고 말했다.

"이 자리에서도 나의 뺨을 때릴 수 있겠느냐?"

그러자 이장렴은 조금의 두려움도 없이 말했다.

"지금이라도 대감께서 그때처럼 하신다면 소인의 손은 변함이 없이 행할 것입니다."

"하하하, 그래? 다시 한번 기생 춘홍의 집에 갈까 하나. 자네가 무서워서 가지 못하겠구먼."

대원군은 그의 말에 호탕하게 웃으며 말했다.

"소인, 이만 물러갈까 합니다."

"알았네. 그만 가보게."

그가 나가자 대원군은 고개를 끄덕이며 흐뭇한 표정을 지었다. 그 일이 있고 대원군은 이장렴에게 금위대장이라는 벼슬을 내렸다. 그의 우국충정과 기개를 높이 산 까닭이다.

❖ 이장렴李章濂 1821~?
조선 후기 무신으로 황해도 수군절도사. 금위대장. 그는 성품이 강직하고 충성심이 강해 대원군 앞에서도 기개를 잃지 않은 것으로 유명하다.

DAY 146 한성부판윤 권엄의 명판결

영조 때 한성부판윤과 병조판서를 지낸 권엄은 매우 엄격하고 그 어떤 외압에도 굴하지 않는 사람이었다.

그가 한성부판윤으로 있을 때 일이다. 당시 어의御衣인 강명길은 왕의 총애를 믿고 기고만장했다. 그를 보는 사람들은 눈살을 찌푸릴 정도였다.

강명길은 서문 밖 땅을 사들여 자신의 부모의 산소를 옮겼다. 그 아래로는 수십 호의 민가가 있었다. 그는 이 집들을 사들인 후 추수가 끝나면 모두 집을 비우라고 했다. 그런데 그해 흉년이 들어 집을 비우고 나갈 형편이 안 되었다.

"어의 영감, 우리가 형편이 여의치 못하니 올겨울은 이곳에서 나게 해주십시오."

사람들은 집을 비우라고 호통을 치는 강명길에게 애원하며 말했다. 강명길은 아랑곳하지 않고 집을 비우라고 했지만, 그들이 집을 비우지 않자 한성부에 그들을 고소했다.

"흉년이 들어 집을 비울 수 없는 형편에 있는 사람들에게 집을 비우라고 하는 것은 인륜에 어긋난 일이오. 그러니 이 고소는 들어줄 수가 없소이다."

한성판윤 권엄은 강명길의 고소를 들어주지 않았다. 그러자 강명길은 왕에게 부탁했다. 그러자 왕은 도승지에게 명해 권엄에게 그들을 쫓아내게 했다. 하지만 권엄은 듣지 아니했다. 그러자 크게 노한 왕이 도승지에게 자신의 뜻을 분명히 전하라고 했다. 그러자 권엄이 도승지에게 말했다.

"굶주림과 추운 날씨에 그들을 내보낸다면 분명 길거리에서 얼어죽을 수도 있는데 어찌 그리 할 수 있겠습니까? 내가 벌을 받을지언정 그렇게는 할 수 없습니다."

이 말을 듣고 도승지는 영조 임금에게 그대로 전했다. 며칠 후 영조 임금이 권엄을 불러 말했다.

"내가 다시 생각해보니 한성판윤의 처사가 옳았다. 그대야말로 충직한 사람이다. 그대의 처사를 높이 사니 그대의 뜻대로 하라."

권엄은 자신을 믿어준 영조 임금의 은덕에 크게 감격했다.

❖ 권엄權曮 1729~1801
조선 후기 문신. 한성부판윤, 병조판서를 지냄. 강직한 성품으로 옳고 그름을 분명히 하여 판결한 것으로 유명함.

DAY 147 말의 목을 베어버리다

☐ CHECK
STORY

　천 년의 신라 역사에서 가장 위대한 장군으로 평가받는 김유신. 그는 가야국 김수로의 12대손으로, 그의 아버지는 서현, 그의 어머니는 만명 부인이다. 어린 시절 총명하고 담대했던 김유신은 어머니의 가르침으로 15세에 화랑이 되었다. 그의 어머니는 늘 그에게 정직하고 담대한 사람이 되어야 한다고 가르쳤다. 김유신은 어머니의 말씀을 늘 가슴에 새겨 실천했다.
　그러던 어느 날부터인가 그는 기녀 천관과 가까이 지내는 사이가 되었다. 그러다 보니 공부도 무예 단련도 게을리하게 되었다. 이 사실을 알게 된 만명 부인은 김유신에게 단호하게 말했다.
　"너는 훗날 크게 되어야 할 터인데, 어찌하여 기녀에게 빠져 할 일을 게을리하느냐. 그것은 온당치 못한 일이다. 내가 늙어 죽기 전에 네가 훌륭히 되는 것을 보고 싶구나. 그러니 다시는 기녀를 가까이하지 말거라."
　"어머니, 소자가 잠시 나쁜 길로 빠졌습니다. 저를 용서하지 마십시오."
　"지금이라도 알았으면 됐다."
　"네, 어머니."
　어머니의 말씀에 자신의 잘못을 크게 깨달은 유신은 공부와 무예를 닦는 데 열심을 다했다. 가끔 친구들과 만나 우정을 나누며 술을 마시는 것을 즐거움으로 알았다.
　어느 날 친구들과 헤어져 집으로 가는데 깜빡 잠이 들고 말았다. 그런데 말이 습관적으로 그를 천관의 집으로 향했다. 잠에서 깬 김유신 앞으로 천관이 기쁨을 머금은 채 달려나와 말했다.
　"어서 오세요. 그동안 어찌 발걸음을 안 했습니까?"
　김유신은 자신이 조는 사이 말이 이곳으로 온 것을 알고는 천관이 보는 앞에서 애지중지하는 말의 목을 단칼에 베어버렸다. 그 모습을 보고 놀란 천관은 더 이상 아무 말도 할 수 없었다. 김유신은 말의 목을 베어 천관이 자신에게 마음을 품지 않도록 자신의 굳은 의지를 보여주었다.
　그 일이 있고 김유신은 두 번 다시는 천관을 만나지 않았다. 이에 천관은 그리움을 잊기 위해 스님이 되었다. 그 후 김유신은 신라가 삼국을 통일하는 데 있어 크게 기여했다.

❖ 김유신金庾信 595~673
신라의 명장. 신라가 국가의 기틀을 튼튼히 하고, 삼국을 통일하는 데 주역이 되어 크게 기여.

DAY 148 유씨 부인의 촌철살인 寸鐵殺人

고려 태조 왕건은 궁예와는 형제의 의리로 맺어진 사이다. 궁예는 지혜롭고 올곧은 성품을 지닌 왕건을 무척이나 믿고 신뢰했다. 왕건 또한 궁예의 뜻을 받들어 따랐다.

왕건이 군사를 거느리고 정주를 지나가다 길가 버드나무 아래에서 빨래를 하는 아리따운 처녀를 보게 되었다. 마음이 동한 그는 처녀에게 누구냐며 말을 건넸고 처녀는 부자인 유천궁의 딸이라 말했다. 그러자 왕건은 오늘 밤 유숙을 하게 해달라고 말했다. 그러자 처녀는 아버지께 말하라며 왕건을 집으로 데리고 갔다. 왕건이 인사를 하고 오늘 밤 이곳에서 묵게 해달라고 청하자, 그의 범상치 않은 인물됨을 보고, 허락하며 자신의 딸을 그에게 주었다. 그렇게 해서 왕건과 처녀는 부부의 연을 맺었다. 그날 이후 왕건은 나라의 중책을 맡은 관계로 유씨 처녀와 만날 수 없었다. 그러자 유씨 처녀는 왕건의 명복을 빌고 정절을 지키려고 절로 들어가 중이 되었다.

몇 해가 지나 도성으로 돌아온 왕건은 유씨 처녀를 찾아갔다. 유씨 처녀가 자신의 명복을 빌고 정절을 지키기 위해 중이 되었다는 말을 듣고 절로 찾아가 유씨 처녀를 데려와 정식으로 부부가 되었다.

태봉을 세운 후 궁예는 날이 갈수록 포악해지고, 관심법이라고 해서 자신의 마음에 들지 않으면, 그가 누구든 닥치는 대로 사람을 죽였다. 그러자 왕건을 비롯한 신료들은 늘 긴장 속에 지내야 했다.

그러던 어느 날 왕후인 강씨가 궁예에게 바른말을 했다는 이유로 극심한 고문을 가한 끝에 왕후와 자식까지 죽이는 패륜을 저질렀다. 그러자 신숭겸, 복지겸, 배현경 등이 왕건에게 궁예를 제거하고 새로운 나라를 세우자고 건의했다. 그러나 왕건은 그들의 제안을 받아들이지 않았다. 몇 번을 말해도 왕건은 요지부동이었다. 그때 아내 유씨가 말했다.

"나리, 나라를 위해서는 불의를 행하는 일은 예전에도 얼마든지 있었습니다. 그런데 어찌 반대만 하십니까? 여자인 저도 불의를 행해서도 나라를 바로 세워야 한다고 생각합니다."

왕건은 아내의 말에 힘입어 일을 도모하여 고려를 세우고 태조가 되었다.

❖ 왕건王建 877~943
918년 고려를 건국함, 고려의 태조. 온화한 성품으로 신료들과 백성들로부터 칭송을 받음. 후삼백국을 통일함.

DAY 149 그 어머니의 그 아들

홍서봉은 조선 제14대 임금인 선조 때 문신으로 청렴하고 문장과 서예에 능했다. 또한 성품이 온화하여 누구와도 잘 어울렸으며, 반면에 곧고 흐트러짐이 없었다. 그는 인조반정 후 이조판서를 거쳐 영의정에 이르렀다. 그의 그러한 성품은 어머니를 그대로 이어받았다. 다음은 그의 어머니에 대한 이야기이다.

"가서 고기를 좀 사오너라."

어느 날 홍서봉의 어머니는 하인을 시켜 고기를 사오게 했다. 그런데 사온 고기가 모두 상해있었다. 그의 어머니는 하인을 야단을 치기는커녕 넌지시 물었다.

"얘야, 사온 것과 같은 고기가 얼마나 더 있든?"

이에 하인은 자신이 본 대로 말했다. 그러자 홍서봉의 어머니는 비녀 등 패물을 팔아 그 돈으로 고기를 다 사오게 했다. 하인이 고기를 사오자 아까 사온 고기와 지금 사온 고기를 땅을 파고 다 묻으라고 했다. 하인은 영문을 몰라 고개를 갸웃거리며 땅을 파서는 고기를 다 묻었다.

홍서봉의 어머니가 고기를 다 사다 땅에 묻은 것은 혹시나 다른 사람들이 사서 먹고 탈이 날까 해서였다. 이 소식을 들은 홍서봉이 어머니에게 말했다.

"어머니의 어진 마음이 하늘에 닿아, 우리 자손들이 모두 다 잘 될 것이옵니다."

그러던 어느 날 소현세자가 갑자기 세상을 떠나자 왕실에서는 봉림대군을 세자로 책봉하려고 했다. 이에 홍서봉은 봉림대군의 책봉을 반대하고 소현세자의 아들을 세자로 책봉할 것을 주장했다. 그러나 그의 뜻은 관철되지 않았다. 그러자 홍서봉은 그 참담한 심경을 시로 썼다.

이렇듯 홍서봉은 자신이 옳다고 생각하는 것은 그 어디에도 굴하지 않고 소신껏 자신의 생각을 전했다. 그의 이런 마음은 남을 배려하고 생각하는 그의 어머니의 마음을 닮았기 때문이다. 그의 어머니는 그에게는 스승과도 같은 존재였다.

❖ 홍서봉洪瑞鳳, 1572~1645
조선 중기 때 문인. 인조반정을 주도했으며 이조판서, 좌의정, 영의정을 지냄.

DAY 150 김규의 글과 효행

조선 제13대 임금 명종 때 전한의 벼슬을 지낸 문인 김규는 어린 시절 효성이 지극하고, 글을 잘 써 명종을 감동시킴으로써 아버지를 감옥으로 석방시킨 인물이다. 이에 대한 흥미로운 이야기이다.

명종 재위 시 어느 해인가 극심한 가뭄이 들어 온 나라가 아우성이었다. 명종은 기우제를 올려 간절한 마음을 하늘에 전하던 차 갑자기 풍악이 들려왔다. 시절이 시절인지라 괘씸한 생각에 뉘 집에서 나는 소리인지 알아보라고 명을 내렸다. 명을 받은 자가 돌아와 아뢨다.

"전하, 감찰 김세우라는 자가 잔치를 베풀고 있다 하나이다."

"지금 때가 어느 땐데 국록을 먹는 자가 어찌 그처럼 무모하고 방자할 수 있단 말이냐. 지금 당장 잡아다가 죄를 묻도록 하라."

어명으로 열세 명이나 되는 자들을 잡아들였다. 그러자 김세우의 자식들과 동생들이 용서를 구하는 상소문을 올렸다. 그러자 반성도 모르는 그에게 분노한 왕이 아들과 동생들까지 잡아 가뒀다. 그러자 다른 가족은 모두 도망하여 숨었다. 그런데 김규만 집을 지키고 있다 붙잡혀 왔다. 명종이 그에게 물었다.

"너는 왜 도망을 가지 않았느냐?"

"아버지의 목숨이 경각에 달렸는데, 자식으로서 어찌 도망을 가겠습니까."

그러자 명종은 상소문을 누가 지었느냐고 물었다. 김규는 한 치의 망설임이 없이 자신이 지었다고 말했다. 그 말에 놀라 몇 살이냐고 물었다. 김규는 13살이라고 말했다.

"13살인 어린 네가 어찌 이토록 글을 잘 짓는단 말이냐. 조금이라고 거짓이 있으면 용서치 않겠다."

명종은 이리 말하고는 글을 짓도록 명했다. 김규는 명이 떨어지자 거침없이 글을 지어 명종에게 바쳤다. 글을 읽고 난 명종은 감탄하며 말했다.

"너의 효성과 글을 보고 아버지를 석방하리니, 아버지에게 효도하고 나라를 위해 충성을 다하라."

어린 아들 김규의 글 솜씨 덕에 그의 아버지는 석방되었다.

❖ 김규金虯 1521~1565
조선 명종 때 문인. 이조정랑, 전한을 지냄. 13세 때 글을 지어 감옥에 갇힌 아버지를 석방시킨 일화로 유명하다.

DAY 151 도둑을 감동시킨 홍기섭

조선 순조 때 문신이자 학자로 형조판서와 예조판서를 지낸 홍기섭은 강직하고 재물을 탐내지 않는 청렴한 사람이었다. 그가 참봉으로 있을 때 일이다. 그는 당시 계동에서 살았는데 지독하게 가난하여 집에 먹을 거라고는 아무것도 없었다.

그러던 어느 날 밤이었다. 도둑이 든 것이다. 훔쳐갈 게 있나 여기저기 살펴보던 도둑은 "세상에 이처럼 가난한 사람도 다 있구나"라고 혼잣말로 중얼거렸다. 그러고는 솥뚜껑을 열고 다른 집에서 훔친 돈 꾸러미를 놓아두고 사라졌다.

다음 날 아침 부엌에 나갔던 그의 아내가 솥 안에 돈이 있는 걸 보고는 남편에게 말했다.

"여보, 솥 안에 돈이 들어있어요. 아마 하늘이 보내준 것 같아요. 이 돈이면 쌀과 고기, 땔나무도 살 수 있어 배불리 먹을 수 있겠어요."

그러자 홍기섭은 정색을 하며 말했다.

"그건 안 될 말이요. 어떻게 하늘이 보내준 거라고 하겠소. 그 돈을 잃은 사람이 있을 테니 주인에게 돌려주어야 합니다."

이렇게 말하며 홍기섭은 돈을 잃은 사람은 찾아가라고 글을 써서 붙였다. 그런데 그 글을 본 도둑이 홍기섭을 찾아가 말했다.

"나리, 소인은 도둑인데, 어젯밤 물건을 훔치러 왔다가 형편이 너무 어려운 것 같아 다른 집에서 훔친 돈을 솥 안에 놓고 갔습니다. 그러니 생활비로 쓰십시오."

"그건 안 될 일이다. 그 돈을 도로 가져가거라."

홍기섭의 말에 크게 감동한 도둑은 큰절을 올리며 말했다.

"오늘 참으로 훌륭하신 나리를 뵈었습니다. 지금부터 도둑질을 하지 않겠습니다. 저를 나리의 종이 되게 허락해 주십시오."

그 일이 있고 나서 도둑은 홍기섭의 하인이 되어 성실하게 일했다. 그 후 홍기섭은 한성부판윤을 거쳐, 형조판서, 예조판서를 지냈다.

❖ 홍기섭洪耆燮 1781~1866
조선 순조 때 문신. 한성부판윤, 형조판서를 지냄. 그의 손녀는 조선 24대 헌종의 왕비로 간택되었으며, 아들은 익풍부원군이다.

DAY 152 이지함의 도량과 청렴성

초정 이지함은 조선 선조 때 사람으로 일종의 예언서인 토종비결을 펴낸 사람으로 유명하다. 그는 고려 말 충신 목은 이색의 후손이다. 그는 젊은 시절 장사를 하여 큰돈을 벌었으나, 그 돈을 가난한 사람들에게 모두 나눠주고는 동가식서가숙東家食西家宿하며 지냈다.

그러다 뒤늦게 포천현감이 되었다. 그가 현감으로 부임해 밥상을 받았다. 밥상을 한참이나 바라보다 "먹을 만한 것이 없구나" 하고 말했다. 그러자 관속 중 한 사람이 송구스러운 표정으로 말했다.

"사또, 이 고을에는 특산품이 없어 별미가 없는데, 다시 올리겠습니다."

그러고는 푸짐하게 상을 차려 올렸다. 이번에도 밥상을 바라보던 이지함이 말했다.

"먹을 만한 것이 없구나."

관속들은 마치 잘못이라도 저지른 양 안절부절못했다.

"우리나라 백성들이 가난하게 사는 것은 앉아 놀면서 곡식을 축내는 벼슬아치 때문이다. 나는 잡곡밥 한 그릇과 나물국 한 그릇이면 족하니 그리 올리도록 하라."

이지함의 말에 보리밥과 나물국을 가져오니 그때서야 맛있게 밥을 먹었다.

"남들은 먹지 못해서 야단인데 좋은 음식을 놔두고 거친 음식을 들다니, 참으로 기이한 일이다."

관속들은 이리 말하며 이지함의 별남에 대해 말했다.

그러던 어느 날 관리들의 모임이 있어 이지함은 나물죽을 끓여 내놓게 했다. 관리들은 죽을 먹다 대부분 수저를 놓고 말았다. 도저히 먹을 수가 없었던 것이다. 그러나 이지함은 맛있게 그릇을 비웠다.

이후 이지함은 아산현감으로 갔다. 그곳에 부임해서 그는 걸인청을 만들었다. 고을의 노약자와 가난한 사람들과 걸인을 구호하기 위해서였다. 그로 인해 어려움을 겪는 자들에겐 큰 도움을 주었다.

이처럼 이지함은 마음이 어질고, 청렴하고, 검소했다. 또한 명예욕이나 자리의 욕심이 없어 평생토록 스스로를 가난하게 했다. 하지만 그는 누구보다도 깨끗하고 마음이 풍요로운 사람이었다.

❖ 이지함李之菡 1517~1578
조선 중기 때 문신. 토정비결을 지음. 지리, 음양, 술서에 능함.

DAY 153 덕망 높은 어머니의 지혜

아버지 없이 삯바느질로 홀로 자식을 키워 훌륭하게 만든 어머니가 있다. 그녀의 아들은 조선 제24대 헌종 때 형조판서와 우참찬을 지낸 김학성이다. 그는 어머니의 뒷받침으로 열심히 공부한 끝에 정시 문과에 병과로 급제했다.

김학성의 어머니가 삯바느질로 아들을 공부시킬 때 일이다. 비가 내리는 어느 여름날 그의 어머니가 방아를 찧고 있었다. 추녀에서 떨어지는 물방울이 땅에 부딪혔는데 이상한 소리가 들렸다. 그래서 땅을 파보니 쇠항아리가 나왔다. 순간 그의 어머니는 놀라움을 금치 못했다. 항아리에는 백금이 가득 들어있었다. 그의 어머니는 매우 기뻤지만 차분히 마음을 가라앉혔다. 그러고는 곰곰이 생각했다. 아들이 공부에 전념하고 있는데, 갑자기 백금을 보게 되면 헛된 생각을 품지 않을까 하는 생각이 들었다. 그러자 그의 어머니는 땅을 깊이 파고 쇠항아리를 파묻었다.

김학성은 어머니의 바람대로 과거에 급제했다. 그가 벼슬길에 올라 안정을 찾자 그의 어머니는 아들에게 백금항아리에 대해 말해주었다. 그러자 김학성이 이렇게 말했다.

"어머니, 왜 그러셨어요. 그렇지 않았다면 어머니께서 그리 고생을 하지 않아도 되셨을 텐데요. 또 저도 좋은 환경에서 공부할 수 있었고요."

그러자 그의 어머니가 말했다.

"그렇지 않다. 나는 고생을 고생이라고 여긴 적이 없구나. 그리고 너도 비록 나물죽을 먹을지언정 불평 없이 공부에 전념하지 않았더냐. 그런데 백금이 있다고 해봐라. 혹시라도 네가 재물에 마음이 흔들려 공부를 등한시할 수도 있었을 것이다. 그리고 평안하게 지내는 것에 길들여질 수도 있었을 거다. 본시 사람이란 가난이 무엇인지를 알아야 재물의 가치를 알게 된단다. 갑자기 생긴 재물은 사람을 잘못되게 하는 재액에 근원이 됨을 알아야 한다. 알겠느냐?"

"네, 어머니. 소자의 생각이 짧았습니다. 다시는 그리 생각하지 않겠습니다."

김학성은 어머니의 말씀을 듣고 자신의 짧은 생각에 대해 깊이 반성했다.

❖ 김학성金學性 1807~1875
조선 후기 때 문신. 형조판서와 우참찬 등 두루 요직을 지냄.

DAY 154　최시형과 손병희

　의암 손병희는 천도교 제3대 교주이자 독립운동가로 민족대표 33인 중 한 사람이다. 그는 서자로 태어났지만 지혜가 뛰어나고, 성품이 올곧고 신심이 깊었다. 그는 22세 때 동학에 입도했다. 천도교 제2대 교주 최시형은 한눈에 손병희가 범상치 않은 인물이라는 걸 직감했다. 그래서 그를 시험해보기로 했다.

　공주 가섭사의 연성수도원에서 있은 사십구제 기도회 때였다. 최시형은 손병희를 불러 제사 음식을 만들기 위해 걸어 놓은 가마솥을 떼어 다시 걸라고 했다. 때는 추운 겨울이라 언 흙을 파고 가마솥을 거는 일은 생각보다 쉽지 않았다. 손병희는 묵묵히 시키는 대로 했다. 일을 마치고 최시형에게 보고했다. 그러자 최시형은 쓱 훑어보고 나서 말했다.

　"솥을 이렇게 걸어서 쓰겠는가? 떼어 다시 걸게."

　손병희는 싫은 기색 없이 솥을 떼어 이번에는 조금 낮게 걸었다. 그러고는 또다시 최시형에게 보고했다. 최시형은 솥을 보더니 못마땅한 얼굴로 말했다.

　"허참, 솥 하나도 제대로 못 걸다니. 이렇게 비뚤어지게 걸면 어떻게 쓸 수 있겠나. 다시 걸게."

　그냥 봐서는 잘 모르겠는데 최시형은 다시 걸라고 말했다. 그래도 손병희는 시키는 대로 했다. 그리고 또다시 퇴짜를 맞았다. 그러기를 일곱 차례나 했다.

　"이제 됐네. 자 보게. 이래야 제대로 된 걸세."

　손병희는 별로 달라질 진 것이 없는 걸 알면서도 최시형의 지시대로 움직였던 것이다. 최시형은 한마디 불평 없이 자신의 말을 따른 그를 자신의 후계자로 마음에 담아 두었다.

　최시형이 처형된 후 손병희는 동학 제3대 교주가 되어 동학을 이끌며 동분서주했다. 그는 종교인으로서 조국의 독립을 위해 민족대표 33인으로 크게 기여했다. 최시형의 사람 보는 눈은 매우 정확했던 것이다.

　최시형과 손병희는 바늘과 실과 같은 사이로 동학을 발전시키고 조국의 독립을 위해 헌신했다.

❖ 최시형崔時亨 1827~1898 / 손병희孫秉熙 1861~1921
동학 제2대 교주. 독립운동을 벌이다 잡혀 처형되었다. / 동학 제3대 교주. 민족대표 33인으로 독립운동에 헌신했다.

DAY 155　주인을 따라 죽은 말馬

이순신이 전라좌수사로 있을 때 어떤 사람이 찾아와 말했다.
"장군, 저는 황대중이라고 합니다. 율곡 선생의 십만양병설이 조정에 받아들여지지 않았는데, 장군께서는 부디 미리 준비하십시오. 머잖아 왜가 쳐들어올 것입니다."
"고맙네. 그렇다면 나와 함께 함이 어떤가?"
"저보다는 이 사람을 종사관으로 써 주십시오."
그가 말한 이는 정경달이란 사람으로 그 또한 의지가 굳은 인물이었다.
"그런데 왼쪽 다리는 왜 그런가?"
"저 사람은 어머니의 병에 사람 허벅지가 약이 된다고 해서 베어 드렸는데, 그 상처가 덧나는 바람에 그리되었습니다."
옆에 있던 정경달이 그를 대신해서 말했다.
"대단한 효자로다."
그 후 황대중은 왜가 남해안으로 쳐들어오자 맞서 싸우다 왜군이 쏜 총에 오른쪽 다리를 맞아 두 다리를 모두 절단하고 말았다. 그 소식을 듣고 이순신은 그를 크게 격려했다.
황대중은 관찰사 이원익의 휘하에 들어 왜군과 싸워 혁혁한 공을 세웠다. 그런데 정유재란 때 싸우다 말에서 떨어져 중상을 입었다.
"너는 그 유명한 조선의 황장수가 아니냐?"
왜장은 그를 보고 아는 척을 했다.
"날 알아주는 것은 고맙지만, 너희들이 우리나라를 떠나주는 것이 내겐 더 고맙다."
왜장을 그의 말을 듣고 그의 기개에 감탄하여 그를 죽이지 않고 돌아갔다. 그 후 그는 이순신 장군의 휘하에 들어 싸우다 부상을 입고 죽게 되었다. 그가 휘하의 군사들에게 말했다.
"내가 죽으면 내 시신을 말에 태워라. 그리고 '네 주인을 고향 강진으로 모셔다드려라' 하고 말하면 말이 나를 고향으로 데려갈 것이다."
그래서 그 말대로 하니 말을 그를 고향으로 데려다주었다. 그러고 나서 말은 주인을 따라 죽고 말았다.

❖ 황대중黃大中 1551~1597
조선 중기 의병장으로 임진왜란 때 혁혁한 공을 세움. 정유재란 때 남원성 전투에서 전사함.

DAY 156 | 주초위왕走肖爲王의 계략

기묘사화로 참화를 입은 조광조는 사림파의 거두인 김종직의 영남학파를 잇는 신진파의 수장으로 개혁을 주장하며 자신을 따르는 젊고 유능한 인재들과 훈구파와 대립의 각을 세웠다.

훈구파의 수장은 남곤이었다. 남곤은 정권을 주도하기 위해 박경 등에게 모반죄를 씌워 죽이고, 그 공으로 이조판서가 된 사람이다. 남곤 일파는 조광조를 몰아내기 위해 혈안이 되었다. 그래서 생각한 것이 같은 무리의 홍경주의 딸이 중종의 후궁인 것을 이용하여 대궐 안 동산의 나뭇잎에 꿀로 '주초위왕走肖爲王'이라는 글자를 써 벌레들이 꿀을 바른 곳만 갉아먹게 하여 글자가 드러나게 만들었다. 그리고 그 나뭇잎을 따다 중종에게 바쳤다.

"전하, 이 나뭇잎을 보시옵소서. 벌레가 갉아 먹은 자리에 주초위왕이라는 글씨가 새겨져 있습니다. 이는 조씨가 왕이 되려 한다는 것 아니옵니까?"

"그게 무슨 말인가? 조씨 성을 가진 자가 왕이 된다니?"

중종의 말에 훈구파 세력을 더욱 강조하며 말했다,

"전하, 나뭇잎에 새겨진 글씨 그대로이옵니다. 지금이라도 당장 저들을 옥죄어야 합니다. 통촉하시옵소서 전하!"

중종은 훈구파의 지속된 간언에 마음이 흔들렸다. 그러지 않아도 개혁지향적인 조광조에 부담스러움을 느끼던 차였다. 훈구파는 이를 교묘히 이용하려는 것이다. 특히 사림파로부터 소외당한 남곤과 공신 자격을 박탈당한 심정을 비롯해 조광조의 탄핵으로 어려움에 처했던 희빈 홍씨의 아버지 홍경주가 적극적이었다. 이들의 열화와 같은 상소가 잇따르자 중종은 사림파의 세력을 잡아들이라 명했다. 훈구파 세력들의 뜻대로 조광조, 김정, 김구, 김식 등이 하옥되고 이로 말미암아 기묘년에 사화가 일어났다.

조광조는 유교를 바탕으로 하는 왕도정치를 실현코자 했으나, 훈구파의 중상모략으로 뜻을 이루지 못하고 37세라는 젊은 나이에 사사되었다. 훈구파의 정치적 야욕에 아무런 죄가 없는 유능한 인재였던 조광조의 삶은 허무하게 지고 말았다.

❖ 조광조趙光祖 1482~1519
조선 중기의 문신. 사림파의 거두 김종직의 영남학파를 계승하여 도학정치를 주창했으며 급진적 개혁정치를 추구하다 기묘사화로 참화를 입었다.

CHAPTER 4
옛것을 통해 미래를 보다

세계고전

DAY 157 도덕경   道德經   CLASSIC

《도덕경》의 저자는 학자들의 따라 노자라는 이들도 있고, 주나라 왕실도서관장이었던 노담老聃이라고도 하는 등의 학설이 있다. 또한 노담이라는 이가 노자라고 주장하는 학설도 있다. 이런 학설이 무엇 그리 중요할 것인가를 당연히 생각하겠지만, 보다 더 중요한 것은 이 책이 현대를 살아가는 사람들에게 무엇을 말하고, 어떤 삶을 살아야 하는지에 대해 고민하고 생각하는 것이라고 할 수 있다.

《도덕경》은 기원전 4세기에 발간되었으며 5천 자에 총 81장으로 구성되었으며 상편 37장을 〈도경〉이라 하고, 하편 44장은 〈덕경〉이라고 한다. 앞에서 언급했듯 《도덕경》은 한 사람이 쓴 것이 아니라 여러 차례에 걸쳐서 새롭게 편집된 흔적이 있다는 게 정설이다. 보다 중요한 것은 《도덕경》의 가르침에 있고, 그 가르침의 요지가 무엇이냐는 것이다.

《도덕경》의 중심사상은 무위자연이다. 무위는 '도는 언제나 무위이지만 하지 않는 일이 없다'이고 자연은 '하늘은 도를 본받고 도는 자연을 본받는다'는 의미이다. 이는 거짓됨과 인위적인 것으로부터 벗어나려는 것을 뜻한다.

무위는 인위를 가하지 않아 자연 그대로의 받아들이고 따르다 보니 어긋남이 없지만, 인위는 생각을 더하고 힘을 가하여 작위적으로 하는 까닭에 억지스러움이 있으며, 거짓됨이 따르게 되어 본래의 것에서 어긋남이 있게 된다.

인간은 살아가면서 지금보다 더 나은 삶을 살기 위해 끝없이 새로운 것을 탐구하고, 편리함을 추구한다. 그러다 보니 자연을 파괴하고, 인간의 본질을 훼손하고 법을 어기는 일도 서슴지 않는다. 이런 일이 생기는 것은 '탐욕'이 작용하기 때문이다. 탐욕은 무위를 탐탁하지 않게 여긴다. 다만 방해꾼일 뿐이다. 하지만 인위는 하고 싶은 것은 그것이 무엇이라도 맘대로 할 수 있으니 인간은 이에 집착하게 되는 것이다.

《도덕경》은 인간으로서 인간답게 살아가는 데 근본으로 삼아 행해야 할 지침과도 같다. 이 책을 읽고 마음의 수양을 쌓는다면 탐욕으로부터 자신을 지켜내는 데 큰 도움이 될 것이다. 또한 그로 인해 인간의 본질을 잃지 않고 순리대로 살아감으로써 보다 행복에 이르게 되리라 생각한다. 《도덕경》은 누가 읽어도 좋을 인생 교과서라고 할 수 있다.

❖ 노자老子 B.C 570~ B.C 479
도가의 창시자이자 학자.

DAY 158 논어 論語

《논어》는 유교경전으로 4서(논어, 맹자, 대학, 중용) 중 하나로 공자의 가르침을 전하는 문헌으로, 일반적으로 유교경전을 가르칠 때 제일 먼저 가르친다. 이 책은 인仁, 군자君子, 천天, 중용中庸, 예禮, 정명正名 등 공자의 기본 윤리개념을 모두 담고 있다. 여기서 '정명'이란 사람이 행함에 있어 모든 면에서 '이름'의 진정한 뜻에 일치해야 한다는 가르침이다. 공자가 직접 예로 들어 설명한 것 가운데 특히 효에 관한 내용이 많다. 공자는 개나 말도 마음만 먹으면 효를 행할 수 있다고 말했다.

《논어》는 공자의 제자들이 그의 일상을 기록한 것들을 담고 있다. 공자는 인仁을 매우 중시하여 이를 바탕으로 실천함으로써 인격적으로 완성을 이루고, 예를 다함으로 사회질서의 확립을 강조했다. 말하자면 도덕적 이상국가를 실현하는 것을 궁극적인 목표로 삼았던 것이다. 이렇듯 공자는 철저한 현실주의자로 그의 사상은 실천하는 것을 근본으로 한 도덕이 핵심을 이룬다.

《논어》는 모두 20편으로 구성되어 있으며, 내용은 '배움'으로부터 시작해 '하늘'의 뜻을 아는 '지명知命'으로 끝난다. 이를 좀 더 구체적으로 살펴보면 공자가 한 말, 공자와 제자 사이의 대화, 공자와 사람들과의 대화, 제자들의 말, 제자들 간의 대화 등으로 짜여있다.

공자의 사상을 근본으로 하는 유교는 조선시대 태종의 숭유억불정책에 의해 확산 유지되었으며, 유교의 근본이 되는 '인의예지仁義禮智'는 양반가에서는 반드시 익혀야 하는 의무라고 해도 지나침이 없다.

충忠, 효孝, 예禮를 매우 중시하여 임금에게는 충성을 다하고, 어버이에게는 효를 다하고, 예를 엄격이 하여 이를 적극 장려했다. 관혼상제冠婚喪祭 또한 중시하여 이를 엄격히 지키게 한 것도 유교사상에 기반을 둔다. 이렇듯 공자의 유교사상은 일상에서 그대로 실천화 되었으며, 그것을 덕목德目으로 했다는 것에 그 의의가 있다고 하겠다. 물론 그에 따른 부작용도 있었지만, 그것은 인간의 과욕이 빚은 일이기도 했다.

《논어》는 사람들이 반드시 갖춰야 할 인격적인 품성을 기르는 데 큰 도움을 준다. 《논어》의 가르침대로 산다면 훌륭한 삶을 살게 될 것이다.

❖ 공자孔子 B.C 551~479
중국 춘추전국시대 사상가. 학자. 유교의 시조.

DAY 159 춘추좌씨전 春秋左氏傳

《춘추좌씨전春秋左氏傳》은《춘추》의 주석서로 가장 오래되고, 가장 대표적인 주석서의 하나이다. 다른 명칭으로는《좌전左傳》또는《좌씨전左氏傳》,《좌씨춘추左氏春秋》라고도 한다.

《춘추좌씨전》은《춘추곡량전》,《춘추공양전》과 함께〈춘추삼전〉으로 불린다.《춘추좌씨전》은 풍부한 사료를 기반으로 하여 다른 삼전에 비해 그 내용이 풍부하고, 역사적인 사실에도 충실한 편이다. 그런 까닭에 춘추시대를 이해하는 중요한 자료가 되고 있다.

유학자들을 중심으로《춘추좌씨전》의 저자를 공자와 같은 시대에 살았던 노나라 문인인 좌구명이라 하지만, 분명치 않다고 여기는 것이 정설이다.《사기史記》에《좌씨춘추》라는 것이 나오는데, 이 책이《춘추좌씨전》을 말하는지도 분명치 않다.

《춘추좌씨전》은 춘추시대에 일어난 정치적, 사회적, 역사적, 경제적, 문화적, 종교적, 군사적 사건들을 담고 있다. 또한 중국 최초의 대화체 형식으로 문장을 서술하고 있다는 것이 특징이다. 이러한 서사구조로 인해 중국문학과 사상서에 있어 매우 독보적이라는 평가를 받고 있다. 그리고 이 책에는 당시 철학 유파 등에 대해 부분적이기는 하지만 기록되어 있어 이 또한 이 책이 지닌 가치라고 하겠다. 이러한 것은 역사적으로 볼 때 실증적인 자료가 되기 때문이다.

《춘추좌씨전》의 대표적인 주석서로는 서진西晉의 두예가 쓴《춘추좌씨경전집해》을 들 수 있다. 그 후《춘추좌씨전》에 대한 모든 연구는 이 책을 바탕으로 하고 있다. 이는《춘추좌씨경전집해》이 그만큼《춘추좌씨전》을 연구하는 데 있어 가치가 있음을 방증한다고 하겠다.

《춘추좌씨전》은 열국의 흥망성쇠를 담고 있으며, 당시의 사회상과 인간 군상들의 삶을 생생하게 보여준다는 점에서 역사적인 사료로서의 가치를 지닌다. 이 책은 총 30권으로 구성되어 있다.

《춘추좌씨전春秋左氏傳》은 '춘추'의 주석서로 가장 대표적이며 가장 오래된 책이다. 특히, 내용이 이야기식인 서사구조로 중국문학과 사상서에 있어 독보적인 책으로 평가받는다.

DAY 160 사기 史記

《사기史記》는 한나라의 학자이자 사상가인 사마천이 저술한 역사서이다. 이 책엔 중국의 전설시대부터 하, 은, 주, 춘추전국시대. 진나라, 한제국의 초기에 이르기까지의 역사가 기록되어 있다.

《사기》는 본래《태사공서》라 했으나, 후한 말에 와서《태사공기》라 했다. 그리고 이를 줄여《사기》라 이르렀다.《사기》는 중국의 역사서 가운데 가장 대표적인 책으로 구성은 〈본기〉 12권, 〈표〉 10권, 〈서〉 8권, 〈세가〉 30권, 〈열전〉 70권 등 총 130권의 방대한 분량으로 이루어진 기전체 형식의 역사서로 사마천의 역작이다.

《사기》를 쓸 당시 사마천의 직책은 태사령으로 천문 관측, 달력 개편, 국가 대사와 조정 의례의 기록을 맡았다. 그는 태사령이었던 아버지 사마담이 이루지 못한 꿈을 이루고자, 그리고 아버지의 유언을 받들어《사기》 집필에 돌입했던 것으로 잘 알려져 있다.

사마천은《사기》를 집필하던 중 뜻하지 않는 인생 최대의 고난을 맞게 된다. 그는 흉노에 투항한 이릉을 변호하다 무제의 심기를 건드려 분노한 그의 명에 의해 생식기를 잘리는 궁형에 처해지고 말았다. 당시, 궁형은 남자에게는 가장 치명적이고 수치스러운 형벌이었다. 남성성을 잃은 남자의 비애는 말로 형언하기 힘들 만큼 고통 그 자체였다. 그렇다고 사마천은 스스로 목숨을 끊을 수도 없었다. 아버지의 당부인《사기》를 집필해야 했기에 수치스러워도 참으며 집필에 몰두해야 했고, 마침내《사기》를 완성시켰다.《사기》는 중국 역사에서 매우 의미 있고 가치를 지닌 책이지만, 그 이면에는 저자인 사마천의 굳은 의지가 담긴 인간승리의 책이라고 할 수 있다.《사기》는 문학적으로 보면 문장은 간결하면서도 문체는 힘 있는 것으로 평가받는다. 그리고 역사적인 측면으로는 볼 때 정사로 기록된 역사적 사건에 대해 그 시대의 생활상 등을 상세하게 알 수 있어 그 의미를 더한다.

《사기》는 사마천이 진정성을 담아 혼신을 다했기에 오늘날에 있어서도 변함없이 명저로 평가받고 있다.

《사기史記》는 사마천이 쓴 역사서로 전설시대부터 하, 은, 주, 춘추전국시대. 진나라, 한제국의 초기에 이르기까지의 역사가 기록된 총 130권의 책이다. 중국 역사에서 가장 대표적인 역사서이다.

DAY 161 자치통감   資治通鑑

《자치통감資治通鑑》은 북송의 사마광이 지은 역사서로 일명 '제왕의 책'이라고 한다. 이 책은 고대에서 당나라 말까지 고대 중국 16개조 1362년의 역사를 다룬, 총 294권의 방대한 책으로 처음에는《통사通史》라 이름을 붙였다. 그런데 사마광이 신종에게 이 책을 바치자, 신종은 이 책은 정치에 대한 교과서라고 할 만하다며《자치통감》이라는 책 이름을 지어주었다.

《자치통감》은 쓰기 시작해서 완성할 때까지 19년의 세월이 흘렀다. 이 책을 쓰는 동안 한대사의 권위자로 손꼽히던 유빈이 전후한 시대를 맡아 했으며, 당대사는 사마광의 제자인 범조우가 맡아 했다. 그리고 삼국에서 남북조에 관해서는 당시 사학연구의 권위자였던 유서가 맡았다. 이렇듯 많은 학자의 도움이 있었으며, 사마광은 정기가 고갈이 날 정도로 온 힘을 쏟아부었다고 스스로 말할 만큼 심혈을 기울였다.

사마광이 이 책을 저술한 목적은 주나라의 위열왕이 진晉나라의 3경을 제후로 인정한 기원전 403년부터 오대 십국시대의 후주의 세종 때인 959년에 이르기까지, 1362년의 정치적 변천 과정을 정리함으로써 대의명분을 밝혀 제왕의 치정의 거울로 삼고자 함이었다. 그런 까닭에 이 책은 사마광의 역사관이 집약적으로 나타나 있다.

이 책엔 각 왕조의 정사正史 외에 실록, 야사, 소설 등 잡사雜史 322가지가 사용되었으며, 이 자료에 대한 고증을 거쳤다. 그런 까닭에 높은 사료적 가치를 지닌 책으로 평가받고 있다.

현재 우리가 흔히 알고 있는《자치통감》은 송나라 유민인 호삼성의 주석이 달린 형태의 책이다. 이 책은 철저한 고증으로 정확성이 높고 수준도 높은 책으로 평가받는다.

《자치통감》은 송대에 큰 영향을 주었으며, 우리나라의 역사연구에도 많은 영향을 주었다.

《자치통감資治通鑑》은 사마광이 쓴 역사서로, 전국 시대에서 5대까지 1362년의 정치적 변천과정을 정리했다. 사마광이 제왕의 치정의 거울로 삼는 것을 목적으로 하여 '제왕의 책'이라고 불린다.

DAY 162 맹자 孟子

　《맹자孟子》는 B.C 280년경에 쓴 책으로 맹자의 언행을 기록하고, 다른 사상가들과 논쟁한 것을 기록한 어록이다. 또한 맹자의 주요사상인 인의仁義의 도덕을 강조한다. 《사기》에 의하면《맹자》는 맹자가 은퇴한 후 제자와 함께 저술한 설이 있으나, 실제로는 맹자 말년이나 사후에 제자들이 맹자가 남긴 말을 기록하여 엮은 책이라는 설이 지배적이다. 《맹자》는 〈양혜왕편〉, 〈공손추편〉, 〈등문공편〉, 〈이루편〉, 〈만장편〉, 〈고자편〉, 〈진심편〉 등 총 7편으로 구성되어 있다.
　〈양혜왕편〉은 맹자가 제후국을 돌아다니며 자신의 사상을 펼친 부분으로 상편 7장, 하편 16장으로 되었다. 맹자는 양혜왕에게 왕도정치를 펼쳐야 한다고 조언한다. 즉 왕은 백성과 함께 즐거움을 나눠야 하다고 말하며, 왕이라도 잘못하면 왕위에서 물러나야 한다고 주장한다. 〈공손추편〉은 왕의 통치에 대해 말한다. 상편 5장, 하편은 10장으로 되어있다. 왕이 전 대륙을 통치하는 천자가 위해서는 먼저 백성을 풍요롭게 하고, 인간에게는 인륜을 가장 중요하니 이를 저버리면 아무리 행실이 훌륭해도 무의미하다고 말한다. 〈이루편〉은 상편 28장, 하편 33장으로 구성되어 있다. 자신의 본성을 추구하고 자신을 바르게 할 것을 주장한다. 〈만장편〉은 상하 각 8장으로 구성되어 있다. 덕이 천도와 합치면 도를 얻고, 마음이 어질면 천하 사람을 얻으니 인도仁道를 행할 것을 주장한다. 〈고자편〉은 상편 20장, 하편 16장으로 구성되어 있다. 맹자와 고자가 인성에 대해 말한 내용으로 인의는 내적인 것이 구하면 얻을 수 있으며, 구하지 않으면 잃어버린다는 내용이다. 〈진심편〉은 상편 46장, 하편 38장으로 구성되어 있다. 나라에서 백성이 가장 귀하고, 학문에는 순서가 있어야 한다는 것이 주된 내용이다. 즉, 세속적인 욕망에 앞서 도덕적으로 깨끗한 사람이 군자로서 더 추구해야 하며, 성인의 도를 배우는 데에 순서가 있으며 꾸준히 노력하면 이룰 수 있다고 주장한다.
　《맹자》는 오랫동안 높이 평가받지 못했다. 그러다 남송의 주자가《맹자》를 사서의 하나로 인정하고, 주석한 후에 십삼경의 하나로 인정받았다 한다.

《맹자孟子》는 B.C 280년경에 쓴 책으로 맹자의 언행을 기록하고, 다른 사상가들과 논쟁한 것을 기록한 어록이다.

DAY 163 대학   大學

《대학大學》은 사서 중 하나로《예기》의 제42편이었으나, 송나라 시대에 성리학이 매우 중요시되었다. 송나라 유학자 주희가 이 책을 공자의 사상을 바탕으로 하여 증삼과 그의 문하생들이 만든 것이라 주장했다. 그리고 원문을 수정하여 자신이 주석을 달고 저술하여《대학장구》라 이름했다. 주희는 논어, 중용, 맹자와 더불어 사서四書라 명명하고 학문을 처음 배우는 이들의 필독서로 삼은 까닭이다.

《대학》은 자기 수양을 완성하고 사회질서를 이루는 과정을 다룬다. 즉, 수신제가치국평천하修身齊家治國平天下를 이루기 위한, 교과서와도 같은 책이다. 그리고 그 의미를 크게 두 가지로 정리할 수 있다. 하나는 통치자가 근본으로 사는 통치자의 책이며, 또 하나는 인격도야를 위한 책이 그것이다. 또한《대학》은 소학을 마치고 태학에 입학하여 배우는 교재와 같다고 할 수 있다.

《대학》은 유가의 주요사상을 체계적이고 일목요연하게 설명한다. 주희는 사서 중 대학을 맨 앞에 놓을 만큼 이를 매우 중요시했다.《대학》의 주요 내용을 담은 삼강령三綱領과 팔조목八條目은 다음과 같다.

삼강령은 첫째, 명명덕明明德은 자신의 밝은 덕을 드러냄을 말하고 둘째, 신민新民은 자신의 밝은 덕으로 백성을 새롭게 하고 셋째, 지어지선止於至善은 최선을 다해 가장 합당하고 적절하게 처신함을 말한다.

팔조목은 첫째, 격물格物은 세상의 모든 것의 이치는 찬찬히 따져 보고 둘째, 치지致知는 지식과 지혜가 극치를 이르게 하고 셋째, 성의誠意는 의지를 성실히 하고 넷째, 정심正心은 마음을 바로 잡아야 하고 다섯째, 수신修身은 몸과 마음을 수양하고 여섯째, 제가齊家는 집안을 화목하게 이끌고 일곱째, 치국治國은 나라를 잘 다스리고 여덟째, 평천하平天下는 세상을 화평하게 하는 것을 말한다.

《대학》은 1750자의 짧은 글이지만, 사서 중 으뜸으로 맨 앞자리에 놓았다.

《대학大學》은 사서 중 하나로《예기》의 제42편이었으나, 주희에 의해 사서四書로 삼고 맨 앞에 놓았다. 통치자가 근본으로 하는 통치자를 위한 책이며, 또 하나는 인격도야를 위한 책이다.

DAY 164 회남자 淮南子

《회남자淮南子》는 제자백가와 당대의 지식을 총망라한 중국의 대표적인 고전으로 B.C 2세기 한 고조 유방의 증손자이자, 한 무제 시대의 제후였던 회남왕 유안의 주도 아래 여러 사람이 함께 저술한 저작으로 백과사전이라고 할 수 있다. 《회남자》는 내편 21권과 외편 33권으로 이루어졌지만 지금은 내편 21편만 전해지는데 그 구성은 다음과 같다.

1권 〈원도훈〉, 2권 〈숙진훈〉, 3권 〈천문훈〉, 4권 〈지형훈〉, 5권 〈시칙훈〉, 6권 〈남명훈〉, 7권 〈정신훈〉, 8권 〈본경훈〉, 9권 〈주술훈〉, 10권 〈무칭훈〉, 11권 〈제속훈〉, 12권 〈도응훈〉, 13권 〈범론훈〉, 14권 〈전언훈〉, 15권 〈병략훈〉, 16권 〈설산훈〉, 17권 〈설림훈〉, 18권 〈인간훈〉, 19권 〈수무훈〉, 20권 〈태족훈〉, 21권 〈요략〉 등 모두 21권으로 구성되어 있다.

유안의 신하 중엔 많은 학자가 있었다. 그 당시 유교를 중심으로 사상을 일체體화시키려는 풍토가 조성되고 있었기 때문이다. 유안은 유가를 '속세의 학문'이라며 비판했다.

유안은 '우주만물은 도道에서 나왔고 도는 은택, 즉 은혜와 덕택이 너무 높아 다가갈 수 없고, 너무 깊어서 헤아릴 수 없다'고 보았다. 그러나 백성들을 이롭게 할 수 있다면 옛것만 따르지 않고, 일에 이롭다면 옛것만 좇을 필요는 없다고 주장했다. 즉, 자연과 인간이 사는 세상을 조화롭고 질서 있게 하려는 의도가 담겨 있다. 이런 관점에서 볼 때 《회남자》는 노장사상을 띤 도가적 경향을 띤다고 하겠다.

《회남자淮南子》는 제자백가와 당대의 지식을 총망라한 중국의 대표적인 고전으로, 내편 21권과 외편 33권으로 이루어졌지만 지금은 내편 21편만 전해진다.

DAY 165 예기   禮記   CLASSIC

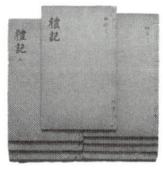

《예기禮記》는 공자와 제자들이 편찬한 것으로써 중국 5경 중 하나이다. 이 책은 예법의 이론과 실제를 쓴 책으로, 공자가 직접 쓴 책에는 '경' 자를 붙이는 관계로 원래 이름은 《예경禮敬》이다. 그런데 B.C 2세기경 대덕과 그의 조카인 대성이 원문을 다듬는 가운데 '경' 자가 빠지게 되었다.

공자는 하夏, 은殷, 주周 3대 이래의 의례와 예절을 집대성하여 체계화하는 것은 자신이 해야 할 일이라고 여겼다. 그는 제자들을 가르침에 있어 예를 중시하고, 실천하는 것을 덕목으로 여겼다.

공자 사후에 제자들이 예에 대한 스승의 가르침을 전하고, 그에 대한 예설을 글로 적었다. 그 편수는 대략 200여 편이 되었다. 그 후 대덕과 그의 조카 대성이 예설을 수집하여 편찬했다.

대덕이 수집 편찬한 85편은 대대례기이고, 대성은 49편을 수집 편찬했는데 이것이 소대례기이고 곧 《예기》로 보는 학설이 주를 이룬다. 《예기》에서는 곡례, 단궁, 왕제, 월령, 예운, 학기, 악기, 대학, 중용 등 총 49편을 다루는데 도덕적인 면을 매우 중요하게 보았다.

성리학파의 주희는 《예기》 중의 〈대학〉과 〈중용〉 2편을 각각 별개의 책으로 편찬했다. 그리고 유교경전인 《논어》, 《맹자》와 더불어 4서에 포함시켰다. 그만큼 〈대학〉과 〈중용〉을 중요시했던 것이다.

《예기》는 한 마디로 예에 대한 기록과 그에 대한 해설을 정리한 유교경전이라고 할 수 있다.

《예기禮記》는 공자와 제자들이 편찬한 것으로써 중국 5경중 하나이다. 대성의 49편을 《예기》로 보는 바, 예에 관한 예법의 해설을 정리했다.

DAY 166 장자 莊子

《장자莊子》는 전국시대의 사상가인 장자莊子의 사상과 가르침을 쓴, 도가 계열의 책으로 장자와 여러 사람의 글을 편집한 것이다. 33편이 현존하는데 장자 자신이 쓴 책은 〈내편內篇〉 7편이며, 나머지는 〈외편〉 15편, 〈잡편〉 11편은 장자의 문하생들이 지은 것이라고 알려져 있다.

장자莊子가 쓴 내편 7편은 〈소요유〉, 〈제물론〉, 〈양생주〉, 〈인간세〉, 〈덕충부〉, 〈대종사〉, 〈응제왕〉이다. 장자는 말로 설명하거나 배울 수 있는 도道는 진정한 도가 아니라고 가르쳤으며, 또한 도는 시작이나 끝이 없고 한계나 경계가 없다고 가르쳤다. 도에는 좋은 것, 나쁜 것, 선한 것, 악한 것이 없으니, 덕이 있는 사람은 환경이나 개인적인 집착, 인습, 세상을 낫게 만들려는 욕망의 집착에서 벗어나 자유로워져야 한다는 게 장자사상의 핵심이다.

또한 인간의 삶은 유한有限하지만, 인식할 수 있는 것은 무한無限하다. 그런 까닭에 유한한 인간이 무한의 자연을 추구하는 것은 우매한 일이라고 설파했다. 장자의 이런 사상은 유학자儒學者들이 추구했던 도덕적인 가르침은 무의미하다고 본다. 즉 자연의 순리를 따르고 '자연'으로 돌아가는 것, 그리고 '무無'로 돌아가는 것이야말로 진정한 삶으로 보는 것이다.

이처럼 장자의 사상은 무위자연無爲自然의 처세 철학을 담은 《노자老子》와 닿아 있다. 이른바 노장사상老莊思想으로 불린다. 특히, 장자의 사상은 중국의 선불교 발전에 많은 영향을 주었다. 그리고 시가詩歌와 산수화에도 많은 영향을 끼쳤다.

《장자莊子》는 장자莊子의 사상과 가르침을 쓴, 도가 계열의 책이다. 33편이 현존하는데 장자 자신이 쓴 책은 〈내편內篇〉 7편이며, 나머지는 〈외편〉 15편, 〈잡편〉 11편은 장자의 문하생들이 지은 것이다.

DAY 167 효경   孝敬   CLASSIC

　《효경孝敬》은 유가의 주요 경전인 13경 중 하나이다. 이 책은 개인의 수양은 물론 도덕의 근원이 되는 '효孝'에 대한 주요 내용을 다루고 있다.
　《효경》은 공자가 지었다는 설과 그의 제자인 증자와 증자의 제자들이 지었다는 설이 있다. 하지만 이는 확실한 것이 증거를 갖고 있지 않다는 게 정설이다. 그럼에도 이 책에 공자와 증자의 이야기를 많이 다루고 있다는 점에서 그리고 학풍으로 보아 증자와 그의 제자들이 지은 것으로 보고 있다.
　《효경》에서 효의 의미는 크게 두 가지 관점에서 볼 수 있다. 첫째는 부모에 대한 효도를 바탕으로 집안의 질서를 세우는 일이다.
　"사람의 신체와 머리털과 피부는 모두 부모에게 받은 것으로써, 이를 훼손시키지 않는 것이 효의 시작이다."
　이 글에서 보듯 나를 있게 한 부모에게 효를 다하는 것이 자식 된 도리임을 강조한다.
　둘째는 자신의 인격을 바르게 하고, 도리에 맞게 행함으로써 후세에 널리 이름을 알리는 것이다. 그리고 그렇게 함으로써 부모의 명예를 빛나게 하는 것이 효라는 것이다.
　이에 덧붙여 부모에 대한 효를 바탕으로 집안의 질서를 세우는 것은 나라를 다스리는(치국) 일의 근본이며, 효도야말로 천天, 지地, 인人 3재를 관철하고 신분 고하에 관계 없이 동일하게 적용되는 최고 덕목이자 윤리 교본으로 정해지는 데 큰 역할을 했다. 한국, 중국, 일본 등 봉건사회에서는 '효'가 통치사상과 윤리관의 중심으로 자리 잡는 데 큰 역할을 했다.
　우리나라는 삼국시대부터《효경》을 매우 중요한 책으로 간주했다. 특히, 신라 성덕왕 때 독서삼품과를 설치하고 필수교과목으로 삼았다. 고려를 거쳐 조선시대에는《효경》을 여러 차례 간행하여 널리 보급했다.

《효경孝敬》은 유가의 주요경전인 13경 중 하나이다. 이 책은 개인의 수양은 물론 도덕의 근원이 되는 '효孝'에 대한 주요 내용을 다룬다. 이 책은 효의 사상과 학풍으로 볼 때 공자의 제자인 증자와 그의 제자들이 지은 것으로 보고 있다.

DAY 168 명심보감　　明心寶鑑

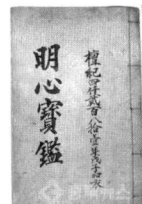

　　《명심보감明心寶鑑》은 고려 충렬왕 때 예문관대제학을 지낸 추적秋適이 공자와 장자 등의 금언과 명구를 가려 뽑고, 유교와 불교 등의 사상을 모아 편찬했다. 《명심보감》은 계선, 천명, 순명, 효행, 정기, 안분, 존심, 계성, 근학, 훈자, 성심, 입교, 치정, 치가, 안의, 준례, 언어, 교우, 부행婦行 등 총 19편으로 구성되어 있다.

　　이후 《명심보감》은 중국으로 전해졌고, 법입본(법립본이라고도 함)으로 추적이 가려 뽑지 못한 문구를 추가 보강하여 편찬했다. 이를 일명 청주본이라고 한다. 그 후 우리나라로 다시 들어와 서당에서 아이들을 위한 학습서로 사용되었다.

　　《명심보감》은 충과 효와 예 등 가정교육을 중심으로 해서 엮은 것으로, 유교적 교양과 심성교육을 바탕으로 하고 있다. 《명심보감》은 우리나라에만 수십 종에 이르는 판본이 전해진다. 또한 중국, 베트남, 일본을 비롯해 네덜란드어와 독일어로도 번역되어 유럽에도 전해졌다. 뿐만 아니라 동양 문헌 중 최초로 외국어로 번역된 책으로서 갖는 의미도 매우 크다고 할 수 있다.

　　《명심보감》에 자주 나오는 주요학자들을 보면 공자, 강태공, 장자, 순자, 소동파, 주문공, 소강절, 마원, 사마온공, 정명도 등이다. 많이 인용한 책으로는 《경행록》, 《공자가어》, 《예기》, 《역경》, 《시경》, 《성리서》 등이다.

　　《명심보감》은 《천자문》, 《동몽선습》과 더불어 조선시대 어린이들의 대표적인 입문서로 가장 널리 읽힌 책 중 하나이다. 《천자문》을 익힌 어린이들이 반드시 읽어야 할 필독서였다.

《명심보감明心寶鑑》은 고려 충렬왕 때 예문관대제학을 지낸 추적秋適이 공자와 장자 등의 금언과 명구를 가려 뽑고, 유교와 불교 등의 사상을 모아 편찬했다. 그 후 중국으로 전해졌고, 법입본(법립본이라고도 함)으로 추적이 가려 뽑지 못한 문구를 추가 보강하여 편찬했다. 조선시대 어린이들을 위한 학습서로 널리 이용되었다.

DAY 169 열자 列子

《열자列子》는 《노자》, 《장자》와 함께 중국 도가 경전 중 하나로 〈충허지덕진경〉이라고 한다. 이 책을 쓴 저자는 중국 전국시대의 도가사상가인 열자列子로 이름은 어구이다. 하지만 그가 실존 인물인지 아닌지 학자들의 의견이 분분하다. 실재인물이라고 주장하는 학자들은 그가 B.C 400년경 정나라에서 태어난 노자의 제자의 제자라고 주장한다.

《한서》와 《예문지》에는 8편으로 기록되었으나 없어지고, 현재 전하는 《열자》 8편은 진나라 장담이 쓴 것이다. 그 구성을 보면 〈천서天瑞〉, 〈황제皇帝〉, 〈주목왕周穆王〉, 〈중니仲尼〉, 〈탕문湯問〉, 〈역명力命〉, 〈양주楊朱〉, 〈설부說符〉이다.

《열자》에는 민간고사, 우화, 신화, 전설이 많이 실려 있다. 그중에 널리 알려진 것을 꼽자면 '기우杞憂', '우공이산愚公移山' 등이 있는데, 이들 이야기는 예로부터 잘 알려진 이야기로 매우 흥미롭고 교훈적이라고 할 수 있다. 하지만 이는 《맹자》, 《회남자》에 나오는 양주사상과는 다르다.

《열자》는 도교가 유행하면서 도교경전으로 인정받아 《충허진경》, 《충허지덕진경》으로도 불린다. 《열자》가 지니는 가치는 고대 우화의 보고寶庫로서 그 의미가 크다는 데 있다.

《열자列子》는 《노자》, 《장자》와 함께 중국 도가 경전 중 하나로 《충허지덕진경》이라고 한다. 《열자》에는 민간고사, 우화, 신화, 전설이 실려 있어 고대 우화의 보고로 불린다.

DAY 170 관자 管子

《관자管子》는 B.C 600년경에 만들어진 책으로 춘추시대 때 제나라 재상 관중管仲과 그 계파에 속하는 학자들의 언행록이다.

관중의 이름은 이오이다. 관중은 환공의 신하인 그의 친구 포숙의 추천으로 재상이 되었다. 그는 재상으로 있으면서 제나라를 춘추시대 5대 강국 중 제일 강국이 되는데 크게 기여했다. 그는 포숙과는 '관포지교'라는 고사로 전할 만큼 우정이 깊다.

《관자》의 내용을 살펴보면 정치, 법률, 경제, 군사, 제도, 철학, 교육 등 다방면에 다루고 있다. 또한 시대의 변화에 따른 예禮의 약화에 대하여 이를 무위자연의 사상으로 받아들이려는 도가와 권력에 의해 법가의 사상이 관자에 드러난다. 그러나 유가나 묵가, 병가 등의 여러 학설이 섞여 있어 《관자》가 어느 한 학파의 저술이 아니라는 것을 보여준다 하겠다. 이에 따라 《관자》의 사상은 《한서》와 《예문지》에서는 도가로, 그 후 《수서》와 《경적지》에서는 법가로 분류되었다. 그 후 일반적으로는 법가로 분류되었다.

한나라의 유향은 그때까지 전하던 기록에서 중복된 부분을 제외하고 86편으로 편찬했으나, 지금은 그 가운데 76편만이 전해져 온다.

《관자管子》는 B.C 600년경에 만들어진 책으로 춘추시대 때 제나라 재상 관중管仲과 그 계파에 속하는 학자들의 언행록이다. 이 책의 주요 내용은 정치, 법률, 경제, 군사, 제도, 철학, 교육 등 다방면에 다루고 있다.

DAY 171 | 근사록　　　　　　　近思錄　　CLASSIC

　《근사록近思錄》중국 남송시대의 철학자 주희와 여조겸이 공동으로 편찬한 성리학 해설서이다. 근사近思란 《자장》편에 나오는 "간절하게 묻고 가까이에서 생각해 나간다면, 인은 그 안에 있다"는 말에서 따온 것이다.
　이 책은 송대 이학가 주돈이, 정호, 정이, 장재 등의 어록 가운데서 가려 뽑은 것을 편찬한 것으로 14문으로 나누어져 있고, 총 622조 14권으로 되어 있다. 송나라 때 초학자를 위한 입문서로 삼았다.
　《근사록》은 우주와 인간의 근본 원리를 설명한 도체道體, 학문을 하는 데 필요한 핵심이 되는 말인 논학論學, 사물의 이치를 끝까지 밝혀 만물의 하나의 이치를 이루는 치지致知, 하늘이 준 선한 마음을 잃지 않고 기르도록 해야 한다는 존양存養, 사욕을 극복하고 올바르지 못한 생각을 고쳐야 한다는 극치克治, 수신제가치국평천하修身齊家治國平天下라는 말에서 제가齊家의 도에 대한 가도家道 벼슬을 하고 물러나 집에 머무는 원칙에 대한 출처出處, 치국평천하治國平天下에 대한 글만 모은 치체治體, 천하를 다스리는 데 필요한 예법과 제도에 대한 치법治法, 정치할 때 마음가짐에 대한 정사政事, 교육에 대한 글을 모은 교학教學, 잘못을 고치고 몸에 지니기 쉬운 결함에 대한 계경戒警, 정통학문인 유교를 지키고 불교와 노장을 배격하는 변별이단辨別異端, 고대 성현의 풍속에 대한 말을 모은 총론성현總論聖賢 등으로 구성되었다.
　《근사록》에서 말하는 진정한 학문적 자세는 가깝고 쉬운 것부터 차근차근 실천해 나감으로써 천허의 우주로 넓혀가는 것이라 했다.
　주희는 《근사록》을 편찬한 후 후대에 주자朱子라고 높임을 받았다.

《근사록近思錄》은 중국 남송시대의 철학자 주희와 여조겸이 공동으로 편찬한 성리학 해설서이다. 송나라 때 초학자를 위한 입문서이다.

DAY 172 서경 書經

《서경書經》은 중국 유교의 5경 가운데 하나로 가장 오래된 역사서이다. 이 책은 중국 고대국가의 정사政事에 대한 문서를 공자가 편찬했다.

《서경》은 〈우서〉, 〈하서〉, 〈상서〉, 〈주서〉 등 4부로 구성되어 있는데 요순시대, 하나라, 은나라, 주나라에 관한 내용이 실려 있다. 이를 좀 더 구체적으로 살펴보면 요순을 중심으로 하나라는 사적을 기록한 〈우서〉와 〈하서〉, 하늘의 뜻으로 하나라를 칠 거라는 〈상서〉, 천지의 대법과 정치도덕을 논하는 내용의 〈주서〉 등이다.

전국시대에는 그냥 서書라고 불렸다. 그런데 한나라 시대에는 유학자들이 숭상해야 할 고대의 기록이라는 의미로 〈상서〉라고 했다. 그리고 송나라 시대에 비로소 《서경》이라고 했다.

《서경》은 《금문상서》 32편과 《고문상서》 25편으로 나뉜다. 그런데 청나라 초기 염약거의 《고문상서소증》에 이르면, 후세의 위작이라고 밝혀졌다. 그런 까닭에 오늘날에는 25편을 《위고문상서》라고 한다.

《서경》의 주요 내용은 하늘의 뜻을 따르고, 덕이 있는 자를 존중하고, 덕으로 백성을 편안히 해야 한다는 유가정치 이념을 잘 담고 있어 '정치의 근본'이라 했다.

《서경》은 한 마디로 중국 정치의 규범이 되는 책이라고 할 수 있다.

《서경書經》은 중국 유교의 5경 가운데 하나로 가장 오래된 역사서이다. 이 책은 중국 고대국가의 정사政事에 대한 문서를 공자가 편찬한 것으로, 중국 정치의 규범이 되는 책이다.

DAY 173 손자병법 孫子兵法

《손자병법孫子兵法》은 고대 중국의 병법서이다. 원본은 2500년 전인 춘추시대 말기 때 손무孫武가 썼다는 것이 정설이다. 항간에는 손무의 손자인 손빈이 썼다는 설이 있지만, 1972년 은작산 한나라 무덤에서 상당량의 죽간이 발견되었다. 이를 토대로 하여 연구한 결과 이는 《손빈병법》으로 알려져, 《손자병법》은 손무가 쓴 것이 증명되었다.

《손자병법》은 총 13편으로 구성되어 있다. 첫째, 시계편은 전쟁에 앞서 승리에 대한 전략을 세우는 것의 중요성에 대해 말하고 둘째, 작전편은 전쟁을 하는 데 있어 경제성에 대해 논하고 셋째, 모공편은 싸우지 않고 이기는 방법에 대해 말하고 넷째, 균형편은 군대의 형세 즉 상황을 보고 승패를 논하고 다섯째, 병세편은 공격과 방어, 병사의 활용을 논하고 여섯째, 허실편은 적의 강점을 피하고 허점에 대해 말하고 일곱째, 군정편은 실제 전투에서 유리한 위치를 선점하는 등의 방법에 대해 말하고, 여덟째, 구변편은 승리할 수 있는 조건과 경계해야 할 위험과 대비태세에 대해 말하고, 아홉째, 행군편은 행군과 주둔시 유의해야 할 갖가지 사항과 상황에 대해 말하고 열 번째, 지형편은 지형의 이해득실과 장수의 책임에 대해 말하고 열한 번째, 구지편은 지형의 유리한 이용과 적의 취약성과 기동의 신속성에 대해 말하고 열두 번째, 화공편은 화공의 원칙과 방법에 대해 말하고 열세 번째, 용간편은 정보의 중요성과 간자를 이용하는 방법에 대해 말한다.

《손자병법》은 '지피지기백전불태知彼知己百戰不殆' 즉 상대에 대해 잘 알고 있으면, 백번 싸워도 위태로울 것이 없다는 말로 잘 알려진 병법서이다. 이는 전쟁뿐만 아니라, 일반적인 삶을 살아가는 데 있어 처세로 삼아도 좋은 방법이다. 이런 의미에서 《손자병법》은 뛰어난 지략서智略書라고 할 만하다 하겠다.

《손자병법孫子兵法》은 고대 중국의 병법서이다. 원본은 2500년 전인 춘추시대 말기 때 손무孫武가 썼다는 것이 정설이다. 총 13편으로 구성되어 있다.

DAY 174 한비자 韓非子

《한비자韓非子》는 중국 전국시대 한비韓非 등이 쓴 법가사상을 집대성한 책이다. 이 책 역시 여러 사람이 쓴 저작물로 총 55편으로 이루어져 있다. 이 책의 주요 내용은 군주의 절대적 군주권의 수립 및 국가 전체의 질서를 바로 세우려는 문제의식을 다룬다.

한비가 활동하던 당시는 중국 역사상 강대한 제후 국가들끼리 전쟁을 일삼던 시기였다. 또한 신하가 군주를 시해하고, 자식이 부친을 살해하는 등의 비윤리적인 일들이 빈번하게 일어난 혼란스러운 시기였다. 그런 까닭에 한비는 기존의 사고방식을 새롭게 깨칠 필요성을 느꼈다. 그래서 그는 법치法治라는 새로운 틀을 세워 나라를 다스릴 것을 주장했다. 그리고 이에 대해 55가지로 분류하고 그에 대한 세부적인 내용을 담아 썼다.

그 구성의 주요 골자를 보면 초진견, 존한, 난언, 애신, 주도, 유도, 이병, 양권, 팔간, 십과, 고분, 세난, 화씨, 간겁시신, 망징, 삼수, 비내, 남면, 식사, 해로, 유로, 설림 상하, 관행, 안위, 수도, 용인, 공명, 대체, 내저설 상 칠술, 내저설 하 육미, 외저설 외 좌상, 좌하, 우상, 우하, 난1, 난2, 난3, 난4, 난세, 문변, 문전, 정법, 설의, 궤사, 육반, 팔설, 팔경, 오두, 현학, 충효, 안주, 칙령, 심도, 제분 등이다.

진나라 시황제는 《한비자》를 읽고 경탄하여 한비를 만나고 싶어 했다. 그러나 동문수학하던 이사의 간교로 한비는 옥에 갇히게 되고, 이사가 보낸 독을 먹고 비참한 최후를 마쳤다.

진나라 시황제는 자신의 정책을 《한비자》의 법가사상에 따라 세웠을 정도로, 《한비자》는 그에게 사상적인 어머니와도 같았다 하겠다.

《한비자韓非子》는 중국 전국시대 한비韓非 등이 쓴 법가사상을 집대성한 책이다. 이 책 한비 외 역시 여러 사람이 쓴 저작물로 총 55편으로 이루어져 있다. 이 책은 법가 최고의 책으로 평가받는다.

DAY 175 역경　　　　　　　　　易經

《역경易經》은 유학의 3경 중 하나로 B.C 700년경에 저술된 중국 전통사상인 자연철학과 실천윤리의 근간이 되는 책이다. 다른 이름으로는《주역周易》으로 불린다.

중국 고대에는 거북의 배딱지나 동물의 뼈로 치는 점이 있었는데, 이것을 불에 구웠을 때 생긴 금을 보고 길흉화복을 점쳤다고 한다. 또한 갑골문자나 대나무를 깎아 만든 서죽으로 점을 보기도 했다. 이런 점이나 해설을 한 것이《역경》이다.

《역경》의 요소를 보면 첫째, 태극은 스스로 움직이지 않지만 삼라만상을 움직이게 하는 신과 같은 존재이고 둘째, 음양은 양은 하늘, 남자, 해, 가인, 정신, 불 등을 나타내고, 음은 땅과 여자, 암흑, 달, 육체 등을 나타내고 셋째, 사상은 음양이 음과 양으로 다시 양분되는데 태양, 소음, 소양, 태음이 그것이다. 넷째, 팔괘는 사상이 음과 양으로 다시 나뉘고 다섯째, 대성괘는 64괘를 말하는데 제1번 건괘에서 30번 이괘까지를 상경이라 하고, 31번 함괘에서 64번 미제괘까지는 하경이라 한다. 이는 인간의 후천적 변화와 순환 과정을 상징한다.

《역경》은 64괘를 설명하는〈경經〉과 64괘를 해석하는《십익十翼》으로 구성된다. 그리고《역경》에 주나라 시대의 주석인《십익》을 포함하여《주역》이라고 한다.

《역경》은 자연 만물의 변화와 생성을 음양이기의 원리로 설명하고 해설을 덧붙인다. 중국신화에서 8괘, 64괘, 괘효사, 십익을 만든 4대 성인을 복희씨, 신농씨, 문왕과 그의 아들 주공, 공자라고 하는데 이를 '역유사성'이라고 한다.

《역경易經》은 유학의 3경 중 하나로 B.C 700년경에 저술된 중국 전통사상인 자연철학과 실천윤리의 근간이 되는 책이다. 다른 이름으로는《주역周易》으로 불린다.《역경》으로 불리게 된 것은 송나라 이후부터이다.

DAY 176 채근담 採根譚

《채근담採根譚》은 명나라 고전문학가인 홍자성(본명 홍응명)의 어록으로 삼교일치의 처세철학서이다.

《채근담》은 경구풍의 단문으로 구성되었는데, 전편 222조, 후편 135조 등 총 359조로 구성되어 있다. 전편은 사람들과의 교류 즉 소통하는 것을 말하고, 후편은 자연에 대한 관조와 그 즐거움에 대해 말한다. 그리고 나아가 삶의 처세에 대해 말한다. 이 책은 유교와 도교, 불교 등의 사상을 포함하여 폭넓은 가르침을 줌으로써 교훈을 얻게 한다.

《채근담》의 가장 큰 특징은 쉽고 짧은 문장으로 전하고 있다. 또한 고전에서 가려 뽑은 문장만이 아닌, 평범한 일상에서 저자가 깨달은 지혜를 전해준다는 점이다. 그런 까닭에 읽는데 지루하지 않고, 누구나 쉽게 접할 수 있어 인생을 살아가는 데 큰 도움이 되는 처세서라고 할 수 있다.

지은이에 대해 잘 알려지지 않은 것이 아쉬움으로 남지만, 진사 우공겸의 친구로 쓰촨성의 사람으로 추정할 뿐이다. 홍자성은 어지러운 난국에도 참다운 사람 사는 길이 무엇인지를 모색했다는 것과 자신의 생각을 책으로 저술했다는 것에 대해 그의 진정성을 엿보게 한다.

홍자성의 저서로는 《선불기종》 8권이 있으며, 《채근담》과 함께 《희영헌총서》에 들어 있다.

《채근담採根譚》은 명나라 고전문학가인 홍자성(본명 홍응명)의 어록으로 삼교일치의 처세철학서이다. 《채근담》의 가장 큰 특징은 쉽고 짧은 문장으로 전하고 있다. 또한 고전에서 가려 뽑은 문장만이 아닌, 평범한 일상에서 저자가 깨달은 지혜를 전해준다는 점이다. 인생을 살아가는 데 꼭 필요한 처세서이다.

삼국지

三國志

DAY 177 · CLASSIC

《삼국지三國志》는 후한이 멸망하고 삼국이 정립한 뒤부터 진나라가 통일을 이룬 시기까지를 다룬 역사서이다. 《삼국지》는 서진의 진수가 쓰고, 송나라 배송지가 주석을 붙였다. 《사기》, 《한서》, 《후한서》와 함께 중국 전사자로 불리며 이십사사二十四史 중 하나다.

《삼국지》는 문장이 간결하고 역사적인 사실이 잘 정리된 정사正史로 평가받는다. 이 책을 편찬한 진수는 촉나라의 관리였다. 촉나라가 멸망한 뒤엔 진나라 관리가 되어 《삼국지》 총 65권을 완성했다. 그 구성은 위서 30권, 촉서 15권, 오서 20권으로 되었다.

《삼국지》는 위나라를 정통왕조로 보고 있다. 진수는 전기인 본기를 위나라 황제들로 엮고, 촉과 오의 황제는 열전에 편입했다. 무제, 명제 등 제호를 붙인 것은 위나라뿐이다. 유비와 그 아들 유선은 산주와 후주로 기술했다. 그리고 오나라 왕들은 주자를 붙여 쓰거나 이름을 그대로 쓰기도 했다. 그 이유는 진나라가 위나라를 이어 세워진 나라이기 때문이다.

그러나 이러한 진수의 역사관은 습작치의 《한진춘추》와 주희의 《자치통감강목》이 촉나라를 정통으로 보면서 논쟁이 일었다.

《삼국지》는 송나라의 문제의 명을 받은 배송지가 《삼국지》에 주를 달았는데, 이를 《삼국지주》라고 하기도 하고 《배송지주》라고 한다. 배송지는 200여 권이 넘는 사서를 참고하여 주를 달았다. 그로 인해 《삼국지주》는 사료적인 가치를 지닌 책으로 인정받는다.

정사 《삼국지》는 명나라 나관중이 지은 소설 《삼국지연의》보다 덜 알려진 것은, 나관중의 《삼국지연의》가 경극 등의 소재로 하여 널리 알려졌기 때문이다.

DAY 178 시경 詩經

《시경詩經》은 중국 최초의 시가집이다. 서주의 말기부터 동주에 이르기까지 모두 3000편의 시가 있었는데, 공자가 305편의 시로 간추렸다고 한다. 이후 한나라 시대에 이르러 시편을 해석하는 학자 4명이 있었는데, 이를 '사가의 시'라고 하여 〈노시魯詩〉, 〈제시齊詩〉, 〈한시漢詩〉, 〈모시毛詩〉라 했다. 이 가운데 〈모시〉만이 후세에 전해졌는데, 남송시대의 학자 주희에 의해 《시경》으로 불리게 되었다. 《시경》은 5경의 하나로 특히 사서삼경이라 하여 《서경》, 《역경》과 더불어 유가의 필독서가 되었다.

《시경》의 시의 양식은 풍風, 아雅, 송頌 세 부분으로 나누는데, 풍은 여러 제후국에서 채집한 민요, 민가를 말한다. 사랑을 노래한 시가 대부분이다. 아는 대아와 소아로 나누는데, 궁에서 연주되는 곡조에 붙인 가사가 귀족풍을 띤다. 송은 종묘제사에 쓰이던 악가로 주송, 노송, 상송이 있다. 이를 좀 더 구체적으로 살펴보면 풍은 160편이며, 아는 대아가 31편이며 소아는 74편이다. 송은 40편 등 모두 305편이다.

시의 표현 방식은 부賦, 비比, 흥興이 있는데, 부는 느낀 것을 있는 그대로 쓰는 방법이며, 비는 비유를 통해 사물이나 감정을 표현하는 것이며, 흥은 감정이나 상황을 표현하는 방식을 말한다.

《시경》은 '시의 성전'이라는 뜻으로, 그런 만큼 학자들로부터 높이 평가되었다.

《시경詩經》은 중국 최초의 시가집이다. 《시경》은 5경의 하나로 특히 사서삼경이라 하여 《서경》, 《역경》과 더불어 유가의 필독서이다. 모두 3000편의 시가 있었는데, 공자가 305편의 시로 간추렸다고 한다.

DAY 179 십팔사략   十八史略   CLASSIC

《십팔사략十八史略》은 1370년대에 원나라 학자 증선지가 쓴 중국 고대사를 담은 역사서이다. 《사기》,《삼국지》,《한서》 등 17정사正史에 송나라 때 사료를 넣어 쓴 초급 역사 교과서라고 할 수 있다. 그러나 연구에 의하면《자치통감》에서 가려 뽑은 글이 더 많은 것으로 파악되었다. 또한 민간인이 저술한 역사책에서도 가려 뽑았다.

《십팔사략十八史略》은 책 제목처럼 18종의 사서를 요약한 책이다. 이 책의 구성을 살펴보면 첫째, 사마천의《사기》, 반고의《한서》, 범엽의《후한서》, 진수의《삼국지》, 병현령 외《진서》, 심약의《송서》, 소자현의《남제서》, 요사렴의《양서》, 요사렴의《진서》, 위수의《위서》, 이백약의《북제서》, 최인사의《후주서》, 위징과 장손무기의《수서》, 이연수의《남사》, 이연수의《북사》, 구양수와 송기의《신당서》, 구양수의《신오대사》, 송감(이희의《속송편년자치통감》과 유시거의《속송중흥편년자치통감》두 책을 하나로 봄)으로 구성되었다. 이 책을 쓴 증선자는 송나라 때 진사에 합격한 뒤 지방관을 지내다, 송나라가 멸망한 뒤에는 관직에서 물러나 다시는 출사를 하지 않았다.

《십팔사략》은 글 시작 부분에 허황된 글이 많을 뿐만 아니라, 지나치게 함축이 되어 뜻이 자연스럽지 못해 이를 비판하는 경우가 많았다. 하지만 이 책엔 유명한 고사나 명언이 많아 조선시대에는 초학의 학습서로 많이 사용했다.

《십팔사략十八史略》은 1370년대에 원나라 학자 증선지가 쓴 중국 고대사를 담은 역사서이다. 《사기》,《삼국지》,《한서》등 17정사正史에 송나라 때 사료를 넣어 쓴 초급 역사교과서이다. 조선시대에는 초학의 학습서로 많이 사용했다.

DAY 180 묵자 墨子

《묵자墨子》는 B.C 390년경에 만든 책이다. 이 책은 어지러운 세상에서 겸애를 주장한 묵가의 유가를 비판하는 언행을 모은 저작으로 총 71편인데 53편만이 전해진다.

《묵자》의 구성을 살펴보면 첫째, 〈상현尙賢〉, 〈상동尙同〉, 〈겸애兼愛〉, 〈비공非功〉, 〈절용節用〉, 〈절장節葬〉, 〈천지天志〉, 〈명귀明鬼〉, 〈비악非樂〉, 〈비명非命〉의 10대 주장과 묵가의 인물론을 전하는 〈공륜空輪〉과 묵가의 윤리적 사유인 〈경經〉, 〈경설經說〉과 〈수비방법〉이다. 이중 묵가의 핵심사상이 들어있는 대목은 〈상현〉부터 〈비명〉까지의 23편이다.

이 책을 쓴 묵가의 이름은 적翟으로 노나라에서 태어났다. 그는 유학을 배웠지만 혐오감을 느껴 자신만의 독자적인 사상을 이뤘다. 묵가의 사상은 겸애兼愛주의이다. 겸애란 모든 사람을 똑같이 사랑하는 정신을 말한다. 즉 사람은 누구나 평등하다는 사상을 의미한다. 그래서 태어날 때 혈통에 의한 공족, 귀족 등의 지배를 인정하지 않는다. 빈부의 귀천에 관계없이 도덕적이고 재능이 뛰어나면 누구나 사회에서 인정받고 그에 대한 사회적 지위를 지녀야 한다고 주장했다. 뿐만 아니라 개인의 이익이나 유익이 아니라 인류 전체의 이익이 되지 않는 것은 모두가 유해하다고 주장했다. 또 그는 호화로운 관혼상제 등을 부정했다. 이에 대해 유가에서는 비도덕적이고 패륜적인 사상이라고 묵가를 비판했다.

그러나 사회 하층민들의 절대적인 지지를 받았으며, 유가에 강력이 맞서는 세력을 형성했다. 묵가는 자신의 사상을 실천하는 것을 강조하며 철저하게 행동으로 옮겨 오늘날에도 그의 실천적 사상과 철학은 높이 평가받고 있다.

묵가의 사상은 그리스도의 사상과 닮아 있어 매우 놀랍다. 이는 그가 그리스도적인 사랑을 품고 실천했다는 데서 그 맥을 같이 한다고 하겠다.

《묵자》는 맹자에 의해 이단사상으로 배격당한 후 급격히 쇠퇴했다. 하지만 청조에 이르러 고증학의 전성全盛 속에서 손이양의 《묵자간고》와 같은 주석서가 제작되어 의를 더한다.

《묵자墨子》는 B.C 390년경에 만든 책이다. 이 책은 어지러운 세상에서 겸애兼愛를 주장한, 묵가의 유가를 비판하는 언행을 모은 저작으로 총 71편인데 53편만이 전해진다.

DAY 181 설원 　設苑

《설원設苑》은 B.C 6년경에 만든 책으로, 사회구성원으로서의 마음가짐을 다룬 중국 고대의 처세술을 집대성한 책이다. 특히, 2000년 전 군주들과 신하들의 이야기가 들어 있어 흥미롭다. 이를 잘 알게 하듯 책 제목《설원》이란 '사람을 설득하기 위한 이야기를 모았다'는 뜻이다.

《설원》의 편저자인 유향은 전한 말기의 문헌학자이다. 그는 서지학의 문헌인《한서漢書》와《예문지藝文志》의 기초를 이룬 사람으로 알려졌다. 또한 그는 세상이 험악해지고 어지러운 정치상황을 우려해 사람들에게 이를 깨닫게 하기 위해《열녀전烈女傳》을 짓기도 했다.

《설원》은 유가의 정치사상과 윤리도덕의 관념이 반영되었는데, 이는 왕조의 쇠퇴와 지도층의 부정부패를 바로잡기 위한 학자로서의 책무를 다하기 위한 것으로 알려졌다. 그런 까닭에 순임금, 우임금으로부터 진한에 이르는 여러 인물들의 언행이나 일화를 모아 마음의 거울로 삼게 했다. 즉 바른 군주의 자세와 신하의 자세, 사대부들의 자세, 백성으로서의 자세 등을 통해 교훈으로 삼아 행하게 했다.

《설원》은 학술적으로도 매우 의미 있는 책이다. 문헌적인 면과 문학적인 면에서도 상당한 가치를 지녔기 때문이다. 문헌적으로는 사료적 가치가 충분하고, 문학적으로는 허구적으로 창작된 것은 아니나 비유와 생동감 넘치는 표현으로 인해 흥미를 주기에 부족함이 없다.

《설원》은 〈군도〉, 〈신술〉, 〈건본〉, 〈입절〉, 〈귀덕〉, 〈복은〉, 〈정리〉, 〈존현〉, 〈정간〉, 〈경신〉, 〈선열〉, 〈봉사〉, 〈권모〉, 〈지공〉, 〈지무〉, 〈담총〉, 〈잡언〉, 〈변물〉, 〈수문〉, 〈반질〉, 〈일문〉 등 모두 21편으로 구성되어 있으며, 유가정신과 실천사례 등이 잘 나타나 예로부터 우리나라에서도 널리 읽혔다.

《설원設苑》은 B.C 6년경에 만든 책으로, 사회구성원으로서의 마음가짐을 다룬 중국 고대의 처세술을 집대성한 책이다. 바른 군주의 자세와 신하의 자세, 사대부들의 자세, 백성으로서의 자세 등을 통해 교훈으로 삼아 행하게 했다. 학술적으로도 매우 의미 있는 책으로 평가받는다.

DAY 182 정치학 政治學

《정치학》은 기원전 4세기 아리스토텔레스가 저술한 정치철학서이다. 플라톤의 '정치철학'을 근본으로 하여 아리스토텔레스가 정점을 이뤘다고 할 수 있다. 아리스토텔레스의 《정치학》은 그 주체가 국가이며, 국가의 형성과 구조 그리고 바람직한 국가 형태에 대해 말한다. 또한 정체론과 통치의 기술 등에 대해서도 말한다.

《정치학》은 총 8권으로 이루어졌다.

제1권은 가정과 마을의 공동체적 개념으로서 도시 혹은 정치적 공동체의 정의와 구성에 대해 말한다. 가정은 국가를 이루는 최소의 구성단위로써 중요한 요소이다. 가정이 모여 마을을 이루고, 도시를 이루고, 국가를 이루기 때문이다. 그러나 국가는 가정과 마을, 도시보다 우선한다. 제2권은 플라톤이 말한 이상국가의 이론과 현실의 최선이라는 국가제도에 대해 비판한다. 제3권은 높은 덕을 지닌 통치자의 아래에서만 선량한 국민으로 하나가 된다 했다. 제4권은 정치학은 현실적인 것이기에 현실의 여러 국가제도와 그 차이에 대해 말한다. 제5권과 6권은 민주제와 과두제(소수의 우두머리가 국가 최고 기관을 조직하여 행하는 독재적인 정치)의 조직방식을 논한다. 그리고 플라톤의 '국가'에 있는 변혁에 대한 주기성이 역사적 실제와 맞지 않다고 비판한다. 7권과 8권은 각 개인의 행복과 국가의 행복은 같고, 최선의 생활은 철학적 사유의 활동이라는 점을 강조한다. 한마디로 함축한다면 아리스토텔레스는 《정치학》을 통해 현실주의적인 국가론을 전개하고, 정치적 구심점을 잃은 현대인들에게 공동체적인 사상을 가질 것을 강조한다.

아리스토텔레스의 《정치학》은 마키아벨리, 홉스 등에게 영향을 끼쳤으며, 헤겔에게도 큰 영향을 끼쳤다.

《정치학》은 기원전 4세기 아리스토텔레스가 저술한 정치철학서이다. 아리스토텔레스는 《정치학》을 통해 현실주의적인 국가론을 전개하고, 정치적 구심점을 잃은 현대인들에게 공동체적인 사상을 가질 것을 강조한다. 그리고 국가가 개인과 마을, 도시보다 우선한다는 것을 강조하고, 개인의 행복과 국가의 행복은 같아야 함을 말한다.

DAY 183 군주론 君主論

《군주론君主論》은 이탈리아의 정치철학자인 마키아벨리가 쓴 16세기의 정치학에 대한 책이다. 즉, 르네상스시대에 종교적 권위에서 해방된 새로운 국가관을 주장하며, 권력국가론과 근대 사회계약론 등 두 가지의 관점을 지니고 있다.

마키아벨리는 이탈리아 피렌체에서 태어났다. 그는 피렌체의 관청 서기관을 역임하고, 외교와 군사문제를 담당하는 '10인 위원회'의 비서관으로 15년 동안 외교사절로 활동했다. 그는 외교활동을 통해 뛰어난 정치가들을 만났는데, 그중 군주론의 모델이 된 체사레 보르자에게 큰 영향을 받았다. 《군주론》은 이러한 그의 경험을 생생하게 담아내, 정치의 현실주의적인 감각을 잘 나타냈다고 평가를 받는다.

"군주 된 자는 특히, 새롭게 군주의 자리에 오른 자는 나라를 지키는 일에 곧이곧대로 미덕을 지키기는 어려움이 따름을 명심해야 한다. 나라를 지키려면 때로는 배신도 해야 하고, 또 때로는 잔인해져야 한다. 인간성을 포기할 때도, 신앙심조차도 잠시 잊어버려야 할 때가 있다. 그러므로 군주에게는 운명과 상황이 달라지면 그에 맞는 임기응변이 필요하다."

이 말에서 보듯 《군주론》의 핵심은 '군주는 사자의 양면성과 여우의 양면성을 동시에 지녀야 한다'는 것이다. 즉, 중세의 도덕률이나 종교관에서 벗어난 강력한 군주만이 분열된 이탈리아를 구원할 수 있다고 한 점이다.

하지만 마키아벨리는 이 책으로 인해 성직자들로부터 '악마의 대변자'라는 비판과 저주를 받았다. 그 후 마키아벨리는 '공화주의자, 애국자'라는 평가를 받았으며, 19세기 이후에는 '정치 이론의 발견자'라는 칭송과 함께 정당한 평가를 받았다.

《군주론》은 이탈리아의 정치철학자인 마키아벨리가 쓴 16세기의 정치학에 대한 책이다. 《군주론》의 핵심은 '군주는 사자의 양면성과 여우의 양면성을 동시에 지녀야 한다'는 것이다. 즉, 군주는 정치적 상황에 따라 그에 맞게 처세해야 군주로서의 자질을 갖게 됨으로써, 군주로서의 책임을 다할 수 있음을 말한다.

DAY 184 사회계약론 社會契約論

장자크 루소의 《사회계약론社會契約論》은 1762년 출간된 그의 대표적인 저서이다. 《사회계약론》은 4편으로 구성되어 있다.

제1편은 〈인간은 자유롭고 평등한 존재〉이다. 인간은 자유롭고 평등한 존재이나 인간의 자유와 평등을 억압하는 것들로 인해 오히려 부자연스럽고 불평등하다. 루소는 이에 대해 시민의 자유와 평등한 관계를 확보하는 데에는 철저한 국민주권만이 반드시 필요한 요건이라고 주장한다. 그리고 이러한 주권의 개념을 정치제도 속에만 제한을 두지 않고, 인간의 도덕적 가치에도 그 의가 있음을 보여준다. 제2편은 〈시민의 권리와 인간의 권리〉이다. 주권은 각 국민 의지의 행사이다. 이는 그 사람만이 갖는 고유한 권리이다. 그래서 타인에 의해 좌지우지될 수 없다. 하지만 주권이라고 해도 절대적일 순 없다. 주권에 대한 제한이 따라야 한다. 시민으로서 국가의 구성원으로서 지켜야 할 의무가 따르기 때문이다. 이런 까닭에 시민의 권리와 인간의 권리가 구분되어야 함을 말한다. 제3편은 〈정부 형태는 민주정, 귀족정, 군주정〉이다. 민주정은 국민이 정부에 위탁하며 입법권, 집행권이 함께 한다. 이는 매우 바람직한 정부 형태이다. 그러나 인간에게 적합한 정부는 아니다. 귀족정은 소수에게 집행권이 위임된다. 선거에 의한 귀족정이 가장 좋다고 말한다. 군주정은 한사람에게 권력이 집중된다. 강력한 정부 형태이나 그로 인해 행복이 억압받을 수 있고 국가가 흔들릴 수 있다고 본다. 루소는 귀족정을 가장 이상적인 정부 형태라고 주장한다. 제4편은 〈인간의 종교와 시민의 종교로 구분하다〉이다. 인간의 종교는 지고란 신에 대한 순수한 신심을 지니는 것으로 보았다. 그러나 시민의 종교는 한 국가에서만 믿는 종교, 즉 국교로 법에 따라 지켜진다. 이는 국가의 힘을 결집시키는 효과는 있지만, 개인의 신심을 제한하는 등 부정적으로 작용한다.

《사회계약론》의 요점은 사회와 국가는 자유롭고 평등한 개인들의 자발적인 동의에 의해 성립 근거가 마련되는 것이다. 이러한 루소의 정치사상은 프랑스혁명에 영향을 끼쳤으며, 근대민주주의 '사상고전'으로 평가받는다.

장자크 루소의 《사회계약론》은 1762년 출간된 그의 대표적인 저서이다. 이 책은 4편으로 구성되어 있다. 《사회계약론》의 요점은 사회와 국가는 자유롭고 평등한 개인들의 자발적인 동의에 의해, 성립의 근거가 마련되어야 함을 말한다.

DAY 185 자유론　　　自由論

《자유론自由論》은 자유에 대한 고찰을 에세이 형식으로 쓴 존 스튜어트 밀이 쓴 저서이다. 이 책에서 밀은 다수의 횡포에 대해 개인의 자유를 옹호하고, 사상과 토론의 자유를 논하며, 그 어떤 국가나 사회도 개인의 개성과 자유를 억압할 수 없음을 주장한다.

《자유론》은 총 5장으로 구성되었다. 제1장은 〈서론〉으로 밀은 자유에 대해 말하기를, 자유란 자유의지가 아닌 사회가 개인에 대해 정당하게 행사할 수 있는 권력에 대한 한계와 개인에 대한 사회의 간섭을 정당화하는 방법으로 '자기방어'에 대해 말한다. 즉 타인에게 가해지는 해악을 방지하기 위해서만 권력을 행사해야 한다는 것이다. 왜 그럴까. 그것은 자신이 행복하려고 하듯, 타인 또한 행복해지려고 하는 것을 방해하지 말아야 하기 때문이다. 제2장은 〈사상과 토론의 자유〉로 사상과 토론은 진리를 추구하는 데 반드시 필요로 하는 바, 그것을 다수가 형벌을 가하고 억압하는 것은 잘못이라고 말한다. 제3장은 〈행복한 요소로서의 개성에 대하여〉로 행동과 생활의 자유에 대해 말한다. 그리고 이것이 습관이나 전통의 지배를 받으면 개인과 사회의 진보는 저해된다고 말한다. 제4장은 〈개인에 대한 사회적 권위의 한계〉로 개인 간에 서로의 이익을 침해하지 말아야 함을 말한다. 또 사회와 구성원의 침해로부터 자기를 보호하기 위해서는 각자에게 부과된 노동과 희생을 분담할 것을 말한다. 제5장은 〈원리의 작용〉으로 앞에서 말한 원리를 실제문제에 적용하는 것으로, 교육과 정부가 지나치게 하는 간섭의 제한에 대해 말한다. 왜 그럴까. 정부의 간섭에 의해 정부의 권력이 지나치게 커질 수 있기 때문이다.

이상에서 보듯《자유론》은 한마디로 개인의 자유는 그 어떤 권력이나 사회나 국가도 간섭할 권리가 없음을 말한다. 이런 관점에서 볼 때 밀의《자유론》은 매우 획기적인 자유철학서라고 할 만하다.

《자유론自由論》은 자유에 대한 고찰을 에세이 형식으로 존 스튜어트 밀이 쓴 저서이다. 밀은 다수의 횡포에 대해 개인의 자유를 옹호하고, 사상과 토론의 자유를 논하고, 그 어떤 국가나 사회도 개인의 개성과 자유를 억압할 수 없음을 주장한다. 이런 관점에서 볼 때 밀은 위대한 '자유의 스승'이라 할 만하다.

DAY 186 고독한 군중

《고독한 군중》은 미국의 사회학자인 데이비드 리스먼의 저서이다. 이 책을 쓴 리스먼은 미국 펜실베이니아에서 태어났다. 그는 법학을 공부하고, 시카고 대학에서 법을 강의했다.

리스먼은 《고독한 군중》에서 사회적 성격을 전통지향형, 내부지향형, 타인지향형으로 구분했다. 이를 좀 더 구체적으로 살펴보면 첫째, 전통지향형은 전통사회에서 전통과 과거의 행위와 인식을 주요 기준으로 삼은 인간형이며 둘째, 내부지향형은 전통사회 이후 19세기까지의 가족에 의해 학습되어진 도덕 및 가치관을 기준으로 삼은 인간형이며 셋째, 타인지향형은 또래집단이나 친구집단의 영향에 따라 행동하는 현대인으로 타인과 격리되지 않으려는 심리가 강하다. 이런 심리적 영향으로 인해 타인과 잘 지내기 위해 노력하지만 그 내면에는 언제나 불안감이 잠재하고 그것은 고립감으로 나타난다. 이로 인해 현대인들은 자기상실감을 겪게 되고 정치와 사회에 무관심해짐으로 민주주의가 위협받는다고 주장하며, 이런 유형의 인간이 바로 타인지향형 인간으로 고독한 군중이라 설파했다.

리스먼은 이런 관점에 의거하여 현대 미국사회에 대해 말하기를 타인 지향적이라고 지적했다. 미국의 정치에 있어 실권은 대개가 거부권을 행사하는 사람들, 즉 정치집단에 있다고 주장했다. 이런 리스먼의 주장은 매우 논리적이며 실증적이라고 할 수 있다. 그가 말하는 타인지향적이란 주장을 강력히 뒷받침하고 있기 때문이다.

리스먼의 체계적이고 비판적인 《고독한 군중》은 새롭게 변화하는 미국 현대사회를 예리하게 분석함으로써, 미국의 앞날을 조명하는 데 크게 기여했다는 평가를 받고 있다.

《고독한 군중》은 미국의 사회학자인 데이비드 리스먼의 저서로, 현대 미국사회에 대해 말하기를 타인지향적이라고 지적했다. 이러한 리스먼의 분석에 대해 매우 독창적이며, 미국 사회의 현재를 돌아보고 앞날을 조명하는 데 기여했다는 평가를 받는다.

DAY 187 법의 정신

계몽주의 시대의 프랑스 정치사상가인 몽테스키외는 자신의 저서 《법의 정신》에서 삼권분립을 주장했다. 미국은 이 책의 영향을 받아 세계 최초로 삼권분립국가가 되었다.

몽테스키외는 프랑스 귀족 세콩다 가문에서 태어났다. 그는 보르도 대학교를 졸업하고, 죽은 작은아버지 남작의 작위와 보르도 고등법원 부원장의 자리를 물려받았다.

프랑스 아카데미 회원으로 선출된 그는 《법의 정신》을 쓰기 시작했다. 그리고 1748년 스위스 제네바에서 익명으로 출간했지만, 그가 저자라는 사실이 알려졌다. 그 후 이 책은 프랑스와 영국을 비롯한 유럽 전역에서 큰 반향을 불러일으켰다.

《법의 정신》은 상하 두 권으로 모두 31편으로 구성되었다. 1편에서 8편까지의 제1부는 군주제와 공화제, 전제의 정치체제와 법의 관계성에 대해 쓰여졌으며, 9편에서 13편까지의 제2부는 삼권분립과 정치적 자유적 실현에 대해 말하고, 14편에서 19편까지의 제3부는 법과 국가가 추구해야 할 목적에 대해 말하고, 20편에서 23편까지의 제4부는 법과 경제에 대해 말하고, 24편에서 26편까지의 제5부는 법과 종교와 관련해 시민 복리에 대해 말하고, 27편에서 31편까지의 제6부는 로마의 상속법과 봉건법 등에 대해 말한다.

《법의 정신》 주요 핵심은 군주제나 혹은 공화제가 전제로 변질되는 것을 막음으로써 정치적 자유를 실현하는 것이며, 이를 위해서는 삼권분립이 실행되어야 함을 말한다. 또한 삼권분립은 서로를 견제함으로써 잘못될 수 있는 정치적 폐단을 막을 수 있음을 주장한다. 따라서 《법의 정신》 목적은 자유의 보장을 위한 것이다. 그런데 무책임한 자유가 아닌 법이 규정한 법제 안에서 자유가 보장됨을 말한다.

서두에서 언급했듯 《법의 정신》 삼권분립이 그 중심에 있고, 삼권분립은 정치적 자유 실현에 크게 기여했다.

《법의 정신》은 프랑스의 정치사상가인 몽테스키외의 저서이다. 이 책은 삼권분립을 그 핵심으로 한다. 프랑스혁명과 미국이 세계 최초의 삼권분립국가가 되는 데 큰 영향을 끼쳤다.

DAY 188 | 미국의 민주주의

《미국의 민주주의》는 알렉시스 드 토크빌의 저서로 미국 민주주의의 체제를 다룬 고전으로 평가받는다. 또한 중요한 연구 자료로 널리 쓰이고 있다. 《미국의 민주주의》 저자 토크빌은 프랑스 노르망디 옛 귀족 가문에서 태어났다. 그는 프랑스혁명이 있은 후 민주주의가 새로운 체재의 주요 쟁점이 됨은 물론 주요 사상으로 자리매김을 한다는 것을 간파했다. 이에 그는 민주주의에 깊은 관심을 갖고, 민주주의가 가장 잘 발달된 미국으로 갔다. 그는 미국에서 지내는 동안 미국의 민주주의에 대해 연구하고 자료를 수집했다. 그렇게 해서 쓴 책이 바로 《미국의 민주주의》이다. 이 책이 출판되자 유럽에서 높은 평가를 받고 그는 유명인사가 되었다.

그 후 그는 국회의원으로 활동하며 1840년에 2권을 출간했다. 이 책은 1권에 비해 다소 추상적이어서 당시에는 그다지 반향을 불러일으키지 못했다. 그러다 20세기에 와서 그 진가를 인정받았다.

토크빌이 《미국의 민주주의》에서 말하는 미국 민주주의의 장점은 통치자가 국민의 이해에 반하는 통치를 할 수 없고, 국민의 권익을 위해 노력한다는 점, 그리고 무엇보다 중요한 것은 국민들이 저마다의 분야에서 능동적으로 생활할 수 있도록 긍정의 힘을 불어 넣어준다는 점이다. 이처럼 미국의 민주주의가 잘 유지될 수 있는 것은 지리적인 이점, 합리적인 법, 관습 이 세 가지가 요인으로 작용한다고 보았던 것이다.

《미국의 민주주의》가 잘 발달하고 유지되는 것은 결국 개인이 정치적으로 소외되지 않는 민주주의를 지향한다는 데 있다. 민주주의 국가에서 개인의 자유와 권리는 그 어떤 것보다 중요하고, 그러한 개개인의 능력이 함께 함으로써 국가가 발전하는 데 큰 원동력이 되기 때문이다. 미국은 이러한 요건을 잘 갖추었기 때문에 대표적인 민주주의 국가로 거듭날 수 있었다.

《미국의 민주주의》는 알렉시스 드 토크빌의 저서로 미국 민주주의 체제를 다룬 고전으로 평가받는다. 이 책은 상하 두 권이며 미국의 민주주의 장점과 그 원인에 대해 분석하고, 개인이 정치적으로 소외되지 않고 민주주의를 지향하는 데 그 의미를 두고 있다.

DAY 189 팡세

블레즈 파스칼의 《팡세》는 파스칼의 사후, 그의 가족과 친척들이 그의 글을 모아 《종교 및 기타 주제에 대한 파스칼 씨의 팡세》라는 제목으로 펴냈다. 여기서 '팡세'는 '생각'이라는 뜻으로 이 책의 제목이 된 것이다. 《팡세》에는 '인간은 생각하는 갈대다'라는 명제로 유명한 파스칼의 말이 들어있다. 이 책은 파스칼이 사람들에게 그리스도교의 진리를 전하기 위한 목적으로 쓴 수백 편의 단상을 모은 것이다.

파스칼이 《팡세》를 쓰게 된 동기는 그의 조카딸이 몇 년 동안 눈병으로 고생을 했는데, 그녀의 병을 낫게 해준 성스러운 가시나무를 본 후였다. 파스칼은 자신이 느끼고 생각한 것을 노트에 기록하기 시작했다. 그가 사망하기 무렵 900편이나 될 만큼 그는 열정을 기울였다. 그리고 그의 사후 그의 가족과 친척들이 그의 유지를 받들어 펴낸 것이다.

《팡세》의 내용 중 '인간은 광활한 우주, 즉 광대무변廣大無邊한 것에 비해 하나의 점과 같은 나약한 존재이다. 그러나 생각하는 갈대다'라는 말은 그의 생각을 함축적으로 잘 보여준다. 이는 무엇을 말하는가. 인간은 비록 하나의 점과 같이 보잘것없는 존재이지만, 우주를 감싸 안을 만큼 손엄성을 지닌 존재라는 것이다. 하지만 이런 인간도 해결할 수 없는 것으로 인해 모순에 이르게 된다. 그래서 인간으로 해결할 수 없는 모순은 하나님의 위대함과 인간의 나약함을 하나로 체현할 수 있는 예수그리스도에 의해서 해결될 수 있다는 것을 말한다. 말하자면 예수그리스도는 하나님과 인간을 연결하는 매개자인 것이다. 그런 까닭에 인간은 반드시 예수그리스도를 통해서만이 절대자인 하나님과의 신앙적 교류를 이어갈 수 있는 것이다.

한마디로 말해 신을 직관(경험, 판단, 추리 등의 사유를 거치지 않고 대상을 직접으로 파악하는 작용)함으로써 신과 자신과의 영적 교류를 이룰 수 있다는 것이, 파스칼이 《팡세》를 통해 전하는 주된 생각이라고 할 수 있다.

《팡세》는 파스칼의 사후, 그의 가족과 친척들이 그의 글을 모아 《종교 및 기타 주제에 대한 파스칼 씨의 팡세》라는 제목으로 펴냈다. '팡세'는 '생각'이라는 뜻이다. 이 책은 파스칼이 사람들에게 그리스도교의 진리를 전하기 위한 목적으로 쓴 것으로 그의 신앙관信仰觀을 잘 알게 한다.

DAY 190 순수이성비판

《순수이성비판》은 독일의 철학자 임마누엘 칸트의 대표적인 저서이다. 이 책은 칸트가 저술한 세 권의 비판 철학서 가운데 하나로, 형이상학에서 벗어나 비판적, 선험적 관념론을 처음 확립했을 뿐만 아니라, 수학과 물리학처럼 과학적 근거로 진리가 어떻게 성립할 수 있는가에 대해 논한다.

서유럽 근세 철학의 대가로 유명한 임마누엘 칸트는 어떤 사람인가를 아는 것은 그의 사상과 철학을 이해하는 데 많은 도움이 된다. 그만큼 그의 사상과 철학은 그의 삶에 녹아있다는 방증이기 때문이다.

칸트는 어려서부터 규칙적인 생활을 몸소 실천했고, 그의 그런 습관은 일생을 살아가는 동안 한 번도 흐트러져본 적이 없다. 그의 철저한 규칙적인 생활은 자신을 강하게 강화시킴으로써 자연스럽게 몸에 밴 습관이다. 칸트가 이룩한 철학자로서의 업적은 자신과의 싸움에서 이김으로써 이룰 수 있었다는 데 그의 사상은 한층 돋보인다고 하겠다.

《순수이성비판》에서 '순수이성'이란 말은 그가 만든 말로, 이는 인간의 주체성을 중시하는 칸트에게 있어 매우 중요하다. 여기서 이성은 신의 이성이 아닌 인간의 이성을 뜻하기 때문이다. 인간은 이성을 통해서만이 대상으로부터 인지하게 되고 그것을 수용하게 된다. 여기서 중요한 것은 직관을 통한 감성은 사유를 통해 인식이 성립된다는 것이다. 그리고 그것은 사물에 대해 논리적으로 이해하고 판단하는 능력인 오성悟性(여기서 오성은 지성을 말한다.)으로서 작용되는 것이다. 그러니까 칸트가 말하는 이성은 감성과 오성을 다 포함하는 개념이다.

안다는 것, 즉 '지知'는 포괄적인 개념이라면, 이성은 지보다 소수의 원리로 정리定理하는 것이라고 할 수 있다. 그런 까닭에 칸트는 형이상학은 이성적이 아니라 초월超越적인 것으로 보았으며, 이는 형이상학의 오류로 인식했다. 《순수이성비판》은 이러한 칸트의 생각을 잘 펼쳐낸 저작으로, 현대철학의 기초가 된 중요한 고전이라고 할 수 있다.

《순수이성비판》은 독일의 철학자 임마누엘 칸트의 대표적인 저서이다. 이 책은 칸트가 저술한 세 권의 비판 철학서 가운데 하나이다. 칸트는 형이상학은 이성적이 아니라 초월超越적인 것으로 보았으며, 이는 형이상학의 오류로 인식했다는 점에서 현대철학의 기초가 되었다.

DAY 191 죽음에 이르는 병

《죽음에 이르는 병》은 덴마크 사상가 키에르케고르의 대표작이다. 이 책에는 '건전한 덕과 각성을 위한 그리스도교적 심리학적 논술'이라는 부제가 있다. 이는 이 책이 그리스도교를 전파하기 위한 목적으로 저술되었다는 것을 알게 한다.

키에르케고르가 이 책에 말하는 '죽음'은 '그리스도교적인 영원한 생명'을 상실하는 것을 의미한다. 그리고 '죽음에 이르는 병'이란 '절망'을 뜻한다. 그런데 여기서 알아야 할 것이 있다. 그것은 여기서 말하는 '절망'은 죽음에 이르는 병만이 아니라, 자신이 하나님께 더 가까이 다가가려는 노력의 고통이라는 것이다. 또한 그렇기 때문에 그 자체는 축복이라는 것이다.

믿음이 신실한 신앙인들은 신실한 믿음을 쌓기 위해 그 어떤 고난도 묵묵히 감내해 낸다. 그것은 신실한 믿음을 위한 고난은 고난이 아니라 축복으로 가는 길이라고 여기기 때문이다. 그래서 그 어떤 고통이나 절망이 밀려와도 개의치 않고 더욱 열정적으로 믿음을 향해 나아간다.

키에르케고르는 신실한 신앙인들의 믿음에서 희망을 느꼈다는 것을 알 수 있다. 왜 그럴까. 그에게 있어 희망은 그리스도가 말한 '영원한 생명'이기 때문이다. 그런데 희망 없이 영원한 생명에 의지하지 않고 산다는 것은, 생명성이 없는 죽음과도 같은 삶이라는 것에 그의 생각이 이르렀고, 그랬기에 《죽음에 이르는 병》이라는 거대한 철학적 사상을 발현發顯할 수 있었다.

《죽음에 이르는 병》은 그리스도교적인 입장에서만이 아니라, 인간들의 삶과 이상 등의 인간론에 대한 이야기를 담고 있어 철학적으로도 높이 평가받는다. 특히, 실존주의 철학자와 문학가들에게 영향을 주었으며, 신학자와 목회자들에게도 영향을 주었다.

《죽음에 이르는 병》은 믿음에 대해 생각하는 계기를 마련하고, 사람들이 그리스도교를 받아들임으로써 보다 삶을 진실하게 살아가게 하는 희망, 즉 영원한 생명을 구현하는 데 그 목적이 있다 하겠다.

《죽음에 이르는 병》은 덴마크 사상가 키에르케고르의 대표작이다. 이 책은 그리스도교를 전파하기 위한 목적으로 저술되었다. 이를 알게 하듯 이 책에는 '건전한 덕과 각성을 위한 그리스도교적 심리학적 논술'이라는 부제가 있다. 하지만 이 책은 인간론에 대한 이야기를 담고 있어 철학적으로도 높이 평가받는다.

DAY 192 차라투스트라는 이렇게 말했다

독일의 철학자 프리드리히 니체의 《차라투스트라는 이렇게 말했다》는 그의 사상을 잘 알게 하는 대표적인 저서이다.

프리드리히 니체는 개신교 목사의 아들로 태어났다. 종교와 도덕, 문화, 철학, 과학에 대한 비평을 썼으며, 경구aphorism에 대한 자신만의 생각을 잘 표현했다. 약관의 24세에 스위스 바젤 대학에서 교수로 고전철학을 가르치며 꾸준히 강연활동을 벌였다. 1872년 첫 작품 《비극의 탄생》을 발표했다. 그 후 대학을 그만두고 십여 년 동안 긴 방랑생활을 하면서도 꾸준히 집필활동을 했다. 그는 실존주의의 선구자적인 역할을 했으며 자유주의, 힘의 논리 등의 마키아벨리즘, 권위주의, 반대주의 등에 대해 강력히 비판한 것으로 유명하다.

니체는 《차라투스트라는 이렇게 말했다》에서 초인사상, 권력에의 의지, 영원회귀사상 등을 통해 자신의 주장을 펼친다. 그리고 '신은 죽었다'라고 말한다. 나아가 '인간은 초극되어야 할 무엇이다'라고 말하며, 인간의 허무주의를 극복하고 새롭게 인간성을 회복시킬 수 있다고 주장한다. 이를 좀 더 구체적으로 말하면 니체는 현대문명의 니힐리즘(허무주의)와 퇴폐주의를 비판한다. 그리고 끝없이 반복되는 이런 삶의 순환을 긍정적으로 받아들임으로써 허무주의를 이겨내는 힘을 갖게 된다는 것이다. 이는 무엇을 말하는가. 《차라투스트라는 이렇게 말했다》의 기본사상인 '영원회귀의 논리'인 것이다.

이처럼 니체는 현대의 허무주의에서 도피하지 말고 있는 그대로 받아들이라고 했다. 허무주의를 이겨내는 힘은 곧 '권력에의 의지'인 것이다. 이는 곧 초인사상의 근본적인 의의인 것이다. 즉, 인간 각자는 현 상태를 초극하면서 바람직한 자신을 실현시켜 가는 것이 중요하다는 것이다.

《차라투스트라는 이렇게 말했다》는 허무주의 초극을 모색하고, 새로운 인간성을 지향한다는 데 그 의미가 크다고 하겠다.

《차라투스트라는 이렇게 말했다》는 니체의 대표적인 저서로, 현대문명의 니힐리즘(허무주의)와 퇴폐주의를 비판한다. 그리고 끝없이 반복되는 이런 삶의 순환을 긍정적으로 받아들임으로써 허무주의를 이겨내는 힘을 갖게 된다고 역설한다. 즉, 인간 각자는 현 상태를 초극하면서 바람직한 자신을 실현시켜 가는 것이 중요하다는 것이다.

DAY 193 | 존재와 시간

《존재와 시간》은 독일의 철학자 마르틴 하이데거의 대표적인 저서이다. 하이데거는 이 책을 쓸 당시 3부로 기획했지만, 1부 2편까지만 발표한 후 책으로 출간되었다.

제1차 세계대전 이후 출간된 《존재와 시간》은 센세이션을 일으키며 하이데거를 성공한 저술가가 되게 했다. 하이데거는 아리스토텔레스의 존재하는 것의 존재에 대한 물음에, 후설에게 배운 사상 자체로의 현상학적인 방법을 함께 결합함으로써 존재하는 것이 존재한다는 아리스토텔레스의 '의미는 무엇인가?'를 최초의 물음으로 삼았다.

《존재와 시간》은 두 편으로 구성되었다. 첫째, 제1편은 현존재의 예비적 기초분석에 대한 것으로 여기서 하이데거가 내린 결론은 현존재의 '존재'는 그 통일적 전체 구조에 대한 관심이다. 둘째, 제2편은 현존재의 시간성에서 하이데거가 내린 결론은 현존재의 실존적 존재의 의미는 시간성에 있다는 것이다. 즉, 현존재의 실존적인 존재의 구조는 다양성의 계기를 포함하지만, 관심이라는 근본 구조 속에 함께 하며, 현존재의 존재 의미는 시간성으로 구성된다는 것이다.

'그렇다면 현존재가 관심이라는 것은 무엇인가?'라는 것에 의문이 생긴다. 여기서 관심이란, 일상적으로 주변에서 일어나는 일이나 사물에만 쏠리는 것이다. 하지만 다른 누구에 의해서도 대체될 수 없는 죽음의 가능성에 직면하게 되면 비로소 처음으로 자기에 대해 인식하게 된다. 그런 까닭에 현존재인 실존 또는 관심은 죽음에 의해 한정되는 유한한 시간성에 바탕을 둔다.

존재한다는 것의 의미는 시간성에 있다는 것이 하이데거가《존재와 시간》에서 주장하는 핵심사상이라고 할 수 있다. 이러한 하이데거의 사상은 야스퍼스, 사르트르 등의 실존주의 철학에 큰 영향을 주었다.

《존재와 시간》은 독일의 철학자 마르틴 하이데거의 대표적인 저서이다. 하이데거는 이 책을 쓸 당시 3부로 기획했지만, 1부 2편까지만 발표한 후 책으로 출간되었다. 존재한다는 것의 의미는 시간성에 있다는 것이 하이데거가《존재와 시간》에서 주장하는 핵심사상이라고 할 수 있다.

DAY 194 존재와 무

《존재와 무》는 장 폴 사르트르의 역작으로, 제2차 세계대전 직후 세계적으로 널리 알려지며 철학계의 중심이 되었다. 《존재와 무》는 사르트르를 걸출한 철학자의 반열에 올려놓았다.

《존재와 무》는 사르트르만의 독창적인 철학을 담은 책으로, 총 4부로 구성되었다. 첫째, 제1부는 〈무의 문제〉로 우리 세계에는 비존재의 가능성이 존재하고, 비존재의 기원이 의식, 즉 대자對自의 존재임을 말한다. 제2부는 〈대자 존재〉로 대자는 곧 자신을 결여하고 있는 것으로, 이런 대자의 존재는 곧 의식적 존재를 말한다. 대자적 존재는 인간의 경험에 의한 존재 방식으로 시간의 존재론을 전개한다. 더불어 대자와 관련된 세계의 여러 양상을 해명解明한다. 제3부는 〈대타〉로 타인의 존재를 설명하고, 그런 타인에 의해 객관화 되는 자신의 존재에 대한 고찰을 통해, 인간이 타인과 하나가 될 수 없음을 증명한다. 제4부는 〈소유, 존재, 행위〉로 개인이 행하는 행위가 어떤 존재의 의미를 지니며, 어떤 방식으로 '즉자, 대자'를 실현하는지에 대해 분석한다.

《존재와 무》는 인간 본래의 모습을 개성적이면서 자유로운 모습에서 찾으려고 했다. 사르트르의 이런 시도는 세계대전 후 황폐화된 사람들에게 많은 공감을 불러일으켰다.

《존재와 무》에 대해 함축하여 결론적으로 말하면 사르트르는 즉자 존재와 대자 존재 관계에 대한 해명을 통해 현상을 성립시키는 존재의 구조를 밝히려 했다는 데 이 책의 의의가 있다고 하겠다.

《존재와 무》는 장 폴 사르트르의 역작으로, 제2차 세계대전 직후 세계적으로 널리 알려지며 철학계의 중심이 되었다. 《존재와 무》는 사르트르를 걸출한 철학자의 반열에 올려놓았다. 《존재와 무》는 인간 본래의 모습을 개성적이면서 자유로운 모습에서 찾으려고 했다. 사르트르의 이런 시도는 세계대전 후 황폐화된 사람들에게 많은 공감을 불러일으켰다는 평가를 받고 있다.

DAY 195 제2의 성

프랑스 실존주의 철학자 시몬 드 보부아르의 《제2의 성》은 남성 중심사회에서, 여성들이 자신의 삶을 주체적으로 살아가기 위한 방향을 제시하는 지침서의 역할을 한다. 이 책은 오늘날 페미니즘운동이 활발히 전개되는 데 있어 큰 자극제가 되었다고 해도 과언이 아니다. 세계사적으로 볼 때 다소 차이는 있으나 동서양을 막론하고 여성들은 남성중심사회에서 주체적으로 자신을 살아가는 데 많은 제약이 따랐다. 그러다 보니 여성은 시간적으로나 공간적으로나 갇혀 있는 존재와도 같았다.

《제2의 성》은 보부아르가 집필기획을 하고 쓴 것이 아니라, 여성으로서의 자신의 얘기를 쓰려다 '여자라는 것은 무슨 의미를 가지는가?'라는 생각을 하게 된다. 이 생각은 곧 그녀에게 여성이란 존재에 대해 다각적인 측면에서 글을 써보자는 계기가 되었다.

보부아르는 3살 연상의 사르트르와 계약결혼을 할 만큼 자기 주체성이 확실했다. 비록 그녀가 프랑스인이라 할지라도 계약결혼은 그 당시 프랑스 사회에서도 놀라운 일이었다. 이는 그녀의 생각 한가운데에는 여성이라는 한계를 벗어나 남성처럼 그 어떤 제약 없이 자신의 하고자 하는 일을 하고 싶다는 욕망에 기인했다고 할 수 있다. 그랬기에 자신의 생각을 《제2의 성》에서 풀어 놓음으로써, 자신의 생각에 대한 여성들의 공감을 유도하고, 여성들이 자신과 같이 생각하고 행동하기를 바랐던 것이다.

그러나 여성의 갇혀 있는 상황, 즉 주체적으로 살지 못하는 것에 대한 상황을 이해하는 데는 큰 도움이 되지만, 여성들이 자신의 생각대로 따라오게 하는 데는 미흡했다. 여성들이 실천적으로 행동할 수 있도록 지지를 이끌어내지 못한 것은, 보부아르가 사회주의 실현이야말로 여성 해방의 희망이 될 거라는 사상에서 벗어나지 못했기 때문이다. 그럼에도 여성들에게 갇히지 않고, 주체적인 삶을 살아야 한다는 생각을 갖게 한 것은 《제2의 성》이 지니는 가장 큰 의미라고 할 수 있다.

《제2의 성》은 프랑스 실존주의 철학자 보부아르의 저서로 남성 중심사회에서, 여성들이 자신의 삶을 주체적으로 살아가기 위한 방향을 제시하는 지침서의 역할을 한다. 하지만 여성들이 자신이 생각대로 따라오게 하는 데는 미흡했다. 그럼에도 이 책은 여성들의 변화를 이끌어내고 오늘날 페미니즘운동에 큰 영향을 끼쳤다.

DAY 196 성의 정치학

　《성의 정치학》은 저자 케이트 밀렛이 자신의 박사논문을 바탕으로 출간한 책이다. 이 책은 문학과 문화에서 드러난 남성과 여성의 구조적인 차이, 즉 남성이 여성을 지배하려는 경향을 분석하여 이를 성과 정치의 연관성에서 날카롭게 폭로한다. 따라서 이 책은 여성의 입장과 시각을 중심으로 해서 거론하고, 여성들이 자신의 생각과 가치관을 가질 것을 요구한다.
　《성의 정치학》은 3부로 구성되었다. 제1부는 〈성의 정치〉에 대해, 제2부는 〈역사적 배경〉에 대해, 제3부는 〈문학에의 번영〉에 대해 말한다. 《성의 정치학》이 쓰일 당시 미국은 흑인들이 인권 차별에 대해 반기를 들고 인권운동을 벌이고, 베트남전쟁으로 인해 혼란스러웠다. 이 모든 것은 백인 남성중심의 사회적 이익에 따른 것이라는 게 이슈화되었기 때문이다.
　이에 자극을 받은 여성들은 자신들이 성차별이라는 그물에 갇혀 있는 존재라는 것에 대해 자각하기 시작했다. 마침내 여성해방운동이 본격화되었던 것이다. 《성의 정치학》은 이런 사회적 분위기를 타고 출판과 동시에 큰 반향을 불러일으켰다. 이 책은 여성들의 마음속에 내재되어 있던 여성성을 자각시키는 계기가 되었다.
　'성의 정치'라는 말은 밀렛이 만든 말로 남성과 여성 간에 놓여진 정치적 관계를 이르는 말이다. 그러니까 남성이란 집단과 여성이라는 집단 사이에서 한 집단이 다른 집단에게 지배되는 구조를 말한다. 여기서 지배되는 집단은 여성이라는 집단이다. 이는 가부장 체제에서 빚어진 일이라는 게 밀렛의 생각이다. 그러기 때문에 이런 모순에서 벗어날 때만이 여성은 성차별에서 벗어나 남성과 평등한 관계를 지니게 되고, 비로소 여성이 아닌 한 인간으로서의 삶을 살아가게 된다는 것이다. 그리고 이것이야말로 여성이 한 인간으로서 갖게 되는 진정한 행복이자 가치라는 것이다. 또한 《성의 정치학》이 여성들에게 제시하는 문제의 핵심이라고 하겠다.

　《성의 정치학》은 케이트 밀렛이 자신의 박사논문을 바탕으로 출간한 책이다. 이 책은 여성의 입장과 시각을 중심으로 해서 거론하고, 여성들이 자신의 생각과 가치관을 가질 것을 요구한다. 그것이야말로 한 인간으로서 온전히 살아가는 근원적인 바탕이기 때문이다.

DAY 197 신학대전

《신학대전》은 중세 스콜라학파였던 가톨릭 신학자인 토머스 아퀴나스의 저서이다. 아퀴나스는 스콜라학파의 탁월한 학자로 이름이 높았다. 《신학대전》의 원제목은 라틴어인 '숨마 테올로기아'이다.

여기서 숨마라는 명칭은 스콜라 용어에서 시작되었다. 숨마는 기독교 진리를 제시할 목적으로 편찬한 여러 학설을 체계적으로 집대성한 책을 말한다. 아퀴나스의 《신학대전》은 숨마로서 갖는 의미가 매우 클 정도로 완성된 대표작이라고 할 수 있다. 《신학대전》은 3부로 구성되었는데 제1부는 〈신〉, 제2부는 〈인간의 행위〉, 제3부는 〈그리스도〉이다. 하지만 제3부는 미완성이다.

아퀴나스는 신의 지복에 대해 말하기를 지복이란 '지성적 본성이 갖는 완전한 신'이라는 의미이다. 지성적 본성은 자신 안에서 만족을 알고, 자신에게 일어나는 선한 일이나 악한 일이라도 자신이 행위의 주체가 될 수 있어, 이는 신에게는 알맞은 덕성이기에 지복은 신에게는 가장 적합한 덕목이라는 것이다.

지복이 성립되는 지성의 최고의 작용은 신을 인식하는 것으로, 인간은 신을 인식하게 됨으로써 지복에 이르게 된다. 그렇게 되면 신과 일치하게 되고, 그러면 지복자는 지복의 범위 안에서 신과 같은 존재로서, 신 가운데 동화되어 흡수된다는 것이다. 이렇게 될 때 인간은 선한 일이나 악한 일에서 있어서나, 자신이 행위의 주체가 되어 악에 들지 않음으로써 만족하게 되고 행복에 이르게 된다.

또한 아퀴나스는 이성이 신앙과 대립하는 것이 아니라, 신앙에 의해 완성된다고 했다. 그리고 자유로운 의지에 기반한 행위를 할 때 인간은 자유로워진다고 주장했다. 《신학대전》은 유신론有神論의 바탕을 이루고, 나아가 다양한 서양사상과 철학에 지대한 영향을 끼쳤다

《신학대전》은 중세 스콜라학파였던 가톨릭 신학자인 토머스 아퀴나스의 저서이다. 원제목은 라틴어인 '숨마 테올로기아'이다. 이 책은 신학에 관한 지식을 논리와 증명으로써 체계화한 책으로 높이 평가받는다.

DAY 198 그리스도교도의 자유에 대하여

　《그리스도교도의 자유에 대하여》는 종교개혁가 마르틴 루터의 저서로 가장 많이 읽힌 책으로 유명하다. 프로테스탄트(개신교)의 근본 원리는 인간은 신앙 안에서만 의로워질 수 있다는 게 루터의 종교관으로, 그 근본 원리는 이 책에 시작되었다는 데 그 의가 더 크다.

　왜 그럴까. 성직을 돈을 받고 팔고, 돈을 받고 죄를 사해주던 면죄부 등 패악한 서방 교회의 타락에 대해 비판을 가하고 종교개혁을 이끈 루터로서는 당연한 종교관이기 때문이다.

　그리스도교도는 오직 믿음을 통해서만 죄로부터 자신을 지켜낼 수 있으며, 구원에 이르게 된다. 믿음은 자신의 영혼을 맑게 하고, 진리에 이르게 하고, 구원에 이르게 한다. 믿음은 하나님과 자신을 이어주는 연결고리인 것이다.

　그렇다면 믿음은 무엇으로 오는가. 그것은 오직 복음을 통해서만 가능하고, 복음을 잘 받아들이고 실천할 때 믿음을 쌓게 된다. 그런 까닭에 하나님의 복된 말씀인 복음에 의하지 않으면 의로운 내가 될 수 없다.

　그렇다. 하나님의 말씀은 성스러우며, 생명을 품고 있고, 의롭고 우뚝하며, 마음에 평화를 주고, 진리에 이르게 함으로써 영혼을 자유롭게 한다.

　그런데 여기서 생각할 중요한 것이 있다. 믿음이 아무리 좋아도 행함이 없으면 그것은 죽은 믿음과 같다. 행함이 따를 때 진정한 믿음은 따르는 것이다. 그렇다면 행함은 어떻게 해야 하는가? 그것은 내 몸과 같이 이웃을 사랑하는 것이다. 살아있는 참된 믿음은 신실한 믿음과 행함이 함께 할 때 완성되는 것이다.

　마르틴 루터의《그리스도교도의 자유에 대하여》는 참된 믿음을 통해서만이 자유로울 수 있고, 그것은 그리스도의 신앙을 통해 그리고 이웃을 사랑함으로써 구현具現됨을 말한다. 그리고 그 모든 과정에는 하나님에 대한 신실한 신앙을 통해서만 가능하다는 것을 말한다.

《그리스도교도의 자유에 대하여》는 종교개혁가 마르틴 루터의 저서로, 참된 믿음을 통해서만이 자유로울 수 있고, 그것은 그리스도의 신앙을 통해 그리고 이웃을 사랑함으로써 구현具現됨을 말한다. 그리고 그 모든 과정에는 하나님에 대한 신실한 신앙을 통해서만 가능하다는 것을 말한다.

DAY 199 에밀

장 자크 루소는 자연주의 교육사상의 대표적인 사상가이다. 그의 교육철학과 사상은 그의 대표적인 저서 《에밀》에 잘 나타나 있다. 루소는 《에밀》에서 에밀이라는 어린이를 내세워 자유롭고 이상적인 시민을 교육하는 방법을 제시한다.

《에밀》은 총 다섯 편으로 구성되어 있다. 제1편은 유아기의 교육에 대해 제2편은 유년에게 대해 제3편은 소년기에 대해 제4편은 청년기에 대해 제5편은 에밀의 반려인 소피아에 대한 교육과 여성에 관한 교육에서 말한다.

루소는 인간을 교육하는 주체(요소)에 대해 자연과 인간과 사물 등 세 가지 관점에 대해 설명한다. 인간의 능력을 내면으로부터 발전시키는 것은 자연의 교육이며, 이러한 교육을 어떻게 이용할지에 대해 가르치는 것은 인간의 교육이며, 우리가 늘 보고, 듣고, 느끼고 접촉하는 사물에 대한 경험을 획득하는 것은 사물교육으로 보았다. 나아가 이 세 가지의 가르침의 방법이 서로 모순될 땐 어린이가 조화로운 품성을 갖춘 인간(바람직한 인간)으로 자라지 못하지만, 조화로운 가르침을 통해 동일한 목적을 향해 나갈 땐 어린이는 원하는 대로 교육받게 됨으로써 바람직한 인생을 살아가게 된다고 주장했다.

루소는 참된 자연인을 만들기 위해서는 4가지 교육원칙에 맞게 실행해야 한다고 주장하며 첫째, 자연이 부여한 모든 것을 어린이도 충분히 이용하게 하도록 하고 둘째, 신체적으로나 지성적으로나 능력에 대해 어린이가 튼튼하게 잘 해나갈 수 있도록 보완해주고 셋째, 실제로 필요한 것에 한해서만 어린이를 도와주고 넷째, 어린이를 주의 깊게 연구하고 파악하여 어린이에게서 자연스럽게 생겨난 것과 억측에서 생겨난 것을 구분해야 한다고 말한다. 그리고 그는 이와 같은 원칙을 실행함으로써 어린이에게 진실한 자유는 부여하되 지배력은 삼가며, 되도록 자기 스스로 모든 일을 하게 하며, 다른 사람에게 무엇인가를 바라지 않도록 해야 한다고 주장했다. 《에밀》은 루소에게 있어서는 그의 분신과도 같은 책이라고 할 수 있다.

장 자크 루소는 자연주의 교육사상의 대표적인 사상가이다. 루소는 인간을 교육하는 주체(요소)에 대해 자연과 인간과 사물 등 세 가지 관점에 대해 설명하며, 이것이 조화롭게 교육될 때 참자연인으로 살아갈 수 있다고 말한다.

DAY 200 민주주의와 교육

☐ CHECK

존 듀이는 미국의 철학자이자 심리학자이며 교육학자이다. 그는 독자적으로 연구하여 심리책을 저술했는데, 이 책을 통해 기능 심리학을 주창하며 미국 교육제도에 큰 영향을 끼친 진보주의자이다.

《민주주의와 교육》은 존 듀이의 대표적인 저서로 그의 교육사상을 잘 알게 한다. 이 책은 민주주의의 사회 이념을 교육과 그 문제에 적용시킨 것으로써, 그의 철학은 교육론이라고 할 만큼 교육은 그에게 각별한 삶의 주제라고 할 수 있다.

《민주주의와 교육》은 총 26장으로 구성되어 있다. 첫째, 제1장에서 7장까지는 교육의 작용과 기능에 대해 말하며, 교육의 본질을 제시하고 둘째, 8장에서 12장까지는 교육의 목적과 목적으로서의 갖가지 요소에 대해 말하고 셋째, 13장에서 17장까지는 교육방법과 그 내용에 대해 말하고 넷째, 18장에서 21장까지는 교육과 평가에 대해 말하고 다섯째, 22장에서 26장까지는 교육의 철학적 내용에 대해 말한다.

존 듀이가 관심을 기울였던 낱말은 '생명, 생활, 환경, 지적, 지성, 흥미, 경험'이다. 이 낱말에서 보듯 교육적인 의미를 내포하고 있다는 것이다. 그는 이를 매개로 하여 연구하고 실증함으로써《민주주의와 교육》을 썼다. 그리고 자신의 교육사상과 철학을 담아냈다.

《민주주의와 교육》은 추상적인 개념에서가 아니라, 철저한 실증을 통해 발견한 것을 이론화하고 실체화했다는 데 그 의미가 크다.

존 듀이의 교육사상을 함축적으로 말하면 교육은 민주주의 사회를 실현하게 하고, 민주주의 사회는 모든 사람이 평등한 조건에서 자유와 행복을 추구하는 구조를 지닌 사회라는 것이다. 따라서 교육의 궁극적인 목표는 민주사회를 지향함으로써, 어떤 사회적 외압에도 당당할 수 있어야 한다는 데 있다고 할 수 있다.

《민주주의와 교육》은 존 듀이의 대표적인 저서로 그의 교육사상을 잘 알게 한다. 이 책은 민주주의의 사회 이념을 교육과 그 문제에 적용시킨 것으로써, 그의 철학은 교육론이라고 할 만큼 교육은 그에게 각별한 삶의 주제라고 할 수 있다. 또 교육의 목적은 민주사회를 지향하고, 어떤 사회적 불의에도 당당해야 한다는 게 이 책에서 주장하는 그의 생각이다.

DAY 201 영웅전

□ CHECK

CLASSIC

《영웅전》은 플루타르코스가 쓴 책으로 원제목은 '대비열전'이다. 이 책엔 알렉산드로스 대왕, 카이사르, 폼페이우스 등 4편의 전기와 22편의 대비열전으로 구성되어 있다. 이 중 두 가지를 살펴보면 〈알렉산드로스전〉엔 알렉산드로스에 관한 이야기가 서술되어 있다. 알렉산드로스는 아버지가 암살되자 왕위를 계승했다. 그는 그리스 각지에서 반란이 일어나자 순식간에 평정한다. 국가가 안정기에 접어들자 그는 군대를 이끌고 원정을 떠나 벌이는 전쟁마다 승리한다. 그는 소아시아를 평정하고, 시리아에서 페르시아 대왕 다리우스와의 전쟁에서 승리한다. 그리고 이집트를 점령하고 알렉산드리아시를 세운다. 그 후 페르시아군대와 다시 전쟁을 벌여 승리한다. 알렉산드로스 대왕은 탁월한 용맹과 리더십으로 싸우는 전쟁마다 승리를 이끌어 거대한 영토를 확장하고 영웅으로 우뚝 선다.

〈카이사르전〉에서 카이사르는 입지전적인 인물이라고 할 만큼 열악한 환경에서도, 슬기롭게 용맹스러움을 떨치며 한 단계씩 자신의 신분을 발전시켜나갔다. 그리고 마침내 마르쿠스 리키니우스 크라수스, 그나이우스 폼페이우스 마그누스와 삼두 정치라는 정치연대를 이루며 로마정계를 집권했다. 카이사르는 갈리아를 정복하여 로마제국의 영토를 북해까지 확장하는 등 정치력을 발휘하여 강력한 지도자로 부각 되었다. 그 후 마르쿠스 리키니우스 크라수스가 사망하자, 폼페이우스와의 전쟁에서 그를 물리치고 절대적인 통치자가 되었다. 그는 로마공화국이 로마제국이 되는 데 크게 기여했다.

두 편의 이야기에서 보듯《영웅전》은 실제적인 인물의 이야기를 자료로 하여, 역사적인 사료적 가치를 지닌 책으로 높이 평가받는다. 또한 이 책은 원대한 꿈을 품은 많은 이들의 필독서가 되었으며, 지금도 최고의 영웅전으로 평가받는다.

《영웅전》은 플루타르코스가 쓴 책으로 원제목은 '대비열전'이다. 이 책엔 알렉산드로스 대왕, 카이사르, 폼페이우스 등 4편의 전기와 22편의 대비열전으로 구성되어 있다. 《영웅전》은 실제적인 이야기를 자료로 하여, 역사적인 사료적 가치를 지닌 책으로 높이 평가받는다.

DAY 202 제2차 세계대전

 CHECK

《제2차 세계대전》은 영국의 총리를 두 번이나 역임한 윈스턴 처칠의 전쟁회고록이다. 이 책은 처칠에게 노벨문학상을 안겨주었다. 노벨문학상 수상작품 중 시와 소설이 아닌 비문학 책으로는 유일하다는 점에서 갖는 의미가 한층 더 크다 하겠다.

《제2차 세계대전》은 총 6권으로 구성되어 있는 방대한 분량의 책이다. 제1권은 〈휘몰아치는 폭풍우〉이다. 이 책에는 세계공황으로 인한 혼란 속에 독일 정권을 장악한 히틀러와 독소불가침조약, 독일의 폴란드 침공 등 유럽에서 일어나는 사건들을 세세하게 담고 있다. 제2권은 〈그들의 가장 좋았던 시절〉이다. 독일과 이탈리아가 벌인 전쟁의 상황과 태평양 전쟁을 일으킨 일본의 전쟁에 대한 전조에 대해, 대영원조만 지원하면서 중립적 입장을 취하는 미국과 그런 가운데 독일의 공격으로 최대의 위기에 놓인 영국을 위기에서 벗어나게 하는 처칠의 지도력 등이 담겨 있다. 제3권은 〈대동맹〉이다. 이 책에는 북아프리카에서 독일의 공격으로부터 고전하는 영국에 대해, 그리고 프랑스와 함께 이라크를 점령한 이야기, 히틀러를 제압하기 위해 소련을 원조하는 영국에 대해, 일본의 전쟁 발발, 미국의 참전으로 인한 전쟁 상황을 담고 있다. 제4권은 〈운명의 기로〉이다. 이 책에는 태평양전쟁 초기 영국의 패전에 이어 독일의 군사력을 약화시킬 수 있도록 소련에게 제시한 방안으로 어려움에 봉착한 처칠에 대해, 소련에게 협조를 구하기 위한 스탈린과의 회담, 미국과 영국군이 북부아프리카상륙에 성공한 이야기 등이 담겨 있다. 제5권은 〈포위망을 좁혀〉이다. 이 책에는 이탈리아의 항복과 '미영중'의 '카이로 회담'과 '미영소'의 '테헤란 회담'과 아시아는 전적으로 미국이 맡은 일에 대해 담고 있다. 제6권은 〈승리와 비극〉이다. 이 책에는 프랑스의 임시정부 수립과 소련의 세력을 저지하는 처칠의 지략과 '미영소'의 '얄타 회담'과 독일의 항복을 받아낸 이야기와 영국총선에서 패배한 후 총리직에서 물러난 이야기 등이 담겨 있다.

《제2차 세계대전》은 전쟁사에 있어 중요한 사료로 평가받고 있다.

《제2차 세계대전》은 영국의 총리를 두 번이나 역임한 윈스턴 처칠의 회고록이다. 이 책은 처칠에게 노벨문학상을 안겨주었다. 이 책은 전쟁사에 있어 중요한 사료로 평가받고 있다.

DAY 203 갈리아 전기

《갈리아 전기》는 율리우스 카이사르의 저서로, 그가 갈리아 지방장관 때 갈리아 부족이 일으킨 전쟁을 소재로 하여 쓴 책이다. 갈리아는 지금의 프랑스와 벨기에 그리고 이탈리아 북부를 일컫는 방대한 지역이다. 이곳에 살던 사람들은 대개 켈트족으로, 당시 다른 지역이 그러했듯 목축과 농업이 주된 생업수단이었다.

카이사르는 로마제국의 절대 권력의 상징으로 독보적인 인물이다. 그는 로마공화국이 로마제국이 되는 데 크게 기여한 중심인물이다.

《갈리아 전기》는 총 8권으로 구성되어 있다. 제1권은 헬베티족과 게르만족의 아리오비투스 왕과의 전쟁에 대해, 제2권은 벨기에 족과의 전쟁과 연안에 거하는 여러 부족을 제압한 것에 대해, 제3권은 알프스지방 산지에 거하는 여러 부족을 토벌한 것과 아퀴타니아 부족의 정복에 대해, 제4권은 제1차 게르마니와 브리타니아 원정에 대해, 제5권은 제2차 브리타이나 원정과 에부로네스족, 수이오네스족 등의 반란에 대해, 제6권은 제2차 게르마니아 원정과 갈리아와 게르마니아의 제도에 대해, 제7권은 갈리아와의 전쟁과 알레시아와의 전쟁에 대해, 제8권은 카이사르의 부하 장수인 히르티우스가 쓴 이야기에 대해 말한다.

《갈리아 전기》는 카이사르의 정치에 대한 관점이나 자기 자신에 대한 입장을 담고 있지만, 실제 있었던 전쟁의 내용에 대한 서술을 정리한 것으로 사료적 가치가 있다고 평가받는다. 그리고 글쓴이로서의 자기 감상이나 감정 등의 표현을 자제하고, 이성에 입각해 썼다는 것은 이 책이 지니는 가치로 볼 수 있다.

《갈리아 전기》는 율리우스 카이사르의 저서로, 그가 갈리아 지방장관 때 갈리아 부족이 일으킨 전쟁을 소재로 하여 쓴 책이다. 이 책은 카이사르의 정치에 대한 관점이나 자기 자신에 대한 입장을 담고 있지만, 실제 있었던 전쟁의 내용에 대한 서술을 정리한 것으로 사료적 가치가 있다고 평가받는다.

DAY 204 침묵의 봄

　《침묵의 봄》은 미국 해양생물학자인 레이첼 카슨이 쓴 자연환경의 중요성을 일깨우는 환경의 고전이라고 할 수 있다. 1962년 이 책이 나오고 나서 미국 사회에 큰 반향을 불러일으켰다.
　《침묵의 봄》은 DDT 같은 살충제나 제초제 등이 자연 생태계에 얼마나 큰 부정적인 영향을 끼치는지에 대해 다각적으로 분석하여 썼다는 데에 큰 의미가 있다. 그 당시엔 자연환경의 중요성에 대한, 정치계나 학계 등의 인식이 부족하던 시대였기 때문이다.
　레이첼 카슨은 이 책에서 DDT나 BHC같은 유기염소 계통의 농약이 꽃이나 나무, 새와 동물은 물론 사람에게 미치는 유해성을 실증적으로 보여주고 있다. 그 예로 살충제나 제초제 같은 유해성물질로 인해 자연은 황폐화되고, 그 피해는 고스란히 사람에게도 온다는 것을 입증한 것이다.
　왜 그럴까? 유해물질이 땅이 지닌 본래의 생명 순환작용, 즉 식물들을 길러낸 후 또다시 생명을 싹 틔우는 자연의 생명성을 방해하기 때문이다(이런 사실을 잘 알게 하듯 베트남전쟁 때 살포된 고엽제로 인한 피해가 매우 심각하다는 것이 과학적으로 증명되었다). 그만큼 독성이 강하다는 것이다.
　그런데 이 사실을 레이첼 카슨이 이 책을 통해 알림으로써 사람들은 자연의 중요성에 대해 자각하기 시작했다. 미국의 케네디 대통령은 환경문제의 중요성을 간파하고, 이를 해결하기 위한 환경자문위원회를 구성했다. 또한 미국의회는 1969년 DDT가 암을 유발할 수 있다는 증거를 발표했다. 그 후 1972년 미국 환경부는 DDT 사용을 전면 금지했다.
　지금 전 세계적으로 자연환경오염에 따른 심각한 위기에 처해있다. 지구 온난화에 따른 해일과 홍수, 한파 등으로 인해 생명을 위협받고 있다. 또한 코로나 바이러스로 인해 절체절명의 위기를 겪고 있다.
　자연은 우리 인류가 영원히 살아가는 데 꼭 필요한 생명의 어머니와 같다. 《침묵의 봄》은 그런 의미에서 매우 중요한 책이라고 할 수 있다.

《침묵의 봄》은 미국 해양생물학자인 레이첼 카슨이 쓴 자연환경의 중요성을 일깨우는 환경의 고전이다. 이 책은 DDT 같은 살충제나 제초제 등이 자연 생태계에 미치는 영향이 얼마나 큰지에 대해 다각적으로 분석하여 썼다는 데에 큰 의미를 부여한다.

DAY 205 행복론

CHECK
CLASSIC

　《행복론》은 스위스 사상가인 카를 힐티의 대표적인 저서이다. 이 책은 보편적인 일상보다 그리스도교의 신앙에 의지함으로써, 즐겁게 일하는 종교적, 윤리적인 인간의 삶에서 찾을 것을 말한다.
　이런 힐티의 사상은 자신의 실천적 경험에서 우러났다는 것을 알 수 있다. 그는 교회에 소속되지는 않았지만, 그 스스로 하나님을 믿고, 믿음대로 살려고 노력했다. 그는 변호사가 된 후에는 도덕적으로 부정하다고 생각하는 사건이나 일은 그 어떤 것도 수임하지 않았다. 그리고 어려운 사람은 무료 변론을 아끼지 않았다. 이러한 그의 실천적 의지는 참된 그리스도교 신앙인만이 행할 수 있는 종교적 행위라고 할 수 있다.
　힐티는 《행복론》에서 교양, 일을 능숙하게 처리하는 방법과 시간을 만드는 방법, 참된 행복에 이르는 길 등의 관점에서 행복론을 설파한다. 그는 교양인이 되기 위한 필수 조건으로 첫째, 관능이나 이기주의를 높은 관점으로 극복할 수 있어야 하며 둘째, 육체적, 정신적 기능을 건전하고 균형 있게 발달시켜야 하며 셋째, 올바른 철학과 종교적 인생관을 가져야 한다고 말했다.
　또 일을 능숙하게 처리하는 방법에 대해 말하기를 일에 몰두하고, 그러기 위해서는 열심히 하는 게 중요하고, 대충대충 하지 말라고 말한다. 시간을 만드는 방법을 기르기 위해서는 시간과 장소, 위치, 분위기 등 사전준비에 시간을 낭비하지 말고 틈틈이 할 것, 일의 대상을 바꾸어 보고, 확실하게 일을 처리하라고 말한다. 참된 행복에 이르기 위해서는 외적으로는 부와 건강, 명예, 문화, 예술 등에서 찾고, 내적으로는 양심과 덕성, 일, 종교, 사상이나 그런 일에 종사하는 생활 등에서 찾으라고 말한다.
　힐티의 행복론을 한마디로 말한다면 참된 양심과 믿음을 통해 인간답게 살고, 하나님께 가까이하는, 즉 인정받는 삶이라고 할 수 있다.

《행복론》은 스위스 사상가인 카를 힐티의 대표적인 저서이다. 이 책은 보편적인 일상보다 그리스도교의 신앙에 의지함으로써, 즐겁게 일하는 종교적, 윤리적인 인간의 삶에서 행복을 찾을 것을 말한다.

DAY 206 난중일기

《난중일기》는 1592년(선조 25년) 5월 1일부터 전사하기 전인 1598년(선조 31년) 10월 7일까지 거의 매일 기록되어 있을 만큼 이순신의 섬세한 마음을 엿볼 수 있다.

《난중일기》에는 진중생활, 국정에 대한 솔직한 마음, 전투를 마치고 나서 전투에서 있었던 일들, 수군의 통제전술 및 훈련하는 과정, 부하들에 대한 상벌, 가족과 친지, 어머님을 그리워하는 마음과 부인을 생각하며 자식을 걱정하는 마음이 잘 나타나 있다. 난중일기는 국보 제76호로 지정되었으며 충청남도 아산 현충사에 보존되어 있다.

《난중일기》에서 나타난 몇 가지를 보면 이순신이 어떤 인물인지를 잘 알 수 있다. 이순신은 부하 장수가 잘못을 저질렀을 때 그 여부를 분명히 따져 물어 곤장을 치기도 했다. 이순신은 진지를 구축하고 정비하는 일에 소홀함이 없었으며, 군대 규율을 엄격히 하여 군관이나 병졸들이 자신이 맡은 일에 최선을 다하도록 했다. 하지만 부하들을 인격적으로 대했으며 그들과 같은 음식을 먹고 똑같이 생활함으로써 일체감을 심어주었다. 이런 이순신의 행동은 부하 장수들이 그를 믿고 따르게 했다. 이순신은 백성들을 아끼고 사랑하여 나이 든 사람들은 친부모처럼 대했으며, 어린아이들을 자식처럼 귀여워했다. 백성들은 그런 이순신을 믿고 따랐다는 것을 알 수 있다.

《난중일기》는 참된 애국심은 무엇이며, 인간애의 참의미는 무엇인지, 조국이란 나에게 어떤 존재인지, 자신에게 주어진 책무에 대해 어떻게 해야 하는지를 잘 알게 한다. 그리고 이 책을 통해 이순신은 만고의 충신이며 애국심의 표상이라는 것을 다시금 일깨우게 된다. 또한 우리 역사에 길이 빛나는 민족의 얼이며, 자랑이라는 것에 대해 긍지와 자부심을 느끼게 된다.

《난중일기》는 세계적으로 널리 알려진 책은 아니지만, 그 어떤 세계고전보다도 충분한 가치성을 지녔기에 나는 세계고전의 목록에 이 책을 올려두고자 한다.

《난중일기》는 1592년(선조 25년) 5월 1일부터 전사하기 전인 1598년(선조 31년) 10월 7일까지 거의 매일 기록되어 있을 만큼 이순신의 섬세한 마음을 엿볼 수 있다. 이 책은 참된 애국심은 무엇이며, 인간애의 참의미는 무엇인지, 조국이란 나에게 어떤 존재인지, 자신에게 주어진 책무에 대해 어떻게 해야 하는지에 대해 잘 알게 한다.

DAY 207 여성과 사회주의

《여성과 사회주의》는 아우구스트 베벨의 저서로, 그는 사회주의운동의 창시자이다. 또한 그는 독일의회의 의원을 지냈으며, 사회주의운동을 했다는 이유로 두 번의 감옥생활을 겪기도 했다. 이 책은 출간 후 정권으로부터 금서로 제재를 받았음에도, 비밀리에 출간되어 널리 읽혔다.

《여성과 사회주의》는 〈과거의 여성〉, 〈현대의 여성〉, 〈국가와 사회〉, 〈사회의 사회화〉 등 총 4편으로 구성되었다. 베벨은 여성의 예속에 대해 원시시대에는 모권제였으나 이것이 부권제로 바뀌면서 변화된 현상이라고 말했다. 나아가 부권제로의 변화에 따라 생산방법이나 그것에 대한 분배방식의 변함으로써 남자와 여자, 즉 양성의 관계 또한 변화되었다고 주장했다. 그러니까 여성의 예속은 사유재산제로 인해 생겨났고, 여성의 예속을 없애기 위해서는 현대사회구조와 국가사회구조를 근본적으로 개혁시켜야 한다고 주장했다. 그렇게 되면 경제적 예속과 성적 예속에서 여성이 자유로울 수 있다는 것이다.

또한 여성이 예속이란 굴욕으로부터 스스로 벗어나기 위해서는 더더욱 여성의 무세가 튄나고 말했다. 그래서 남성의 지원을 바라서는 안 된다고 주장했다. 그리고 자본주의 체제에 이상이 생겼을 때 사회주의 변혁이 일어날 수 있음을 말하며, 사회주의가 실현되면 계급사회는 끝나게 됨으로써 여성에 대한 남성의 지배도 자연스럽게 종식되리라고 주장한다.

《여성과 사회주의》는 베벨의 사회주의 사상과 철학이 잘 나타난 책으로, 그 어떤 사회주의 사상가보다두 자신의 색깔을 분명히 했다는 점에서 그 의미기 그다고 하겠다.

《여성과 사회주의》는 사회주의운동의 창시자인 아우구스트 베벨의 저서이다. 이 책은 여성의 예속을 없애기 위해서는 현대사회구조와 국가사회구조를 근본적으로 개혁시켜야 한다고 주장하며, 그렇게 될 때 여성은 예속으로부터 벗어나 여성으로서의 삶을 지향하게 된다고 주장한다.

DAY 208 시민불복종

　《시민불복종》은 미국 초절주의 사상가인 헨리 데이비드 소로의 《월든》과 더불어 그의 대표적인 저서이다. 소로는 미국 매사추세츠 콩코드에서 태어나 하버드 대학을 졸업했다. 그는 한때 가업인 연필제조업, 교사 등에 종사했지만 초절주의자로서 어떤 직업에 매이지 않고 공부에 전념하며 집필활동을 했다.
　소로는 물질의 탐욕에 빠져 그릇된 관습에서 벗어나지 못하는, 국가와 사회에 저항하여 자신이 지향하는 삶과 철학을 실행에 옮겼다. 그는 노예제도와 멕시코전쟁에 항의하기 위해 홀로 월든의 숲에서 2년 2개월 동안 작은 오두막을 짓고 살았다. 또한 그는 자신의 신념에 따라 6년 동안 인두세 납부를 거부하여 투옥되었다.
　《시민불복종》은 이러한 소로의 신념을 잘 드러낸 책이다. 여기서 시민불복종이란 국가의 정책이나 통치자의 도덕성이 결여되어 정의롭지 않을 때 자신의 양심에 따라 국가의 정책을 거부하는 것을 말한다.
　당시 미국은 노예제도가 횡행하고, 제임스 포크 대통령의 멕시코에 대한 강경정책으로 미국 사회는 전운이 감돌았다. 여론 대다수가 미국 정부를 지지했지만, 소로를 비롯한 소수의 여론은 반대했다. 반대의 이유는 정부의 정책이 옳지 못하다는 것이다. 아무리 다수라고 해도 도덕적으로 정당하지 못하면 정당한 소수파를 이길 수 없다는 것이 소로의 생각이다. 소로는 이에 대해 다음과 같이 말했다.
　"개인의 양심보다 다수가 우선한다면 우리에게 양심이란 무엇에 쓰라고 있는 것인가? 우리에게 필요한 것은 오직 단 한 사람의 양심적인 사람이다."
　소로의 말에서 보듯 양심을 벗어난 다수는 양심을 가진 한 사람만 못하다는 것을 알 수 있다. 그렇다. 국가가 불의하면 따르지 않아도 된다는 것이 소로의 핵심 생각이다. 소로는 이러한 자신의 신념을 실천했으며, 많은 사람에게 공감을 이끌어낸 행동하는 양심적 도덕주의자였다.

《시민불복종》은 미국 초절주의 사상가인 헨리 데이비드 소로의 대표적인 저서 중 하나이다. 이 책은 국가의 불의에 불복종으로 맞서 잘못된 것을 개선하게 해야 한다는 주제를 담고 있다. 이 책은 간디와 마틴 루터 킹을 비롯한 많은 이들에게 큰 영향을 주었다.

DAY 209 진실한 사랑 _공자

때때로 줄기만이 자라고 꽃이 피지 않는 때가 있다.
또 꽃만 피고 열매가 열리지 않는 때가 있다.
진실이란 것을 알고 있는 사람은 진실을 사랑하고 있다고 말해도 좋다.
그러나 진실을 사랑한다고 해도 사랑함으로써
진실을 행하고 있다고는 말할 수 없는 것이다.

거짓 없는 마음은 사람을 사귈 때나, 사랑할 때나, 어떤 일을 하는 데 있어서나 반드시 필요한 마인드이다. 거짓 없는 사람은 진실한 사람으로 누구에게나 믿음을 주고 신뢰를 갖게 한다.

특히 사랑하게 되면 진실한 마음으로 상대를 사랑해야 한다. 거짓을 말하거나 거짓된 행동을 한다면 둘 사이가 불행해질 수 있다. 불행한 사랑을 한다는 것은 자신들은 물론 주변 사람들에게도 깊은 상처를 주게 된다.

공자는 진실이란 것을 알고 있는 사람은 진실을 사랑하고 있다고 말해도 좋다고 했는데 진실한 말과 행동은 진실한 마음에서 오기 때문이다.

자신이 진실한 사람인지를 진지하게 생각해보는 것은 매우 중요하다. 그렇다면 자신이 진실한지 아닌지를 어떻게 알 수 있을까. 그것은 자신의 양심에 비추어 자신에게 진실하면 진실한 것이고, 부끄럽다면 누구에게든지 부끄러운 사람일 수밖에 없다. 왜냐하면 자신도 모르게 일상생활에 그대로 나타나기 때문이다.

진실한 사람이 되어 진실한 사랑을 하고 싶다면 거짓된 말과 행동을 떨쳐버려야 한다. 거짓이 담긴 말과 행동은 반드시 버려야 하는 쓰레기와 같다. 그리나 진실한 말과 행동은 반드시 취해야 할 삶의 보석이다.

❖ 공자孔子 B.C 551~479
중국 춘추전국시대의 교육자, 철학자, 사상가, 학자. 유교의 시조. 창고를 관장하는 위리, 나라의 가축을 기르는 승전리 등의 말단관리로 근무했다. 40대 말에 중도의 장관이 되었으며, 노나라의 재판관이며 최고위직인 대사구가 되었다. 그러나 그는 곧 자리에서 물러났다. 공자는 6예, 즉 예(禮), 악(樂), 사(射 : 활쏘기), 어(御 : 마차술), 서(書 : 서예), 수(數 : 수학)에 능통했으며 역사와 시(詩)에 뛰어나 30대에 훌륭한 스승으로 이름을 떨쳤다. 공자는 평생을 배우고 가르치는 일에 전념하여 3,000명이 넘는 제자를 두었다고 한다. 공자의 어록 모음집인 《논어》가 있다.

DAY 210 사랑의 위대함 _프리드리히 실러

인간의 사랑은 인간의 위대한 영혼을
더욱 위대한 것으로 만든다.

사랑은 사람들에게 꿈과 용기를 준다. 꿈과 용기가 없는 사람도 사랑을 하면 꿈과 용기를 갖게 된다. 사랑은 꿈과 용기의 에너지를 품고 있어, 사랑하는 사람에게 꿈과 용기를 선물하기 때문이다.

사랑을 하는 사람과 사랑을 하지 않는 사람을 보면 확연하게 차이가 난다. 사랑하는 사람은 꿈과 용기의 에너지가 넘쳐 몸과 마음을 활기차게 해준다. 그래서 무슨 일을 하든 적극적으로 한다. 그러다 보니 자신이 원하는 꿈을 이루고 행복해한다. 그러나 사랑을 하지 않는 사람은 활기가 떨어지고 소심하게 행동한다. 그러다 보니 충분히 할 수 있는 것도 머뭇거리게 되고 그 결과는 실패로 끝난다.

인간의 사랑은 인간의 위대한 영혼을 더욱 위대한 것으로 만든다는 실러의 말은 매우 적확한 지적이다. 사랑하지 않는 사람은 사랑이 주는 꿈과 용기의 에너지가 얼마나 강한지를 잘 알지 못하지만, 사랑을 하는 사람은 사랑이 주는 꿈과 용기의 에너지의 힘을 잘 안다.

성공적인 꿈을 이룬 사람들은 사랑의 위대함을 잘 안다. 그래서 그들은 사랑을 할 때 열정을 바쳐 사랑했으며, 사랑에서 뿜어져 나오는 에너지를 꿈을 이루는 데 사용했다.

자신의 꿈을 이루고 싶다면 진실하고 열정적으로 사랑하라.

❖ 프리드리히 실러 Friedrich von Schiller 1759~1805
독일 고전주의 극작가, 시인, 철학자. 실러의 부모는 그를 성직자로 만들려고 했지만, 전제군주인 카를 오이겐 공의 명령에 의해 사관학교 들어가 8년 동안을 보냈다. 엄격한 전제적인 규율 속에서 청년기를 보낸 그는 그로 인해 권력의 이용과 남용이라는 문제에 부딪혔고, 그의 대부분의 희곡에서 주제로 드러냈다. 이에 대한 분노는 초기의 시에도 잘 나타났으며, 최초의 희곡인 《군도》에 잘 나타나 있다. 이 작품은 크게 성공했으며, 독일 연극사에 하나의 이정표가 되었다. 실러는 희곡을 통해 사회의 부정적인 제도와 모순에 대해 활기차게 비판했다. 그의 작품은 어떤 비평의 시류에도 퇴색되지 않을 것이라는 평가를 받는다. 주요 작품으로 《돈 카를로스》, 《빌헬름 텔》 외 다수가 있다.

DAY 211 사랑은 자기를 넘어서는 것 _오스카 와일드

사랑한다는 것은
자기를 넘어서는 것이다.

이기적인 마음을 갖고 사랑한다는 것은 매우 잘못된 일이다. 이기적인 마음은 상대에게 아픔을 주고, 슬픔을 준다. 이기적인 사람이 사랑의 실패를 많이 하는 것은 자신의 이기심을 이기지 못하기 때문이다.

진정한 사랑을 통해 아름다운 행복을 원한다면 자신의 이기심을 버려야 한다. 좋은 것은 상대에게 양보하고, 힘든 일이 생기면 앞장서서 해결하려는 의지를 적극적으로 보여주어야 한다. 그렇게 될 때 상대는 믿음을 갖게 되고 자신 역시 최선의 사랑을 보여주려고 노력한다.

이기심을 버리기 위해서는 어떻게 해야 할까.

이기심을 버리기 위해서는 자신을 넘어서야 한다. 그런데 이기심을 버리는 것은 쉽지 않다. 그것은 마음속에서 욕심을 버려야만 할 수 있는 일이기 때문이다. 아름다운 사랑은 저절로 이루어지지 않는다. 자신의 이기심을 버려야만 얻게 되는 인생의 귀한 손님이다.

인생의 귀한 손님인 아름다운 사랑을 아무 노력도 없이 맞이할 순 없다. 아름다운 사랑은 노력하는 자만이 차지할 수 있다.

그렇다. 자신을 넘어서는 마음을 기른다면 자신이 원하는 아름다운 사랑을 통해 행복한 나로 살아가게 될 것이다.

❖ 오스카 와일드 Oscar Wilde 1854~1900
아일랜드의 극작가, 소설가. 시인. 오스카 와일드는 어머니의 영향을 많이 받았는데 그의 어머니는 성공한 작가이며 아일랜드 민족주의자였다. 그는 9살 때까지 집에서 교육을 받았으며, 1864년부터 1871년까지 포토라 왕립학교에서 교육을 받았다. 그 후 더블린 트리니티 칼리지에서 고전문학을 공부했으며, 이후 옥스퍼드 대학 모들린 칼리지에서 수학했다. 그는 특히 고전학에서 뛰어난 기량을 보였으며 그가 작품을 쓰는 데 밑바탕이 되었다. 그는 날카롭고 재치가 있어 런던의 후기 빅토리아시대의 사람으로 가장 성공한 극작가이며, 그 시대에 가장 알려진 유명인 중 하나로 평가된다. 주요 작품으로 희곡《시시한 여자》,《이상적인 남편》,《성실하다는 것의 중요성》외 다수가 있으며, 시집, 산문 등 많은 작품이 있다.

DAY 212 인생이 존재하는 목적 _스탕달

인간이 존재하는 목적은
부자가 되기 위해서가 아니라
행복하기 위해서다.

인간은 누구나 행복하기를 바란다. 먹고, 마시고, 공부하고, 일하고, 사랑하고, 결혼하는 것은 행복해지기 위해서이다. 행복은 인간이 추구하는 가장 기본적이면서도, 가장 으뜸이 되는 삶의 목적이다. 그런데 어떤 사람들은 더 많은 것을 갖기 위해 남에게 못할 짓을 하고, 더 높은 자리에 앉기 위해 남을 중상모략하기도 한다. 또 없는 사실을 만들어 상대를 곤경에 처하게 하고, 있는 사실을 은폐하기도 한다.

진실을 왜곡하는 것은 그 어떤 것일지라도 용서 받을 수 없다. 그것은 자신은 물론 상대를 고통스럽게 하는 결과를 낳기 때문이다. 뿐만 아니라 사회의 질서를 무너뜨리는 행위이다. 이런 상황에서 인간은 전혀 행복을 느낄 수 없다. 다만 불행하다고 느낄 뿐이다. 자신이 행복해지기 위해서는 행복한 일을 해야 한다. 그렇게 될 때 자신은 물론 남도 행복하게 되고 이런 사람들이 많아질 때 행복한 사회가 된다.

인간은 행복하기 위해 태어난 존재이다. 하지만 저절로 오는 행복은 없다. 행복해지고 싶다면 행복한 일을 해야 한다. 그것이 행복해질 수 있는 가장 확실한 방법이다.

❖ 스탕달 Marie Henri Beyle Stendhal 1783~1842
프랑스 소설가. 프랑스 사실주의 문학의 시조로 평가받는다. 독특한 연애관을 소재로 한 소설 《아르망스》로 데뷔했다. 대표작인 《적과 흑》은 최초의 사실주의 소설로 특권계급에 도전했으며, 《파브르의 승원》에서는 전제군주에 대해 날카롭게 비판했다. 모차르트, 로시니 음악을 좋아했으며, 이탈리아 미술을 좋아해 각지를 여행하면서 소설, 평론, 여행기 등을 썼다. 스탕달은 구속받는 것을 극도로 꺼렸으며, 자기 행복을 추구하는 것을 삶의 목적으로 여겨 그의 작품에는 이러한 그의 생각이 잘 드러나 있다. 주요 작품으로는 《적과 흑》, 《파르마의 수도원》 외 다수가 있다.

DAY 213 고락에서 오는 행복 _채근담

아무런 노력도 없이 얻는 행복은
곧 달아나 버린다.
참다운 행복은 고락을 통해
마음을 단련시킴으로써 얻어지는 것이다.
그런 행복은 다시는 잃는 법이 없다.

노력 없이 요행을 바라는 사람들이 있다. 요행을 바라는 사람들은 대개 허황된 마음에 들떠 있는 사람이다. 하늘에서 돈벼락이나 내렸으면, 어디 뭐 좋은 것 없을까. 하고 망상에 잠긴다.

요행은 자신의 능력을 소멸시키는 좀과 같다. 좀이 옷을 슬듯 요행은 자신의 능력을 살금살금 갉아먹는다. 자신이 불행해지지 않으려면 요행이라는 망상에서 벗어나야 한다.

노력 없이는 자신이 원하는 것을 얻을 수 없다. 자신이 원하는 것을 얻기 위해서는 땀을 흘리고, 열정을 바쳐야 한다. 이처럼 노력을 통해 이룬 행복은 쉽게 사라지지 않는다. 그 이유는 고락(어려움과 기쁨이) 함께했기 때문이다. 그러나 노력 없이 이룬 행복은 모래 위에 지은 집과 같아 쉽게 사라져버린다. 어려움과 기쁨이 함께하지 않아 그 소중함을 모르는 까닭이다.

그런 까닭에 노력에 대한 바른 가치관을 기르는 것이 무엇보다 중요하다. 바른 가치관을 갖게 되면 허황된 꿈을 꾸지 않는다. 아무리 힘들고 어려워도 오직 노력을 통해서만 자신의 꿈을 이루려고 한다. 고락을 통한 행복, 그것이야말로 참된 행복이다.

❖ 채근담採根譚
명나라 고전문학가인 홍자성(본명 홍응명)의 어록으로 삼교일치의 처세철학서이다. 채근담은 경구풍의 단문 350여 조로 구성되어 있다. 중국에서는 잘 알려지지 않았으나 한국에서는 널리 읽혔다. 지은이에 대해 잘 알려지지 않은 것이 아쉬움으로 남지만, 진사 우공겸의 친구로 쓰촨성의 사람으로 추정할 뿐이다. 저서로는 《선불기종》 8권이 있으며, 《채근담》과 함께 《희영헌총서》에 들어가 있다.

DAY 214 친절한 벗 _테오크리토스

친절한 벗의 선물은
아무리 사소한 것일지라도
가치 있는 것으로 여겨야 한다.
친절한 마음씨만으로도
이내 하나의 선물이 되기 때문이다.

'친절'은 사람 사이를 부드럽고 따뜻한 관계로 만들어 준다. 그래서 친절한 사람을 보면 기분이 좋고, 좋은 사람일 거라는 생각이 든다. 친절한 행동은 친절을 베푸는 사람뿐만 아니라 주변에 있는 모든 사람을 행복하게 만든다. 친절은 아무리 베풀어도 부족함이 없다. 많으면 많을수록 더욱 좋은 것이 친절이다.

하버드대학 긍정심리학 교수이자 《하버드대 52주 행복연습》의 저자인 탈 벤 샤하르는 말하기를 "친절을 베푸는 과정에서 얻은 행복은 마르지 않는 샘물과 같다. 몇몇 사람만이 행복을 맛보지 않는다. 한 사람이 행복을 얻는다고 해서 다른 사람이 행복을 잃지 않는다"라고 했다. 이 말이 의미하는 것은 친절은 많이 베풀수록 좋다는 것이다. 친절은 모두를 행복하게 하는 아름다운 행위이다.

'친절한 마음'을 습관화시킨다면, 누구에게나 친절을 베푸는 좋은 사람으로 인정받게 됨으로써 보람되고 만족한 행복을 누릴 수 있게 될 것이다. 친절하라. 친절한 만큼 삶은 기쁨이 되어 돌아온다.

❖ 테오크리토스 Theocritus B.C 310~B.C 250
고대 그리스 시인. 전원시 창시자이다. 목가는 테오크리토스의 작품들 가운데 그의 특징을 가장 잘 나타내고 있으며 가장 많은 영향을 미쳤다. 그의 목가는 베르길리우스의 전원시뿐만 아니라 르네상스 시대의 시와 희곡이 바탕이 되었으며, 영국의 유명한 비가인 밀턴의 〈리시더스〉, 셸리의 〈아도네이스〉 및 매슈 아널드의 〈타르시스〉의 원조가 되었다. 주요 작품으로는 짝사랑으로 괴로워하다 죽은 양치기 시인인 다프니스를 애도하는 시 〈티르시스〉와 코스 섬의 축제를 묘사한 〈탈리시아〉 외 다수가 있다.

DAY 215 새로운 생각 기르기 _마르셀 프루스트

진정 무엇인가를 발견하는 여행은
새로운 풍경을 바라보는 것이 아니라
새로운 눈을 가지는 데 있다.

지금보다 나은 나로 살아가기 위해서는 새로운 생각을 가져야 한다. 새로운 생각은 새로운 변화를 이끌어내는 에너지이다. 그런데 문제는 새로운 생각은 저절로 오지 않는다는 것이다. 새로운 생각을 갖기 위해서는 그만한 노력이 있어야 한다. 새로운 생각을 갖기 위해서는 어떻게 해야 할까.

첫째, 독서를 통해 새롭고 풍부한 지식을 길러야 한다. 현대는 시시각각 변하는 초스피드 시대. 한눈을 팔거나 게으름을 피우다가는 시대에 뒤떨어지고 만다. 시대에 뒤처지지 않고 앞서가기 위해서는 독서가 필수이다. 둘째, 언제나 긍정적인 생각을 가져야 한다. 긍정적인 생각은 새로운 아이디어로 도전정신을 갖게 하는 참 좋은 마인드이다. 긍정적인 생각만 갖고 있다면 불가능한 일도 능히 헤쳐 나갈 수 있다. 셋째, 창의적이고 생산적인 사고를 길러야 한다. 같은 것을 보더라도 새롭게 보는 눈을 가지라는 말이다. 새로운 눈을 가지면 새로운 생각을 하게 되고 자신만의 경쟁력을 키우는 데 큰 도움이 된다.

이 세 가지만 실천할 수 있다면 새로운 생각을 기르는 데 큰 도움이 된다. 그리고 나아가 자신이 원하는 삶을 실행함으로써 만족한 행복을 느끼게 될 것이다.

❖ 마르셀 프루스트 Marcel Proust 1871~1922
프랑스 소설가. 고등학교 시절부터 문학에 흥미를 가져 학교에서 작문과 논문상을 받으며 재능을 발휘했다. 파리대학 법학부를 졸업하고 법학사가 되었다. 이때부터 본격적으로 문학에 열중하여 《즐거움과 나날》을 첫 출간했다. 그 후 평론을 신문과 잡지에 발표했다. 부모를 여의고 《생트뵈브에 반대한다》를 쓰기 시작했는데 이것이 《잃어버린 시간을 찾아서》 집필로까지 이어졌다. 이 책은 총 7권으로 구성되었는데 14년에 걸쳐 출판되었다. 1919년 콩쿠르 상을 받으며 유명해짐은 물론 20세기 최대의 작가 중 한 사람으로 평가받는다. 주요 작품으로 《잃어버린 시간을 찾아서》, 《잃어버린 시절을 찾아서》 외 다수가 있다.

DAY 216 무엇이든 시작은 어려운 법이다 _니체

☐ CHECK

모든 것의 시작은 위험하다.
그러나 무엇을 막론하고, 시작하지 않으면
아무것도 시작되지 않는다.

독일의 철학자 니체는 모든 시작은 위험하다고 말했다. 여기서 위험하다는 것은 어렵다는 의미이다. 모든 시작이 어려운 것은 당연하다. 처음 시도하는 것은 그것이 무엇이든 이제껏 한 번도 경험해보지 않아서 어려움을 느끼는 것이다.

그러나 분명히 알아야 할 것은 처음을 시작하지 않으면 그 어떤 것도 할 수 없다는 사실이다. 우리가 불가능하다고 믿었던 것도 시작을 했기에 해낼 수 있었다. 이처럼 아무리 어려운 일도 일단 시작을 하면 얼마든지 해 나갈 수 있다. 인간은 무한한 능력을 지닌 존재이기 때문이다. 용기를 갖고 끝까지 해내고자 하는 강인한 의지만 있으면 충분히 해낼 수 있다. 다만 용기를 내지 못해서 못하는 것일 뿐이다.

'시작이 반이다'라는 속담처럼 일단 시작하는 것이 어렵지, 시작만 하면 얼마든지 할 수 있다. 이는 불변의 법칙과도 같은 삶의 진리이다.

그렇다. 많이 배운 사람이든, 못 배운 사람이든, 지위가 높든 지위가 낮든, 잘났든 못났든 누구에게나 모든 것의 시작은 어렵다. 하지만 용기와 자신감만 있다면 그 어떤 일도 과감하게 시작할 수 있다.

❖ 프리드리히 니체 Friedrich Wilhelm Nietzsche 1844~1900
19세기 독일의 철학자, 시인. 니체는 개신교 목사의 아들로 태어났다. 종교와 도덕, 문화, 철학, 과학에 대한 비평을 썼으며, 경구aphorism에 대한 자신만의 생각을 잘 표현했다. 약관의 24세에 스위스 바젤 대학에서 교수로 고전철학을 가르치며 꾸준히 강연활동을 벌였다. 1872년 첫 작품《비극의 탄생》을 발표했다. 그 후 대학을 그만두고 십여 년 동안 긴 방랑생활을 하면서도 꾸준히 집필활동을 했다. 키에르케고르와 더불어 실존주의의 선구자적인 역할을 했으며, 자유주의, 힘의 논리 등의 마키아벨리즘, 권위주의, 반대주의 등에 대해 강력히 비판한 것으로 유명하다. 대표적인 작품으로《차라투스트라는 이렇게 말했다》,《인간적인 너무나 인간적인》외 다수가 있다.

DAY 217 선택의 중요성 _카렌 카이저 클라크

인생은
변화하고 성장은 선택사항이다.
현명하게 선택해야 한다.

  사람은 누구나 자신의 인생을 행복하게 살 권리가 있다. 그래서 행복한 인생이 되기 위해 저마다 자신의 꿈을 이루기 위해 노력한다. 여기서 중요한 사실은 자신이 무슨 선택을 할 것인가를 결정해야 한다는 것이다. 즉 자신이 하고 싶은 것을 잘 선택해야 한다. 어떤 선택을 하느냐에 따라 인생의 결과는 달라지기 때문이다.
  선택을 할 때 마음에 새길 것은 첫째, 남의 것이 좋아 보여 겉모습만 보고 선택을 하다 보면 실패할 확률이 높다. 겉모습을 보고 절대 선택해서는 안 된다. 둘째, 자신이 좋아하고 가장 잘할 수 있는 것을 선택하라. 자신이 좋아하는 일은 힘들어도 포기하지 않는다. 그래서 성공할 확률이 높다. 셋째, 긍지와 자부심을 가질 수 있는 일을 선택하라. 이런 일은 삶의 가치를 한껏 끌어올린다. 가치 있는 일은 스스로를 만족하게 한다.
  그 누구든 자신의 꿈을 선택할 때 이 세 가지 기준에 맞춰 선택한다면 생산적이고 창조적인 삶을 살아가게 됨으로써 행복하게 된다. 선택이 좋으면 자신이 성장해나가는 데 큰 도움이 되기 때문이다.
  스티브 잡스, 빌 게이츠, 스티븐 스필버그, 메시 등 자신의 꿈을 이룬 사람들은 하나같이 선택의 귀재이다. 선택은 성공을 결정짓는 매우 중요한 성공요소이다. 신중히 그리고 똑똑하게 선택하라.

❖ 카렌 카이저 클라크Karen Kaiser Clark
미국의 저술가이자 강연가이다. 새로운 내가 되기 위해서는 새로운 생각, 새로운 마음가짐을 가져야 한다고 역설하며 많은 이들에게 긍정의 메시지를 전하고 있다.

DAY 218 인생의 고난을 돌파하는 비결 _맥도널드

능숙한 선장은 폭풍을 만났을 때
폭풍에 반항하지 않고 절망도 하지 않는다.
늘 확고한 승산을 갖고 최후의 순간까지
최선을 다해 활로를 열려고 한다.
이것이 인생의 고난을 돌파하는 비결이다.

인생의 고난을 돌파하는 최선의 비결은 고난을 고난으로 보지 않고 성공을 위한 기회로 보는 것이다.

불후의 고전《돈키호테》의 작가인 세르반테스는 평생을 고난 속에서 보냈다. 그는 가난한 아버지로 인해 배우지도 못하고, 자신이 하고 싶은 것이라고는 아무것도 하지 못했다. 어른이 된 그는 먹고살기 위해 전쟁에 참가했다가 왼팔에 부상을 입고 말았다. 고국으로 돌아오는 길에 알제리에서 해적에게 잡혀 5년 동안 노예생활을 했다. 죽을 만큼 힘든 생활을 견딘 끝에 스페인으로 돌아왔다. 세르반테스는 세금 징수원으로 일하며 생활했다.

그러나 수금한 세금을 아는 사람에게 떼이고 감옥에 갇히는 불운을 겪었다. 감옥에서 세르반테스는 소설을 쓰기 시작했다. 그의 나이 56세에 쓰기 시작해 58세에 완성시킨 그의 출세작《돈키호테》는 고난과 시련 속에 쓰여진 소설이다. 이 소설은 세르반테스에게는 긍지와 자부심을 주었다.

최악의 상황에서도 포기하지 않고 최선을 다한 세르반테스의 굳은 신념은 그에게 성공한 작가라는 타이틀을 안겨주었다. 세르반테스는 가고 없지만 그의 소설은 언제나 푸르게 반짝이며 빛나고 있다.

능숙한 선장은 폭풍을 만났을 때 폭풍에 반항하지 않고 절망도 하지 않는다는 맥도널드의 말처럼 고난을 만났을 때 끝까지 밀고 나가는 당신이 되길 바란다.

❖ 맥도널드 George McDonald 1824~1905
스코틀랜드 소설가이자 시인. 인간이 하나님에게 돌아가는 순례를 다룬 그리스도 우화를 많이 썼으며 아이 어른 모두 좋아하는 동화들로 유명하다. 회중교회 목사가 되어 설교와 강연을 했다. 1855년 시적인 비극《내부와 외부》를 발표하면서 본격적으로 문학을 시작했다. 어른들을 위한 작품으로는《백일몽》,《릴리스》가 뛰어나고, 아이들을 위한 작품으로는《북풍의 등에 업혀》가 가장 유명하지만,《공주와 난장이》와 그 속편인《공주와 커디 소년》도 걸작으로 꾸준히 사랑받고 있다.

DAY 219 어려움은 누구에게나 있다 _노만 V. 필

어려움은 나뿐만 아니라
남에게도 있었고 그들은
그 어려운 장벽 앞에서도 굴하지 않고
힘차게 뚫고 나갔다는 것을 기억하라.

어려움은 누구에게나 찾아오는 '인생의 손님'이다. 반가운 손님은 아니지만 피해갈 수 없다면 맞서 이겨내야 한다. 이겨내지 못하면 자신이 원하는 것을 얻지 못한다.

르네상스 시대의 화가이자 조각가이며, 건축가였던 미켈란젤로. 그는 명작 〈최후의 심판〉을 그렸으며, 유명한 〈다비드상〉을 조각했고, 〈성베드로성당〉을 건축한 것으로 유명하다. 한 사람이 지닌 재능으로는 축복이 아닐 수 없다.

하지만 미켈란젤로는 가난을 운명처럼 여기며 살았다. 너무도 가난했던 그는 돈이 없어 일꾼들과 한 방에서 지냈다. 가난은 사람을 궁지로 몰아넣기도 하고, 비굴하게 만들기도 한다. 미켈란젤로는 가난의 악조건 속에서도 언제나 묵묵히 자신의 일에 열정을 다했다. 그 결과 세계미술사에 영원히 남아 사람들로부터 존경받고 있다.

조금만 힘들고 어려워도 징징거리는 사람들을 볼 수 있다. 이런 자세로는 그 어떤 일도 제대로 해내기 힘들다. 굳건한 의지와 용기를 갖고 해야 한다. 그랬을 때 좋은 결과가 나타난다. 어려움에 지지 않는 그대가 돼라.

❖ 노만 빈센트 필Norman Vincent Peale1898~1993
목사. 저술가. 자기계발 동기부여가. 뉴욕 마블 협동교회에서 시무 52년을 포함하여 60년 동안을 목사로 사역했다. 그는 시련과 고통 속에서 절망하는 많은 이들에게 성공적인 삶을 살아가도록 용기와 꿈을 주는 일에 평생을 바쳤다. 발행 부수 1,600만 부인 〈가이드 포스트〉를 발행하여 독자들로부터 많은 사랑을 받았다. 그의 대표작인 《적극적인 사고방식》은 현재 42개 언어로 번역되어 2,000만 부 이상이 팔린 초대형 베스트셀러이다. 그 외 《세상과 나를 움직이는 삶의 기술》 등 45권의 저서가 있는데, 대부분의 책이 번역되어 전 세계적으로 널리 읽히고 있다.

DAY 220 성공의 의지 _윌리엄 제임스

성공은 성공하려는 사람에게 자연히 따라온다.
성공하고 싶다면, 내면의 감정이 어떠하든
성공의 기운을 발산해야 한다.

"성공은 성공하려는 사람에게 자연히 따라온다."
미국 하버드 대학교수이자 심리학자인 윌리엄 제임스의 말이다. 성공하고 싶다면 성공의 의지를 지니라는 것이다. 왜 그럴까. 성공의 의지를 강렬하게 가지면 내면 깊숙이 내재되어 '성공'이란 말만 들어도 성공해야겠다는 의지를 발동시키기 때문이다. 잠재의식이란 무서운 것이다. 무의식의 세계에서도 또렷이 나타나 강하게 작용한다.
미국 존스홉킨스 의과대학 설립자이며 근대 의학의 아버지로 불리는 윌리엄 오슬러는 평범한 의학도였다. 그는 의학 공부를 하면서도 성공에 대한 확신이 없어 자신감이 없었다. 그랬던 그가 독하게 마음먹고 공부한 끝에 의사가 되고 성공할 수 있었던 비결은 무엇일까.
그것은 바로 토머스 칼라일의 글을 대하고 나서 그의 마음이 변했기 때문이다. 다음은 그가 감동을 받은 문구이다.
"우리들의 중요한 임무는 멀리 있는 희미한 사물을 보는 것이 아니라 뚜렷하게 자신 가까이에 있는 것을 몸소 실천하는 데 있다."
오슬러는 칼라일의 글에서 용기를 얻고 성공의 의지를 발동하여 실천한 끝에 성공을 이뤄낸 것이다. 성공의 의지를 갖는다는 것, 그것은 곧 성공할 수 있다는 확신을 의미한다.

❖ 윌리엄 제임스 William James 1842~1910
미국 하버드대학 교수 역임. 심리학자이자 철학자로 근대 심리학의 창시자로 불린다. 그는 철학은 인간이 활동 중에서 가장 숭고하며, 가장 사소한 것이라고 말한다. 또한 철학은 가장 작은 틈새에서 작용하면서도 가장 넓은 전망을 열어젖힌다고 비유적으로 말하며, 철학이 밥을 먹여주지는 못하지만 우리의 영혼에 용기를 불어넣는다고 주장했다. 철학은 삶의 모든 것에 기초하면서 철학 없이는 어느 누구도 살아갈 수 없다며 철학을 옹호한 것으로 유명하다. 그는 또 심리적인 관점에서 삶을 통찰하는 탁월한 능력으로 심리학이 발전하는 데 크게 기여했다. 주요 저서로는 《심리학 원리》, 《프래그머티즘》, 《근본적 경험론》 외 다수가 있다.

DAY 221 성공했다고 믿고 시작하라 _조이스 브러더스

성공은 마음가짐의 문제다.
성공을 원한다면
먼저 자신을 성공한 인물로 생각하라.

세계적인 호텔로 유명한 힐튼 호텔의 창업주인 콘라드 힐튼은 가난한 소년 시절을 보냈다. 어른이 된 그는 호텔 벨보이가 되었다. 그는 비록 고객의 잔심부름을 하는 일을 했지만 꿈이 있었다. 그의 꿈은 세계에서 가장 크고 좋은 호텔을 갖는 거였다. 그는 이런 자신의 꿈을 종이에 적어 미국에서 가장 큰 호텔 사진과 같이 책상 위에 붙여 놓고는 수시로 바라보며 꿈을 키워나갔다. 성공한 자신을 상상하는 것만으로도 행복했다.

힐튼은 자신이 게으른 것을 스스로 용납하지 않았다. 게으름은 자신의 꿈을 가로막는 나쁜 적으로 간주한 것이다. 그는 동료들이 게으름을 피우고 놀 때도 한시도 멈추는 법이 없었다. 그의 성실한 모습은 사람들에게 좋은 인상을 심어주었다.

그렇게 열심히 한 길로 달려간 끝에 그는 모오블리라는 사람이 경영하던 호텔을 인수할 수 있었다. 벨 보이던 그가 호텔의 사장이 됐다는 것은 그에겐 기적과도 같은 일이었다. 그는 거기에 머무르지 않고, 최상의 서비스로 고객들에게 최선을 다하자 호텔수익은 날로 증가했다. 그는 자신이 상상하는 대로 호텔을 하나씩 늘려나갔다. 그리고 마침내 전 세계에 250여 개의 호텔을 갖게 되었다.

상상의 힘은 참 놀랍다. 상상의 힘이 호텔 벨보이였던 힐튼을 호텔왕이 되게 한 것처럼 자신이 상상한 대로 실천한다면 상상을 현실로 만들게 될 것이다.

❖ 조이스 브러더스 Joyce Brothers 1927~2013
미국의 심리학자. 조이스 브러더스는 인간관계에 있어 칭찬과 격려가 미치는 영향에 대해 "마치 당연한 듯 받아들여지는 것이 칭찬인 경우도 있다. 그것은 당신이 다른 사람의 생활 속에 편안하고 신뢰감을 주는 존재로 자리 잡았음을 의미하는 것이다"라고 말하며 인간관계의 중요성을 강조하는 등 사람들이 삶을 긍정적으로 살아가도록 하는 데 열정을 바친 인물로 평가받고 있다.

DAY 222 지금 당장 시도하라 _클레멘트 스톤

시도하고 또 시도하는 자만이
성공을 이루어내고 그것을 유지한다.
시도한다고 잃을 것은 없으며, 성공하면 커다란 수확을 얻게 된다.
그러니 일단 시도해보라. 망설이지 말고 지금 당장 해보라.

바보들은 항상 결심만 하다 만다는 말이 있다. 시도하지 못하는 결심은 아무것도 아니다. 마치 알맹이 없는 열매와 같다. 무슨 일을 하든 결과를 얻기 위해서는 자신이 결심한 것을 지금 당장 시도해야 한다. 머뭇거리거나 생각만으로 끝나면 그 어떤 결실도 맺지 못한다.

중국의 삼대 시인 중 하나인 도연명이 말하기를 "세월은 사람을 기다려주지 않는다"고 했다. 이 말이 의미하는 것은 무엇인가를 이루고 싶다면 게으름을 피우지 말고 부지런히 힘쓰라는 말이다.

그렇다. 시간은 흐르는 강물과 같아 붙잡아 둘 수가 없다. 시간은 앞으로만 가는 에고이스트이다. 그래서 시간에 질질 끌려가는 사람은 시간의 노예가 되어 자신이 원하는 것은 고사하고 남에게 뒤처지고 만다.

그러나 시간을 리드하는 사람은 자신이 원하는 대로 살아가게 된다. 시간을 리드하기 위해서는 자신이 생각한 것을 지금 당장 시도하는 것이다. 시간은 리드하는 사람을 좋아하고 그에게 원하는 것을 선물한다.

시간에게 끌려갈 것인가, 아니면 시간을 끌고 갈 것인가는 매우 중요하다. 시간에 끌려가고 싶지 않다면 자신이 계획한 것을 지금 당장 시작하라. 시작하는 자만이 원하는 것을 얻을 수 있다.

❖ 클레멘트 스톤 W. Clement Stone 1902~2002
미국의 기업인. 자기계발 동기부여가이자 세일즈맨의 원조로 불린다. 어린 시절 가난한 집안 환경으로 6세 때부터 시카고에서 신문을 판매했으며, 13세 때 자신의 신문 가판대를 갖게 되었다. 16세 때 어머니와 보험사를 차리고 보험세일즈를 하며 큰돈을 벌기 시작해 마침내 억만장자가 되어 사람들을 놀라게 했다. 미국 경제잡지인 〈포춘〉지가 선정하는 '미국 50대 부자'에 이름을 올렸다. 그는 맨주먹으로 자수성가한 입지전적인 인물이다. 주요 저서로 《믿고 행동하라》, 《클레멘트처럼 성공하기》 외 다수가 있다.

DAY 223 승자의 자세 _탈무드

승자는
눈을 밟아 길을 만들지만
패자는
눈이 녹기를 끊임없이 기다리고 기다린다.

　승자와 패자의 가장 확실한 차이점은 '긍정'과 '부정'에 있다. 승자는 매사를 긍정적으로 생각한다. 아무리 불가능한 일도 긍정의 눈으로 바라본다. 그러나 패자는 매사를 부정적으로 생각한다. 충분히 할 수 있는 것도 부정의 눈으로 바라본다. 이처럼 긍정과 부정은 엄청난 결과를 가져온다.
　이순신 장군이 왜군과의 전쟁에서 전승을 거둘 수 있었던 것은 모든 것을 긍정의 눈으로 바라보고 나아갔기 때문이다. 이순신 장군은 최악의 순간에도 긍정의 힘을 잃지 않았다. 이순신 장군은 눈을 밟아 길을 만드는 스타일이다. 눈이 녹기를 기다린다는 것은 패배를 부르는 부정적인 마인드라는 걸 너무도 잘 알았던 명장 중에 명장이었다.
　하지만 신립 장군은 탄금대에서 배수진을 치고 왜군을 맞았다. 이는 매우 잘못된 선택이었다. 왜군이 들어오길 기다리지 말고 적극적으로 공격을 했더라면 처절하게 패배하는 불충은 저지르지 않았을 것이다. 이순신 장군은 눈을 밟으며 길을 만든 승자였고, 신립 장군은 눈이 녹기를 기다린 패자였던 것이다. 이 점이 이순신 장군과 신립 장군의 극명한 차이다.
　꿈을 이루기 위해 많은 어려움을 겪게 된다. 어려움에 처하더라도 적극 대처하는 것이 어려움을 극복해내는 가장 좋은 방법임을 잊지 말고 실천하라.

❖ 탈무드Talmud
교훈, 교의라는 뜻의 유대인의 민족서인 지혜서로 5천 년의 역사와 전통을 자랑하는 총 20권에 1만 2천 페이지, 2백 50만 단어로 이루어진 유대민족의 살아있는 지혜가 체계적으로 정리된 방대한 분량의 책이다. 《탈무드》에는 정치, 경제, 예술, 법, 예의, 도덕, 결혼과 연애, 돈, 바람직한 삶의 자세에 대한 주옥같은 글들이 전편을 채우고 있다. 유대인들이 세계 최고의 민족이 되는 데 《탈무드》의 영향은 절대적이다. 유대인들은 누구나 《탈무드》를 공부하며 그 가르침에 따라 실천하는 것을 덕목으로 여기기 때문이다. 《탈무드》는 전 세계적으로 번역되어 널리 읽히는 최고의 가치를 지닌 대표적인 책 중에 하나이다.

DAY 224 위대한 도전정신 _프랭클린 루스벨트

☐ CHECK

돌이켜 보면
나의 생애는 일곱 번 넘어지고
여덟 번 일어났던 것이다.

  실패 없는 도전은 없고, 도전 없는 성공은 없다. 모든 성공 뒤엔 가슴 쓰린 실패가 있기 마련이다. 그런데 문제는 실패를 했을 때 어떤 자세를 갖느냐가 매우 중요하다. 실패를 하면 대개 상실감에 젖어 자신을 질책하곤 한다.
  물론 그럴 수 있다. 하지만 질책이 길어져 자신감을 잃으면 도전하는 것에 대해 두려움을 갖는다. 일단 두려움이라는 감옥에 갇히면 다시 용기를 갖기 위해서는 많은 시간이 필요하다. 이는 인생에 있어 매우 소모적인 일이다. 이처럼 불필요한 소모를 막기 위해서는 설령 반복된 실패를 하더라도 두려움에 사로잡히지 말아야 한다. 속은 상하겠지만 아무렇지도 않게 넘길 수 있어야 한다. 이것 또한 용기이다.
  미국 대통령 중 유일하게 4선 대통령인 프랭클린 루스벨트는 실패를 누구보다도 많이 한 사람이다. 그러나 그는 실패를 성공의 디딤돌로 삼고 성공한 대통령이 될 수 있었다. 발명가 에디슨은 누구보다도 실패를 많이 했다. 그러나 많은 실패를 통해 천 가지가 넘는 발명품을 탄생시킬 수 있었다.
  실패를 두려워하지 않는 강심장이 돼라. 실패를 이겨내면 반드시 자신이 원하는 것을 얻게 된다. 그러나 이겨내지 못하면 원하는 것을 놓치고 만다. 실패는 성공의 디딤돌이다.

❖ 프랭클린 D. 루스벨트Franklin Delano Roosevelt 1882~1945
미국의 정치가. 미국 역사상 최초로 4선 대통령인 루스벨트는 그 어떤 정치가보다도 실패를 많이 했다. 그는 39세 때 갑작스럽게 소아마비를 앓게 되면서 심한 좌절을 겪기도 했다. 그러나 그는 강철 같은 의지로 소아마비를 극복하며 대통령이 되었다. 루스벨트는 자신의 공약대로 '뉴딜New Deal 정책'을 펼쳐나감으로써 미국을 최악의 경제공황으로부터 구해냈다. 그가 미국국민들로부터 존경받는 것은 그 어떤 상황에서도 자신의 책임을 다했을 뿐만 아니라, 남의 의견을 존중하고, 평화와 자유를 사랑하는 따뜻하고 부드러운 인간애로 국민들에게 희망과 용기를 준 삶을 지향했기 때문이다. 주요 저서로《우리의 길On Our Way》외 다수가 있다.

DAY 225 세상을 뛰어넘기 _마이클 코다

성공하려면
세상의 모습을 있는 그대로
받아들이되
그것을 뛰어넘어야 한다.

핑계 없는 무덤은 없다는 속담이 있다. 이는 어떤 일에 있어 결과에 대해 변명을 해 댐을 경계하여 이르는 말이다. 무슨 일이든 잘 해나가는 사람은 어떤 상황에서도 결코 변명 따위는 하지 않는다. 그것은 스스로를 나약한 존재라고 인정하는 거와 같다. 그러나 그 어떤 일도 잘 하지 못하는 사람은 변명으로 일관한다. 변명함으로써 자신의 잘못을 회피하려는 마음에서다. 하지만 이는 스스로 묻힐 웅덩이를 파는 것과 같다. 쓸데없는 변명은 치졸하고 무가치한 일이다.

"성공하려면 세상의 모습을 있는 그대로 받아들이되 그것을 뛰어넘어야 한다"는 마이클 코다의 말은 어떤 상황에서도 자신에게 주어진 일에 열정을 다하라는 것이다. 그렇게 할 수 있다면 반드시 좋은 결과를 얻음을 뜻한다.

세상은 자신이 원하는 대로 따라주지 않는다. 그래도 자신이 원하는 것을 얻기 위해서는 반드시 세상을 뛰어넘어야 한다. 세상은 가만히 있는 자에게 '성공의 마시멜로'를 주지 않는다.

세상은 아주 냉정한 고집쟁이와 같다. 고집쟁이인 세상을 이기고 자신이 원하는 것을 얻기란 결코 쉽지 않다. 세상을 뛰어넘는 10대가 돼라. 그랬을 때 자신이 바라는 대로 멋진 인생의 그림을 완성시킬 수 있다.

❖ 마이클 코다Michael Korda
미국의 저술가. 출판편집자. 영화미술감독 빈센트 코다와 영국 여배우 게르트루드 무스그로브의 아들로 태어났다. '사이먼 앤 슈스터' 출판사의 편집장으로 있으며, 저술활동에도 적극적으로 나서고 있다. 주요 저서로 《힘의 원칙》이 있으며 이외에도 여러 권의 저서가 있다.

DAY 226 한 걸음씩 나아가라 _마이클 조던

☐ CHECK

23

한 걸음
한 걸음 단계를 밟아 나아가라.
그것이 무언가를 성취하려는
내가 아는 유일한 방법이다.

　세계에서 농구를 가장 잘 하는 남자 마이클 조던. 120년 농구 역사에서 가장 위대한 선수로 평가받는 그는 농구 황제, 농구계의 신사 등으로 불린다. 그에 대한 수식어는 실로 그를 더욱 위대한 선수로 높여준다.
　그의 현란한 드리블은 예술적 경지에 이르렀고, 농구선수로는 비교적 작은 키(198cm)에서 돌고래처럼 솟구쳐 오르며 내리꽂는 덩크슛은, 보는 이들에게 탄성을 자아내게 한다.
　조던이 NBA의 최고의 선수가 될 수 있었던 것은 그의 천재적 재능에도 있지만 지치지 않는 열정으로 누구보다도 피나는 연습의 결과였다. 그는 농구선수로는 작은 키를 보완하기 위해 하루에도 수백 번씩 점프연습을 했다고 한다. 꾸준한 점프연습으로 그는 다리에 근육을 키울 수 있었고 제자리에서 1미터를 뛸 수 있게 되었다. 그가 덩크슛의 달인이 된 것이나, 자신보다 10센티미터나 더 큰 선수들을 제치고 공중볼을 잡아낼 수 있는 것이나, 어느 각도에서도 슛이 가능한 것이나, 다양한 공격기술이나, 수비기술 역시 피나는 노력이 이룬 결과이다.
　자신이 원하는 분야에서 최고가 되고 싶다면 조던이 그랬듯이 한 걸음 한 걸음씩 꾸준히 하면서 기초를 튼튼히 길러야 한다.

❖ 마이클 조던Michael Jordan 1963~
NBA 전 농구선수. 조던은 농구선수로서는 큰 키(198cm)가 아니다. 그는 자신의 작은 키를 극복하기 위해 제자리 높이뛰기 연습을 통해 덩크 슛의 귀재가 되었다. 또한 그는 타고난 천재적 재능에도 연습을 게을리하지 않고, 남들보다 몇 배의 노력으로 최고의 기량을 갖추는 등 최선의 노력을 다했다. 그가 성공한 농구선수로 평가받는 것은 농구를 잘해서 뿐만이 아니다. 그는 '농구계의 신사'라는 별명답게 매사에 친절하고, 따뜻한 성품으로 모범을 보여주었기 때문이다. 그는 NBA 올스타전 MVP(1998), NBA 파이널 MVP(1998), NBA 최우수선수상(1998) 등 각종 상을 휩쓸었다. 그는 NBA 역대 최우수 선수로 평가받고 있다. 그는 현재 샬럿 호네츠 구단주로 있다.

DAY 227 인생의 그릇을 크게 하기 _장 폴 사르트르

인간은 결국
자신의 그릇 크기만큼의
인생밖에 살 수가 없다.

사람은 저마다 자신의 인생을 살아간다. 그런데 어떤 사람은 자신이 원하는 삶을 사는데, 또 다른 사람은 자신이 원하는 삶을 살지 못한다. 이는 무엇 때문인가. 그것은 인생의 그릇의 크기가 다르기 때문이다.

자신이 원하는 삶을 사는 사람은 자신의 인생의 그릇의 크기를 채우기 위해 부단한 노력을 기울인다. 그렇게 하지 않으면 자신의 인생의 그릇을 채울 수 없기 때문이다. 그러나 자신이 원하는 삶을 살지 못하는 사람은 자신의 인생의 그릇을 채우기 위해 그만큼의 노력을 하지 않는다. 노력하지 않으면 절대 자신의 인생의 그릇을 채울 수 없다.

삶은 그 어떤 것도 거저 주지 않는다. 자기가 공을 들인 꼭 그만큼만 준다. 자신이 원하는 삶을 살고 싶다면 최소한 자신이 원하는 만큼 노력을 들여야 한다. 그것이 자신에게도 떳떳하고, 다른 사람들에게도 자신의 가치를 당당하게 인식시킬 수 있다.

자신이 원하는 삶을 사는 대부분의 사람은 젊은 시절을 알차게 잘 보냈다는 것을 알 수 있다. 인생의 기초를 탄탄히 하면 인생의 그릇을 키우는 데 큰 힘이 되기 때문이다.

❖ 장 폴 사르트르 Jean Paul Sartre 1905~1980
프랑스 실존주의 철학자. 소설가. 극작가. 평론가. 국립고등사범학교인 에콜 노르말 쉬페리에르를 졸업하고 교사생활을 하다 프랑스 문화원의 장학생으로 베를린으로 유학하여 현상학을 연구했다. 그 후 교직생활을 하며 단편 〈벽〉을 썼으며 《구토》를 출판함으로써 문학계에 널리 알려졌다. 1943년 《존재와 무》를 출판하여 철학자로서의 지위를 굳혔다. 잡지 〈현대〉를 창간하고 실존주의에 대해 논하며 소설, 평론, 희곡 등을 활발히 집필했다. 1964년 노벨문학상 수상자로 결정되었으나 수상을 거부했다. 시몬 드 보부아르와의 계약결혼으로 파격적인 행보를 보이며 세간의 이목을 집중시킨 것으로 유명하다. 주요 작품으로는 《구토 La Nausee》, 《파리 Lee Mouches》등 다수가 있다.

DAY 228 용기 있는 사람 _나폴레옹 보나파르트

☐ CHECK

용기 있는
사람은 적이라 할지라도
나는 그를 존경한다.

프랑스의 영웅 나폴레옹은 '나의 사전에 불가능은 없다'고 말할 정도로 도전정신이 강하고 용기백배했다. 그는 강인한 의지와 용기로 하는 전쟁마다 승리로 이끌어 프랑스국민들로부터 열렬한 지지를 받았다. 그의 용맹성은 사자와 같고, 지략은 여우를 닮았다.

남아프리카공화국을 민주국가로 만든 넬슨 만델라는 진취적인 용기로 유명하다. 그는 백인 정부에 맞서 죽음을 불사하고 투쟁했다. 백인정부는 그를 무려 27년 동안이나 감옥에 가둬두었다.

하지만 만델라의 자유와 평화에 대한 신념을 꺾지 못했다. 감옥에서 나온 만델라는 백인정부와의 협상을 통해 민주주의 방식의 선거를 거쳐 흑인으로는 최초의 대통령이 되었다. 그는 자신을 죽음으로 내몰았던 사람들 모두를 용서하고 화해함으로써 진정한 승리자가 되었다. 그가 보인 위대한 행동이야말로 진정한 용기이다.

나폴레옹이 적이라도 용기 있는 자를 존경한다고 말한 것은 용기 있는 자는 범접할 수 없는 힘을 지니고 있는 까닭이다. 이처럼 용기는 인간에게 있어 매우 중요한 마인드이다. 용기는 인간이라면 반드시 갖춰야 할 소중한 성공요소임을 잊지 마라.

❖ 나폴레옹 보나파르트 Napoleon Bonaparte 1769~1821
프랑스 황제. 나폴레옹은 코르시카에서 태어났다. 어린 시절 책 읽는 것을 좋아해 많은 책을 읽었다. 그는 육군사관학교에 입학하여 4년 과정을 11개월 만에 마쳤다. 16세의 어린 나이에 육군사관학교를 졸업한 그는 포병 소위로 임관했다. 그 후 왕당파 반란군을 진압하여 대위에서 사단장으로 초고속으로 승진했다. 이탈리아 원정군 사령관이 된 그는 이탈리아, 오스트리아를 점령하여 자신의 위상을 높여나갔다. 그는 자신에게 주어진 임무를 완수함으로써 믿음과 신뢰를 주었으며, 1804년 프랑스 황제로 등극하여 1815년까지 재위했다. "나의 사전엔 불가능은 없다"는 말로 유명하며, 전쟁터에 책을 가지고 다니면 읽을 만큼 다독가로 유명했다.

DAY 229 용기가 필요할 때 _넬슨

어려움과
위험이 닥쳐왔을 때야말로
더욱 굳은
결심을 하고 용기를 내야한다.

   영국의 명장으로 유명한 넬슨 제독은 용맹하기가 하늘의 독수리 같고, 육지에 사자와 같다. 그는 1794년 코르시카섬 점령에 공을 세웠지만 오른쪽 눈을 잃었다. 그러나 그는 이에 굴하지 않고 1797년 다시 전쟁에 나가 세인트 빈센트 해전에서 공을 세웠다. 하지만 불행하게도 오른쪽 다리를 잃었다.
   보통 사람들 같으면 제대를 하고 안식을 구했을 것이다. 하지만 그는 또다시 전쟁에 참여했으며 이집트 나일강 입구 아부키르 해전에서 프랑스 함대를 격파하여 수훈을 세웠다. 그러나 1805년 트라팔가 해협에서 프랑스와 스페인 연합군을 격멸시켰으나 저격을 받아 목숨을 잃었다.
   넬슨의 위대함은 한쪽 눈을 잃고, 한쪽 다리를 잃은 장애를 안고도 영국 함대의 사령관으로서 전쟁마다 승전했다는 것이다. 그가 이처럼 명장으로서의 이름을 남길 수 있었던 것은 '용기'가 누구보다도 강했기 때문이다.
   용기가 있는 자와 용기가 없는 자는 하늘과 땅 차이다. 진정한 용기는 자신을 이기는 것이다. 자신을 이기는 자만이 그 어떤 시련과 고통에도 물러서지 않고 승자의 기쁨을 누릴 수 있다. 용기는 꿈을 이루게 하고 행복하게 살아가게 하는 참 좋은 마인드이다.

❖ 넬슨Horatio Nelson 1758~1805
영국의 제독. 넬슨은 해군 대령인 외삼촌에 의해 해군에 입대했다. 처음 얼마 동안은 북극 탐사의 어려움과 첫 번째 전투를 치르던 중 말라리아에 걸려 고통을 겪었다. 하지만 적극적인 마인드로 대망의 꿈을 품고 최선을 다해 주어진 임무를 해나갔다. 20세에 함장이 되었지만 시련을 겪기도 했다. 그 후 스페인 함대를 물리치고 소장으로 승진했으며 백작작위를 받았다. 그러나 전쟁으로 한쪽 팔을 잃었다. 하지만 그는 더 강해졌고, 하는 전쟁마다 승리로 이끌었으며 특히 트라팔가르 해전에서 나폴레옹 군대를 격파하여 이름을 크게 떨쳤다. 그가 훌륭한 제독으로 존경받는 것은 부하 지휘관들에게 독창적인 전술을 가르쳤고, 부하들을 인격적으로 대해준 그의 높은 품격 때문이었다.

DAY 230 내 마음 살피기 _회남자

항상 내 마음을 경계하라.
그리고 내 행동을 살펴라.
아껴 쓰지 않으면 집이 망하고,
청렴하지 못하면 자리를 잃는다.

자신에 대해 늘 살피는 자세를 가져야 한다. 그래서 잘 한 일은 더 잘 하도록 하고, 잘못한 일은 즉시 고쳐야 한다. 그래야 자신을 잘 가꾸게 됨으로써 성품을 좋게 갖출 수 있다. 자신을 잘 가꾸기 위해서는 어떻게 해야 할까.

첫째, 하루에 한 번씩 그날 잘한 일과 잘못한 일을 살펴보는 시간을 가져야 한다. 그리고 그에 맞게 마음을 대처하라.

둘째, 무슨 일에서든 원칙을 지키도록 해야 한다. 그래야 느슨해지는 몸과 마음을 바르게 할 수 있다.

셋째, 항상 바르게 생각하고, 바르게 행동해야 한다. 이런 자세는 누구에게든 신뢰를 받게 한다.

넷째, 절약 정신을 길러야 한다. 절약 정신은 자제력을 기르는 데 참 좋은 방법이다. 자제력이 좋아야 실수를 막을 수 있다.

다섯째, 자신에게 엄격하고 남에게는 관대해야 한다. 이런 자세는 자신을 바르게 하고, 남에게는 너그러운 사람으로 인정받게 한다.

이 다섯 가지를 꾸준하게 실천한다면 누구에게나 인정받는 사람으로 거듭남으로써 자신을 행복하게 한다.

❖ 회남자淮南子
제자백가와 당대의 지식을 총망라한 중국의 대표적인 고전으로 B.C 2세기 한 고조 유방의 증손자이자 한 무제 시대의 제후였던 회남왕 유안의 주도 아래 여러 사람이 함께 저술한 저작이다. 《회남자》는 다양한 목소리가 약동하는 세상을 꿈꾼 사람들의 소망이 담겨 있다. 다양성을 억압하는 집단의식이 아니라, 다양한 목소리들의 작용 속에서 미래의 방향을 모색하는 집단지성의 가능성을 제시한다. 이 책에는 〈원도훈〉, 〈숙진훈〉, 〈천문훈〉, 〈지형훈〉, 〈시칙훈〉, 〈남명훈〉, 〈정신훈〉, 〈본경훈〉, 〈주술훈〉, 〈무칭훈〉, 〈제속훈〉, 〈도응훈〉, 〈범론훈〉, 〈전언훈〉, 〈병략훈〉, 〈설산훈〉, 〈설림훈〉, 〈인간훈〉, 〈수무훈〉, 〈태족훈〉, 〈요략〉 등 모두 21권으로 구성되어 있다.

DAY 231 위대한 이성의 산물 _존 러스킨

위대한 행동도 뛰어난 용감성도
모두 위대한 이성의 산물이다.
불끈하고 감정에서 나온 행동은
적당한 방향을 잡지 못할 뿐 아니라,
때로는 평지에 파란을 일으킬 뿐이다.
참된 용기는 다른 사람이 겁을 내고 머뭇거릴 때
무서움을 넘고 이성의 밧줄을 잡고 행동하는 데 있다.

영국 옥스퍼드 대학 교수이자 사상가인 존 러스킨은 실천하는 학문을 가르친 것으로 유명하다. 배운 학문을 제대로 활용하지 못하면 죽은 학문이다. 모름지기 학문이란 실제에 적용시킴으로써, 사람들의 몸과 마음을 바르게 하고 사회개혁에 도움을 주어야 한다.

러스킨은 "위대한 행동도 뛰어난 용감성도 모두 위대한 이성의 산물이다"라고 주장했다. 이성이란 바른 깨우침을 말하는데, 깨우침이 바르면 말도 행동도 올바르게 할 수 있다는 것이다.

그의 주장은 매우 일리가 있다. 이성적인 사람과 감정적인 사람을 보자. 이성적인 사람은 같은 상황에서도 침착하게 말하고 행동한다. 이성은 그 사람의 내면을 조종하기 때문이다. 그러나 감정적인 사람은 자기 기분대로 말하고 행동한다. 그래서 실수가 많고 사람들에게 비난을 받는다.

이성적인 사람이 되어야 한다. 그래야 매사를 바르게 판단함으로써 자신이 원하는 대로 할 수 있고, 좋은 결과를 얻을 수 있다.

❖ 존 러스킨 John Ruskin 1819~1900
영국 비평가. 사회사상가. 작가. 옥스퍼드대학 교수를 역임했다. 러스킨은 옥스퍼드대학교에서 학사와 석사학위를 받았다. 그는 '근대 화가론'을 완성함으로써 학계로부터 큰 주목을 받았다. 그는 예술, 문학, 자연과학, 그림, 정치학, 경제학, 사회학 등 다방면에서 두각을 보였으며, 작가로서 화가로서도 그 명성이 대단했다. 그는 무엇보다 사회비평에서 뛰어났다. 그는 인간 정신 개조에 의한 사회 개량을 주장했으며 이 방면에서 최고로 평가받았다. 훗날 간디와 톨스토이, 버나드 쇼는 러스킨을 '당대 최고의 사회개혁자'라 평했다. 주요 저서로 《근대화가론》, 《베네치아의 돌》 외 다수가 있다.

DAY 232 습관도 노력이다 _에픽테토스

모든 습관은 노력에 의해 굳어진다.
잘 걷는 습관을 기르기 위해서는 많이 걷고,
잘 달리기 위해서는 많이 달려야 한다.

'습관의 힘'은 그 어떤 것보다도 힘이 세다. 그래서 좋은 습관을 가졌느냐 나쁜 습관을 가졌느냐는 매우 중요하다. 독서의 습관, 부지런한 습관, 약속을 잘 지키는 습관 등은 자신이 성장하는 데 큰 도움을 준다. 그러나 게으른 습관, 약속을 잘 지키지 않는 습관, 남의 흉을 보는 습관 등은 자신에게 무익할 뿐만 아니라 자신에게 악영향을 줌으로써 자신의 발전을 방해한다.

그렇다면 문제는 간단하다. 습관을 잘 들이면 된다. 좋은 습관을 들이기 위해서는 꾸준히 하는 노력이 필요하다. 귀찮다고 하다 말면 좋은 습관을 들일 수 없다.

이에 대해 고대 그리스 철학자 에픽테토스는 "모든 습관은 노력에서 굳어진다"고 했다. 또 영국의 시인 키츠는 '습관은 제2의 천성이다'라고 했다. 이렇듯 좋은 습관은 노력에서 길러지고, 타고난 성격처럼 매우 중요해서 함부로 습관을 들여서는 안 되는 것이다.

성공적인 인생을 살았던 사람들은 성공할 수밖에 없는 좋은 습관을 가지고 있었다. 독일의 철학자 칸트는 시간 관리를 잘했으며, 나폴레옹은 좋은 독서습관으로 유명하며, 헨리 포드는 칭찬을 잘했던 것으로 유명하다. 자신의 인생의 씨앗이 잘 자랄 수 있도록 자신만의 좋은 습관을 길러라.

❖ 에픽테토스 Epictetus 55~135
고대 그리스 스토아학파의 대표적인 철학자이다. 출생 당시에 노예의 신분으로 태어나 심한 고문 후유증으로 절름발이가 되었다. 스토아철학에 흥미를 느껴 철학을 공부하고 노예 신분에서 풀려나자 철학을 가르쳤다. 그는 종교적인 가르침으로 초기 그리스도사상가들로부터 존경을 받았다. 그의 철학적 핵심은 의지의 철학으로 실천적인 삶을 강조했다. 직접 쓴 저서는 없으나 그의 가르침을 제자인 아리아노스가 기록한 《어록》과 《제요》가 있다.

DAY 233 실행이 중요하다 _토머스 로버트 게인즈

꿈꾸는 것도 훌륭하지만
꿈을 실행에 옮기는 것은 더 훌륭하다.
신념도 강하지만 신념에 실행을 더하면 더 강하다.
열망도 도움이 되지만
열망에 노력을 더하면 천하무적이다.

꿈꾸는 대로 이루어진다는 말이 있다. 하지만 이 말의 진정한 의미는 꿈을 꾸되 꿈꾸는 대로 노력을 했을 때 이루어진다는 말이다. 꿈을 아무리 꾼다고 해도 노력을 하지 않으면 꿈은 그냥 꿈에 불과하다.

꿈을 이루고 싶다면 꿈을 이루기 위한 노력이 따라야 한다. 꿈이 스케치라면 색을 칠하는 것은 실행을 의미한다. 아무리 스케치가 잘 되었다고 해도 그것은 완성작이라고는 할 수 없다. 색칠이 원하는 대로 잘 되었을 때 비로소 완성작이라고 할 수 있다.

페이스북 창업자 마크 저커버그는 20대란 나이에 자신의 꿈을 이뤄냈다. 그가 자신의 꿈을 이루기 위해 한 노력은 진지하고 간절했다. 그는 점점 단절되어가는 사람들의 관계를 이어주는 꿈을 안고 페이스북을 만들었다. 그의 생각대로 페이스북이 세상에 선을 보이자 놀라운 일이 벌어졌다. 그의 생각보다도 훨씬 반응이 좋았다.

페이스북은 저커버그의 생각대로 사람들 간에 소통수단으로 각광받고 있다. 그와 더불어 그는 천문학적인 부를 가진 부자가 되었다. 그의 도전은 지금도 계속되고 있다.

꿈은 꿈을 이루기 위해 최선을 다하는 자에게 성공의 금메달을 달아준다. 자신의 꿈을 완성시키고 싶다면 저커버그가 그랬던 것처럼 자신이 꿈을 위해 의지와 신념으로 실행하라. 실행되지 않은 꿈은 죽은 꿈이다.

❖ 토머스 로버트 게인즈Thomas Robert Gaines
미국의 저술가. 저술과 강연을 통해 자신이 원하는 것을 얻기 위해서는 생각만 하지 말고 반드시 실행할 것을 주장한다. 그의 이런 생각은 많은 사람이 자신의 길을 가는 데 많은 도움을 주고 있다.

DAY 234 자신을 믿어라 _슈거 레이 로빈슨

아무도 당신을 믿지 않을 때도
자기 자신을 믿는 것,
그것이 챔피언이 되는 길이다.

자신을 믿는 것은 참 중요하다. 자신을 믿으면 자신이 하는 일에 대해 확신을 갖게 된다. 확신을 갖게 되면 그만큼 성공할 확률이 높다. 성공적인 삶을 살았거나 살고 있는 사람들은 자신을 믿고, 자기 확신이 강하다는 공통점을 갖고 있다. 그러나 자기를 믿지 못하고 자기 확신이 약하거나 없는 사람은 자신이 하는 일을 잘 해내지 못한다. 매사에 자신감을 갖고 당당하게 해나가기 위해서는 자기를 믿고 자기 확신이 강해야 한다.

자기를 믿지 못하는 사람들과 이야기를 해보면 "내가 그걸 어떻게 해요"라고 말하거나 "나는 그냥 이대로 할래요" 하고 말한다. 이런 자세는 매우 소극적이기 때문에 무슨 일을 하더라도 좋은 결과를 내지 못한다.

자신을 믿고 자기 확신을 강하게 기르기 위해서는 매사를 긍정적으로 생각하고 적극적으로 행해야 한다. 그렇게 될 때 자신이 원하는 것을 해낼 수 있게 된다.

슈거 레이 로빈슨은 세계권투사에서 가장 뛰어난 선수라고 평가받는다. 그가 권투전문가들로부터 최고의 선수로 인정받는 것은 자신을 믿고 자기 확신이 그 누구보다도 강하기 때문이다. 그는 16년 동안 웰터급과 미들급 챔피언을 지냈다. 이 모든 것은 그의 천부적인 기량에 자신을 믿는 마음이 함께 한 결과이다.

자신을 믿고 자기 확신을 강하게 하는 당신이 돼라.

❖ 슈거 레이 로빈슨 Sugar Ray Robinson 1921~1989
미국 권투선수. 웰터급 세계챔피언(1946~1951), 미들급 세계챔피언(1951~1960)을 지냈다. 로빈슨은 권투전문가들이 뽑은 세계권투사에서 가장 탁월한 선수이다. 그는 현란한 테크닉과 아웃복싱, 강철 같은 근성으로 자신이 원하는 대로 경기를 이끌어 가는 능력이 타의 추종을 불허할 만큼 뛰어나다. 또한 그는 최고의 선수답지 않게 아주 겸손하고 친절했으며, 예의가 뛰어나 세계권투사의 신사로 덕과 인품을 지닌 선수였다. 그런 까닭에 많은 사람으로부터 존경을 받았다. 그는 진정한 선수가 되기 위해서는 언행이 잘 갖춰져야 함을 보여준 대표적인 선수였다.

DAY 235 신념의 보상 _성 아우구스티누스

신념은 아직 보지 못한 것을 믿는 것이며,
그 신념에 대한 보상은
믿는 것을 보게 된다는 것이다.

신념은 강한 믿음을 갖게 하고 강한 의지로 모든 것을 행하게 한다. 신념이 강한 사람은 언제나 'Yes' 하고 말한다. 이런 강한 긍정이 몸과 마음을 둘러싸고 있는 까닭에 신념이 강한 사람은 하는 일마다 좋은 결과를 낸다. 그러나 신념이 약한 사람은 언제 망설이거나 'No'라고 말한다. 그래서 신념이 약한 사람은 하는 일마다 나쁜 결과로 이어진다.

헝가리의 가난한 소년이 미국으로 갔다. 아는 사람도 없었고, 일할 곳도 없었다. 그는 노숙자 생활을 하기도 하고, 짐꾼으로 돈을 벌기도 했다. 어린 나이에 낯선 나라에서 산다는 것은 매우 고달픈 일이었다. 그런데다 사기꾼을 만나 얼마간의 돈을 사기당하고 말았다. 그런데 이 일로 인해 그는 새로운 일을 하게 되었다. 자신의 억울한 사정을 신문에 투고했는데 그의 글 솜씨를 보고 편집장이 그를 기자로 채용한 것이다. 그는 발이 부르트도록 열심히 일해 언론인으로서의 능력을 키웠고 마침내 신문사를 인수했다. 그는 다른 신문에서 하지 않는 새로운 콘텐츠를 개발하여 풍부한 읽을거리를 제공했고, 사실을 바르게 전달하는 언론의 '원칙'을 준수하여 많은 독자로부터 인정을 받았다. 그는 신문사를 크게 확장시키며 미국 최고의 언론재벌이 되었다. 그의 이름은 조셉 퓰리처이다.

그가 언론인으로 성공할 수 있었던 것은 원칙을 지키는 신념에 있다. 자신이 무언가를 이루고 싶다면 강한 신념을 길러야 한다.

❖ 성 아우구스티누스 Aurelius Augustinus 354~430
알제리의 타가스테에서 출생. 교부, 신학자, 사상가. 이교도인 아버지와 그리스도인이 어머니 사이에서 태어났다. 어려운 집안 형편으로 공부를 중단했지만, 16세 때 수사학을 배우기 위해 카르타고로 유학을 갔다. 그는 철학에 심취하게 되어 이단이던 마니교도로 10년 동안 보냈다. 그러나 그는 회의를 느끼고 마니교를 나와 수사학과 철학을 가르쳤다. 그러다 밀라노 주교인 암브로시우스 만나 회심을 하고, 세례를 받고 수도생활을 시작했다. 그 후 사제로 서품을 받았으며, 발레리우스 주교가 죽자 히포 주교가 되어 사랑과 봉사로 일생을 보냈다. 주요 저서로《고백록》, 《행복론》,《신국론》,《삼위일체론》외 다수가 있다.

DAY 236 믿음의 선물 _마하트마 간디

□ CHECK

할 수 있다는 믿음을 가지면
그런 능력이 없을지라도
결국에는 할 수 있는 능력을 갖게 된다.

영국의 식민지였던 인도의 독립을 이끌어낸 마하트마 간디는 연약한 소년이었다. 그런데 그랬던 그가 훗날 인도의 독립을 이끌어냈다. 이는 한 인간으로 볼 때 매우 위대한 일이며 희망적인 일이다. 그가 위대한 인도 독립의 아버지가 될 수 있었던 힘은 무엇일까.

그것은 바로 '할 수 있다는 믿음'이었다. 간디는 귀족의 아들로 영국으로 유학을 갔다. 공부를 마친 그는 변호사가 되었고, 남아프리카공화국으로 가서 인도인들을 위해 일했다. 그러다 그의 인생이 바뀌는 사건이 일어났다. 그가 1등 칸 열차표를 갖고 있었지만 백인 차장에 의해 3등 칸으로 쫓겨난 것이다. 변호사인 자신도 이러한데 일반 인도인들의 삶은 안 봐도 뻔했다. 그는 인도인을 위해 싸우기로 결심을 굳히고 인도 독립을 위해 무저항주의 운동을 펼쳤다. 총칼은 없었지만 무저항주의 운동은 인도인들의 마음을 결집시키는 데 큰 힘을 발휘했다. 많은 우여곡절을 겪으면서도 끝까지 싸워 결국 인도의 독립을 이끌어냈다.

간디가 보여준 무저항주의 운동은 평화주의 운동이다. 피를 흘리지 않아도 얼마든지 승리할 수 있다는 것을 전 세계에 보여주었던 것이다. 연약한 간디를 위대한 영웅으로 이끈 '할 수 있다는 믿음'은 참 좋은 마음이다.

❖ **마하트마 간디**|Mahatma Gandhi 1869~1948
인도의 민족운동 지도자. 무저항주의자. 인도의 작은 소공국인 포르반다르 총리를 지낸 아버지 카람찬드 간디 셋째 아들로 태어났다. 간디의 부모는 철저한 힌두교 신자로 부모의 영향을 받은 간디는 어린 시절부터 정직과 성실성이 몸에 배었다. 간디는 영국으로 유학을 하여 법률을 공부하고 변호사 자격을 취득했다. 그는 인도로 돌아온 후 남아프리카공화국에서 변호사로 일했다. 그러던 어느 날 기차를 타고 가다 백인 차장으로부터 심한 모욕을 받고 차별받는 동포들을 위해 정치가로 삶을 바꾼다. 인도로 돌아온 그는 인도 독립을 위해 목숨을 걸고 무저항으로 투쟁한 끝에 인도의 독립을 이끌어내 인도 독립의 아버지로 추앙받는다. 주요 저서로《인도 자치》,《윤리종교》가 있다.

DAY 237 가장 큰 장애물 _괴테

인생에서 가장 큰 고난은
우리가 얻고자 노력하지 않는 것이다.
당신의 희망을 가로막는 장애물이 큰 것이 아니라,
당신의 희망을 실현하려는 의지가 약한 것이다.
약한 의지력, 이것이 가장 큰 장애물이다.

자신의 꿈을 이루고 잘 사는 사람과 그렇지 않은 사람의 가장 큰 차이점은 바로 노력하지 않는 것과 의지력이 약한 것이다. 꿈을 이루는 사람들은 강철보다도 더 강한 의지를 지녔다. 강한 의지력으로 노력하기에 그 어떤 고난도 물리치며 자신의 꿈을 이룬다.

독일이 낳은 최고의 지성이자 대문호인 요한 W. 폰 괴테는 시인, 변호사, 소설가, 정치인, 외교관, 생물학자일 뿐 아니라 그림에도 조예가 깊어 다방면에서 천재성을 발휘한 뛰어난 인물이다. 그가 다방면에서 두각을 나타낼 수 있었던 것은 타고난 천재적 재능에도 있지만 자신이 꿈꾸는 것을 이루기 위한 강철 같은 의지로 노력했기 때문이다.

그런데 만일 그가 많은 재능을 가졌다고 게을리하고, 우쭐거리고, 경망스럽게 굴었다면 어떻게 되었을까. 확언하는 바 오늘의 그는 존재하지 않았을 것이다.

뛰어난 천재성을 유감없이 보여준 괴테. 그는 세계문학사에 길이 남을 위대한 작가로, 지금 이 순간도 많은 사람에게 꿈과 희망을 전해주고 있다.

❖ 요한 W. 폰 괴테Johann Wolfgang von Goethe 1749~1832
독일 최고 시인, 작가, 과학자, 정치가. 독일 고전주의 문학의 대표 작가이다. 괴테는 어린 시절 천재교육을 받을 만큼 뛰어났다. 그는 문학 외에 법률에도 관심을 기울여 1770년 스트라스부르 대학에서 법률박사 학위를 받았다. 또한 그림에도 재능이 뛰어나 그림을 그리기도 했다. 뿐만 아니라 광물학, 식물학, 골상학, 해부학에도 조예가 깊어 연구를 하는 등 실적을 쌓았다. 괴테는 바이마르대공화국의 정무를 담당하는 추밀참사관, 추밀고문관, 내가수반으로 약 10년간 정치활동을 했다. 그는 다재다능한 능력으로 자신의 능력을 펼쳐 보인 위대한 천재로 평가받는다. 주요 작품으로는 《파우스트》, 《젊은 베르테르의 슬픔》, 《이탈리아 기행》 외 다수가 있다.

DAY 238 승리의 필수 요소 _윌리엄 해즐릿

이길 수 있다고 생각하면
이길 수 있다.
신념은 승리의 필수요소이다.

모든 것은 마음의 문제라는 말이 있다. 이는 어떻게 마음을 먹느냐에 따라 결과가 달라진다는 말이다. 할 수 있다고 생각하면 능히 할 수 있고, 할 수 없다고 생각하면 할 수 있는 일도 할 수 없다. 또한 이길 수 있다고 생각하면 이길 수 있고, 이길 수 없다고 생각하면 이길 수 있는 것도 지고 만다.

손자병법에 이런 말이 있다.

"이기는 군대는 우선 이겨놓고 싸운다. 패하는 군대는 우선 싸움을 시작하고 이기려고 한다."

이 말이 의미하는 것은 적과 싸우기 전 어떤 자세로 임하느냐에 따라 이길 수도 있고, 질 수도 있다는 것이다. 참 좋은 말이다. 좋은 말엔 생산적이고 창의적인 에너지가 살아있다. 그래서 좋은 말이나 글을 많이 알고 있으면 생산적이고 창의적인 에너지가 넘쳐난다. 참 좋은 에너지가 넘쳐나면 하는 일도 잘 되고 만족한 결과를 얻게 된다.

윌리엄 해즐릿 말은 이런 관점에서 볼 때 매우 유익하다고 하겠다. 특히, 생산적이고 창의적인 말을 많이 알아두면 생산적이고 창의적인 마인드를 기르는 데 큰 도움이 된다. 단, 주의할 것은 기를 꺾는 부정적인 말은 절대 금해야 한다.

❖ 윌리엄 해즐릿William Hazlitt 1778~1830
영국의 작가. 비평가. 어린 시절부터 독서와 그림에 흥미가 많아 많은 책을 읽고 그림을 즐겨 그렸다. 찰스 램, 윌리엄 워즈워드 등의 작가와 우정을 나눴으며 이들과의 교류는 그가 글을 쓰는 데 많은 도움이 되었다. 철학에 흥미가 많았던 그는 1805년 자신의 첫 번째 책인 《인간의 행동원리》를 펴냈다. 그는 왕성한 집필로 비평가, 언론인, 수필가로 명성을 쌓아나갔다. 그는 《셰익스피어 극의 인물들》로 큰 호평을 받았으며 특히, 평론집 《담화문》, 《솔직하게 이야기하는 사람》은 가장 유명한 저서이다. 그러나 무엇보다 그가 많은 인기를 얻은 데에는 인간애 넘치는 수필이 절대적으로 작용했다. 그리고 기교와 허세를 부리지 않는 진솔한 문체와 지성미 넘치는 문장에 있다. 주요 작품으로 《시대정신》, 《영국 시인론》 외 다수가 있다.

DAY 239 이기는 사람 _에머슨

가능하다고
믿는 사람이 반드시 승리한다.

미국의 시인이며 사상가인 랠프 왈도 에머슨은 "가능하다고 믿는 사람이 반드시 승리한다"고 말했다. 그렇다. 가능하다고 생각하고 하면 가능한 일이 된다. 말이 씨가 된다는 말이 있다. 즉 말의 씨앗이라는 의미인데 좋은 말을 하면 좋은 일이 생기고, 나쁜 말을 하면 좋지 않은 결과를 낳는다.

종두득두種豆得豆라는 말이 있다. 이 말은 콩을 심으면 콩이 나고 팥을 심으면 팥이 난다는 말이다. 이 말은 말의 씨앗이 또한 얼마나 중요한지를 잘 알게 해준다.

스티브 잡스는 임원들이 반대하는 일도 과감하게 자신의 생각대로 옮긴 것으로 유명하다. 임원들은 부정적인 입장에서 바라보았지만, 스티브 잡스는 긍정적인 입장에서 보았던 것이다.

그렇다면 결과는 어떻게 되었을까. 결과는 스티브 잡스의 생각대로 나타났다. 스티브 잡스가 애플로 복귀한 뒤 애플은 내놓은 제품마다 세세이션을 불러일으키며 최고의 판매실적을 올렸다. 이 모든 것은 애플이라는 거대한 배를 끌고 가는 유능한 선장인 스티브 잡스가 있었기에 가능했다.

스티브 잡스의 성공은 남들이 불가능을 말할 때 가능성을 보고 달려간 결과물이었다. 매사를 가능하게 생각하는 그대가 돼라.

❖ 랠프 왈도 에머슨Ralph Waldo Emerson 1803~1882
미국의 사상가. 시인. 수필가. 에머슨은 유니테리언 교회 목사 아들로 태어났다. 그는 보스턴 공립 라틴어 학교에 입학해 시를 즐겨 썼는데 좋은 반응을 얻었다. 대학을 마친 그는 목사가 되었다. 그는 뛰어난 설교로 명성을 얻었지만, 아내가 죽고 신앙과 직업에 대해 깊은 회의에 빠졌다. 그는 결국 성직에서 물러났다. 그는 직접 신앙적인 체험을 원해 유럽여행을 떠났다, 돌아와서는 영향력 있는 강연가가 되었다. 또한 그는 저서《자연》으로 명성을 얻었다. 그 후 수많은 강연을 통해 자신의 사상인 초절주의 사상을 널리 알렸다. 그리고 강연원고를 모아《명상록》이라 이름 붙여 2권을 펴냈는데 이 책으로 국제적인 명성을 얻었다. 그리고《오월제》란 시집을 냈는데 이 시집으로 위대한 미국 시인이라는 명예를 얻었다. 주요 저서로《명상록》,《영국인의 특성》,《삶의 행위》외 다수가 있다.

DAY 240 우리들의 임무 _토머스 칼라일

우리들의 중요한 임무는
멀리 있는 것이 아니라,
희미한 것을 보는 것이 아니라,
가까이 있는 분명한 것을 실천하는 것이다.

아무리 좋은 계획도 실천하지 않으면 휴지조각과 같다. 실천이 따르지 않는 계획은 폐기 처분되어야 마땅하다. 그러나 실천이 따르는 계획은 좋은 결과든 또는 조금은 부족한 결과이든 어떤 결과를 내게 한다. 그래서 계획이 세워지면 그에 따른 실천은 반드시 필요하다. 이런 까닭에 계획과 실천은 항상 같은 방향으로 함께 움직여야 한다.

사람들은 크게 세 가지 부류로 나눌 수 있다. 첫째는 계획을 세우고 그 계획대로 실천하는 것이고, 둘째는 계획한 대로 하되 하는 둥 마는 둥 하는 것이고, 셋째는 계획을 세우고도 실천하지 않는 것이다.

첫 번째 부류의 사람들은 자신이 원하는 결과를 얻지만 두 번째, 세 번째 부류들은 원하는 결과를 얻지 못한다. 그래놓고 자신이 얻지 못한 결과에 대해 남의 탓으로 돌리거나 환경을 탓하곤 한다.

밥이 먹고 싶으면 쌀을 씻고 밥을 해서 먹으면 된다. 밥도 하지 않고 밥을 먹으려고 한다면 이는 매우 어리석은 일이다. 자신이 하고 싶은 일을 이루고 싶다면 그 계획에 따라 충실하게 실천하라. 분명한 것을 실천하면 반드시 그 대가는 주어지는 법이다.

❖ 토머스 칼라일Thomas Carlyle 1795~1881
영국의 사상가. 역사가. 칼라일의 아버지는 그를 성직자로 만들려고 했지만, 정작 그는 회의를 가졌다. 수학에 재능이 있던 그는 수학교사가 되었다. 그러던 중 스코틀랜드 목사이며 신비주의자인 어빙을 만나 교류했다. 그는 가르치는 일에 흥미를 잃어 수학교사를 포기하고, 법률을 공부하려 했으나 확신을 갖지 못해 방황했다. 그러던 중 독일 문학에 심취하여 괴테를 마음 깊이 존경했다. 그는 《의상철학》이란 책을 펴내 큰 성공을 거두었다. 그리고 그는 열정을 바쳐 '프랑스 혁명사'를 써서 친구인 J. S 밀에게 빌려주었다가 하녀의 실수로 불태워졌지만, 다시 써서 《프랑스 혁명사》를 펴냈다. 이 책은 그에게 부와 명성을 안겨주었다. 그 후 그는 많은 저서와 강연으로 세계문학사에 거목이 되었다. 주요 저서로 《프랑스 혁명사》, 《과거와 현재》 외 다수가 있다.

DAY 241 성공을 믿어라 _데일 카네기

성공할 것이라 믿어라.
그러면 성공할 것이다.

어떤 마음을 갖고 도전하느냐는 것은 매우 중요하다. 마음먹기에 따라 일의 결과는 다르게 나타나기 때문이다. 성공하고 싶다면 마음의 포인트를 '성공'이라는 목표에 맞추면 된다. 성공을 꿈꾸며 마음의 포인트를 성공에 두고 꿈을 이룬 이야기이다.
자기계발 동기부여가이자 인간관계를 위한 처세술의 대가이며 영원한 베스트셀러 《카네기 처세술How to Win Friend and Influence People》의 저자인 데일 카네기는 미국의 수많은 자기계발 전문가 중에서도 독보적인 존재로 유명하다. 그가 자기계발 전문가 중에 전문가가 될 수 있었던 것은 미국 사람들은 물론 전 세계인들에게 인간관계의 중요성을 일깨워 능동적인 삶을 살아가는 데 있어 막대한 영향을 끼쳤기 때문이다. 그의 책은 전 세계 나라마다 번역 출간되었고, 1936년 초판이 나온 이래 시공을 초월하여 아직까지도 사랑받는 초베스트셀러이다. 그가 국적을 불문하고, 시공을 불문하고, 계층 간의 사람들을 불문하고 열광적인 성공의 멘토가 될 수 있었던 것은 인간의 삶을 긍정적이고 능동적으로 변화시키는 탁월한 라이프 티처Life Teacher이기 때문이다. 그의 강연을 듣고 그의 가르침대로 실천한 끝에 성공한 사람들은 숫자를 헤아리지 못할 정도로 많다고 한다. 그는 자기계발 동기부여가이자 강연자로서 최고의 자리에 오른 입지전적인 인물이다. 자신의 꿈을 이루고 싶다면 데일 카네기가 그랬듯이 성공할 수 있다고 믿고 끝까지 성공을 향해 달려가라.

❖ 데일 카네기 Dale Carnegie 1887~1955
미국 출생. 자기계발 전문가이자 강연자. 〈데일 카네기 연구소〉 소장. 데일 카네기는 워런스버그 주립 사범대학을 졸업하고 네브레스카에서 교사로 아이들을 가르쳤다. 그는 더 늦기 전에 무엇인가 새로운 것에 도전을 해보고 싶어 교사를 그만두고, 자신의 꿈의 프로젝트인 '인간관계를 위한 대화와 스피치'에 대한 강연을 시작했다. 자신의 삶이 새롭게 변화하기를 꿈꾸던 사람들에게 그의 강연은 매우 획기적인 것이었다. 그의 강연을 들은 사람들은 열광했고, 많은 사람들이 그의 강연을 듣기 위해 몰려왔다. 그는 〈카네기 연구소〉를 설립하고 '인간경영과 자기계발' 강좌를 개설하여 많은 사람에게 꿈을 심어주었다. 주요 저서로 《카네기 처세술》, 《카네기 성공철학》 외 다수가 있다.

DAY 242 인간에게 가장 중요한 진실 _로버트 앨런

가장 중요한 사실은
당신이 할 수 있다는 것을 아는 것이다.

전설의 테너 엔리코 카루소는 어린 시절 공장에서 일하며 집안을 도왔다. 학교에 다니고 싶어도 다닐 수 없었지만, 그에겐 꿈이 있었다. 최고의 테너가수가 되는 거였다. 그는 자신의 꿈을 이루기 위해 일이 끝나면 열심히 노래 연습을 했다. 노래를 부를 땐 눈물이 날 만큼 행복했다.

그러던 어느 날 어떤 선생으로부터 음악에 소질이 없다는 말을 듣고 슬픔에 잠겼다. 침울해 있는 그를 보고 "카루소, 나는 네가 훌륭한 가수가 될 수 있다고 믿는다. 그러니 지금처럼 열심히 하렴." 하고 그의 어머니가 격려했다. 어머니의 말에 용기를 내 노력한 끝에 최고의 테너가 되었다.

세계 최고의 동화작가로 불리는 안데르센은 글쓰기를 좋아해서 자신이 쓴 동화를 사람들에게 읽어주곤 했다. 그런데 어떤 여자가 '너는 글쓰기에 소질이 없다'고 하자 울면서 슬퍼했다. 그때 그의 어머니가 말했다.

"안데르센, 내가 볼 땐 넌 틀림없이 훌륭한 작가가 될 거야. 그러니 아무 생각하지 말고 열심히 쓰렴. 나는 너를 믿는다."

어머니의 말에 용기를 얻은 안데르센은 누가 뭐라고 해도 흔들리지 않고 열심히 글쓰기에 몰두했다. 그리고 마침내 최고의 동화작가가 되었다.

인생에서 가장 중요한 사실은 자신도 잘할 수 있다는 생각을 갖는 것이다. 그리고 그 생각을 실현하기 위해 카루소와 안데르센처럼 노력하면 된다. 자신을 믿고 실행하는 당신이 돼라.

❖ 로버트 앨런 Robert Alan 1915~2014
미국의 정치인. 예일 대학교 교수 역임. 앨런은 1940년 예일 대학에서 정치학 박사학위를 받았다. 그는 1950년대 후반 소수의 파워 엘리트가 미국 권력을 독점하고 있다는 사회학자 찰스라이트 밀즈의 주장에 반대해 다원적 민주주의를 제시하는 등 60년 넘게 민주주의 이론 정립에 열정을 쏟았다. 그는 미국 철학회, 미국 학술원 회원을 지내는 등 활발한 연구 활동을 펼친 것으로 유명하다. 그를 두고 미국의 외교전문매체 '포린 어페어'는 1985년 그를 '미국 정치학의 학장'이라고 부르며 높이 평가했다. 주요 저서로 《민주주의 이론 서문》, 《누가 통치하는가》, 《민주주의와 그 비판자들》, 《미국 헌법은 얼마나 민주적인가》 등이 있다.

DAY 243

항상 꿈꿔라 _스티븐 스필버그

나는 밤에만 꿈꾸는 게 아니라
하루 종일 꿈을 꾼다.
나는 먹고살기 위해 꿈을 꾼다.

꿈이 있는 사람은 얼굴이 밝고 매사에 자신감이 넘친다. 또한 꿈이 있는 사람은 늙지 않는다는 말이 있다. '꿈' 속에는 그 꿈을 이루겠다는 열망이 강하게 작용을 함으로써 싱싱한 에너지로 넘쳐나기 때문이다.

미국의 유명한 로큰롤의 가수였던 엘비스 프레슬리는 트럭기사였다. 그러나 그에겐 가수가 되고 싶은 열망으로 가득했다. 그러던 어느 날 음반회사 사장 비서인 마리온 키스커의 눈에 띄어 〈블루 문 오브 켄터키〉와 〈뎃츠 얼 라이트 맘마〉를 녹음했다. 이들 노래는 자주 방송되었고 인기를 끌었다.

이후 선 레코드사에서 출시된 2, 3차 싱글 앨범이 지역에서 잇따라 히트하는 행운을 얻었다. 이에 용기를 얻은 엘비스 프레슬리는 미국 남부를 순회하며 자신을 알리는 데, 최선의 노력을 다했다. 그리고 그해 7월 〈베이비, 레츠 프레이 하우스〉가 최초로 전국적으로 히트를 했고, 9월에는 〈미스테리 트레인〉이 히트되었다. 엘비스 프레슬리는 최다 차트 앨범, 최다 톱 텐 레코드, 최다 연속 톱 텐 레코드, 24년간 연속 차트 등 새로운 기록들을 만들어내며 최고의 가수가 되었다.

엘비스 프레슬리가 성공할 수 있었던 것은 스티븐 스필버그의 말처럼 하루 종일 꿈을 꾸며 기회를 찾았기 때문이다.

❖ 스티븐 스필버그 Steven Spielberg 1946~
미국의 영화감독. 영화 프로듀서. 그는 어린 시절부터 영화에 흥미가 많아 13세 때 아버지에게 400달러를 빌려 〈도피할 수 없는 탈출〉이란 영화를 찍기도 했다. 그는 캘리포니아 주립대학 영화학과를 졸업한 후 할리우드 유니버설 스튜디오에 입사했다. 그의 초기 S.F, 어드벤처 영화는 현재 할리우드 블록버스트 원형으로 꼽힌다. 그만큼 그의 제작능력은 탁월하다. 대표적인 작품으로 〈죠스〉, 〈인디아나 존스〉, 〈쥐라기 공원〉, 〈E.T〉, 〈라이언 일병 구하기〉 등 다수가 있다. 아카데미감독상을 수상했다. (1993년, 1998년) 타임지는 그를 '20세기의 가장 중요한 인물 100인'에 올렸다. 그는 세계최고의 흥행감독이자 최고의 감독이다.

DAY 244 꿈을 향해 나아가라 _소로

꿈을 향해 담대하게 나아가라.
자신이
상상한 바로 그 삶을 살아라.

미국의 작가이자 사상가인 헨리 데이비드 소로는 자신이 상상한 삶을 살라고 말했다. 자신이 상상하는 삶을 산다는 것은 참으로 멋지고 행복한 일이 아닐 수 없다. 생각만으로도 전율이 인다.

영국의 버진 그룹 CEO인 리처드 브랜슨은 상상하는 대로 꿈을 이룬 사람으로 유명하다. 그는 심한 난독증으로 고등학교를 중퇴했지만 그에겐 무궁무진한 아이디어가 넘쳐났다. 고등학교를 중퇴한 그는 〈스튜던트〉라는 잡지를 만들어 팔아 모은 돈으로 〈버진레코드〉 가게를 냈다. 그는 고객의 입장에 맞춰 인테리어를 하는 등 세심하게 신경을 써서 매장을 꾸몄다. 가게는 손님들로 넘쳐났고, 여러 도시에 레코드 가게를 냈다.

그 후 버진 애틀랜틱 항공사를 설립하여 자리를 잡자, 그는 유럽의 저가 항공사인 버진 익스프레스와 호주의 저가 항공사인 버진 블루, 나이지리아의 버진 나이지리아 항공, 미국의 저가 항공사인 버진 아메리카를 설립했다.

현재 버진 그룹은 30여 개 국가에 200여 개의 미디어, 모바일, 인터넷, 음료, 호텔, 레저, 여행, 라디오, 우주산업 등 다양한 분야에서 열정적으로 사업을 경영하고 있다.

브랜슨이 맨주먹으로 꿈을 이룰 수 있었던 것은 자신이 상상하는 대로 실행했기 때문이다. 상상의 힘은 참으로 놀라운 마력을 지녔다. 자신이 상상하고 꿈꾸는 대로 실행하라. 자신의 인생은 누구의 것도 아닌 자신의 것이다.

❖ 헨리 데이비드 소로 Henry David Thoreau 1817~1862
미국의 철학자. 시인. 수필가. 하버드대학을 졸업하고 연필제조업, 교사, 측량 업무 등에 종사하기도 했다. 하지만 그는 문학과 철학에 깊이 심취해 집필활동에 열중했다. 그는 노예제도와 멕시코전쟁에 항의하여 월든의 숲에 작은 오두막집을 짓고 살았다. 그는 인두세 거부로 투옥당했으며, 노예운동에 헌신했다. 그의 이런 사상은 간디와 마틴 루터 킹 목사에게 큰 영향을 주었다. 소로는 에머슨과 더불어 위대한 초월주의 철학자이며 미국 르네상스의 원천이었다. 그의 일생은 물욕과 인습의 사회 및 국가에 항거하여 자연과 인생의 진실에 관한 문제에 대해 연구하고 그것을 저술하는 매우 의미 있는 삶이었다. 주요 저서로 《고독의 즐거움》, 《월든》 외 다수가 있다.

DAY 245 꿈에는 한계가 없다 _진 시몬즈

우리의 꿈에는
그,
어떤 한계도 없다.

꿈은 한계를 지니지 않는다. 꿈은 무한하다. 인간이 생각하는 것은 모두 꿈이 될 수 있다. 꿈에 한계가 있다면 그것은 꿈이 아니다.

지금 인류가 고도의 물질문명시대를 이룰 수 있었던 것은 인간이 생각한 것을 하나씩 실행에 옮겼기 때문이다. 인간의 꿈은 자동차를 만들었고, 기차를 만들었으며, 비행기를 만들었다. 또한 TV, 스마트폰, 인터넷 등의 최첨단 기기도 인간의 꿈이 만든 것이다. 그리고 나아가 우주선을 띄우고, 우주정거장을 세우고, 우주로의 여행도 실현 단계에 이르렀다. 참으로 놀라운 일이다.

인간이 생각해서 안 되는 것은 없다. 생각을 하지 않아서 못할 뿐 생각만 하면 생각하는 대로 다 이뤄내는 게 인간의 능력이다.

그런데 이런 뛰어난 능력을 지니고도 꿈을 묵히고 썩힌다면 그것은 꿈에 대한 모독이며 인간임을 상실하는 불행한 일이다. 이처럼 어리석은 사람이 되지 않기 위해서는 자신이 생각하는 꿈을 하나씩 실행해보라. 그것이 무엇이든 상관없다. 실행하는 것만으로도 충분히 가치 있는 일이며 그렇게 함으로써 자신의 존재에 대해 감사하게 생각할 것이다.

꿈은 사람을 가리지 않는다. 다만 꿈을 꾸지 않는 것은 그 자신이다. 꿈을 사랑하고, 꿈을 존중하라. 그러면 행복한 삶을 보장받게 될 것이다.

❖ 진 시몬즈 Jean Simmons 1929~2010
영국의 배우. 진 시몬즈는 1944년에 데뷔하여 영화 〈위대한 유산〉, 〈검은 수선화〉 등으로 큰 호평을 받았다. 1948년 〈햄릿〉으로 베니스영화제 여우주연상을 수상했다. 그녀는 또 드라마 〈가시나무새〉에 출연하는 등 활발하게 활동했다. 청순가련형의 뛰어난 외모로 많은 영화 팬들로부터 사랑을 받았다. 주요 작품으로 〈태양의 그림자〉, 〈햄릿〉, 〈위대한 유산〉 외 다수가 있다.

DAY 246 — 희망은 사람을 버리지 않는다
_리처드 브리크너

희망은
절대 당신을 버리지 않는다.
다만,
당신이 희망을 버릴 뿐이다.

　희망이 있는 한 누구든 자신의 꿈을 이룰 수 있다. 희망은 희망을 간직한 사람을 절대로 배신하지 않기 때문이다. 희망은 인간이 살아가는 이유이자, 과정이자, 목적이다. 그런데 우리 사회에는 희망을 잃고 힘겨워하는 이들이 있다. 매우 가슴 아프고 안타까운 일이 아닐 수 없다.
　그러나 희망을 다시 찾는다면 용기를 내게 되고, 꿈을 향해 나아갈 수 있다. 어떤 상황에서도 자신을 지켜내기 위해서는 희망을 잃어서는 안 된다.
　랍비 아키바가 여행을 하고 있었다. 나귀와 개와 조그만 램프를 가지고 있었다. 아키바는 헛간을 발견하고 잠자기 이른 시간이라 책을 읽는데 갑자가 바람이 불어 램프 불이 꺼지고 말았다. 하는 수 없이 그는 잠자리에 들었다. 그런데 여우가 나타나서 개를 죽이고, 사자가 나타나서는 나귀를 죽였다.
　이튿날 아키바는 어떤 마을에 도착했지만 사람들이 보이지 않았다. 간밤에 도적떼가 나타나서 사람들을 다 죽였다고 했다. 만일, 개와 나귀가 죽지 않았다면 개와 나귀로 인해 그도 죽었을 것이다.
　아키바는 이를 통해 '최악의 상황에서도 인간은 희망을 잃으면 안 된다. 나쁜 일이 좋은 일에 연결될 수 있음을 믿어야 한다'는 것을 깨달았다.
　희망은 희망을 품고 노력하는 사람을 좋아한다. 희망과 밥을 먹고, 희망과 길을 가고, 언제나 희망과 함께하라.

❖ 리처드 브리크너Richard Brickner 1933~2006
미국의 소설가. '희망은 절대 당신을 버리지 않는다. 다만 당신이 희망을 버릴 뿐이다.' 이 말은 그의 소설 《망가진 날들》에서 나온 것을 발췌한 것이다. 희망을 잃지 않으면 희망 또한 그 사람을 버리지 않는다. 어떤 상황에서도 희망을 버려서는 안 된다는 것을 리처드 브리크너는 소설을 통해 강조한다. 주요 작품으로 《망가진 날들》이 있다.

DAY 247 낙관하고 긍정하라 _정주영

무슨 일이든 낙관하고,
긍정적으로 생각하라.

이탈리아의 어떤 소년이 축구를 하다 눈을 다쳐 시력을 잃고 말았다. 소년은 앞이 보이지 않는 답답하고 힘든 생활을 의지 하나로 버티며, 열심히 자신의 길을 열어가기 위해 노력에 노력을 거듭했다. 그는 피사 대학에 진학하여 법률을 공부했다. 그리고 법학박사 학위를 취득하고 변호사가 되어, 여러 해 동안 법률가로 지냈다.

그러나 그의 가슴속에는 노래에 대한 열망이 넘쳐났다. 그는 넘쳐나는 음악에의 열정을 감추지 못해 전설적인 테너 프롱코 코렐리를 찾아가 그의 문하생이 되었다. 그는 1992년 이탈리아를 대표하는 록스타 주개로와 인연이 되어, 주개로의 데모 테잎 제작을 위해 그와 함께 〈미세레레〉라는 노래를 불렀는데, 그의 노래를 듣고 테너 루치아노 파바로티는 감탄을 하며 칭찬을 아끼지 않았다. 그 후 그는 널리 알려지기 시작했고 여기저기서 초청을 받고 연주회를 여는 등 바쁘게 지냈다. 그러는 동안 그는 세계적인 테너가 되었다. 그의 인생이 완전히 바뀌고 말았다. 그는 누구보다도 행복해하며 살고 있다. 그의 이름은 안드레아 보첼리다.

그가 최악의 상황에서도 자신을 지켜내며 자신의 꿈을 이뤄낼 수 있었던 것은 낙관적인 성격에서 오는 긍정의 마인드를 가졌기 때문이다. 낙관적인 마음을 길러라. 낙관적인 마음은 성공의 마음이다.

❖ 정주영 1915~2001
강원도 통천에서 출생. 현대그룹 창업주. 가난한 시골 장남으로 태어나 부둣가 막노동으로 출발하여 쌀가게 배달부를 거쳐 쌀가게 주인으로 자동차 수리업자로 그리고 건설업을 하며 정직과 신용으로 경제적 발판을 마련하며 우리나라 최대기업인 현대그룹 CEO가 되었다. 그는 우리나라 경제계에서 최고의 수장인 전국경제인연합회 회장을 무려 다섯 번이나 연임을 한 그야말로 우리나라 경제계의 전무후무한 전설이다. 그가 맨주먹으로 성공할 수 있었던 것은 '길이 없으면 길을 찾고, 찾아도 없으면 만들면 된다'는 불굴의 의지와 도전정신에 있다. 제14대 국회의원. 전국경제인연합회 회장(제13대~17대). 제27대 대한체육회장. 국민훈장 동백장 수훈(1981). 국민훈장 무궁화장 수훈(1988). 제5회 만해상 평화상(2001). DMZ 평화상 대상을 수상(2008)했다.

DAY 248 | 성공의 힘 _매들렌 렝글

긍정적인 태도는 강력한 힘을 갖는다.
그 어느 것도 그것을 막을 수 없다.

어려운 환경 속에서도 자신을 극복하고 성공한 사람들에겐 몇 가지 공통점이 있다. 첫째는 긍정의 힘이 매우 강하다는 것이다. 긍정의 힘은 모든 것을 가능하게 생각한다. 둘째는 자기 확신이 매우 강하다는 것이다. 자기 확신은 자신이 하는 일이 반드시 잘 될 수 있다는 굳건한 믿음이다. 셋째는 매사를 낙관적으로 생각한다는 것이다. 낙관하는 마음은 부정적인 요소를 몰아내고 기분 좋은 에너지로 넘치게 하는 즐거운 마음이다. 넷째는 창의적인 생각으로 새로운 것에 대한 열망이 강하다는 것이다. 창의적인 생각은 현재에 안주하지 않고 지금과 다른 것을 시도하게 한다. 다섯째, 실패를 두려워하지 않는다는 것이다. 실패를 두려워하면 자신이 하는 것을 자신 있게 할 수 없는 데 두려워하지 않으므로 주저하지 않고 할 수 있다. 여섯째, 자신의 성공을 자신만의 것이 아니라고 생각한다. 자신의 성공은 자신은 물론 이웃과 사회, 인류를 위한 것이라고 생각한다.

스코틀랜드 이민자로 세계적인 강철왕이 된 앤드류 카네기, 가난한 소년에서 미국 최고의 자동차 회사인 포드를 설립한 헨리 포드, 헝가리 이민자로서 정직한 보도를 원칙으로 하여 성공한 조셉 퓰리처 등은 이 여섯 가지의 마인드로 자신을 최고의 인생으로 만들었다.

언제나 긍정적인 마음으로 노력하라. 긍정의 마음은 꿈을 이루게 하고 행복을 선물하는 기쁨의 파랑새이다.

❖ 매들렌 렝글Madeleine L'Engle 1918~2007
미국의 아동작가. 미국 스미스 칼리지에서 영문학을 전공했다. 그는 다른 별에도 인간과 같이 생각하는 존재가 있을 것을 가정하여 '시간 5부작'을 집필했다. 제1권은 《시간의 주름》, 제2권은 《바람의 문》, 제3권은 《급속히 기울어지는 행성》, 제4권은 《대홍수》, 제5권은 《허용된 시간》이다. 그는 이 작품으로 뉴베리상, A-V 학습상, 미국 도서상, 뉴베리 아너상, 미국도서관협회가 청소년 문학에 크게 공헌한 작가에게 주는 '마가렛 A. 에드워즈상'과 미국 대통령이 수여하는 '내셔널 휴머니스트 메달'을 받았다. 소설, 동화, 희곡, 시, 수필 등 다양한 장르에서 활발히 집필하여 주요 작품 《시간의 주름》 외 60여 권의 저서가 있다.

DAY 249 가능성을 보라 _브라이언 트레이시

인생은
가능성으로 가득 차 있다.

   신은 인간에게 무한한 가능성을 주었다. 사람은 저마다의 재능이 있는데 이 재능은 무한한 가능성을 실현시키는 중요한 요소이다.
   그런데 사람들 중엔 자신의 재능을 살리지 못하고 묵히는 이들이 있다. 그리고 자신을 쓸모없는 사람이라고 비관한다. 이 얼마나 어처구니가 없는 일인가. 이런 사람은 소중한 보석을 두고도 그냥 지나치는 것과 같다.
   한때 노숙자에서 최고의 자기계발 동기부여가가 된 브라이언 트레이시를 보자. 그는 어린 시절 너무도 가난해서 허드렛일을 하며 먹을 것을 구했다. 그야말로 비전이라고는 찾아볼 수 없었다. 그러나 그는 자신을 불행하다고 여기지 않았다. 그는 어려운 생활 속에서도 자신에게도 분명히 무엇인가 할 일이 있을 거라고 믿었다. 그리고 그는 세일즈맨이 되었다. 하지만 수개월 동안 실적이 저조했다. 그는 프로 세일즈맨을 찾아가 세일즈 기법을 배워 자기만의 기법을 만들어 큰 성과를 올렸다. 이에 자신감을 얻은 그는 수많은 책을 읽고 폭넓은 상식을 길렀으며 이를 토대로 자신만의 기법을 책으로 쓰고 강연을 하면서 크게 성공했다.
   가난한 노숙자에서 자신의 가능성을 발견하여 사람들에게 성공학을 강연하며 꿈을 준 브라이언 트레이시처럼 사람들에게는 자신만의 가능성이 있다. 이를 찾아내 열정을 바쳐 계발한다면 성공함으로써 행복한 인생이 될 것이다.

❖ 브라이언 트레이시Brian Tracy 1944~
캐나다 출생 컨설턴트. 자기계발 동기부여가. 강연가이자 저술가이다. 브라이언 트레이시는 집이 가난하여 고등학교도 마치지 못했다. 그는 먹고살기 위해 어린 나이에 조그만 호텔에서 접시 닦는 일을 했다. 그 후 몇 년 동안 여기저기를 떠돌며 온갖 막노동을 하며 겨우 생계를 유지했다. 그러다 그는 배워야 한다는 일념으로 심리학, 철학, 경제학, 경영학 등 자신의 꿈을 이루는 데 도움이 되는 책들을 읽으며 공부했다. 그리고 그는 대학에서 하는 프로그램에 참여하여 열심히 강의를 들었다. 그는 자신만이 터득하고 확립한 지식을 바탕으로 하여 성공할 수 있었다. 주요 저서로 《전략적 세일즈》, 《판매의 심리학》, 《잠들어 있는 성공시스템을 깨워라》, 《위대한 기업의 7가지 경영습관》 외 다수가 있다.

DAY 250 의지력의 열쇠 _에디 로빈슨

의지력의 열쇠는 욕구다.
무언가를 절실히 원하는 사람들은
대개 성취를 위한 의지력을 찾을 수 있다.

목표를 이루는 강력한 마인드를 의지라고 한다. 의지는 목표를 이루고자 하는 욕구가 강할 때 더욱 강하게 작용한다. 욕망이 잠재되어 있는 에너지까지 끌어내기 때문이다. 이는 마치 강철처럼 강해서 강철 의지라고 한다.

고구려가 멸망하고 고구려 유민들은 정처 없이 떠돌았다. 당나라 사람들에게 핍박을 받는 것은 보통이고 심지어는 죽임까지 당했다. 나라 없는 설움은 뼛속까지 사무치게 했다.

그런데 이런 상황에서도 나라를 세우려는 꿈을 꾸는 젊은이가 있었다. 그는 자신과 뜻이 맞는 사람들을 자신 곁에 두었다. 그는 적과 싸워 이기기 위해 군사를 훈련시키며 힘을 키워나갔다. 그가 그렇게 되기까지에는 많은 시련이 있었다. 그는 당나라에 붙잡혀 숱하게 죽을 고비를 겪고 탈출했던 것이다. 그가 이때 깨달은 것이 힘을 길러 새로운 나라를 세우는 것이었다.

마침내 그는 광활한 대지 위에 국호를 발해라고 하여 나라를 세웠다. 그는 바로 대조영이다. 발해는 해동성국이라 불리며 200년이 넘게 존속한 강력한 나라였다. 그가 노예생활을 하는 등 최악의 상황에서도 힘을 모아 나라를 세울 수 있었던 것은 나라를 세워야 한다는 욕구가 의지를 불살랐기 때문이다.

그렇다. 자신의 꿈을 이루고 싶다면 강철 의지를 길러 실행해야 한다.

❖ 에디 로빈슨 Eddie Robinson
미국의 풋볼 감독. 미국 대학 풋볼리그에서 최다승 기록을 세우고 수많은 미국 프로 풋볼(NFL) 스타를 키워낸 전설적인 감독이다. 흑인인 그는 약관의 22세이던 1941년 루이지애나주 그램블링 주립대 풋볼팀 감독을 맡았을 만큼 탁월했다. 그는 1997년 은퇴할 때까지 55시즌 동안 408승 165패 15무승부를 기록했다. 그는 전국흑인대학챔피언십을 9차례나 기록했다. 1949년 제자인 폴 영거를 로스앤젤레스 램스와 계약시켜 NFL 사상 첫 흑인선수의 진출을 성사시킨 것으로 유명하다. 그의 제자 중 200여 명이 NFL에 진출하고, 이들 가운데 윌리스 데이비스 등 4명이 프로 풋볼 명예의 전당에 가입했다. 로빈슨은 풋볼을 위해 태어난 사람이란 찬사를 받을 만큼 풋볼에 관한 한 단연 최고의 감독이다.

DAY 251 무한한 열정 _찰스 슈왑

인간은
무한한 열정을 쏟는 일에서는
거의 반드시 성공한다.

노력 없이 잘 되기를 바란다면 그림 속의 꽃에서 향기를 맡으려는 것과 같다. 이는 불가능하다는 말이다. 그런데도 허황된 생각을 하는 사람들이 많다. 이는 자신의 인생을 잘못되게 할 수도 있다. 왜냐하면 허황된 생각을 자꾸 하다 보면 잘못된 생각으로 자신의 능력을 소멸시킬 수 있기 때문이다.

찰스 슈왑은 성실할 뿐만 아니라, 사람들과의 소통을 잘 한 것으로 유명하다. 그는 앤드류 카네기의 철강회사 관리자로 근무했는데 카네기는 그에게 연봉으로 백만 달러를 주었다. 카네기가 당시로선 엄청난 연봉을 그에게 준 것은 그의 능력이 워낙 뛰어났기 때문이다. 그는 직원들 누구에게도 친절했고, 칭찬을 잘 했으며, 격려하는 능력이 좋았다. 그러자 직원들은 회사 일을 내 일 같이 열심히 했다. 그 결과 회사는 날로 발전했으며 최고의 철강회사가 되었다.

찰스 슈왑은 자신의 일에 관한 한 매우 성실했으며 무한한 열정을 쏟았다. 그의 열정은 그를 최고의 연봉을 받는 사람이 되게 했다.

열정으로 가득 넘치는 사람이 더 행복하고 자긍심이 크다. 자신이 무엇을 하든 열정을 쏟아부어라. 열정은 사람을 속이지 않는다.

❖ 찰스 슈왑 Charles Schwab
미국 철강회사 CEO 역임. 찰스 슈왑은 앤드류 카네기의 철강회사 책임자로 일했다. 그는 카네기로부터 연봉으로 100만 달러를 받았다. 이 액수는 1920년대 당시에는 어마어마한 돈이었다. 그가 카네기로부터 그처럼 거금의 연봉을 받은 이유는 그만한 대접을 받을 만한 가치가 있는 사람이었기 때문이다. 찰스 슈왑은 철강에 관한 지식이 경영자인 카네기보다는 몇 수 위였다. 또한 그는 직원들을 능숙하게 다루는 리더십을 가지고 있었다. 찰스 슈왑의 탁월한 리더십으로 회사의 생산성은 날로 높아만 갔고, 그런 만큼 회사의 경영은 좋아졌다. 카네기는 바로 이 점을 높이 평가한 것이다. 찰스 슈왑의 뛰어난 리더십 가운데 돋보인 것은 다름 아닌 직원들과의 원활한 소통이었다. 그는 미국실업계에서 최초로 연봉 백만 달러를 받은 것으로 유명하다.

DAY 252 단 한 권의 책 _벤저민 디즈레일리

단 한 권의 책밖에
읽지 않는 사람을 경계하라.

책은 인간이 발명한 것 중 가장 창조적인 발명품이다. 책은 인간에게 삶의 방향을 제시해주고, 모르는 것을 알게 함으로써 지식과 지혜의 가치를 일깨우고, 풍부한 정서와 이성을 기르는 스승과도 같다. 삶의 빛과 소금이 되어주는 책을 많이 읽는 사람일수록 자신의 인생을 가치 있게 살아간다.

그런데 책을 읽지 않는다고 생각해보라. 그 생각만으로도 몸과 마음이 뒤처지는 것 같다는 생각이 들 것이다.

유대인으로 영국의 수상을 두 번이나 지낸 명정치가인 벤저민 디즈레일리는 '단 한 권의 책밖에 읽지 않는 사람을 경계하라'고 말했다. 그가 이렇게 말한 이유는 책을 읽지 않는 사람과 교류는 자신에게 무익하기 때문이다. 즉 그 사람으로부터 배울 게 없다는 말이다. 그래서 그런 사람과의 교류 대신 책을 많이 읽는 사람과 교류를 하라는 것이다. 그 사람에게는 배울 것이 많다는 생각에서다.

조선시대 실학자인 이덕무는 책을 많이 읽은 것으로 유명하다. 그는 서자로 조정에 출사할 수 없었지만 그의 재주를 아까워하는 정조 임금의 부름을 받고 나랏일에 충심을 다했다. 그의 주변에는 유형원, 박제가, 이수광, 박지원 같은 쟁쟁한 실학자들이 많았다. 모두가 책을 즐겨 읽는 사람들이었다.

책은 삶을 변화시키고, 새로운 미래로 나아가게 하는 벗이자 스승이다.

❖ 벤저민 디즈레일리 Benjamin Disraeli 1804~1881
정치가. 소설가. 유대인으로 어렸을 때부터 좌절을 모르는 기질을 자신의 정치적 역량을 드높이는 데 있어 지혜롭게 적용시킴으로써 자신을 반대하는 정치세력을 굴복시키고 영국 수상을 두 번(40대, 42대)이나 역임했다. 그가 영국의 수상으로 있는 동안 '대영제국은 해가 지지 않는다'는 말이 떠돌 만큼 영국은 유럽은 물론 전 세계적으로 강력한 국가의 위상을 떨쳤다. 또한 그는 소설가로서 《비비안 그레이》, 《헨리에타 사원》 외 다수의 작품을 남겼으며, 한 달에 4권의 책을 읽을 것을 권고한 것으로 유명하다. 그는 영국정치계에서 가장 성공한 정치인으로 평가받고 있다.

DAY 253 독서의 자세 _율곡 이이

독서를 하는 데 있어 입으로만 읽고
마음으로 느끼지 아니하며,
몸으로 행하지 않으면 그 글은 다만 글자에 지나지 않는다.

조선 중기 때 학자인 율곡 이이는 독서의 바람직한 자세에 대해 마음으로 느끼고, 읽은 것을 실천해야 한다고 말했다. 아주 적절한 지적이라고 할 수 있다. 책을 읽고 느끼고 그것을 실천하지 않는다면 그것은 죽은 독서이다.

조선시대의 참된 선비들은 책에서 배운 것을 실천하지 않으면 안 되는 것으로 알았다. 그들은 옳지 않은 일엔 목에 칼이 들어와도 따르지 않았으며, 나라에 충성하고 부모에게 효를 다했으며, 벗을 의리와 신의로써 대했다. 또한 윗사람은 예로써 대하고 아랫사람은 덕으로 대했다. 이를 지키지 않는 사람과는 함께 하는 것조차 부끄럽게 생각할 정도로 강직했다.

이를 잘 보여주는 대표적인 사례가 수양대군이 조카인 단종을 폐위시키려고 음모를 꾸미자 그것을 막기 위해 성삼문, 이개, 박팽년, 하위지, 유성원, 유응부 등이 결의를 했다. 하지만 김질의 밀고로 이 계획은 수포로 돌아가고 말았다. 수양대군은 이들을 회유했지만 단호하게 거부했다. 이들은 차디찬 형장의 이슬로 사라졌지만 그들은 만고의 충신으로 존경을 받고 있다. 이들을 가리켜 사육신이라고 한다.

신념을 지키기 위해 하나뿐인 목숨도 아까워하지 않는 이들의 고고한 절개는 참된 선비만이 보일 수 있는 숭고한 정신이다. 이 모두는 책에서 배운 것을 그대로 따른 것이나. 실천이 따르는 독서야말로 참된 독서이다.

❖ 율곡 이이栗谷 李珥 1537~1584
조선시대 문인. 성리학자, 교육자. 병조판서. 이이는 어린 시절부터 어머니 신사임당의 가르침으로 학문 수행에 힘썼으며 올곧은 마음으로 사물의 이치와 일의 옳고 그름을 분별하는 능력이 뛰어났다. 그는 학문이 출중하여 아홉 차례나 과거에 장원급제했다. 이이는 일찍이 왜적의 침략에 대비하여 십만양병설을 주장한 것으로 유명하다. 그는 자신이 옳다고 생각하는 일엔 자신의 생각을 기탄없이 말해 선조는 그를 신임하고 아꼈다. 이처럼 그는 자신이 옳다고 생각하는 일엔 자신의 생각을 기탄없이 말했다. 그는 평생을 정직과 신의로써 일관한 문인이며, 학자였다. 주요 저서로《격몽요결》,《성학집요》,《경연일기》외 다수가 있다.

DAY 254 본질을 보라 _니체

본질을 꿰뚫어 보는
눈을 가지는 것은 매우 중요하다.

사물을 대하거나 사람들과의 관계에 있어 본질의 의미를 잘 파악해야 한다. 본질을 잘 파악해야 사물을 바르게 이해할 수 있고, 사람들과의 관계도 잘 이어갈 수 있다.

사물을 본질을 잘 파악하기 위해서는 세심하게 보는 눈을 길러야 한다. 이를 관찰력이라고 하는데 관찰력이 좋아야 사물의 본질을 이해하는 데 도움이 된다. 사물을 이해하는 눈이 좋으면 남이 생각하지 못하는 것을 이해함으로써 보다 의미 있는 삶을 살아갈 수 있다.

그리고 사람들과의 관계에서도 본질의 의미를 잘 파악해야 한다. 상대는 이런 의미로 말했는데 반대로 받아들인다면 문제가 발생할 수 있다. 그렇게 되면 그 사람과의 관계가 단절될 수도 있다.

본질의 의미를 꿰뚫어 보는 눈을 가지라는 니체의 말은 금언과도 같다. 니체는 철학자로서 많은 독서를 했으며 깊은 사색에서 발견한 깨달음을 정리하여 사상을 체계화했다. 그가 한 말 또한 깨달음에서 나온 말이다.

그렇다. 사물이든 사람과의 대화에서든 근본을 보라. 근본을 알지 못하면 자신을 발전시키는 데 어려움을 겪을 수 있다. 관찰력을 기르고 독서와 사색을 통해 통찰력을 기르기 위해 노력하라.

❖ **프리드리히 니체** Friedrich Wilhelm Nietzsche 1844~1900
19세기 독일의 철학자, 시인. 니체는 개신교 목사의 아들로 태어났다. 종교와 도덕, 문화, 철학, 과학에 대한 비평을 썼으며, 경구(aphorism)에 대한 자신만의 생각을 잘 표현했다. 약관의 24세에 스위스 바젤 대학에서 교수로 고전 철학을 가르치며 꾸준히 강연활동을 벌였다. 1872년 첫 작품《비극의 탄생》을 발표했다. 그 후 대학을 그만두고 십여 년 동안 긴 방랑생활을 하면서도 꾸준히 집필활동을 했다. 키에르케고르와 더불어 실존주의의 선구자적인 역할을 했으며, 자유주의, 힘의 논리 등의 마키아벨리즘, 권위주의, 반대주의 등에 대해 강력히 비판한 것으로 유명하다. 대표적인 작품으로《차라투스트라는 이렇게 말했다》,《인간적인 너무나 인간적인》외 다수가 있다.

DAY 255 사색의 힘 _존 로크

독서는 다만 지식의 재료를 공급할 뿐
그것을 자기 것이 되게 하는 것은 사색의 힘이다.

독서를 해야 하는 이유는 지식을 기르고, 통찰력과 논리력을 기르기 위해서다. 다양한 지식을 기르기 위해서는 다양한 독서를 해야 한다. 그런데 독서만 한다고 해서 다는 아니라는 것이다. 독서 한 것을 자신의 것으로 만들기 위해서는 사색이 필요하다. 독서 한 내용은 사색을 통해 새롭게 태어난다. 즉 자기만의 지식으로 탈바꿈한다.

학문의 발달은 먼저 공부한 이들이 정립해 놓은 학문을 토대로 하여 자신이 연구한 것을 접목시키는 것이다. 그렇게 하면 새로운 것이 추가되면서 학문의 발전을 가져온다. 이런 식으로 세월의 흐름에 따라 이어가는 것이 학문의 발달과정이다. 이 과정에서 연구자들은 많은 독서를 하게 되고, 그 깨달음을 통해 새로운 학설을 만들어내고 학문의 폭을 넓히는 것이다.

그런데 여기서 중요한 것이 사색이다. 사색의 프리즘을 통해야만 새로운 것이 나오고, 그 새로운 것이 곧 새로운 학설이 된다. 그래서 사색은 아주 중요하다. 사색은 통찰력을 기르는 데 반드시 필요하다. 사색의 과정을 거치지 않으면 폭넓은 깨달음을 얻을 수 없다.

그리고 사색은 인간의 내면을 단단하게 하고 어떤 상황에서도 흔들리지 않게 해준다. 그러므로 독서만으로 끝내지 말고 사색을 통해 새로운 깨달음을 얻어야 하는 것이다.

❖ 존 로크 Jon Locke 1632~1704
영국의 철학자. 계몽주의 선구자. 존 로크는 어린 시절 부모로부터 청교도식의 엄한교육을 받았다. 1647년 웨스트민트 기숙학교에 입학하여 우수한 성적으로 졸업하고, 1652년 옥스퍼드 대학의 크리스트 칼리지에 입학하여 졸업했다. 그리고 석사과정을 마쳤다. 그는 독일의 브란덴부르크에서 공사 비서로 일했다. 그는 이를 계기로 10년간 정치활동을 했다. 1689년 명예혁명에 의해 윌리엄 3세의 즉위로 1690년 공소원장이 되었다. 그는 인식론의 창시자이며 계몽철학의 개척자로 그의 정치, 교육, 종교 등의 사상은 영국과 프랑스에 큰 영향을 끼쳤다. 그는 전제주의에 반대하고, 국가는 개인의 생명, 재산, 자유를 보호해야 한다고 주장했다. 그는 민주주의 근본인 입법, 사법, 행정의 삼권분립의 기초를 만든 것으로 유명하다. 주요 저서로《인간 오성론》외 다수가 있다.

DAY 256 물과 같은 사람 _노자

☐ CHECK

물 같이 행동하는 것이 필요하다.
방해물이 없으면 물은 흐른다.
둑이 있으면 머무른다.
둑을 치우면 또 흐르기 시작한다.
물은 이 같은 성질이 있기 때문에 가장 필요하며,
가장 힘이 강하다.

물은 사람에게나 동식물에게 없어서는 안 되는 생명수이다. 뿐만 아니라 공업용수와 농업용수로도 쓰이고, 수력발전소를 세워 전기를 일으키는 등 안 쓰이는 곳이 없다.
그리고 물은 순리를 거스르지 않는다. 물은 언제나 높은 곳에서 낮은 곳으로 흐른다. 흐르다 막히면 빈틈이 있는 곳으로 돌아 흐르고, 빈틈이 없으면 멈추었다가 물이 차면 둑을 넘어 다시 흐른다. 억지로 흐르는 법이 없다.
또 물은 부드러워 약한 것 같지만 물이 한번 화가 나면 집을 무너뜨리고, 길을 갈라 놓으며, 다리를 끊어 놓는다. 물은 한없이 부드럽지만 가장 무서운 존재이기도 하다.
물 같은 사람이 되어야 한다. 누구에게나 꼭 필요한 사람이 되고, 순리를 쫓아 살며, 부드러울 땐 부드럽고, 옳지 않은 일엔 당당하게 떨쳐 일어서야 한다. 그러나 물과 같은 사람으로 산다는 것은 쉽지 않다. 때에 따라서는 하기 싫은 것도 해야 하고, 하고 싶은 것도 참아야 한다. 하지만 그렇게 해야 한다. 그것이 인간다운 삶을 사는 가장 바람직한 자세이기 때문이다.

❖ 노자老子 B.C 6세기경
중국 제자백가 가운데 하나인 도가의 창시자이자 학자이다. 노자는 자연의 이치를 따르고 무위無爲하게 사는 도道를 중요하게 생각했다. 노자가 말하는 무위란 '자연을 그대로 두고 인위를 가하지 않음'을 말한다. 즉 자연의 순리에 따르는 것으로 인간이 인간의 생각에 의해서 판단하거나 그것을 좌지우지해서는 안 된다는 것이다. 그러니까 있는 그대로 따르는 것이 바로 무위라는 것이다. 노자에게 물은 무위의 중심사상이다. 물은 위에서 아래로 흐르고, 높은 곳에서 떨어져도 깨지지 않는 부드럽지만 강한 존재이다. 물과 같이 사는 것 그것이 노자의 사상이다. 저서로《도덕경》이 있다.

DAY 257 최고의 선물 _에우리피데스

자식들에게 있어 어머니보다
더 훌륭한 하나님의 선물은 없다.

어머니의 사랑은 마르지 않는 샘물이다. 아무리 퍼내고 퍼내도 끊임없이 솟아나는 샘물. 한여름 산을 오르다 목이 말라 시원한 샘물을 마셔 본 적이 있을 것이다. 그럴 때의 그 시원함은 오랫동안 잊지 못한다.

어머니의 사랑은 자식들에겐 아주 좋은 인생의 샘물이다. 그래서 어머니의 사랑을 넉넉히 받은 자식들은 어떤 고난 속에서도 힘차게 헤쳐 나간다. 그것은 어머니의 사랑이 끊임없이 에너지를 불어넣어주기 때문이다.

그런데 어머니는 당신의 가진 것을 다 주고도 더는 줄 것이 없어 마음 아파하고 안쓰러워한다. 하지만 자식들은 더 많은 것을 받으려고만 한다. 어머니의 삶은 안중에도 없어 하고 오직 자신들만을 생각한다.

언젠가 물에 빠진 자식을 구하다 죽은 어머니가 생각난다. 죽음 앞에서도 두려움 없이 강물에 뛰어들었던 어머니 어쩌면 어머니는 이처럼 희생적일 수가 있을까. 그런데도 많은 자식들은 어머니의 목숨이 여럿은 되는 줄 아는 것 같다.

독일의 시인 프리드리히 실러는 "하나님은 어디에나 있을 수 없어 어머니를 만드셨다"고 말했다.

그렇다. 어머니는 자식들에게 준 하나님의 선물이다. 고마우신 어머니에게 효를 다해야 한다. 그것이 어머니에 대한 예의이며 자식의 도리이다.

❖ 에우리피데스 Euripides B.C 484~B.C 406
고대 아테네 3대 비극 작가 가운데 아이스킬로스와 소포클레스에 뒤이은 마지막 인물이다. 그는 극작가로 더 유능한 재능을 보였다. 그의 희곡들은 윤리적이며 사회적인 논평으로 가득해 후세 사람들은 그의 논평을 도덕론이나 문집 등에 활용했다고 한다. 그는 많은 서적을 소유한 장서가이며, 사려가 깊어 많은 사람들에게 회자 되었다. 그는 연극대전에서 4번 우승을 했지만, 모든 경쟁자들 중에 단 3명만 뽑는 계관시인으로 20번 넘게 뽑혔다고 한다. 그는 총 92편의 희곡을 썼다고 하는데 지금까지 남아 있는 것은 모두 19편이다. 그의 주요 희곡을 보면 〈주신 바코스의 시녀들〉, 〈아우리스의 이피게네이아〉, 〈트로이의 여인들〉 외 다수가 있다.

DAY 258 입과 혀 _명심보감

입과 혀는
화와 근심의 문이며,
몸을 죽이는 도끼와 같다.

　말은 조심해서 해야 한다. 잘못된 한마디 말은 인생을 한순간에 무너뜨리고, 힘들여 쌓아올린 성공의 탑을 여지없이 날려 버린다.
　지금 우리 사회는 잘못한 말 때문에 연일 시끄럽다. 말 때문에 정치인들이 감옥에 갇히고, 하던 방송 프로그램에서 퇴출당하고, SNS를 통해 인신공격을 하다 법의 심판을 받는 일이 점점 늘고 있다. 이는 잘못된 한마디 말이 얼마나 나쁜지를 잘 보여준다. 《탈무드》에 보면 가장 좋은 것도 혀요, 가장 나쁜 것도 혀라고 말한다.
　그렇다. 아름다운 말, 칭찬의 말, 격려의 말, 꿈을 주는 말, 용기를 주는 말, 사랑의 기쁨을 주는 사랑의 말은 가장 좋은 말이다. 그러나 상처를 주는 말, 아픔을 주는 말, 비난을 퍼붓는 말, 의지를 꺾는 말은 가장 나쁜 말이다.
　좋은 말은 아무리 해도 문제가 없다. 하면 할수록 좋다. 좋은 말은 소통을 원활하게 해주고 상대방과의 우호증진에도 큰 도움을 준다. 하지만 나쁜 말은 하면 안 된다. 사람을 화나게 하고 짜증나게 한다. 나쁜 말은 소통을 가로막고 상대방과 등을 지게 만든다. 말을 가려서 하는 당신이 돼라.

❖ **명심보감**明心寶鑑
중국 고전에 나와 있는 경구들을 가려 뽑아 1393년 명나라의 범립본이 편찬한 것으로써 우리나라에서는 조선시대 때(1454년) 청주에서 처음 간행 된 학습서이다. 우리가 지금 사용하는 《명심보감》은 조선시대 때 것으로 고려 충렬왕 때 추적이 가려내 엮은 학습서라는 것은 와전된 것이다. 명심보감은 충과 효와 예 등 가정교육을 중심으로 해서 엮은 것으로 유교적 교양과 심성교육을 바탕으로 하고 있다. 《명심보감》에 자주 나오는 주요 학자들을 보면 공자, 강태공, 장자, 순자, 소동파, 주문공, 소강절, 마원, 사마온공, 정명도 등이다. 많이 인용한 책으로는 《경행록》, 《공자가어》, 《예기》, 《역경》, 《시경》, 《성리서》 등이다. 《명심보감》은 조선시대에 가장 널리 읽힌 책 중 하나로 천자문을 익힌 어린이들이 반드시 읽어야 할 필독서였다.

DAY 259 마음가짐의 중요성 _조이 브러더스

성공은 마음가짐의 문제다.
성공을 원한다면 먼저 스스로를
성공한 인물로 생각하라.

약관의 45세에 미국 제너럴 일렉트릭의 최고경영자가 된 잭 웰치는 세기의 경영인이라는 칭호를 받았다. 그는 어떻게 해서 그런 평가를 받는 인물이 되었을까. 그는 인재들을 매우 중요하게 여기고, 그들이 각 분야에서 자신의 능력을 발휘할 수 있도록 끊임없이 격려하고 뒷받침해주었다. 그의 진정성을 알게 된 직원들은 그의 믿음에 부응하기 위해 최선을 다했다.

그리고 잭 웰치는 자신이 직접 경영진에게 교육을 시도했던 것으로 유명하다. 그는 지시가 아닌 솔선수범의 리더십을 발휘했던 것이다. 열정적인 그의 모습에 감동을 받은 경영진 역시 그와 같이 실천했다. 그러니 어떻게 잘되지 않을 수 있을까.

또한 잭 웰치는 창의력의 독보적인 존재이기도 했다. 그가 생각하고 시도하는 것은 늘 새로운 것을 시도하는 것이었다. 그 결과 제너럴 일렉트릭사는 일취월장하며 세계 경제의 중심이 되었던 것이다.

그러나 무엇보다 잭 웰치가 성공할 수 있었던 것은 늘 자신을 성공한 인물로 생각했다는 데 있다. 그의 이런 생각은 마음을 단단하게 해주었고, 힘들고 어려울 때도 극복하는 데 큰 힘이 되었다.

이렇듯 모든 것은 마음가짐에 달려있다. 자신이 잘 되고 싶다면 마음가짐을 반듯하게 하라. 반듯한 마음가짐은 성공의 마음이다.

❖ 조이스 브러더스 Joyce Brothers 1927~2013
미국의 심리학자. 조이스 브러더스는 인간관계에 있어 칭찬과 격려가 미치는 영향에 대해 "마치 당연한 듯 받아들여지는 것이 칭찬인 경우도 있다. 그것은 당신이 다른 사람의 생활 속에 편안하고 신뢰감을 주는 존재로 자리 잡았음을 의미하는 것이다"라고 말하며 인간관계의 중요성을 강조하는 등 사람들이 삶을 긍정적으로 살아가도록 하는 데 열정을 바친 인물로 평가받고 있다.

DAY 260 인생을 다시 산다면 _윈스턴 처칠

내가 인생을 다시 한번 걷게 된다면
나의 제2의 인생은 제1의 인생과 별 차이가 없을 것이다.

다시 태어나도 처음처럼 살겠다는 처칠의 말 속엔 그가 매우 만족한 인생을 살았다는 것을 잘 알 수 있다. 자신의 인생에게 만족한다는 것은 그만큼 부끄러움 없이 살았다는 것을 말하는데 그렇게 살기란 쉽지 않다.

처칠은 영국 귀족 가문에서 태어났지만 공부는 썩 잘하지 못했다. 하지만 그는 정직하고, 친구들과의 사이가 좋았으며, 책을 즐겨 읽고, 리더십이 뛰어났다. 처칠은 삼수만에 영국 육군사관학교에 들어갔지만, 자신의 리더십을 발휘하는 등 누구보다도 학교생활을 성실히 해냈다. 학교를 마친 그는 제2차 세계대전이 일어나자 전쟁에 참여했으며, 전쟁이 끝난 후 국회의원이 되었다. 처칠은 뛰어난 의정활동을 펼치며 사람들에게 깊은 인상을 심어주었다. 그는 수상에 출마하여 당선했으며, 국민들에게 신임을 얻고 또다시 수상에 당선하는 영예를 누렸다. 그는 세계의 자유와 평화를 위해 헌신함으로써 세계적인 정치가로 이름을 떨쳤다.

처칠은 회고록 《제2차 세계대전》을 펴냈는데, 이 책으로 노벨문학상을 수상했다. 한 인간으로 볼 때 처칠은 인간 승리의 삶을 살았다. 그랬기에 그는 자신의 삶에 만족할 수 있었다. 어떤 삶을 살던 자신의 삶에 만족하는 삶이야말로 가장 성공적인 삶이라고 할 수 있다.

❖ 윈스턴 L. 스펜서 처칠 Winston Leonard Spencer Churchill 1874~1965
영국의 명연설가이자 대정치가이다. 처칠은 영국 명문 귀족인 몰러버가의 후손이다. 그는 공부를 잘하지 못해 해로우 공립학교에 꼴등으로 들어갔고, 성적이 좋지 않아 부모의 바람과는 달리 명문 대학에 진학하지 못했다. 그는 육군사관학교에 두 번이나 떨어지고 세 번째 도전에서 겨우 합격할 수 있었다. 하지만 처칠은 개성이 넘쳤으며 상대방을 자신에게 끌려오게 하는 진지한 설득력과 강한 리더십이 있었다. 그의 뜨거운 열정과 노력은 수많은 경쟁자 속에서 자신을 단연 돋보이게 했고, 그의 강한 신념과 카리스마에 감복한 영국 국민들의 지지 속에 두 번이나 영국 수상을 지냈다. 처칠의 강한 리더십과 뛰어난 능력은 그를 제2차 세계대전 당시 연합국의 대표적인 지도자가 되게 했으며, 회고록 《제2차 세계대전 The Second World War》으로 노벨 문학상을 수상했다.

DAY 261 제일의 처세술 _아미엘

친절한 마음,
타인에 대한 존경은
처세법의 제일 조건이다.

'친절은 무형無形의 자산과 같다'는 말이 있다. 이는 친절은 자신이 잘되는 데 큰 도움이 된다는 것을 뜻한다. 친절한 사람을 보면 기분이 좋고, 그 사람과 친구가 되면 좋겠다는 생각을 하는 것도 다 이런 이유에서다.

미국 제25대 대통령인 윌리엄 매킨리는 고민에 빠졌다. 유능한 두 친구 중 누굴 고위직에 임명할까, 생각에 생각을 거듭했다. 그러다 지난날을 떠올렸다. 그가 친구와 같이 전차를 타고 가던 중 짐을 든 어떤 여자가 전차에 올랐다. 그녀는 짐 때문에 쩔쩔맸지만 친구는 바로 옆에 있으면서도 못 본 척했다. 그래서 멀리 떨어져 있던 매킨리가 다가가 그녀의 짐을 옮겨주고 자리를 양보해주었다. 그때 일이 생각난 것이다.

순간 매킨리는 누구를 임명할지를 결정했다. 그는 자신과 함께 전차를 탔던 친구 대신 다른 친구를 임명하기로 했다. 그 친구는 친절한 성품을 지녔기 때문이다.

친절은 사람들과의 관계를 좋게 해주는 소통의 필수요소이다. 그래서 친절한 사람이 좋은 이미지를 심어줌으로써 사람들과의 관계가 좋은 것이다. 그리고 나아가 자신이 원하는 것을 성취하는 성취도가 높다. 친절한 사람이 되어라. 친절한 사람에게는 적이 없다.

❖ 아미엘Amiel 1821~1881
스위스 작가. 스위스 제네바대학의 미학 교수와 철학 교수로 재직했다. 그는 사회적인 성공에도 자신을 실패한 인생이라 여겨, 1847년부터 쓰기 시작해 죽을 때까지 《내면의 일기》를 쓰는 데 전념했다. 그중 일부를 《내면의 일기 단편》이라는 제목으로 출판했다. 이 책은 불신으로 가득 찬 세상에 대항해 높은 지성과 예리한 감수성을 지닌 인간이 삶의 가치를 찾고자 투쟁하는 모습을 보여준다. 이 책은 널리 읽힘으로써 그의 명성을 한껏 높여주었다. 주요 저서로 《내면의 일기》 외 다수가 있다.

ETC | 세계 10대 명언

01
국민의 국민에 의한 국민을 위한 정치.
_ 에이브러햄 링컨

02
나의 사전에 불가능이란 없다.
_ 보나파르트 나폴레옹

03
너 자신을 알라.
_ 소크라테스

04
왔노라, 보았노라, 이겼노라.
_ 율리우스 카이사르 시저

05
그래도 지구는 돈다.
_ 갈릴레오 갈릴레이

06
예술은 길고 인생은 짧다.
_ 히포크라테스

07
인간은 생각하는 갈대이다.
_ 블레즈 파스칼

08
나는 생각한다. 그러므로 나는 존재한다.
_ 르네 데카르트

09
민주주의는 결코 죽지 않는다.
_ 프랭클린 루스벨트

10
인내는 쓰나 그 열매는 달다.
_ 장자크 루소

CHAPTER 6
자본주의의 근간

경제경영사

DAY 262 영국의 버진 그룹 _리처드 브랜슨

영국 최대의 기업인 버진 그룹의 CEO인 리처드 브랜슨. 그는 자유 분망하고, 파격적이며, 저돌적이면서 모험심이 강한 성격의 소유자이다. 또 한편으로는 상상력이 뛰어나고 일을 마치 즐거운 게임처럼 하는 낙천적인 면도 많다. 한 마디로 그를 평가한다면 입체적인 마인드를 가진 멀티형 인간이라고 할 수 있다.

브랜슨은 어린 시절부터 자신이 하고 싶은 일은 망설이지 않고 즉시 시행할 정도로 적극성을 띠었다. 그는 15살 때 친구인 조니 젬스와 함께 학생을 대상으로 한 잡지 〈스튜던트〉를 창간했다. 브랜슨은 취재의 대상을 선별하고 수백 명의 유명 인사들에게 편지와 전화로 인터뷰를 시도했다. 그의 열정에 감동한 장 폴 사르트르, 볼드윈, 앨리스 워커를 비롯한 유명인들이 취재에 응함으로써 잡지의 공신력을 높였다.

그는 새로운 일을 모색하던 중 옥스퍼드에 버진 음반가게를 차렸다. 그는 매장 인테리어를 학생들이 좋아할 수 있도록 꾸몄는데 학생들의 반응은 뜨거웠다. 그러자 그는 잇따라 주요 도시에 버진 음반가게를 열었고 음반 판매 수입은 날로 증가했다. 그 후 버진 애틀랜틱 항공사를 설립하여 자리를 잡자, 그는 유럽의 저가 항공사인 버진 익스프레스와 호주의 저가 항공사인 버진 블루, 나이지리아의 버진 나이지리아 항공, 미국의 저가 항공사인 버진 아메리카를 설립했다.

현재 버진 그룹은 30여 개 국가에 200여 개의 미디어, 모바일, 인터넷, 음료, 호텔, 레저, 여행, 라디오, 우주산업 등 다양한 분야에서 열정적으로 사업을 경영하고 있다. 그뿐만 아니라 그는 열기구를 타고 태평양과 대서양 횡단에 성공했으며, 시시때때로 세계일주를 하는가 하면 비행기 무착륙 세계 일주 비행을 하는 등 모험가로서의 삶을 즐기는 활달함으로 사람들에게 무엇이든 할 수 있다는 도전정신을 불러일으키고 있다.

또한 그는 지구온난화에 따른 환경문제에 적극 가담하여 엘 고어 전 미국부통령을 비롯한 세계 환경운동가들과 적극 활동을 벌이고 아프리카대륙을 비롯한 제3세계국가의 가난한 이들을 위해 의료품과 식량 및 구호물자를 후원하는 데도 적극 가담하여 기업가로서의 사회적 책무를 다하고 있다.

❖ 리처드 브랜슨Richard Branson 1950~
영국 버진(Virgin Group)그룹 CEO. 2000년 영국 여왕으로부터 기사(Knight Bachelor) 작위 받음.

DAY 263 배스킨라빈스 _어바인 라빈스

　배스킨라빈스를 창업한 어바인 라빈스는 아주 평범한 20대였다. 그러나 그에겐 푸르게 빛나는 꿈이 있었다. 그것은 자신만의 개성을 지닌 아이스크림을 만드는 거였다. 그의 가슴 한가운데는 늘 푸른 꿈이 불타고 있었다.
　그는 군대에 있는 동안 자신의 꿈을 구체적으로 설계했다. 그리고 그의 꿈이 실현되기 시작한 것은 그가 군대에서 막 제대를 했을 때였다. 그 당시에는 아이스크림만 파는 가게는 그 누구도 상상하지 못했다. 그런데 그가 아이스크림만 전문적으로 파는 가게를 내겠다는 자신의 계획을 밝히자 "라빈스, 네 생각은 좋지만 과연 아이스크림만 파는 가게가 될까?", "라빈스, 아무리 생각해도 그건 무리야.", "지금이라도 늦지 않았어. 그만두는 게 어때?" 그를 잘 아는 친구들이나 친지들은 하나 같이 무모한 도전이라며 만류했다.
　"다들 그렇게 생각하겠지. 하지만 나는 내 생각을 믿어. 두고 봐. 내 생각이 옳았다는 걸 두 눈으로 똑똑히 보게 될 거야."
　그의 말에서 보듯 그의 생각은 확고다. 라빈스는 매부를 설득해 자신의 계획에 끌어들였다. 그는 매부와 함께 아이스크림 연구에 들어갔다. 그가 생각하는 아이스크림은 매우 다양했다. 그는 낮이나 밤이나 온통 아이스크림 개발에 매달려 무려 31가지의 맛을 내는 다양한 맛과 색깔을 지닌 아이스크림을 개발했다. 그가 만든 아이스크림을 찾는 사람들로 그의 가게는 북적였고, 소문을 듣고 찾아온 사람들이 아이스크림 사업권을 달라며 아우성이었다. 그는 꿈이 확고한 사람들에게 가게를 할 수 있는 사업권을 내주었다. 그의 톡톡 튀는 아이디어는 그에게 부와 명성을 안겨주었다.
　그의 꿈은 거기서 머무를 수 없었다. 그는 자신의 꿈을 미국에만 심기엔 성에 차지 않았던 것이다. 그는 세계로 뻗어 나가기 위한 생각으로 골몰했다. 그리고 마침내 그의 미래를 환하게 밝혀 줄 프로젝트를 완성했다. 그리고 자신의 뜻을 밝히자 놀라운 일이 벌어지기 시작했다. 세계 각국에서 체인점 요청이 쇄도했던 것이다. 라빈스는 즐거운 비명을 지르며 자신의 꿈을 하나씩 하나씩 심어나갔다. 그 결과 전 세계에 7,500개가 넘는 매장을 거느린 아이스크림 거부가 되었다.

❖ 어바인 라빈스 Irvine Robbins 1918~2008
　미국 출생. 배스킨라빈스 창업자. 세계에 7,500여 개의 체인점을 둔 아이스크림의 거부.

DAY 264 페이스북 _마크 저커버그

ECONOMY

마크 저커버그는 치과 의사인 아버지 에드워드와 정신과 의사인 어머니 캐런 사이에서 태어났다. 어린 시절 유대계 미국인인 그는 유대교 교육을 받았다. 저커버그는 중학생 시절부터 프로그래밍을 시작했는데, 아버지로부터 아타리 BASIC 프로그래밍 교육을 배웠다. 그 후 그는 아버지의 주도로 소프트웨어 개발자인 데이비드 뉴먼으로부터 개인지도를 받았다. 배운지 얼마 안 돼 프로그래밍 기술을 모두 배웠으며, 다양한 프로그램을 만들어냈다.

저커버그는 하버드대학에 입학한 후 페이스북을 만들었다. 사람들 간에 교류와 소통을 위해서였다. 그런데 놀랍게도 페이스북은 날로 그 위력을 더해만 갔다. 회원수는 기하급수적으로 늘어났다. 그러자 페이스북에 눈독을 들이는 기업들이 늘어나기 시작했다. 익명의 투자자가 인수금액으로 1,000만 달러를 제시했지만 단칼에 거절했으며, 2005년에는 MTV와 영화사 파라마운트를 소유한 미디어 그룹인 비아콤(Viacom Inc)에서 인수금액으로 7,500만 달러를 제시했지만 역시 거절했다. 비아콤 사람들 또한 그의 거절에 대해 이상하게 생각했다. 엄청난 돈을 거절하다니 그것은 정신 나간 사람이나 할 수 있는 일이라고 여겼기 때문이다. 그 일이 있고 2006년 야후는 무려 10억 달러를 인수금액으로 제시했다. 하지만 그 또한 단칼에 거절했다.

바로 여기에 저커버그의 CEO로서의 특출난 자질과 진정성이 있다. 그는 돈보다 일의 가치를 더욱 소중히 했다. 그것은 지금과는 다른 세상을 꿈꾸기 때문인데 그는 앞으로 펼쳐질 꿈의 가치를 더욱 소중히 했던 것이다. 페이스북은 전 세계적으로 약 15억여 명이 활발히 이용하고 있다.

저커버그는 포브스 선정 (2021년 기준) 세계 억만장자 중 5위로 그의 재산은 무려 970억 달러에 이른다. 그는 2010년 타임지가 정한 '올해의 인물'로 선정되었으며, 포브스가 선정한 세계에서 가장 영향력 있는 인물 9위에 오르는 등 끝을 모르는 성공의 길로 질주하고 있다.

30대란 나이에 저커버그가 이처럼 크게 성공할 수 있었던 데에는 그만의 철학과 신념에 있다. 그것은 인간관계의 중요성에 그 가치를 둠으로써 페이스북을 만들 때의 원칙을 지켜나는 데 있다고 하겠다.

❖ 마크 저커버그 Mark Elliot Zuckerberg 1984~
미국 출생. 프로그래머. 페이스북 공동설립자이자 대표. 타임지 선정 '올해의 인물'(2010년)

DAY 265 포드자동차 _헨리 포드

헨리 포드는 어려서부터 호기심이 많고, 관찰력이 매우 뛰어나 관심이 있는 사물을 보면 그냥 지나치는 법이 없었다. 또 포드는 자신이 만들고 싶은 게 있으면, 밤낮을 가리지 않고 만들었다. 그리고 잘 모르는 것이 있으면 알 때까지 끈질기게 물고 늘어졌다.

포드가 12살 되던 해 아버지와 함께 마차를 끌며 집으로 오는 길에, 말도 없이 연기를 내뿜으며 달리는 수레를 보았다. 포드는 그 앞으로 달려가 두 팔을 들고 멈추어 섰다. 그것은 수레가 아니라 그때 당시 만들어진 차였다. 포드는 그 수레가 증기의 힘으로 움직이는 차라는 것을 알았다. 그 후 포드는 기계공으로 일하면서 낮엔 회사 일을 하고, 밤엔 자동차 만드는 일에 몰두했다. 매일 밤마다 뚱땅거리고 요란을 떠는 그에게 마을 사람들의 항의가 빗발쳤지만 그는 개의치 않고 자신의 일에 몰두했다. 그러자 마을 사람들은 그가 정말 미친 줄 알고 나중엔 모르는 척했다.

포드가 만드는 자동차는 증기의 힘으로 가는 게 아니고, 가솔린으로 가는 자동차였다. 그는 드디어 새로운 자동차를 만들고 디트로이트에서 열리는 자동차 경주대회에 나가 엄청난 속도로 우승을 했다. 그러자 여기저기서 자금을 대겠다고 사람들이 나섰다. 포드는 1903년 동업자와 함께 자본금 10만 달러로 자동차 회사를 설립하고, 본격적인 자동차 생산에 들어갔다.

포드는 회사를 경영하는 데 있어 합리적이고 체계적인 경영방식으로 기획과 조직, 관리에 있어 탁월한 성과를 이루어 냈다. 특히 대량 생산을 위한 조립라인 방식의 채택은 놀라운 혁신이었다. 그리고 근로자들에 대한 처우 문제에도 그 당시로는 획기적인 노동정책을 펼쳤는데, 최저임금 일급 5달러에 1일 8시간 근무였다. 마케팅전략에도 뛰어난 실력을 발휘했는데, 가격 인하로 판매량을 늘려 생산성을 높이는 전략을 썼다. 이러한 그의 경영정책은 놀라운 성과를 이루어 냈고, 그에게 자동차 왕이라는 멋진 칭호를 얻게 했다.

포드의 성공은 피나는 노력과 열정, 끊임없는 도전정신 그리고 번뜩이는 창의력과 직원들을 아끼고 존중하는 그의 따뜻한 인간애에 있었다.

❖ 헨리 포드Henry Ford 1863~1947
미국 포드자동차 창업주이자 CEO. 주요 저서 《나의 산업철학》, 《오늘과 내일》

DAY 266 카네기 스틸 철강회사 _앤드류 카네기

앤드류 카네기는 1835년 스코틀랜드에서 가난한 수직공의 아들로 태어났다. 가난을 운명처럼 안고 태어난 카네기는, 학교를 다니는 대신 어려서부터 가족을 돕기 위해 일을 해야만 했다. 그의 아버지는 가난을 극복하기 위해 카네기가 13살 되던 해 미국으로 이민을 갔다. 그들이 정착한 곳은 펜실베이니아 피츠버그였다. 카네기는 그곳에서 방적공장을 다녔으며, 피츠버그 전신회사에 전보배달원으로 취직이 되었다. 카네기는 시간이 날 때마다 열심히 책을 읽으며 지식을 습득했다. 카네기의 열정 가득한 모습에 감동한 전신회사의 안다슨 대령은, 그가 책을 자유롭게 읽을 수 있게 자신의 독서실 이용을 허락해 주었다.

독학을 하며 전신지식을 쌓은 카네기에게 운명 같은 사건이 일어났다. 전신기사가 없는 사이에 온 전신을 카네기가 수신함으로써 단번에 전신기사로 임명되었다. 그 후 카네기는 철도 관계 지배인인 토마스 스코트에게 철도 전신기사로 발탁되었다. 그러던 어느 날 스코트 지배인이 외출 중이었는데 어느 한 역에서 열차 충돌사고가 일어났다. 그것은 각 열차의 발착 시간을 변경하지 않으면 안 될 중대한 일이었다. 카네기는 차후에 일은 자신이 책임질 각오를 하고, 각 역에 타전을 쳤다. 그는 열차사고를 막음으로써 스코트 지배인의 비서로 임명되었다.

카네기는 스코트의 비서로 일하면서 많은 정보를 입수할 수 있었는데 앞으로 제강업계가 크게 성장할 거란 확신에 제강에 대한 공부를 위해 영국으로 갔다. 그는 영국에서 화학적인 벳세마 제강법을 연구하고 미국으로 돌아와 제강소를 설립했다. 제강소를 설립한 그는 밤낮으로 제강연구에 몰두하여 질 좋은 제강을 생산해 세계각처로부터 주문이 쇄도했다. 그의 사업은 순풍에 돛을 단 배처럼 나날이 발전하여 세계 제일의 철강사업가가 되었다.

카네기는 66세 때 회사에서 물러난 뒤 평생 피땀 흘려 번 돈을 사회를 위해 쓰기로 하고, 학교를 짓는 데 돈을 후원하는가 하면 많은 도서관을 짓는 데 후원했는데 기부금 총액이 무려 3억 5천만 달러나 되었다. 그는 자신의 인생을 성공적으로 끌어올린, 위대한 실천자이며 삶의 승리자였다.

❖ 앤드류 카네기 Andrew Carnegie 1835~1919
미국 철강회사 창업주 CEO. 자신의 재산을 사회에 환원한 위대한 실천자이다.

DAY 267 | 언론인 _조지프 퓰리처

현대 신문의 정형을 이루어 낸 조지프 퓰리처는 헝가리 부다페스트에서 태어났다. 그의 나이 17세 때 큰 꿈을 안고 미국으로 간 퓰리처는, 미국 남북전쟁 때 북군으로 참가하는 등 활발하게 활동을 하며 미국으로 귀화했다.

미국인이 된 그는 세인트루이스로 가서 독일어 일간지 〈서부신문〉(베스틀리헤 포스트) 기자가 되어 열심히 취재활동을 벌이며 자신의 입지를 굳혀 나갔다. 그는 기자로서의 고생을 자랑스럽게 생각했고, 그의 그러한 노력은 순식간에 그를 편집장에 오르게 했다. 그는 정치에도 관심을 기울여 1869년에 미주리 의회에 진출했다. 그는 미주리주에서 자유공화당 창당을 도우며 호레이스 그릴리를 대통령 후보로 지명하며 열심히 도왔지만, 당이 붕괴되자 민주당 당원이 되어 평생을 민주당 당원으로 남았다.

퓰리처는 신문사업에 관심을 갖고, 1874년 세인트루이스의 또 다른 독일어 신문인 〈슈타츠 차이퉁〉을 인수했다. 그리고 4년 후 세인트루이스의 〈디스패치〉, 〈포스트〉를 인수해 〈포스트 디스패치〉로 통합했는데, 이것이 세인트루이스 최고의 석간신문이 되었다. 퓰리처는 뉴욕신문에 관심이 많아 뉴욕신문에 투자를 하여 1883년 뉴욕 조간인 〈월드〉지를 인수했다. 그는 놀라운 경영능력을 보이며 이 신문을 미국에서 제일가는 민주당 대변지로 바꾸어 놓았다. 그리고 1887년 〈월드〉지의 자매지인 〈이브닝 월드〉를 창간했다.

퓰리처의 신문에 대한 애정은 아주 대단해서 정치 비리의 과감한 폭로와 심층보도를 시도하고, 절묘한 홍보능력을 발휘하여 구독자를 늘리는 데 탁월한 능력을 보였다. 그는 신문에 만화와 스포츠 기사를 싣고, 여성들이 좋아하는 패션 기사와 화보를 싣는 등 혁신적인 기획으로 변화를 주었다. 그는 신문을 기사를 제공하는 단순한 목적에서, 각종 정보를 제공하고 오락을 겸한 그야말로 그 당시로는 최첨단의 신문으로 만들었다.

퓰리처는 자신의 재산을 컬럼비아 대학에 기부해 언론대학을 설립하게 했으며, 퓰리처상을 제정하여 매년 언론 발전을 위해 공헌한 사람들에게 상을 수여하게 했으며 오늘날까지도 이어지고 있다. 그는 언론인의 본분과 언론의 사회적 역할이 무엇인지를 잘 보여준 성공한 언론인이다.

❖ 조지프 퓰리처 Joseph Pulitzer 1847~1911
미국의 신문 편집인. 발행인. 퓰리처상 제정자.

DAY 268 만화제작자 _월트 E. 디즈니

ECONOMY

월트 디즈니는 목수이자 농부의 넷째 아들로 태어났다. 아버지의 사업 실패로 디즈니는 공부도 제대로 배우지 못하고, 농사일을 거들며 어린 시절을 보내야만 했다. 그림 그리기를 좋아했던 그는 틈만 나면 석탄 조각으로 농장의 가축들을 즐겨 그렸다. 그런데 디즈니가 즐겨 그린 동물은 바로 쥐였다.

디즈니는 생쥐를 그리면서 무한한 상상을 하곤 했다. 그는 손가락이 아프도록 생쥐 그림을 그릴 때만큼은 너무도 환상 같은 시간을 보낼 수 있었다.

디즈니는 광고 대행사에서 일하면서 영화 간판부터 카탈로그를 위한, 그림들을 그리며 영화제작에 관한 기초적인 기술을 익혔다. 시간이 흐르면서 디즈니는 만화영화에 대해 관심을 갖기 시작했고, 그의 눈에는 단순한 만화가 아니라 구체적으로 움직이는 만화의 영상이었다. 디즈니는 머릿속으로 상상되는 이미지를 위해 칼 루츠가 쓴 만화 입문서와 인간과 짐승의 동작에 대해 연구하기 시작했고, 낡은 카메라를 빌려 밤마다 창고에 틀어박혀 카메라 작동법을 익혔다.

1922년 디즈니는 '래프 오 그램'이라는 정식 회사를 설립하고, 뒤편 만화 영화를 제작했다. 새로운 주인공을 내세우지 않고 '금발의 미녀와 곰 세 마리' 같은 동화에서 이야기 소재를 찾았다. 하지만 그의 피나는 노력에도 불구하고 흥행결과는 너무도 참담했다. 첫 만화영화 제작에 실패한 디즈니는 크게 실망을 했지만, 캔자스를 떠나 형이 있는 할리우드로 가서 형 로이 디즈니와 '디즈니 브라더스'라는 애니메이션 스튜디오를 차리고, 검은 색 토끼 캐릭터 '오스왈드'를 만들어 유니버셜사를 통해 배급하여 크게 성공을 거두었다. 이때 그 유명한 '미키마우스'가 만들어졌다.

미키마우스는 생쥐를 캐릭터로 한 것으로써 지금도 전무후무한 만화 캐릭터이다. 친근감 있는 미키마우스는 전 세계 어린이들뿐만 아니라 어른들까지도 매료시켰다. 그리고 1933년 '아기 돼지 삼형제'가 만화영화로 만들어져 그에게 엄청난 부와 명성을 가져다주었다.

디즈니는 만화영화를 단순한 오락성으로 보지 않고, 예술적 가치를 지닌 장르로 승화시킨 집념의 만화제작자였다.

❖ 월트 E. 디즈니 Walter Elias Disney 1901~1966
미국의 만화제작자. 만화가. 주요 캐릭터로 미키마우스, 도널드 덕이 있음.

DAY 269 마이크로소프트사 _빌 게이츠

　세계 4위의 부자(2021년)인 마이크로소프트사 창업자인 빌 게이츠. 큰 키에 약간은 구부정한 어깨, 다소 평범해 보이는 그의 모습 뒤엔 엄청난 에너지가 숨 쉬고, 보통 사람들로서는 도저히 흉내 내지 못하는 열정과 아이디어가 넘쳐흐른다.
　빌 게이츠가 컴퓨터와 인연을 맺은 것은, 1967년 레이크사이드에 입학하면서였다. 컴퓨터는 빌 게이츠에게 새로운 세계를 경험하게 하며, 그의 관심을 온통 사로잡았다. 그와 마이크로 소프트 사의 공동창업자인 폴 앨런도 레이크사이드에서 만난 선배였다.
　그는 컴퓨터에 깊은 관심을 갖고 중·고등학교 시절을 보내고, 1973년 세계 최고의 명문 하버드 대학교 법학과에 입학했다. 그러나 법률공부는 자유로운 사고와 독창성을 지닌 그의 성격과는 잘 맞지 않았다. 그래서 수학과로 옮겨 공부했지만 역시 마찬가지였다. 그는 오직 컴퓨터만이 자신이 가야 할 길이라고 굳게 믿었다. 그는 공부하면서 폴 앨런과 함께 최초의 소형 컴퓨터용 프로그램 언어인 베이직(BASIC)을 개발했다. 그는 대학을 중퇴하고 뉴멕시코주 앨버커키에 마이크로소프트사를 설립했다.
　1981년 당시 세계 최대의 컴퓨터 회사인 IBM사로부터 퍼스널 컴퓨터에 사용할, 운영체제 프로그램 개발을 의뢰받아 성공적으로 일을 완수함으로써 급성장하여 지금에 이르렀다.
　빌 게이츠의 경영방식은 매우 독특하고 독창적이다. 그는 대개의 기업이 운영하는 일률적인 경영시스템을 벗어나, 전 직원이 자신의 의견과 아이디어를 맘껏 발산할 수 있는, '셰어 포인트'라는 경영기법을 활용했다. 이는 열린 경영으로 전 직원에게 애사심을 높여, 자신이 회사의 주인이라는 강한 자부심을 심어주었으며 직원들의 결속력을 높이고 자긍심을 북돋워 열정적으로 일을 하게 만들었다. 그 결과 마이크로소프트사는 세계 최고 최대의 컴퓨터 회사가 되었고, 빌 게이츠는 가장 신뢰하고 닮고 싶은 CEO로 선정되었다. 또한 그는 빌게이츠재단을 설립하고 가난하고 소외받은 사람들을 위해 아낌없이 후원하는 등 자선사업가로서 사회적 책임을 다하고 있다.

❖ 빌 게이츠 Bill Gates 1955~
미국 마이크로소프트사 CEO. 열린 경영의 귀재. 빌게이츠재단 설립. 자선사업가.

DAY 270 스탠더드 오일 _존 D. 록펠러

독실한 신자인 부모로부터 경건한 삶을 보고 자란 존 D. 록펠러는 자연스럽게 경건한 삶을 인생철학으로 삼았다. 그는 의지와 신념으로 가난한 삶을 극복하려고 노력했다. 고등학교를 마친 그는 휴이트 앤 터틀이란 곡물회사의 경리로 입사하여 성실한 자세로 열심히 일했다.

록펠러는 20살의 나이에 동료인 모리스 클라크와 함께 '클리크 앤 록펠러'라는 회사를 설립하고 생필품과 음식을 판매했다. 그는 성실한 자세로 일에 전념했고, 고객을 가족처럼 대하며 신뢰를 쌓았다. 그로 인해 그는 많은 돈을 벌었고 이어 석유를 판매했다. 남북전쟁이 일어나 군수물자의 운송이 필요했고 클리블랜드 인근 타이터스빌에서 유전이 발견되자 석유산업은 순풍에 돛을 단 것처럼 급성장했다. 록펠러는 이에 발 빠르게 대처하여 사업을 확장했는데 그의 예상대로 석유사업은 날로 번창했다. 이 일로 엄청난 돈을 벌게 되었고 1870년 그의 나이 31살에 자본금 100만 달러로 '스탠더드 오일'을 창업했다. 그의 사업은 나날이 번창했지만 그가 만든 철도와 석유사업자간의 '카르텔'에 가입하기를 반대하는 사업자는 가차 없이 퇴출시키는 전략을 통해 미국 석유시장의 95%를 장악하는 독점자본가가 되었다. 사람들은 그를 '당대에 가장 혐오스러운 인물'로 비판했다.

록펠러의 횡포를 막기 위해 '독점금지법'이 생기게 되었고, 1911년 미국 연방법원은 끝내 스탠더드오일이 해체할 것을 명령했다. 그 후 석유독점기업은 34개의 회사로 분할되었다.

독실한 기독교 신자로서 철저한 경건주의를 지향하던 록펠러는 사업을 하면서 초심을 잃고 탐욕스러운 마음에 빠져 사회로부터 지탄을 받는 사람이 되었다. 그러던 어느 날 그는 지금까지는 돈을 버는 데 인생을 소비했다면 앞으로는 자신의 인생을 가치 있게 살자고 결심했다. 그는 '세계 인류의 복지 증진'이라는 슬로건과 함께 록펠러재단을 설립하고 시카고 대학을 설립하는 데 6,000천 만 달러를 기부했다. 그리고 3억 5,000만 달러를 기부하여 록펠러 의학연구소를 비롯한 다양한 교육재단을 설립했으며 많은 기부활동을 펼침으로써 기부문화 1세대로 기록되었다.

❖ 존 D. 록펠러 John Davison Rockefeller 1839~1937
미국 석유 재벌. 록펠러재단을 설립한 자선사업가.

DAY 271 크라이슬러자동차 신화 _리 아이아코카

무너져가는 크라이슬러 자동차회사를 떠맡아 회생시켜 자동차신화를 이룬 아이아코카. 그는 이태리 이민 가정의 아들로 태어났다. 그는 따뜻한 부모로부터 배려와 친절한 삶을 배웠고, 원칙이 있는 삶을 배웠다.

리하이 공대에 들어간 아이아코카는 공부에 열중하며 학창시절을 보냈다. 그는 대학을 마치고 명문 프리스턴 대학교 장학생으로 선발되어 석사과정을 공부하고 포드 자동차 회사에 엔지니어로 입사했다. 그러나 엔지니어는 그에게 맞지 않아 자동차 판매부 직원이 되었다. 그는 열심히 노력한 끝에 펜실베이니아주 일크스 베어 구 지점장으로 승진했다. 그가 주목한 것은 자동차 판매의 핵심은 절대적으로 판매직원이라는 사실이다. 그런데 이런 소중한 판매경영의 원칙을 자동차 경영인들은 잘 몰랐다. 아이아코카는 그 허점을 예리한 눈으로 발견했던 것이다. 그는 많은 판매기법을 터득하기 위해 책을 읽고 선배들에게 경험을 배우고 도움이 될 만한 것은 무엇이든 가리지 않고 자신만의 것으로 만들었다. 그는 판매를 위해 옷 입는 것, 말하는 기법까지에도 신경을 쓰며 자신을 엄격히 관리했다. 포드 회사 부사장 로버트 맥나마라는 그를 매우 신임했는데, 그에 힘입어 아이아코카는 1956년형 포드자동차의 판매 부진을 만회하기 위한 '56년형을 위한 56달러 기획'이란 기발한 판매 전략을 세웠고, 그것의 성공으로 그는 워싱턴 D. C 구역의 지배인으로 승진했다. 그 후 그는 총지배인으로 승진한 후 46살이란 젊은 나이에 포드자동차의 사장이 되었다.

승승장구하며 미국인들을 놀라게 한 그는 사장 재직 8년 만에 그가 믿고 따랐던 헨리 포드로부터 일방적인 해고 통지를 받고 허름한 창고 사무실로 쫓겨나는 수모를 겪었다. 그런데 때마침 극심한 위기에 빠져있던 크라이슬러 자동차 경영주는 그에게 경영을 맡아 달라고 손을 내밀었고, 그는 주저 없이 수락하고 크라이슬러 자동차 사장이 되었다. 그는 회사의 문제점을 파악한 후 크라이슬러 사장이 된 첫해 무려 418,812대라는 판매 실적을 올리며 경영의 귀재라는 찬사를 한 몸에 받으며 화려하게 재기에 성공했다. 아이아코카는 남과 같아서는 남 이상 될 수 없다는 삶의 원칙을 보여준, 도전적이고 실천적인 인물로 언제나 기억되고 있다.

❖ 리 아이아코카 Lido Anthony Lacocca 1924~2019
미국 기업인. 크라이슬러 자동차회사 CEO.

DAY 272
현대그룹 _정주영

대한민국 건국 이래 맨주먹으로 대한민국의 경제역사를 새롭게 쓰며 기적을 이뤄낸 가장 독보적이며 가장 위대한 업적을 남긴 정주영. 그는 1915년 강원도 통천의 가난한 시골에서 태어났다. 그는 가난이 싫어 고향을 떠나 혈혈단신으로 매서운 현실에 맞섰다.

그가 처음으로 한 일은 부두 막노동이다. 어린 시절부터 농사일로 다져진 그에게도 막노동은 힘든 일이었다. 하지만 그는 이를 악물고 했다. 그에겐 이루고 싶은 꿈이 있었기 때문이다. 막노동꾼을 벗어난 그는 쌀가게 배달부를 거쳐 쌀가게 주인으로, 자동차 수리업자로 그리고 건설업을 하며 정직과 신용으로 경제적 발판을 마련하며 우리나라 최대기업인 현대그룹 CEO가 되었다. 또한 우리나라 경제계에서 최고의 수장인 전국경제인연합회 회장을 무려 다섯 번이나 연임한 그야말로 우리나라 경제계의 전무후무한 전설이다.

"길이 없으면 길을 찾고, 찾아도 없으면 길을 만들며 나가면 된다."

이는 정주영의 말로 그의 경영철학을 잘 알게 한다. 그는 강한 신념의 소유자였다. 그에게 불가능이란 없었다. 남들이 "No!"라고 말할 때 그는 언제나 "Yes!"라고 말했다. 그는 사람이 할 수 없는 일은 이 세상에 하나도 없다고 믿었다.

우리나라 최초의 사력댐이자 다목적댐인 소양강댐을 건설할 때도 세계 굴지의 일본 공영이 설계한 콘크리트 중력댐을 값싼 사력댐으로 바꿔 건설한 것도 그의 아이디어였다. 또 조선소를 건설하기 위해 차관이 필요할 때도 맨주먹으로 영국 애플도어사 회장을 설득해 버클레이 은행으로부터 차관을 받아 미포조선소를 세웠다. 그리고 20세기 건설사상 세계최대의 역사라고 불리는 사우디아라비아 주베일 산업항공사 입찰에 도전했다. 자본도 없고 기술력도 부족했지만 미국의 브라운 앤드 루츠, 산타페테 레이몬드 인터네셔널과 영국의 코스테인, 타막, 서독의 보스카리스 등 세계 굴지의 건설 회사를 물리치고 공사를 따내는 등 그는 하는 일마다 성공으로 이끌어 냈다.

정주영은 불가능을 가능으로 만든 사람이다. 그가 지금도 회자되는 것은 '무'에서 '유'를 창조한 신념과 불굴의 경영인이기 때문이다.

❖ 정주영 1915~2001
현대그룹 창업주, 제14대 국회의원, 제13대~17대 전국경제인연합회 회장, 제5회 만해평화상(2001), DMZ 평화상 대상(2008) 수상.

DAY 273 셸 석유회사 _마커스 사무엘

　마커스 사무엘이 고등학교를 졸업하자 노점상을 하는 그의 아버지는 일본으로 가는 배 3등 선실 티켓을 그에게 선물로 주었다. 그의 아버지는 어린 아들에게 집안을 도울 아이템을 찾아보라고 당부했다. 일본에 도착한 그는 어느 바닷가에 있는 허름한 오두막에서 며칠을 보내며 아버지가 한 말을 곰곰이 생각했다.
　사무엘은 바닷가를 거닐다 일본인들이 모래를 파고 조개를 잡는 걸 보다 조개껍데기를 유심히 살펴보았다. 그러다 조개껍데기가 매우 아름답다는 걸 느꼈다. 순간 그는 조개껍데기로 단추나 담배 케이스 등을 만들면 좋겠다는 생각이 들었다. 생각을 굳힌 사무엘은 부지런히 조개껍데기를 주웠다. 그리고 그것을 가공해서 런던에 있는 아버지에게 보냈는데, 놀라운 일이 벌어졌다. 그의 아버지가 수레에 담아 팔았는데 날개 돋친 듯이 팔렸던 것이다. 얼마 후 가게를 열었고, 곧이어 가게는 2층이 되고, 3층이 되고, 빈민가에서 도심지로 옮겨갔다. 일본에 있던 그 역시 많은 돈을 벌었다.
　사무엘은 생각에 생각을 거듭한 끝에 석유사업을 시작했다. 그런데 먼 거리까지 석유를 운송하는 것이 문제였다. 그래서 그는 곰곰이 생각한 끝에 탱커(유조선)를 직접 디자인했다. 그리고 셸 석유회사를 창업했다. 그가 셸 석유회사를 창업하고 성공할 수 있었던 배경에는, 사물을 허투루 보지 않고 세심하게 관찰한 끝에 쓸모없이 버려진 조개껍질을 제품화하는 데 성공했기 때문이다. 또 그는 여기서 멈추지 않고 새로운 도전을 위해 새로운 생각에 몰입했다. 그것은 바로 석유를 판매하는 일이었다. 석유 판매는 잘 되었지만 거기에 만족할 수 없었다. 그에겐 또 다른 새로운 꿈이 생겼기 때문이다. 그것은 석유를 수출하는 일이었다. 그런데 문제는 석유를 수출하는 데 있어 필요한 운송수단이 없었다. 이에 사무엘은 탱커, 즉 유조선을 생각해냈다.
　그는 연구 끝에 직접 설계를 하고 탱커를 발명했다. 그리고 1907년 에너지 회사 로열더치와 합병하며 셸 석유회사를 창업하여 자신의 꿈을 완성시켰다.

❖ **마커스 사무엘** Marcus Samuel 1853~ ?
유대인으로서 탱커를 발명한 발명가이자 셸 석유회사를 창업한 CEO이다.

DAY 274

크라이슬러사 _월터 크라이슬러

CHECK / ECONOMY

세계적인 자동차 회사이자 미국 자동차의 '빅 쓰리' 중 하나인 크라이슬러사를 창립한 월터 크라이슬러. 그는 어린 시절부터 기계에 대해 관심이 많았다. 특히 기계 분해에 흥미가 있어 회사를 다니면서도 틈틈이 기계를 분해하고 조립하며 연구에 몰두했다.

그러던 어느 날 그에게 삶을 변화시키는 기회가 찾아왔다. 시카고에서 개최된 자동차 전시회에 참석하게 된 것이다. 반짝반짝 빛을 내며 아름다운 자태를 뽐내고 서 있는 자동차를 보는 순간 크라이슬러는 자동차의 매력에 푹 빠져 버렸다.

당시 그의 월급으로는 마음에 드는 멋들어진 자동차를 살 수 없었다. 그는 친구의 도움으로 은행에서 대출을 받아 원하는 차를 구입했다. 그리고 그는 퇴근 후에는 어김없이 창고로 달려가 잠자는 것도 잊은 채 차를 분해하며 연구에 몰두했다. 자동차의 원리를 배우려는 그의 집념은 대단했다.

크라이슬러가 연구에 몰두한 지 3개월이 지났을 때였다. 그는 밤낮 없이 창고에서 자동차와 씨름한 끝에 자동차 원리의 전문가가 되었다. 깜깜한 한밤중에 불이 없어도 분해와 조립을 완벽하게 해냈다.

자동차를 시험 운전하는 날 근처에는 많은 사람들로 북적였다. 하지만 차는 채소밭으로 굴러떨어졌다. 그는 차를 끌어다가 연구를 재개했다. 크라이슬러는 포기하지 않고 연구해 멋지게 시험 운전에 성공했다.

그러자 크라이슬러에게 뜻밖의 기회가 찾아왔다. 뷰익 자동차 회사의 중역으로부터 공장 지배인으로 와달라는 제의를 받은 것이다. 당시 뷰익의 생산량은 포드 자동차 회사에 비해 한참 뒤져져 있었다. 생산량으로는 도저히 포드를 따라잡기 어려워 전략을 바꾸었다. 크라이슬러는 대량 생산을 포기하고 원가를 줄이는 데 치중했고 마침내 성공을 거두었다.

뷰익 자동차 회사의 사장으로 발탁된 크라이슬러는 경영에 더욱 박차를 가하며 자신의 능력을 키워나갔다. 회사 경영에 자신감을 갖게 된 그는 자신의 이름을 따 크라이슬러 자동차 회사를 창립하고 사장으로 취임해 획기적인 경영 혁신과 기술 개발로 큰 성공을 거두었다. 크라이슬러의 끈질긴 집념, 꾸준한 연구, 소신 있는 결단력은 그를 성공의 길로 이끌었다.

❖ 월터 크라이슬러 Walter Percy Chrysler 1875~1940
크라이슬러사 창업주.

DAY 275 제너럴 일렉트릭 _잭 웰치

미국 제너럴 일렉트릭의 최고 경영자를 역임한 잭 웰치를 사람들은 '세기의 경영인'이라고 일컫는다. 이 말은 미국의 경제 전문 잡지인 〈포춘〉에서 잭 웰치를 세기의 경영인이라고 지칭한 데서 유래되었다.

잭 웰치가 뛰어난 경영인이 될 수 있었던 것은 그가 인재 육성과 교류에 힘썼기 때문이다. 그는 자신의 경영 방침을 뒷받침할 인재 양성에 공을 들였는데 직원들뿐만 아니라 경영진들에게도 교육을 실시했다.

잭 웰치는 인사 결정에 있어 조직 문화에 적합한 사람인지 아닌지를 매우 중요하게 생각했다. 조직 문화가 잘 유지되려면 구성원들의 적응이 무엇보다 중요하다. 개인적으로 능력이 뛰어나도 조직에 적응하지 못하면 조직을 와해시킬 수 있기 때문이다. 그는 조직이 건재하려면 구성원들의 합이 중요하다는 것을 깨닫고 조직 문화에 적합한 사람인지 고려하여 채용했다.

잭 웰치는 자신의 생각을 실천하는 데 장애가 되는 관료주의나 낡은 경영방식은 과감하게 몰아냈다. 대신 진보적이고 새로운 방식을 도입해 자신만의 경영방식을 만들어 나갔다. 마침내 그의 경영은 제너럴 일렉트릭을 성장시키는 데 성공했고 이전의 모습과는 다른 기업으로 발전하게 되었다. 그가 20년 동안 최고 경영자로 재임한 것만 보더라도 그의 능력이 얼마나 출중한지를 알 수 있다.

잭 웰치는 자신의 생각을 실천으로 옮기는 데 망설임이 없었고 적극적인 자세로 자신의 미래를 설계했다. 그의 생각은 그가 단행한 인사 정책에서도 드러난다. 다음은 그가 인사에 있어 중요하게 생각한 일곱 가지의 원칙이다.

첫째, 어떤 분야에서 뛰어난 인재인지 파악한다. 둘째, 인재와 직무의 조화에 역점을 둔다. 셋째, 여러 후보 중에 선택함으로써 인사 정책에 소모되는 시간을 줄인다. 넷째, 인사 결정에 충분한 시간을 둔다. 다섯째, 자신보다 나은 사람들과 교류의 관계를 본다. 여섯째, 각 개인의 특징을 관찰한다. 일곱째, 신뢰할 수 있는 사람인가를 파악한다. 이처럼 잭 웰치는 한 가지 문제를 해결하는 데도 다양한 관점으로 살피며 방법을 모색했다. 그 결과 그는 세기의 경영인으로 평가받고 있다.

❖ 잭 웰치 John Frances Welch Jr 1935~현재
제너럴 일렉트릭 CEO 역임. 저서 《성공하는 리더의 필요충분조건》,《잭 웰치 승자의 조건》 외 다수

DAY 276

사우스웨스트 _허브 켈러허

CHECK: ECONOMY

"인간은 직위가 아니라 존재, 그 자체로서 존경해야 한다."
  미국 사우스웨스트 항공사의 창립자이자 CEO을 지낸 허브 켈러허의 말이다. 그는 자신의 말처럼 사람의 존재 자체를 중요하게 생각한다. 회사의 임원은 물론 말단 직원에 이르기까지 그는 편차를 두지 않고 대했다. 또 그는 직위, 학력, 혈연, 지연 등에 연연하지 않았다. 공정함과 인격의 존중을 기업 경영의 원칙으로 삼았다. 그의 열린 경영방식은 임직원들에게 깊은 감명을 주었고 자신을 아끼고 존중하는 경영자와 회사를 위해 열정을 바치는 것으로 화답했다. 그 덕에 사우스웨스트 항공사는 뛰어난 실적을 올리며 성공 가도를 달릴 수 있었다.
  허브 켈러허의 사람을 먼저 생각하는 경영방식은 색다른 기업 문화를 창조했다. 사우스웨스트 항공사의 직원들은 복장이 자유로우며 주기적으로 파티를 열기도 한다. 승무원들은 밝고 유머를 즐기는 자세로 승객들을 편안하게 해준다. 승무원들은 승객들에게 안전수칙을 알릴 때도 스탠드업 코미디를 활용해 재미를 주고 있다. 이처럼 허브 켈러허는 임직원들의 경직된 사고와 자세를 풀어줌으로써 긴장감을 완화시키고, 그들이 창의적으로 업무에 임할 수 있도록 적극 지원했다. 자율성을 지나치게 강조하다 보면 마음이 느슨해질 수도 있다. 그럼에도 그는 직원들을 믿고 맡겼다. 자신을 믿어 주는 경영자를 곤경에 빠트릴 직원은 없다는 생각에서였다.
  허브 켈러허가 성공할 수 있었던 것은 자신의 신념을 믿고 임직원들을 인격적으로 대하며 그들을 신뢰했기 때문이다. 권위적인 회사는 겉으로는 체계적이고 잘 돌아가는 것처럼 보이지만 막상 위기가 닥치면 침체되기 쉽다. 유연한 사고가 훈련되지 않았고 위기 대처 능력이 떨어지기 때문이다. 반면 자유분방한 기업은 겉으로는 느슨해 보이지만 위기의 순간에 창의력과 기지를 발휘하는 데 탁월하다.
  허브 켈러허의 최대의 장점은 사람의 마음을 읽어내는 능력이다. 이는 리더가 갖추어야 할 제일의 덕목이다. 그는 공정함과 인격의 존중을 기업 경영의 원칙으로 삼은 성공한 경영자로 평가받는다.

❖ 허브 켈러허 Herb Kelleher 1931~
미국 사우스웨스트 항공사 창립자, 사우스웨스트 CEO 역임.

DAY 277 애플 _스티브 잡스

상상력으로 세상을 변화시킨 21세기의 대표적 CEO인 스티브 잡스. 그는 그가 태어나기 이전의 세상과 그가 태어난 이후의 세상을 완벽하게 변화시킴으로써 한 사람의 위대한 창의력이 얼마나 큰 힘을 발휘할 수 있는지를 증명해 보인 탁월한 상상력의 실천가이자 완성자이다.

애플사를 설립한 그는 컴퓨터 '애플1'을 만들었다. 비록 세련되지는 못했지만 성능이 뛰어나 그해 말 105대나 판매하는 쾌거를 이뤘다. 이에 자신감을 얻은 그는 디자인과 기능을 바꿔 '애플2'를 만들어 냈다. 애플2는 사용이 간편하고 세련미가 뛰어나 판매량이 급등했다. 그는 이 기회를 놓치지 않고 1980년 기업을 공개하여 1시간 만에 460만 주가 팔려나가는 진기록을 세웠다. 그러나 스티브 잡스는 매킨토시 발매 후 판매저조로 애플사에서 추방당하고 말았다. 하지만 실패는 그에게 새로운 도약의 발판을 마련해주었다. 그는 애플을 떠나 있는 10년 동안 컴퓨터 회사 넥스트를 창업하고, 애니메이션 영화사 픽사를 매입하는 등 재기하기 위해 피나는 노력을 기울였다. 그러던 중 디즈니사와 계약을 체결했다. 그는 애니메이션을 제작하기로 한 것이다. 그는 팀원들과 머리를 맞대 지금까지와는 다른 애니메이션을 만들자며 독려했다. 그렇게 해서 만들어진 애니메이션이 〈토이 스토리〉이다. 이 영화는 크게 성공하며 그에게 새로운 도약의 발판이 되었다.

애플사는 침체로 위기에 처하자 스티브 잡스에게 경영을 맡아달라고 요청했다. 스티브 잡스는 당당한 모습으로 애플사에 입성하여 1998년 그의 탁월한 상상력과 직관력으로 '아이맥(iMac)'을 출시하여 성공을 거두며 자신의 존재감을 만천하에 확인시켰다. 그리고 2001년에는 '아이팟(iPod)'을, 2003년에는 '아이튠스 뮤직스토어'를 출시하여 센세이션을 불러일으켰다.

2007년엔 '아이폰(iPhone)'를 출시하여 아이팟 누적대수 1억을 돌파하는 기염을 토하며 사람들을 놀라게 했다. 또 2010년에는 '아이패드(iPad)' 출시하여 폭발적으로 판매고를 올렸다. 그리고 이듬해인 2011년엔 '아이패드(iPad)2'를 출시하며 대성공을 거두었다. 그 후 애플사는 세계 최고 기업으로 우뚝 섰으며, 스티브 잡스는 사후에도 세계 최고 경영자로 평가받고 있다.

❖ 스티브 잡스 Steven Paul Jobs 1955~2011
애플 창립자. 2009년 '포춘지' 선정 최고의 CEO. 2010년 《파이낸셜타임스》의 '올해의 인물'에 선정.

DAY 278

스타벅스 _하워드 슐츠

ECONOMY

　세계 제일의 커피 전문 회사 '스타벅스'의 CEO인 하워드 슐츠. 그는 미식축구 특기생으로 노던 미시건 대학을 마치고 제록스사에 입사하여 집념과 끈기를 바탕으로 세일즈를 펼치며 그 지역 최고의 프로 세일즈맨이 되었다. 그 후 스웨덴에 본사를 둔 퍼스토프에 입사하여 퍼스토프가 미국에 세운 가정용품 회사인 해마플라스트의 부사장으로 발령을 받았다. 그에게 연봉 75,000달러에 승용차와 판공비 등의 혜택이 주어졌다. 그는 3년 동안 열심히 일했다.
　그러던 중 스타벅스에 관심을 갖게 되었고, 발전 가능성을 발견했다. 그는 스타벅스의 경영자인 제리 볼드윈을 집념과 끈기로 설득해 스타벅스에 입사했다. 입사한 지 1년이 지난 어느 날 이탈리아에 가게 되었다. 그는 거리마다 수없이 늘어선 커피숍의 모습에 전율이 일 만큼 감동했다. 가족적이고 예술적인 분위기가 물씬 풍겨나는 모습은 미국에서는 상상하지 못했던 새롭고 신선한 충격을 주었던 것이다.
　미국으로 돌아온 하워드 슐츠는 이탈리아 스타일을 미국에 도입하는 계획을 세우고, 스타벅스의 세 명의 경영자들을 설득했지만 결국 실패를 하고 말았다. 그러자 그는 자신이 직접 커피 회사를 경영할 계획을 세우고 투자자를 모집했다. 수많은 우여곡절을 겪으며 드디어 '일 지오날레'를 창업했다. 그리고 마침내 1987년 스타벅스의 CEO가 되었다. 그는 인테리어를 비롯한 음악 등 하나하나에도 세심하게 주의를 기울였다. 뿐만 아니라 바리스타와 매장 직원들은 품격이 다른 서비스로 고객들에게 감동을 주었다.
　이후 10년이 지난 스타벅스는 직원 25,000여 명과 미국과 세계 각지에 17,000여 개의 커피 체인점을 거느린 대규모 커피 회사로 성장했지만, 그는 스타벅스를 떠났다. 그가 떠난 스타벅스는 서서히 내리막길을 걷기 시작했다. 그는 2008년 글로벌 금융위기와 주가 폭락으로 심각한 위기에 빠진 스타벅스를 구하기 위해 다시 경영을 맡아, 3년 만에 흑자로 돌려놓았다. 2020년 스타벅스는 전 세계에 32,000여 개의 매장을 보유하고 있다.
　하워드 슐츠는 참된 기업이란 무엇이며, 참경영이란 무엇인가를 온몸으로 보여준 이 시대 최고의 감성 CEO이다.

❖ 하워드 슐츠 Howard Schultz 1953~
미국 출생. 스타벅스 창업자이자 CEO.

DAY 279 힐튼 호텔 _콘라드 힐튼

　　콘라드 힐튼은 전 세계에 250여 개의 호텔을 세워 호텔 왕으로 불린다. 그의 어린 시절은 지독한 가난의 연속이었다. 그는 아버지를 따라 이리저리 유랑하듯 힘겹게 살았다. 그러던 중 31세 때 호텔 벨보이로 일하게 되었다. 힐튼은 손님들의 가방을 들어주고, 객실을 청소하고, 잔심부름을 했다. 다른 벨보이들은 틈만 나면 구석에서 잡담을 하고 시시덕거렸지만, 힐튼은 자신에게 주어진 일에 최선을 다하며 하루가 다르게 성장해 나갔다.
　　당시 그는 벨보이였지만 세계에서 가장 크고 좋은 호텔을 소유하겠다는 꿈이 있었다. 그는 종이에 자신의 꿈을 적고 미국에서 가장 큰 호텔 사진과 나란히 책상에 붙여 두었다. 그는 책상 위에 붙여 놓은 자신의 꿈을 수시로 들여다보며 미래를 그려 나갔다.
　　그는 게으름을 허용하지 않았다. 게으름을 자신의 꿈을 가로막는 적으로 간주하고 허용하지 않았다. 그는 누구보다 열심히 자신의 길을 걸어간 끝에 모블리 호텔을 인수하게 되었다. 꿈만 같은 일이었다. 그토록 원하던 호텔 사업을 하게 된 것이다.
　　당시 모블리 호텔은 객실 수가 부족했는데, 그는 부족한 객실 수를 보완하기 위해 식당을 없애고 객실을 만들었다. 객실 수가 늘자 손님이 늘었고, 호텔의 수익 역시 날로 증가했다.
　　성실함은 그를 꿈의 무대로 인도했다. 성실함을 무기로 그는 자신의 꿈을 하나씩 완성시켜 나갔다. 호텔 벨보이를 시작하고 꿈을 키운 지 15년 만에 이룬 성과였다. 그는 성공 비결을 묻는 이들에게 다음과 같이 말했다.
　　"호텔 벨보이를 할 때 주변에는 나와 똑같은 처지의 벨보이들이 많았다. 그중에는 호텔 경영에 관한 재능이 나보다 뛰어난 사람들도 많았고 나보다 더 열심히 일하는 사람들 역시 많았다. 하지만 혼신을 다해 성공한 자신의 모습을 그렸던 사람은 오직 나 하나뿐이었다. 성공하는 데 가장 중요한 것은 꿈꾸는 능력이다."
　　힐튼은 자신의 말처럼 혼신의 노력 끝에 전 세계에 250여 개의 호텔을 지을 수 있었다. 그는 떠나고 없지만 그가 지은 호텔은 지금도 여전히 최고의 호텔로 평가받고 있다.

❖ 콘라드 힐튼Conrad Nicholson Hilton 1887~1979
힐튼 호텔 창업주.

DAY 280 버크셔 헤서웨이 _워렌 버핏

□ CHECK

ECONOMY

　워렌 버핏이 많은 이들에게 회자되는 이유는 그가 억만장자이자 버크셔 헤서웨이의 최고경영자이기 때문만은 아니다. 그는 사회 지도층으로서 노블리스 오블리제 실현이 무엇인지 보여주었다. 그는 재산의 85%인 370억 달러를 빌게이츠재단에 기부하겠다고 공언했다. 그의 기부 소식을 접한 이들은 천문학적인 금액에 깜짝 놀랐고, 그의 아름다운 용단에 존경을 표할 수밖에 없었다. 워렌 버핏은 빌 게이츠와 더불어 미국뿐만 아니라 전 세계의 부자들과 만나 기부를 권유하며 기부 문화를 활성화시키는 데 앞장서고 있다. 그에게 기부는 인생의 목표이자, 의지, 신념처럼 보인다.

　워렌 버핏은 전 세계적으로 주식의 귀재 혹은 주식계의 살아있는 전설로 불린다. 그의 능력은 가히 독보적이다. 하지만 그는 자신이 많은 재산을 모을 수 있었던 것은 자신의 능력이 출중했기 때문만은 아니라고 고백한다. 그는 사회의 덕을 본 것이라며 겸손을 표했다. 대부분의 부자들은 자신의 성공에 대해 자신의 출중한 능력을 과시하며 자랑하기 바쁘지만, 워렛 버핏의 겸손은 그를 돋보이게 한다.

　부는 상대적인 가치이다. 한 사람이 많은 부를 축적한다는 것은 누군가는 자신의 몫을 챙기지 못함을 의미한다. 워렌 버핏은 부의 원리를 이해하고 있었다. 그는 자신의 재산이 순전히 자기만을 위해 쓰여서는 안 된다고 생각했다. 그는 자신의 재산을 사회에 환원하는 방법으로 기부를 택했고 공표했다.

　그는 자식들에게도 재산을 물려주지 않겠다는 생각을 가지고 있다. 워렌 버핏은 스스로도 자신의 인생에 만족해하며 살고 있다. 많은 이들에게 돈의 가치관을 일깨워주며 행복한 여생을 보내고 있다.

　이제 사람들은 그를 '오마하의 현인'이라고 부른다. 현인은 대개 유명한 철학자나 사상가, 종교인을 지칭하는 수식어이다. 기업가인 그에게 현인이라는 말을 붙인다는 것은 그만큼 그를 존경함을 의미한다.

　워렌 버핏은 자신이 하는 일과 기부문화 운동은 모두 자신이 좋아서 하는 일이라고 밝혔다. 그는 자신이 좋아하는 일을 통해 능력을 발휘했고 성공을 이끌어냈다. 그는 평범한 진리에서 성공을 일궈낸 꿈의 실현자이다.

❖ 워렌 버핏 Warren Buffett 1930~
버크셔 헤서웨이 회장, 워싱턴 포스트 이사, 미국 자유훈장 수훈.

DAY 281 펩시코 _인드라 누이

☐ CHECK

　인드라 누이는 인도에서 태어났다. 대학을 마치고 직장생활을 하던 중 그녀는 1978년 아메리칸드림을 꿈꾸며 미국 땅을 밟았다. 그녀는 예일대에 들어가 공부한 끝에 다시 경영학 석사를 땄다. 그 후 인드라 누이는 보스턴컨설팅그룹과 모토로라 등에서 전략기획 분야를 담당하며 능력을 인정받았다.

　그러던 어느 날 그녀에게 보다 나은 기회가 찾아왔다. 그녀의 능력을 눈여겨 본 펩시코에서 영입의사를 보낸 것이다. 그리고 인드라 누이가 펩시코에 합류할 당시엔, 제너럴 일렉트릭(GE)에서도 그녀에게 영입의사를 보내왔다.

　"잭 웰치는 내가 아는 최고의 CEO이고, 제너럴 일렉트릭(GE)은 아마도 세상에서 가장 뛰어난 회사일 겁니다. 하지만 나는 당신과 같은 사람이 꼭 필요합니다. 펩시코를 당신을 위한 특별한 공간으로 만들겠습니다."

　이 말은 펩시코 CEO 웨인 칼로웨이가 인드라 누이를 영입하기 위해 한 말이다. 그만큼 그녀는 전 세계적인 기업들로부터 뜨거운 관심을 받는 인물이었다. 그녀는 자신의 진가를 알고 최고의 대우를 약속한 펩시코를 선택했다. 내로라하는 쟁쟁한 백인 남자들의 숲을 뚫고 펩시코 최고의 자리에 올랐다. 펩시코 회장 자리에 앉은 그녀는 만년 2등이던 펩시코가 코카콜라를 누르고 1등을 차지하는 데 가장 큰 공헌을 했다. 펩시코가 코카콜라를 이긴 건 무려 100년 만에 일이다. 펩시코로서는 일대의 혁신이었고 기적 같은 일이었다.

　인드라 누이는 웰빙 바람에 따른 세계시장의 흐름을 정확히 예측하고, 건강음료와 식품 등의 분야로 사업을 다양화시킬 것을 강력히 주장했다. 그리고 자신이 기획한 사업안을 성사시켰다. 그녀의 예측은 자로 잰 듯 아주 정확했고 100% 성공을 거두었다.

　인드라 누이의 장점은 정확한 데이터와 탁월한 사업 분석능력에다 뛰어난 창의력에 있다. 또한 자신의 경영 스타일답게 자연스러운 분위기에서 회의를 주도했고, 격의 없는 대화를 하는 등 커뮤니케이션을 중시했다. 그런 까닭에 그녀는 창의력이 뛰어난 '감성지능형 리더십 CEO'로 평가받고 있다.

❖ 인드라 누이 Indra Nooyi 1955~
인도 출생. 미국 예일 대학교 경영대학원. 펩시코 회장. 2007년 '가장 영향력 있는 여성 경영인 선정'

DAY 282 현대 경영학의 아버지 _피터 드러커

현대 경영학의 아버지로 불리는 피터 드러커는 1909년 오스트리아에서 태어났다. 그의 아버지는 오스트리아의 외무차관을 비롯해 고위공직자를 지낸 지식인이었다. 그의 어머니 또한 의학을 전공한 지식인이었다. 이런 부모의 영향으로 드러커는 어린 시절부터 책 읽기를 즐겨 했고, 재능이 뛰어났다. 그는 김나지움을 졸업할 때 〈파나마 운하가 세계무역에 미치는 영향〉이란 논문을 썼는데, 이 논문은 정규학술지에 게재가 되어 주목을 받았다. 고등학생이 쓴 논문으로는 믿기지 않을 만큼 뛰어났던 것이다. 그는 이 논문으로 인해 함부르크 대학 법학부에 입학하게 되었다.

이후 그는 프랑크푸르트 대학교 법학부에 편입했다. 그리고 1931년 법학박사학위를 받고, 프랑크푸르트 대학에서 강의를 하다 히틀러가 정권을 잡자 1934년 영국으로 떠났다. 그는 영국에서 결혼을 한 후 미국으로 신혼여행을 갔는데, 미국의 자유롭고 역동적인 모습에 미국에서 기반을 잡기로 했다.

드러커는 《경제인의 종말》이란 책을 써서 윈스턴 처칠로부터 칭찬을 받았다. 그는 또 신문에 기고를 하는 등 활발히 활동하며 1942년 베닝턴 대학 교수가 되었다. 그는 강의를 하면서 《산업사회의 미래》라는 책을 썼다. 드러커는 이 2권의 책으로 자신의 존재를 확실하게 알리게 되었다. 그 후 그는 GM(제너럴 모터스)의 엘프리드 슬론으로부터 GM의 경영을 분석해 달라는 제안을 받고 경제경영의 이론가로 명성을 쌓기 시작했다. 그의 분석서는 미국 사회에 센세이션을 불러일으키며 하루아침에 유명인이 되었다.

그는 1949년 뉴욕 대학의 교수가 되었다. 그리고 1971년부터 캘리포니아 클레어몬트 대학에 재직하는 동안 현대 경영학에 지대한 영향을 미쳤다. 그는 스스로를 '사회생태학자'라 칭했으며, '지식노동자'라는 말을 비롯해 '기업의 사회적 책임론'을 강조하는 등 기업경영 및 사회적 경영에 혁신적인 결과를 이뤄냈다.

그는 75세의 늦은 나이에 정년을 맞아 《자본주의 이후의 세계》, 《방관자의 모험》 등 100여 권이 넘는 책을 집필하는 등 활발하게 저술 및 강연을 펼치며 멋지게 인생을 구가한 경영학의 전설이다.

❖ 피터 드러커 Peter F. Drucker 1909~2005
오스트리아 출생. 미국 경영학자. 주요 저서 《경제인의 종말》, 《산업사회의 미래》 등 다수.

DAY 283　IBM 최고경영자 _루이스 거스너

　　IBM의 최고경영자로 평가받는 루이스 거스너는 1993년 침체에 빠진 IBM의 경영자로 초빙되었다. 당시 IBM은 심각한 위기에 놓여 있었다. 당시 연간 손실액은 8,000만 달러가 넘었다.
　　거스너는 IBM을 분리해야 한다는 주장을 일축하고 전체 생산품의 일람표를 제시하고 고객서비스를 강화시키는 데 역점을 두었다. 또한 그는 고객을 위한 경영을 실천에 옮겼다. 기업을 잘 되게 하는 것은 고객의 손에 달려있다는 것이 그의 경영논리이다. 이런 거스너의 경영방침은 IBM에 활기를 불어넣은 중요한 포인트가 되었다. 고객에 대한 서비스 제공을 인터넷에 중점을 두었던 것이다. 이런 거스너의 생각은 고객가치를 위한 경영이라는 IBM의 상징성을 극대화시키는 데 있어 크게 작용할 수 있기 때문이다.
　　거스너는 이를 위해 막대한 투자를 시도했다. 이는 타의에 굴하지 않는 고객지향적인 경영 및 고객의 이윤을 위한 경영이라는 목적을 위한 과감하고도 혁신적인 시도였던 것이다. 이러한 거스너의 경영전략은 IBM 창업자인 토머스 왓슨의 정책과도 일맥상통한다는 점에 그 의의가 더 뚜렷하다. 고객을 잃은 기업은 존재할 수 없고, 고객이 함께할 때만이 기업은 발전하고 기업의 존재가치를 드러내는 법이다. 거스너는 최고 경영자였지만, 고객과 함께 하는 시간을 갖는 데 주력했다. 고객은 이러한 경영자를 보면서 친근감을 느끼게 되고, 믿고 신뢰하게 된다. 다시 말해 "저런 사람이 경영자라면 그 기업의 제품은 믿을 수 있어"라는 생각을 고객이 갖게 된다. 이것이야말로 천문학적인 홍보비를 들인 광고보다도 더 확실한 광고인 것이다.
　　이런 거스너의 경영전략은 '고객의 눈으로 보는 기술'이라는 그의 목표를 가능하게 함으로써 IBM은 위기로부터 구하고 성장하는데 기폭제가 되었던 것이다.
　　거스너의 저서《코끼리를 춤추게 하라》는 이러한 그의 생각이 잘 드러나 있다. 그렇다. 고객의 가치를 최우선으로 할 때 기업은 성장하게 되고 고객들로부터 인정받게 된다. 거스너는 이를 잘 적용한 최고 경영자였다.

❖ **루이스 거스너** Louis Gerstner 1942~
IBM 최고경영자. 저서《코끼리를 춤추게 하라》

DAY 284 나이키 _필 나이트

ECONOMY

세계 최고의 스포츠용품 회사인 나이키의 공동설립자인 필 나이트. 그는 1938년 미국 오리건주 포틀랜드 신문의 발행인의 아들로 태어났다. 그는 1959년 오리건 대학교를 졸업하고 스탠포드 경영대학원에서 경영학석사학위를 받았다.

필 나이트는 일본을 여행하던 중 아이디어를 얻어 1969년 필 보워만과 함께 스포츠 용품회사인 나이키를 창업했다. 그는 당시의 시장과 고객, 세계경제의 변화를 비롯해 나름대로 조사하고 분석하여 자기만의 경영전략을 수립했다. 그는 무엇보다 지금과 다른 새로운 소재를 개발하여 효율적인 생산 공정을 통해 제품을 생산하는 데 역점을 두었다.

또한 그는 마케팅의 중요성을 인식하고 새로운 마케팅전략을 실시했다. 그리고 스포츠 스타를 모델로 하여 판매의 극대화를 꾀했다. 그는 1980년 세계 최고의 농구스타인 시카고 불스의 마이클 조던을 모델로 기용함으로써 획기적인 성공을 이끌어냈다. 특히 조던의 이름을 딴 에어 조던은 나이키의 신화가 되었다. 그러나 1990년대에 들어 시장성이 침체됨으로써 나이키 또한 영향을 받게 되자 필 나이트는 조깅이 크게 유행하리라 예측하고 거기에 맞는 제품을 개발하는 데 주력했다. 운동하는 만한 것도 없고 스포츠의류, 다양한 스포츠용품 개발에 박차를 가했다. 안드레 애거시를 비롯해 골프 황제 타이거 우즈를 모델로 기용했다. 그로 인해 큰 성과를 내었다.

필 나이트의 전략은 늘 시대의 흐름에 변천한다는 것을 간파하고 그에 맞는 경영전략을 세우는 것이야말로 기업을 새롭게 거듭나게 하는 주요 요인이라는 걸 알고는 최선을 다해 실행했다. 그는 실행에 옮기지 못하는 전략은 아무 의미가 없다는 걸 분명히 했던 것이다. 하지만 그에게도 오점이 있었다. 저임금 국가에 공장을 세웠는데, 노동자를 착취한다는 비판을 받았다. 그로 인해 그의 이미지는 추락하는 지경에 이르렀다. 그는 재빠르게 문제를 해결하기 위해 노력함으로써 위기에서 벗어날 수 있었다.

2008년 나이키는 CRO 매거진이 선정하는 '기업 시민정신이 뛰어난 100대 기업' 중 3위로 선정되었다. 필 나이트는 기업의 사회적 책임을 다함으로써 성공한 경영인으로 평가받고 있다.

❖ 필 나이트Phil Knight 1938~
나이키 공동창업자. 나이키 CEO 역임.

DAY 285 델 컴퓨터 _마이클 델

　세계 최고의 컴퓨터 회사인 델 컴퓨터의 창업자이자 최고경영자인 마이클 델은 1965년 미국 텍사스 휴스턴에서 태어났다. 그는 12세 때에 우표가게를 운영할 만큼 이재에 밝았으며, 사람들과 소통하는 것을 즐겼다. 뿐만 아니라 16세 때 신문 정기구독 아르바이트를 했는데 놀라운 수완을 발휘해 돈을 벌기도 했다.
　델은 19살에 델 컴퓨터 회사를 창업했다. 그는 텍사스 대학교 오스틴을 중퇴하고 회사에 주력한 끝에 불과 4년 만에 상장되었으며, 그의 나이 27세 때 최연소로 포춘 상위 500대 기업의 이사회 의장이 되었다. 델이 이처럼 단기간에 포춘 상위 500대 기업 중 33위를 차지할 수 있었던 배경에는 그의 혁신적인 아이디어의 힘이었다.
　그는 고객과의 관계를 중요하게 생각하고 기업과 고객 간의 소통이 잘 이루어질 수 있도록 함으로써 고객이 무엇을 바라는지를 파악하는 데 역점을 두었다. 그리고 직원과 고객과의 관계가 원만해야 자연스럽게 매출을 높일 수 있다는데 착안하여 직원들이 능력을 발휘할 수 있도록 그에 맞게 최대한 조직을 체계적으로 구성했다. 델의 이런 발상은 개개인의 잠재된 능력을 끌어올리게 함으로써 개인의 능력을 개발함과 동시에 그것을 상황에 따라서 고객에게 적용할 수 있게 한 것이다. 그러자 놀라운 결과를 나타나기 시작했다. 델 컴퓨터에 갖는 믿음과 기대심리가 크게 작용함으로써 이는 곧바로 매출로 이어져, 마침내 델 컴퓨터는 최고의 컴퓨터 회사로 등극했다.
　델 컴퓨터는 마이클 델의 경영원칙과 전략에 따라 지속적으로 조직에 탄력성을 불어넣기 위해 노력을 기울이고 있다.
　"처음부터 우리 기업은 최종수요자를 지향했습니다. 디자인은 물론 판매에도 마찬가지였습니다. 즉 고객의 욕구에 부응해서 제품을 판매했습니다. 이런 방식은 예전이나 지금이나 전화든 인터넷이든 직접적으로 실수요자와 만나 즉각적으로 판매량을 결정해야 실익을 얻게 되지요. 이는 기존의 생산품만이 아니라 앞으로 생산품과도 관련되어 있습니다."
　델의 말에는 그의 경영철학이 잘 나타나 있다. 델은 한 사람의 뛰어난 경영자가 기업에 미치는 영향을 잘 보여준 경영자라고 할 수 있다.

❖ **마이클 델**Michael Dell 1965~
델 컴퓨터 창업자이자 최고경영자.

DAY 286 샤넬 _코코 샤넬

　　코코 샤넬은 프랑스 의상디자이너이자 경영인으로 세계의 패션시장을 주도한 선구자이자 혁신가이다. 그녀는 1883년 프랑스 소뮈르에서 태어났다. 12세 때 어머니를 여의고 아버지로부터 버림받아 수녀원에서 운영하는 고아원에서 보냈다. 고아원을 나와 가수지망생으로 클럽 등에서 노래를 하던 그녀는 자신의 애칭을 코코 샤넬라고 했다. 그 후 그녀는 가브리엘 샤넬이라는 이름 대신 코코 샤넬로 불렸다.
　어느 날 문득 코코는 여성들의 옷이 불편하다는 생각에 빠졌다. 그러다 모자 가게를 열었다. 모자는 여성들이 즐겨 쓰는 것으로 마치 액세서리와 같은 거였다. 그녀가 디자인해서 만든 모자는 날개 돋친 듯 팔려나갔다. 그러자 그녀는 옷 가게를 열고 직접 옷을 만들기 시작했다. 그녀가 만든 바지가 여성들에게 큰 인기를 끌며 팔려나가자 그녀는 1915년 '메종 드 꾸뛰르'를 차렸다.
　그녀는 1916년 컬렉션을 발표했는데 대성공을 거두며 디자이너로서 명성을 크게 떨쳤다. 그 후 그녀는 향수와 보석, 액세서리 등 다양한 제품을 선보이며 세계적인 디자이너이자 기업가로 유명세를 탔다.
　코코 샤넬이 성공할 수 있었던 것은 남들이 흔히 알고도 행하지 않는 것들을 실제 생활에 적용시킨 발상에 있다. 당시 여성들의 옷은 기능적인 면에서 매우 불편했다. 마치 파티복과 같은 당시의 옷을 간소화시킴으로써 여성들이 활동하는 데 있어 불편함을 없앤 것이다. 여성들은 그녀가 디자인 한 옷에 열광했고 그것은 곧 매출로 이어졌다.
　코코 샤넬은 소비자, 즉 고객이 무엇을 원하는지를 잘 알았던 것이다. 또한 그녀는 맺고 끊는 것이 분명했다. 이런 그녀의 삶의 자세는 사람들에게 확실한 믿음과 신뢰를 주기에 부족함이 없었다. 이처럼 철저한 그녀의 경영원칙과 새로운 발상은 그녀를 세계에서 가장 뛰어난 패션디자이너로 그리고 경영자로 성장시킨 동력이 되었던 것이다.
　그녀는 가고 없지만 그녀가 남긴 코코 샤넬은 지금도 그 명성을 이어가고 있다.

❖ 코코 샤넬 Coco Chanel 1883~1971
　프랑스 의상디자이너이자 경영인으로 세계의 패션시장을 주도한 선구자이자 혁신가이다.

DAY 287 로이터 통신 _파울 율리우스 로이터

　세계적인 통신사인 로이터통신의 창업자인 파울 율리우스는 1816년 독일 헤센 선제후령 카셀 유대인 가정에서 태어났다. 그는 독일 괴팅겐에서 삼촌이 경영하는 은행에서 근무하다 수학자이자 물리학자인 칼 프리드리히 가우스를 알게 됨으로써 통신에 대해 눈을 떴다. 그때 가우스는 전신에 대한 실험을 하고 있었는데 이것이 통신의 근간이 되었다.

　로이터는 베를린의 한 출판사에 입사한 후 1848년 파리로 갔다. 그는 그곳에서 논설기사를 쓰고 뉴스를 발췌하여 번역한 후 독일의 신문사에 보냈다. 그런데 1850년 벨기에 브뤼셀과 독일 아헨의 거리가 불과 122km인데도 불구하고 전보배달이 되지 않았다. 로이터는 이 구간에서도 정보가 전달 될 수 있도록 해야 한다는 생각에 이르자 개발에 착수했다. 그것은 비둘기를 이용해 편지를 배달한다는 것이었다. 그는 자신의 생각을 실행했다. 그의 생각대로 비둘기는 빠르게 증권시세와 상품 가격을 비롯한 정보들을 전달하는데 성공했다. 그러자 정보를 얻은 사람들은 자신이 필요로 하는 것을 얻게 됨은 물론 많은 돈을 벌었다. 그로 인해 로이터의 사업은 급성장을 하기 시작했다. 그는 전문사육사를 두고 수백 마리의 비둘기를 사육했다. 그러자 독일 전역에 전보가 배달되지 않은 곳이 없었다.

　1851년 전보는 일반화가 되었으며 로이터는 영국 런던으로 갔다. 그는 그곳에서 유럽 전역에서 일어나는 사건에 대한 정보를 공급하기 시작했다. 그러자 로이터통신은 모든 뉴스의 원천이 되었다. 로이터통신은 공인받은 최초의 정보제공 서비스 통신사로 오늘에 이르고 있다.

　로이터가 통신사가 오늘날 뉴스와의 연관 관계성을 진즉에 간파하고 그에 올인할 수 있었던 것은, 그는 미래에 있어 정보산업이 얼마나 중요한 것인지를 알았던 것이다. 즉 시시각각 변하는 현대사회의 특성을 그는 이미 알고 있었다. 그만큼 그는 미래를 보는 눈이 뛰어났다. 또한 그는 다양한 데이터 수집의 중요성을 간파했다는 것이다. 그리고 정보는 속도가 생명이라는 것을 잘 적용함으로써 로이터통신을 세계적인 통신사로 성장시킬 수 있었다.

　로이터의 생각의 방향은 정보전달이라는 것에 맞추어진 까닭에 자신의 생각을 현실화시킬 수 있었다.

❖ 파울 율리우스 로이터 Paul Julius Reuter 1816~1899
독일 출생. 통신사 로이터통신의 창업자.

DAY 288

이코노미스트 _제임스 윌슨

ECONOMY

〈이코노미스트〉지를 창간한 제임스 윌슨은 1805년 스코틀랜드에서 태어났다. 윌슨은 스코틀랜드 하윅에서 모자를 만드는 일을 했다. 그러던 그가 〈이코노미스트〉지를 창간하게 된 계기는 곡식 수입에 많은 제재와 세금을 부과한 보호주의 법안 때문이었다. 평소 윌슨은 정부가 간섭을 최소화하는 세계무역의 자유화에 대한 확고한 믿음을 갖고 있었던 까닭이다. 그는 자유무역은 어느 한 특정인을 위한 것도 아닌 모두에게 유익을 준다고 생각했다.

이런 생각에 몰입해 있던 윌슨은 1843년 〈이코노미스트〉지를 창간했다. 그리고 예리한 논리를 펼쳐 보임으로써 곡식에 대한 보호주의 법안은 철회되었다. 그로 인해 〈이코노미스트〉지는 영향력 있는 경제 주간지로 주목받기 시작했다.

〈이코노미스트〉지가 지향하는 것은 의견을 제시하여 논쟁을 불러일으키는 데 있다. 그래서 자연스럽게 논점을 이끌어 내게 함으로써 문제점에 대한 답을 제시하여 공감을 얻게 한다. 즉 경영진이나 전문가들이 필요로 하는 정보를 조직의 내부에서가 아니라 외부에서 찾을 수 있게 하는 데 있다. 이를 통하면 보다 객관적으로 문제를 보게 됨으로써 공감대를 형성하고 더 정확하게 문제점을 파악하는 데 큰 도움이 되기 때문이다. 이에 대해 〈이코노미스트〉지의 그룹 최고 경영자를 지낸 루퍼트 패넌트리는 다음과 같이 말했다.

"〈이코노미스트〉는 평균 이상의 수입을 벌어들이고, 평균 이상의 이해력을 가진 독자를 대상으로 하는 잡지이다. 하지만 그들은 우리의 의견과 자신의 의견을 비교하기 위한 독서시간은 별로 없다고 생각한다. 우리는 의견을 제시하고 논쟁을 불러일으켜 세상을 풀이하고, 전문가들을 설득하고, 아마추어를 이해시키려고 노력한다."

패넌트리의 말에서 보듯 〈이코노미스트〉는 열린 경제주간지 성격을 지닌 잡지로 널리 읽히고 있다고 하겠다. 그것을 단적으로 알게 하는 것이 세계 정상들이나 경영자들은 물론 경제전문가들이 즐겨 애독한다는 데 있다.

〈이코노미스트〉는 더 많은 정보를 더 정확하고 신속하게 전하기 위해 지금도 윌슨의 창간정신을 이어가고 있다. 그의 깨어있는 생각은 〈이코노미스트〉지란 잡지를 탄생시켰듯이, 그를 잡지사의 전설로 올려놓았다.

❖ 제임스 윌슨 James Wilson 1805~1860
스코틀랜드에서 태어났다. 〈이코노미스트〉지를 창간함.

DAY 289 인텔 최고경영자 _앤디 그로브

공학자이자 인텔 창업 멤버이며 최고경영자를 지낸 앤디 그로브는 1936년 헝가리 부다페스트에서 태어났다. 그의 부모는 유대인으로 낙농업에 종사했지만 가난한 어린 시절을 보냈다.

1956년 헝가리가 소련에 함락되자 그로브는 미국으로 이주했다. 그는 웨이터로 일하면서 뉴욕시티 대학을 졸업했다. 그리고 1963년 버클리 캘리포니아 대학교에서 화학공학 박사학위를 취득하고 반도체 회사인 페어차일드에 입사했다. 그곳에서 인텔을 함께 창업한 고든 무어와 밥 노이스를 만났다. 이 둘을 만난 건 그의 인생에 획기적인 기회를 부여했다. 무어와 노어는 1956년 트랜지스터를 개발하여 노벨 물리학상을 받은 그야말로 쟁쟁한 귀재였기 때문이다.

셋은 의기투합이 되어 인텔을 창업했다. 인텔은 승승장구하며 발전을 거듭했다. 그러다 1980년대 초 위기를 맞게 되었다. 일본의 기업에서 값싸고 품질이 뛰어난 메모리 칩을 생산해냈기 때문이었다. 그로브는 위기를 타개하는 전략으로 무어에게 최고경영자를 제안했다. 그러자 무어는 메모리 칩 사업을 접자고 했다. 그는 충격을 받았지만 그의 의견에 공감하고, 새로운 시장을 개척하기로 계획을 세웠다.

그로브는 3년에 걸쳐 마이크로프로세서 기술에 투자했다. 그로 인해 위기로부터 벗어날 수 있었지만 1994년 또다시 위기를 맞았다. 최대의 컴퓨터 회사인 IBM이 펜티엄에 기반을 둔 컴퓨터의 공급을 중단하려는 계획을 입수했다. 인텔은 인텔 펜티엄 마이크로프로세서를 출하시키려는 참이었다. 그로브는 자신들이 만든 펜티엄 마이크로프로세서에 문제가 있다는 것을 감지하고 이미 공급된 마이크로프로세서를 수거했다. 수거비용으로 50만 달러가 들었다. 하지만 그 결과는 매우 부정적이었다. 인텔의 고객이 아닌 컴퓨터 사용자는 인텔 프로세서를 원하지 않았던 것이다.

인텔은 신속하게 문제점을 찾아 해결하려는 의지를 갖고 전력투구를 다 했다. 그리고 나아가 외부로부터 문제점을 찾으려는 노력을 기울였다. 이와 같이 변화를 주자 위기에서 벗어날 수 있는 기회를 맞게 되었으며 최고의 반도체회사로 거듭나게 되었다.

❖ 앤디 그로브 Andy Grove 1936~2016
헝가리 출생. 인텔 창업 멤버. 최고경영자.

DAY 290 레드 불 _디트리히 마테쉬츠

□ CHECK

ECONOMY

1984년 에너지 드링크 회사 레드 불Red Bull을 창업하여 세계적인 기업으로 성공시킨 디트리히 마테쉬츠는 1946년 오스트리아에서 태어났다. 대학을 졸업한 그는 생활용품제조회사인 유니레버에 입사하여 마케팅 담당자로 일했다. 업무 능력을 인정받아 독일의 커피회사 제이콥스에 입사했으며 그 후 치약회사인 블렌닥스에 입사하여 승진을 거듭했다. 그러던 어느 날 그는 아시아 국가를 담당하게 되었다.

태국에 출장을 간 그는 우연히 맛본 드링크를 통해 피로에 지친 몸이 회복되는 느낌을 받았다. 그것은 크라팅 뎅이란 피로회복제였던 것이다. 그는 피로회복제인 크라팅 뎅에서 아이디어를 얻었다. 그것은 바로 자신만의 에너지 드링크를 만드는 것이었다. 마테쉬츠는 곧바로 크라팅 뎅의 사장을 만나기로 했는데, 그는 블렌닥스의 태국 판매권을 갖고 있는 칠레오란 사람이었다. 마테쉬츠는 그를 설득하여 각각 50만 달러를 투자하여 레드불을 창업했다.

마테쉬츠는 크라팅 뎅을 유럽시장에 맞게 새롭게 하고 상표도 세련되고 눈에 확 띄게 만들었다. 그가 레드 불을 창업하자 사람들 중엔 그가 잘못 선택했다고 말하기도 했다. 에너지 드링크를 생산하는 기업으로는 세계유수의 음료기업인 코카콜라, 펩시콜라 외에도 많았기 때문이다.

그는 세간의 말들을 뒤로하고 적극 마케팅에 뛰어들었다. 즉 차별화를 꾀하는 데 주력한 것이다. 그는 매출에서 상당액을 재투자하여 시장을 활성화했다. 그리고 새로운 스타를 광고에 내세워 신선한 이미지를 주었다. 그리고 플라잉 항공 쇼를 비롯해 하와이에서 열리는 카이트 서핑, 산악자전거 대회, 암벽 등반 등의 대회를 해마다 열어 고객들의 눈길을 사로잡았다.

이처럼 마테쉬츠는 마케팅에 엄청난 투자를 한다. 그의 바람대로 이벤트는 레드 불의 성공을 일궈내는 데 있어 크게 작용했다. 레드 불 제품은 전 세계에서 인기리에 판매되고 있으며 레드 불은 오스트리아에서 최고의 브랜드가 되었다.

마테쉬츠가 성공할 수 있었던 것은 아이디어를 적극 현실화시킨 데 있다. 즉 그가 시도했던 기회의 집중전략은 그를 세기의 경영자가 되게 했던 것이다.

❖ 디트리히 마테쉬츠Dietrich Mateschitz 1946~
오스트리아에서 태어남. 에너지 드링크 레드 불을 창업함.

DAY 291 맥도날드 _레이먼드 크록

　세계적인 패스트푸드 프랜차이즈 맥도날드 창업자인 레이먼드 크록은 1902년 미국 일리노이주 오크파크에서 태어났다. 그는 고등학교를 중퇴하고 군에 입대해 제1차 세계대전 동안 구급차 드라이버의 훈련 위생대 소속으로 근무했다.
　군에서 제대한 그는 종이컵 판매를 하고, 재즈 연주가로 밴드 활동을 했다. 그 후 그는 주방용품 회사에 들어가 영업자로 활동하며 1941년 5종류의 밀크세이크를 동시에 만드는 멀티믹서기의 독점판매권자가 되었다.
　1954년 크록은 출장 중 캘리포니아 샌버너디노에서 햄버거 가게에 들렸는데 거기서 맥도날드 형제를 만나게 되었다. 리처드 맥도날드와 모리스 맥도날드가 레스토랑에 자사의 믹서기를 여러 대 들여놓은 걸 보고 놀랐다. 게다가 크록을 더욱 놀라게 한 것은 5개의 믹서기마다 8개의 배터리가 연결되어 한 번에 40여 가지의 딸기 우유 믹스 음료가 만들어진다는 사실이었다. 순간 크록은 번쩍하며 아이디어를 떠올렸다. 크록은 맥도날드 형제를 설득하여 프랜차이즈권을 따냈다.
　1955년 크록은 일리노이주 디플레인스에 첫 프랜차이즈점을 열었다. 그러자 가게는 손님으로 넘쳐났다. 크록은 잇달아 지점을 개장했다. 놀라운 일이었다. 마치 크록은 꿈을 꾸는 것 같았다. 그런데 문제가 발생했다. 시장이 포화상태가 되다 보니 재정난을 겪게 된 것이다. 크록은 궁리 끝에 토지를 매각해 지점 경영자에게 임대하기로 했다. 그리고 나아가 품질을 개선하고, 서비스를 높이고, 가격을 저렴하게 하자 놀라운 성과를 이룰 수 있었다.
　1961년 크록은 맥도날드 형제에게 2,700만 달러를 주고 맥도날드 상권을 인수해 독자적으로 경영하게 되었다. 그렇게 되자 크록은 더욱 박차를 가하며 경영에 매진할 수 있었다. 그리고 1965년에 상장했다.
　1967년 크록은 전 세계를 목표로 하여 해외시장을 개척하기 시작했다. 그러자 해외시장은 급속도로 성장세를 보이며 확장되었다. 1984년에는 무려 34개국에 8,300여 개의 매장을 갖게 되었다.
　크록은 최고경영자로 능력을 최대한 끌어올려 맥도날드를 최고의 프랜차이즈로 만든 패스트푸드계의 전설이 되었다.

❖ 레이 크록 Raymond Albert Kroc 1902~1984
맥도날드 창업자. 최고경영자 역임.

DAY 292 휴렛패커드 _데이비드 패커드

휴렛패커드의 공동창업자이자 최고경영자를 역임한 데이비드 패커드는 1912년 미국 콜로라도주 푸에블로에서 태어났다. 1934년 스탠퍼드 대학교를 졸업한 후 제너럴일렉트릭사에 입사했다. 그 후 1939년 그는 빌 휴렛과 함께 실리콘 밸리의 앨토에 있는 차고에서 휴렛패커드를 설립했다.

패커드는 직원들이 자유롭게 직장생활을 할 수 있게 했으며, 그들의 생각을 존중했다. 즉 인재를 매우 중시했던 것이다. 기업이 잘 되고 못 되는 것은 인재를 어떻게 적재적소에 배치하느냐에 달려있다. 패커드는 이에 역점을 두었다. 그러자 직원들의 업무 능력이 향상이 되고 개개인의 역량이 강화되었다. 이를 몇 가지 관점에서 살펴보는 것은 패커드란 인물에 대해 더 자세히 깊이 알게 되는 계기가 될 것이다.

첫째, 패커드는 직원들이 능력을 키울 수 있게 적극 후원했다. 직원들은 자신이 존중받는다고 생각하면 그에 부응하기 위해 노력을 집중하게 된다. 그것은 자신을 위한 일이기도 하기 때문이다. 둘째, 직원들에게 중대하고 수준 있게 근무에 임할 것을 요구했다. 이 또한 직원들에게는 그들의 능력을 키울 수 있는 계기가 되게 하고, 자신의 능력을 스스로 인정받기 위해 노력을 기울이게 되기 때문이다. 셋째, 패커드는 직원 개개인마다의 강점을 적극 활용했다. 사람은 누구나 그 사람만의 강점이 있는 까닭이다. 넷째, 직원들을 적재적소에 배치하고 그에 맞는 직위를 부여했다. 나아가 상사는 상사로서의 본이 되게 했다.

이러한 패커드의 인재경영법은 회사를 위한 것이기도 하지만 각 개개인의 능력을 개발하는 중대한 요인으로 작용했다. 직원들은 패커드의 진정성에 대해 잘 이해하고 부응했던 것이다. 이처럼 일석이조의 인재개발경영전략은 패커드가 성공할 수 있는 가장 근본적이면서도 주요한 경영전략이었다.

인재를 함부로 하는 기업은 망할 수밖에 없지만, 인재를 소중히 하는 기업은 잘 될 수밖에 없다. 직원들은 적어도 자신을 존중해주는 기업을 배신하지 않는다. 이것이야말로 가장 현실적이면서도 가장 중대한 경영기술이다. 패커드는 그런 점에서 탁월한 경영전략가라고 할 수 있다.

❖ 데이비드 패커드 David Packard 1912~1996
휴렛패커드 공동창업자로 최고경영자를 역임.

DAY 293 리바이스 _레비 슈트라우스

리바이스 창업자인 레비 슈트라우스는 1829년 독일에서 태어났다. 그의 가족은 1847년 미국으로 이민을 갔다. 미국은 그 당시 골드러시, 즉 금광개발이 한창이었다. 그 역시 금광개발에 관심이 있었지만 청바지를 만드는 방직공장을 세우게 되었다.

슈트라우스는 당시 금 채굴꾼들이 바지주머니에 금을 넣는 관계로 옷이 자주 해지는 것을 목격했다. 그런데 마침 그를 돕고 있던 재단사 제이콥 데이비스가 바지 소재를 철사로 봉합하는 묘책을 말했다. 그리고 이를 특허로 등록하자고 제안했다.

1873년 슈트라우스는 데이비스와 함께 진소재로 된 철사가 봉합된 바지 특허를 냈다. 이렇게 해서 유서 깊은 리바이스가 탄생하게 되었다. 리바이스는 본격적으로 진 소재로 된 바지를 만들었다. 바지를 입어본 사람들은 바지의 우수성에 매료되었다. 그러자 바지는 날개 돋친 듯 팔렸다.

회사는 급성장을 이루고 크게 확장되었다. 청바지는 리바이스의 상징이 되었으며, 금광 노동자와 공장근로자뿐만 아니라 일반인들도 즐겨 입는 브랜드가 된 것이다.

리바이스가 크게 성장할 수 있었던 것은 고객이 믿고 살 수 있도록 믿음을 주었다는 데 있다. 고객은 한번 믿는 마음이 생기면 지속적으로 그 제품을 선호하게 된다. 슈트라우스는 이를 잘 알고 서비스를 극대화시켰으며 이는 리바이스를 신뢰하게 하는데 결정적인 요인으로 작용했던 것이다.

슈트라우스가 세상을 떠나고 1906년 지진이 일어나 화재가 발생하는 바람에 2개의 공장이 전소하고 말았다. 그러자 리바이스는 주요 고객의 신용한도를 높이고 직원들의 임금을 계속해서 바로바로 지급했다. 그리고 새 공장을 신축했다.

1930년 대공황에도 근로자들을 해고시키지 않았다. 이런 노력은 근로자와 하청업체 및 사람들에게 깊은 신뢰를 주었다. 그러자 회사는 어려운 가운데도 자리를 잡아가기 시작했다. 그리고 지난 시절보다 더 크게 확장되었다. 세계 각국에는 리바이스가 진출해 놀라운 실적을 내었으며 동종 업계에서 세계 최고의 기업이 되었다.

❖ 레비 슈트라우스 Levi Strauss 1829~1902
독일 출생. 리바이스 창업자.

DAY 294 뱅크오브아메리카의 설립 이야기

□ CHECK

ECONOMY

지금으로부터 114년 전 콜럼버스 저축조합의 중역 회의가 열렸다. 그 자리에 참석한 사람들은 한 남자가 하는 말에 귀를 기울이고 있었다. 그만큼 그의 말에 관심이 많았던 것이다.

"미국 시민 누구나 은행 업무에 대한 자격이 있습니다. 또한 은행은 누구에게나 서비스를 제공할 의무가 있습니다. 그럼에도 불구하고 우리 조합은 대중들과의 소통을 소홀히 하고 있습니다. 저는 여러분과 작별하고 앞으로 대중을 위한 은행을 만들겠습니다."

남자는 이렇게 말하고 자리에서 일어났다. 그리고 그는 자신이 계획하는 은행을 설립하기 위해 분주히 움직였다. 은행설립계획을 마친 남자는 드디어 은행을 설립했다. 은행 이름은 '뱅크오브이탈리아'였다.

은행을 설립한 그는 자신의 은행을 사람들에게 적극적으로 홍보했다.

"기존의 은행은 한 계좌에서 100달러조차 대출을 해주는 일이 없습니다. 하지만 우리은행은 한 계좌에 25달러까지 대출을 합니다. 은행은 돈을 필요로 하는 사람들이 자유롭게 이용할 수 있어야 합니다. 그것이 우리 은행이 해야 할 일입니다. 앞으로 돈이 필요할 때 언제든지 우리 은행을 찾아주십시오. 친절하게 안내해 드리고 신속하게 대출을 해 드릴 것을 약속합니다."

남자의 말에 사람들의 반응은 뜨거웠다. 특히 서민들이나 가난한 이민자들의 반응은 놀라 정도였다. 은행 창구엔 날마다 많은 사람들로 북적거렸다. 그동안 은행은 자신들과는 상관없는 줄로만 알고 은행 문턱에도 가지 않았는데 자신들의 눈높이에 맞춰주는 은행이 생기자 반응은 기대 이상이었다. 하루가 다르게 은행은 발전에 발전을 거듭했다. 이 소식은 미국 전역에 삽시간이 퍼졌고, 남자의 경영철학은 많은 사람들 사이에 회자 되었다.

은행 설립 1년 만에 놀라운 실적을 이뤄냈다. 이 은행은 '뱅크오브아메리카Bank of America'로 거듭났으며, 뱅크오브아메리카는 굴지의 은행으로 미국을 대표하는 초대형 은행이다.

이 남자의 이름은 아마데오 피터 지아니니이다. 지아니니는 문턱의 높이를 낮춘 은행을 설립함으로써 금융계의 거물이 되었다.

❖ 아마데오 피터 지아니니Amadeo Peter Giannini 1870~1945
뱅크오브아메리카 설립자.

DAY 295 제록스의 설립 이야기

　프린터로 유명한 제록스사는 1906년 조지 시저에 의해 뉴욕주 로체스터에 헬로이드 포토 그래픽 컴퍼니라는 이름으로 설립되었다. 그 후 1958년에 헬로이드 제록스로 사명을 바꿨다가 1961년 제록스로 다시 바꿔 오늘에 이르고 있다.
　제록스의 주요 제품으로는 IT 서비스 및 복사기, 프린터, 디지털 생산 인쇄기 등의 사무용품으로 전 세계적으로 제록스의 제품이 널리 사용되고 있다. 제록스는 인쇄지 시장이 침체됨으로써 위기를 맞았으나 조셉 윌슨이 사장으로 취임했다. 그는 적극적으로 위기에 처한 회사를 위해 동분서주했다. 그러던 중 1946년 체스터 칼슨이 발견한 원리를 이용해 바텔연구소가 연구개발에 박차를 가하던 '전기사진술'연구에 대해 알게 되었고, 막대한 자금을 투자했다.
　1959년 마침내 최초의 종이 복사기인 제록스 914는 나오자마자 사람들의 주목을 끌며 널리 알려지게 되었다. 1961년 한 해에만 6천만 달러의 매출을 올렸다. 그리고 1965년에 이르러서는 5억의 매출을 올렸다.
　제록스 914는 아주 획기적인 제품으로 사무기기의 혁신을 이룬 제품이랄 정도로 각기 업체는 물론 소규모 사무용품 가게에 이르기까지 열광을 했다. 그러자 세계적으로 알려지게 되었고, 1962년 제록스는 일본 후지필름과 5:5 합작으로 후지제록스를 설립했다.
　제록스는 날로 번창하여 95%의 시장 점유율을 갖게 되었다. 하지만 1972년 미국 반독점 양대 기구 중 하나인 연방거래위원회가 제동을 걸고 나섰다. 1975년 제록스가 소유하고 있던 1,700여 개의 복사기 특허권을 다른 복사기 기업들도 사용할 수 있게 되었다.
　1982년 제록스 시장 점유율은 13%까지 떨어졌다. 2001년 나락으로 떨어져 풍전등화와 같은 제록스의 새로운 경영자가 된 앤 멀케이는 혼신을 다해 새로운 프로젝트에 매진했다. 그리고 고객을 위한 서비스 마케팅 전략을 비롯해 직원들에게 자긍심을 심어주는 등의 노력을 기울인 끝에 성과를 이뤄내고 2009년 우르슬라 번스에게 CEO를 넘겨주고 지금에 이르고 있다.

❖ 제록스XEROX
1906년 조지 시저에 의해 설립된 복사기, 프린터, 디지털 생산 인쇄기 등의 세계적인 기업.

DAY 296 로스차일드가의 이야기

CHECK
ECONOMY

로스차일드가는 독일 유대계로 국제적인 금융재벌이다. 로스차일드 가문은 대대로 프랑크푸르트의 유대인 지역인 게토에서 고물상을 했다. 마이어의 아버지는 마이어를 랍비로 키우기 위해 유대신학교에 보냈으나 부모가 세상을 떠나자 그만두고 유대인이 경영하는 오펜하임 은행의 견습생이 되었다.

이후 마이어는 20세 때 오펜하임 은행을 그만두고 화폐수집상이 되었다. 그는 싼값에 옛날 화폐를 사들여 귀족들에게 비싼 값으로 팔았다. 그러던 중 프로이센 프리드리히 대왕의 아들인 빌헬름 공과 직거래를 하게 되었다. 그는 군대를 양성하여 타국에 용병으로 보내 많은 부를 축적한 사람이다. 마이어는 빌헬름 재정 담당에게 부탁해 런던의 환어음을 현금화하는 사업을 벌였다. 그리고 국가의 재정에도 관여하게 되었다.

1785년 빌헬름이 왕위에 오르자 그 위세는 더욱 커지고 많은 부를 쌓았다. 마이어는 빌헬름 9세가 영국에서 용병 대금으로 받은 수표를 현금화함과 동시에 영국에서 구입한 면제품대금으로 지불했다. 나아가 주식과 채권에도 투자하여 막대한 이익을 남겼다.

빌헬름 9세는 마이어에게 돈을 맡기고 마이어는 그의 재산을 관리했다. 마이어는 각국에 금융네트워크를 구상하고 암셀, 잘로몬, 네이션, 카를, 야코프 등 다섯 아들에게 일을 맡겼다. 암셀은 프랑크푸르트에 남아 후계자로 삼고 잘로몬은 오스트리아 빈에, 네이션은 영국 런던에, 카를은 이탈리아 나폴리에, 야코프는 프랑스 파리로 보냈다. 다섯 아들은 아버지 마이어의 뜻을 성공적으로 완수하여 막대한 부를 축적했다.

마이어의 다섯 아들은 하나같이 이재에 밝아 금융업을 하는 데 있어 천부적인 소질을 보임으로써 로스차일드가는 독일은 물론 유럽 전역을 넘어 세계 금융계를 주름잡았다.

로스차일드 가문은 세계 최대의 재벌이 되었다. 창업한 지 300년이 지난 지금도 여전히 금융계의 전설을 쓰고 있다. 또한 석유, 호텔, 백화점 등 다양한 분야에까지 진출해 명성과 전통을 이어가고 있다.

로스차일드가Rothschild Family는 독일 유대계로 국제적 금융 은행을 최초로 설립한 금융계의 재벌이다. 300년의 전통을 이어 오늘날 세계 금융계를 주름잡고 있다.

DAY 297 KFC의 설립 이야기

　미국의 패스트푸드의 글로벌 체인점인 KFC는 1930년 커넬 샌더스에 의해 창업되었다. 본사는 캔터키주 루이빌에 있으며 현재 전 세계적으로 1만 개의 매장을 가지고 있다.

　KFC는 프라이드 치킨, 햄버거, 감자튀김, 비스킷 등 다양한 메뉴를 제품으로 판매하며 맥도널드, 버거킹과 어깨를 나란히 하는 트로이카를 이룬다. 캔터키에서 치킨을 튀겨 팔던 커넬 샌더스가 피터 허먼과 함께 1952년 유타주 솔트레이크시티에 프라이드 치킨이란 상호로 첫 매장을 오픈했다.

　1964년 켄터키 프라이드 치킨은 200만 달러에 매각되어 여러 차례 매각을 거듭하다 1986년 펩시코가 인수했다. 펩시코는 브랜드를 KFC로 바꿔 경영했다. 그리고 1997년 KFC는 트라이콘이란 이름으로 독립했으며 2002년 얌! 브랜즈로 이름이 바뀌었다. 1984년 KFC는 두산그룹과 합작으로 한국에 진출하여 오늘에 이르고 있다.

　KFC는 치킨에 11가지 비밀양념이라 불리는 특별한 양념 재료를 사용하고 있는데 이 양념은 창립자인 커넬 샌더스가 개발한 양념이다. 이 양념이 치킨의 맛을 좌우함으로써 KFC는 승승장구하며 발전을 거듭했다.

　주요 제품을 보면 첫째, 치킨 종류에는 트위스터, 오리지널 치킨, 핫크리스피 치킨, 텐더 스트립스, 핫윙이 있으며 둘째, 버거 종류에는 치즈그릴버거, 치킨바베큐버거, 징거버거, 핫치즈징거버거, 타워버거, 징거더블맥스, 브랙라벨클래식버거, 빨간맛버거, 오리지널버거 등이 있다. 셋째, 감자튀김, 타르트, 청량음료, 샐러드, 샌드위치, 디저트 등 다양한 제품으로 구성되어 있다. 특히 창립자인 커넬 샌더스의 비밀양념을 이용해 만든 '오리지널 치킨'이 대표적인 메뉴로 고객들의 입맛을 사로잡고 있다.

　2019년 총매출액의 규모는 24억 9천 달러이며, 주식회사 케이에프씨코리아의 총매출 규모는 2019년 2097억이다.

　KFC는 환경단체로부터 환경을 파괴한다는 비판을 받고 있는데, 2008년부터 채식주의자들을 위한 샌드위치를 파는 등 고객을 위한 고품격 서비스를 위해 노력하고 있다.

KFCKentucky Fried Chicken는 1930년 커넬 샌더스에 의해 창업되었으며 전 세계적으로 1만 개의 매장을 갖고 있는 글로벌 기업이다.

DAY 298 구찌의 설립 이야기

□ CHECK

ECONOMY

　이탈리아 명품 브랜드인 구찌는 1921년 구찌오 구찌에 의해 창업되었다. 구찌의 주요 제품으로는 가방, 시계, 액세서리, 의류 등 다양하며 프랑스 유통기업인 케어링이 소유하고 있다.
　창업자 구찌는 1900년 초반 영국 런던에서 호텔지배인으로 근무했다. 그는 호텔을 출입하는 귀족 등 상류층 사람들을 통해 영감을 받고 아이디어를 구상했다. 그들이 하고 있는 액세서리, 가방, 옷 등을 보며 자신이 직접 만들어보고 싶다는 생각을 했다.
　마음의 결심이 서자 그는 지배인 자리를 그만두고 귀국하여 스스로 디자인한 여행 가방과 액세서리 등을 만들기 시작했다. 자신이 만든 제품이 사람들에게 좋은 반응을 보이자 그는 1921년 피렌체에 의류 기업을 창업했으며 갖가지 가죽 제품을 생산했다. 그러자 그의 제품은 날개 돋친 듯 팔리며 그의 명성은 날로 더해만 갔다.
　1938년 구찌는 로마로 사세를 넓혔다. 처음에는 구찌 혼자 하던 사업은 가족 모두가 동참했고, 일급직원들을 고용했다. 1951년 구찌는 밀라노에 매장을 열었으며, 그로부터 2년 후 미국 뉴욕주 맨해튼에 매장을 열었다. 그 후 구찌는 한국을 비롯해 전 세계적으로 매장이 오픈되었으며 고객들로부터 사랑받는 브랜드로 굳게 자리 잡았다.
　구찌는 빈틈없는 철저한 이탈리아 장인정신과 철두철미한 서비스 정신과 모던한 감각의 클래식한 디자인, 시대의 흐름에 맞는 기술혁신과 유행을 주도하는 마케팅전략 등으로 세계시장을 주도하고 있다.
　구찌의 주요 핵심인물로는 CEO 마르코 비자리를 비롯해 수석디자이너 알렉산드로 미켈레 등이 주도하고 있다. 2019년 총 종업원수는 약 1만 8천 명에 이르는 글로벌 패션기업으로 거듭나고 있다.

구찌는 1921년 구찌오 구찌에 의해 창업되었다. 주요 제품으로는 가방, 시계, 액세서리, 의류 등이며 패션 글로벌 기업이다.

DAY 299 코닥의 설립 이야기

☐ CHECK

　코닥은 세계 굴지의 이미지 솔루션 기업으로 1888년 조지 이스트만에 의해 창업되었다. 본사는 미국 뉴욕주 로체스터에 있으며 CEO는 제프리 J. 클라크이다.
　코닥은 1882년 뉴욕 로체스터 은행 직원으로 근무하던 조지 이스트만이 현대식 필름을 만들었으며 1883년 세계 최초로 감광필름을 만들었다. 코닥은 1888년 '당신은 찍기만 하십시오. 나머지는 저희가 알아서 하겠습니다'라는 광고 카피로 홍보하며 사업을 시작했다. 그런데 당시에는 카메라 보급이 잘 되지 않아, 일반 고객들의 수요보다는 사진과 관계된 일을 사람들로부터 큰 호응을 얻었다.
　코닥은 이에 굴하지 않고 적극적으로 광고를 하며 홍보에 열중했다. 그러자 어느 순간부터 급속히 매출이 이루어지기 시작했으며, 1910년부터 필름하면 코닥이라고 할 만큼 코닥은 필름의 상징이 되었다. 그러나 창업자 이스트만의 사망으로 주춤거렸으나, 1930년대 후반 코닥은 새로운 필름을 개발하여 시장을 확장하는 데 성공했다.
　1950년대 카메라 시장이 카메라 바디, 렌즈, 필름으로 세분화되어 나눔에 따라 독인의 칼 자이스, 라이카와 일본의 니콘, 캐논, 펜탁스 등이 등장했다. 하지만 코닥은 워낙 기반을 탄탄히 쌓은 까닭에 동요됨이 없었다. 이런 안정적인 상황에서 코닥은 1990년대 이르기까지 매년 1억 개가 넘는 일회용 카메라를 판매하고 디지털 카메라 등 기기를 개발하는 데 성공했다.
　1975년 코닥은 엔지니어 스티브 세손이 세계 최초로 디지털 카메라를 만들었다. 하지만 코닥은 디지털 카메라의 상용화를 1990년대 후반까지 미뤄두었다. 그런데 그러는 동안 1998년 일본 카메라 기업들이 디지털 카메라를 출시하기 시작했다. 그러자 필름을 사용하는 카메라는 침체의 늪에 빠지고, 매출이 급감하자 파산보호를 신청했다. 코닥은 상업 영화 필름만을 남겨두고 나머지는 모두 매각했다.
　미국 정부는 코닥의 노력에 따라 수익성이 따르게 되자 파산보호에서 벗어나게 했으며 1988년에는 대규모 제약회사인 스털링 제약회사를 매입하는 등 오늘에 이르기까지 유구한 역사와 전통을 이어가고 있다.

코닥은 세계 굴지의 이미지 솔루션 기업으로 1888년 조지 이스트만에 의해 설립되었다. 본사는 미국 뉴욕주 로체스터에 있다.

DAY 300 도미노피자의 설립 이야기

□ CHECK

ECONOMY

도미노피자는 미국의 피자 배달 전문 브랜드로 1960년 톰 모너건에 의해 창업되었다. 본사는 미국 미시간주 입실런티에 있다. 도미노피자는 현재 82개국에 1만 2천여 개가 넘는 매장을 보유한 글로벌 요식업 기업이다. 연간 피자 판매 수는 약 12억 판이 넘는다.

창업자 모너건은 미시간주 입실런티에서 도미닉스 피자를 인수하여 개업했다. 그는 폭스바겐 비틀을 이용해 배달하는, 배달서비스는 고객들의 환심을 사기에 충분했다. 직접 매장에 가지 않고 주문해서 먹는 피자의 매력은 고객에게는 최상의 서비스와 같았기 때문이다. 소문은 빠르게 퍼져나갔고 가게는 어느덧 3개의 매장이 되었다.

1965년 모너건은 가게 이름을 도미노피자로 바꾸었다. 가게는 여전히 잘 되었다. 이에 힘입은 모너건은 1967년 프랜차이즈 사업을 본격적으로 시작했다. 그 후 1983년 캐나다 위니펙에 해외 1호 매장을 오픈했다. 도미노피자는 세계 각국에 매장을 오픈하는 등 나날이 그 유명세를 이어갔다.

대한민국에는 1990년 첫 매장으로 서울시 송파구 오금점이 오픈되었다. 이후 1999년 100호점을 오픈했으며, 2003년에는 200호점을, 2008년에는 300호점을 오픈했으며 지금은 500개가 넘는 매장을 오픈했다.

도미노피자는 업계 최초로 ISO 2000 인증을 받았다. ISO 인증이란 'IT 조직이 업무 관리의 모범 사례로 활용할 수 있도록 정의한 IT 서비스 관리의 국제 인증 표준'을 말한다. 영국 표준이었던 BS 15000을 국제표준화기구에서 표준화한 것이다. 도미노피자는 ISO 2000 인증을 받음으로써 공신력을 높일 수 있었다.

도미노피자는 2011년부터 최상의 서비스를 제공하기 위한 일환으로 '우리는 그 피자를 안다. 도미노 피자 We Know The Pizza, Domino's Pizza'를 이란 슬로건을 걸고 고객 서비스에 만전을 가하고 있다.

도미노피자는 20만 명이 넘는 임직원을 두고 있는데 더욱 발전적인 글로벌기업으로 거듭나기 위해 전력을 다하고 있다.

도미노피자는 미국의 피자 배달 전문 브랜드로 1960년 톰 모너건에 의해 설립되었다. 본사는 미국 미시간주 입실런티에 있다. 전 세계적으로 82개국에 1만 2천여 개가 넘는 매장이 있다.

DAY 301 네슬레의 설립 이야기

유제품, 초콜릿 커피, 아이스크림 등의 가공식품을 제조하고 판매하는 네슬레는 1866년 스위스 앙리 네슬레가 창업했다. 네슬레는 당시 유럽에 유아사망률이 높은 것에 착안하여 만든 인공 모유로 큰 인기를 끌며 판매되었다.

주변 국가에서 큰 관심을 갖자 네슬레는 주변국가로 진출하여 판매에 박차를 가했다. 네슬레는 꾸준한 성장을 거듭했다. 그러던 중 1875년 네슬레는 사업에서 손을 떼며 줄스 몬느레트에게 회사를 매각했다.

네슬레를 인수한 줄스는 회사 이름을 네슬레 컴퍼니로 바꾸고 본격적으로 사업을 추진했다. 네슬레 컴퍼니는 크게 성장했고, 1904년 초콜릿 소유권을 매입하여 피터, 네슬레, 콜러 등 다양한 초콜릿을 생산했다.

1935년 네슬레 컴퍼니는 연유업체인 앵글로 스위스 연유회사를 인수하여 합병한 후, 회사 이름을 네슬레 앵글로 스위스 컨덴스드 밀크 컴퍼니로 바꿨다. 줄스는 1937년 인스턴트커피를 개발해, 제품명을 네스카페로 하여 생산했다. 그리고 나아가 1947년 수프 재료의 주요업체인 마기의 생산공장을 매입하고 모회사인 스위스의 알리멘타나를 인수하여 회사 이름을 네슬레 알리멘타나 컴퍼니로 했다.

줄스는 1971년 미국 통조림 제조기업인 맥닐앤드리비를 인수하고. 1973년에는 냉동제조기업인 스토퍼스를 인수했다. 1977년 네슬레 알리멘타나 컴퍼니는 의약품 제조업체인 알콘을 인수하여 네슬레 그룹을 출범했다.

1980년 네슬레 그룹은 헬무트 마우서를 최고경영자로 임명했다. 마우서는 과감하고 혁신적인 구조조정을 거쳐 그룹을 정비하고 1985년 식품업체인 카네이션을 인수했다. 이후 네슬레 그룹은 꾸준한 성장을 이룸으로써 세계적인 영양식품 글로벌 기업으로 평가받고 있다.

❖ 네슬레Nestle 1866년
스위스 앙리 네슬레가 창업. 유제품, 초콜릿 커피, 아이스크림 등의 가공식품을 제조하고 판매하는 세계적인 기업.

DAY 302 : 더바디샵의 설립 이야기

화장품, 메이크업 제품을 비롯해 1,200여 개의 제품을 지닌 세계적인 화장품판매기업인 더바디샵은 1976년 아니타 로딕이 창업한 영국의 기업이다. 전 세계적으로 3,000여 개의 매장을 가지고 있으며 본사는 잉글랜드 리틀햄프턴에 있다.

아니틱 로틱은 1970년 미국 캘리포니아 버클리에 있는 자동차정비소나 창고 등에서 천연향기가 나는 비누, 로션을 판매하는 더바디샵을 보게 되었다. 더바디샵은 패기 쇼트와 제인 선더스에 의해 운영되었는데, 1976년 로딕은 가게 이름을 비슷하게 하고 영국에서 열었다. 그리고 그는 1987년 쇼트와 샌더스에게 350만 달러를 인수하고 가게 이름을 '바디타임Body Time'으로 바꾸는 조건으로 쇼트와 선더스에게 350만 달러를 지불했다.

1976년 이후 더바디샵은 매년 50% 내외의 매출을 끌어올리며 급성장하기 시작했다. 더바디샵의 주식은 런던 증권거래소에 이름을 올린 뒤 주식은 500% 이상의 성장률을 올리며 '중력을 거스르는 주식'이라는 이름을 갖게 되었다.

2006년 더바디샵은 6억 5천만 파운드에 로레알에게 매각되었다. 2007년 아니타 루딕이 세상을 떠나고 당시 고든 브라운 수상은 로딕이 환경을 파괴하지 않고 제품을 지속적으로 판매하면서 자연환경 캠페인을 하는 등 노력했으며 그럼에도 불구하고 많은 사람에게 영향을 끼쳤다고 찬사를 보냈다.

브라운 수상의 말에서 보듯 로딕은 탁월한 기업가뿐만 아니라 친환경보호자라는 것을 잘 알 수 있다. 더바디샵은 로딕의 정신을 이어받아 환경운동을 벌이고 이를 홍보에 이용했다. 또한 여성을 존중해야 한다는 캠페인을 벌이는 등 페미니즘 운동에도 적극성을 띠었다. 이처럼 더바디샵은 환경보호와 여성 존중에 대한 일깨움과 동물보호 및 인권문제와 공정무역 등에 대해 후원하고 꾸준히 캠페인을 하는 등 기업의 사회적 책임과 기여를 통해 기업의 가치를 추구하는 기업으로 계속적으로 노력을 기울이고 있다.

더바디샵은 1976년 아니타 로딕이 창업한 영국의 기업으로 화장품, 메이크업 제품을 비롯해 1,200여 개의 제품을 지닌 세계적인 화장품 판매기업이다. 더바디샵은 환경보호와 여성 존중에 대한 후원과 운동을 통해 기업의 사회적 책임과 가치를 추구하는 기업이다.

DAY 303 코카콜라 컴퍼니의 설립 이야기

전 세계 200여 개 국가에 진출해 사랑받는 코카콜라는 1886년 미국 조지아누 애틀랜타에서 약국을 운영하던 약사 존 펨버턴에 의해 만들어졌다. 그는 코카의 잎, 콜라의 열매를 비롯해 카페인 등을 원료로 하여 청량음료를 만들었다. 그는 이를 약국에서 판매했으나 반응은 그리 좋지 않았다고 한다. 그는 약제 도매상인 에이서 캔들러에게 제조와 판매 등의 모든 권리를 헐값에 넘겨주었다.

1919년 에이서 캔들러는 회사를 설립하고 본격적인 생산에 들어가 판매를 시작했다. 현재 코카콜라병은 유리병을 만드는 공장 직원이었던 루드가 디자인한 것으로 코카콜라의 상징이 되었다.

코카콜라는 제2차 세계대전 중에 매출이 급격히 늘어났다. 이후 코카콜라는 미국의 상징이 되었으며 200여 개 국가에서 큰 인기를 끌며 음료 제품의 1위를 유지하고 있다. 코카콜라의 브랜드 가치는 약 750억 달러로 음료 제품기업으로는 대단한 수치로 평가받고 있다.

코카콜라가 세계 최고의 음료 회사로 발전할 수 있었던 몇 가지 요인을 보자면 첫째, 코카콜라 컴퍼니는 원액과 시럽을 생산 판매하고, 그것을 코카콜라의 완제품을 판매하는 각국에 있는 코카콜라 회사에서 완제품을 생산하고 판매하는 전략을 취함으로써 판매 실적을 쌓는 것이다. 둘째, 갖가지 이벤트 날에 맞는 마케팅전략으로 판매 매출을 올리는 정책을 시행하는 것이다. 셋째, 코카콜라 컴퍼니는 세계야생 생물 보호기금을 마련하는 마케팅 전략으로 뚜껑에 코드번호를 입력하여 문자로 보내면 그에 따른 일정액을 정립하여 기부했다. 이를 코즈 마케팅이라고 하는데 기업의 사회적 책임을 다하는 상징성을 담고 있어 기업 이미지를 좋게 함은 물론 매출에도 큰 도움이 되었던 것이다. 특히, 코카콜라만의 톡 쏘는 특유의 맛 또한 사람들의 미각을 자극하는 데 주요함으로써 매출 신장에 막대한 영향을 끼쳤다.

이러한 코카콜라 컴퍼니의 판매 전략은 코카콜라의 성장의 원동력이 되었으며, 코카콜라는 130년의 역사를 이어가는 글로벌 기업으로 우뚝 솟았다.

코카콜라는 1886년 미국 조지아주 애틀랜타에서 약국을 운영하던 약사 존 펨버턴에 의해 만들어졌다. 그 후 에이서 캔들러가 인수하여 1919년 코카콜라 컴퍼니를 설립하여 오늘에 이르는 세계 최고 음료 회사이다.

DAY 304 루이비통의 설립 이야기

ECONOMY

샤넬, 에르메스 등과 함께 세계 3대 명품 브랜드의 하나인 루이비통 기업은 1854년 루이비통에 의해 창업되었다. 가난한 농부의 아들로 태어난 루이비통은 가방을 만드는 회사의 견습생이었는데, 어느 날 바닥이 평평하고 밀폐된 여행용 트렁크를 만든 것이 시초가 되었다. 바닥이 평평한 트렁크는 여행할 때 마차에 싣기가 매우 용이해 사람들에게 큰 인기를 끌며 성황리에 판매되었다. 생각의 발상이 가져다준 놀라운 결과였다.

루이비통은 1867년 파리에서 열린 만국박람회에 참가했다. 루이비통은 가짜가 난립하자 모조품과 차별화를 꾀하기 위해 베이지와 갈색 줄무늬 색으로 디자인을 바꿨다. 그러자 모조품으로부터 루이비통을 지켜내며 더욱 성장세를 이뤄나갔다.

1885년 루이비통은 영국 런던 옥스퍼드에 첫 해외 매장을 열었다. 그러자 루이비통을 모방하는 회사들이 늘어났다. 이에 루이비통은 1888년 상표등록을 했다. 그리고 '다미에 캔버스'를 런칭했다.

1892년 루이비통은 회사를 창업했는데 <u>그가 세상을 떠나자 아들인 조르주 비통이 경영권을 물려받았다.</u> 조르주 비통은 세계 최초로 모노그램 무늬를 이용했다. 또 그는 루이비통의 이니셜인 L과 V, 꽃과 별의 조합은 고안했다. 그로 인해 왕족을 비롯한 귀족들에게 큰 인기를 끌며 주목받았다.

조르주 비통은 본격적으로 의류제작을 시작했으며, 첫 컬렉션을 열어 사람들로부터 호평을 받았다. 그 후 승승장구하며 루이비통은 세계에 진출했다. 그리고 선풍적인 인기를 끌며 발전에 발전을 거듭했다.

1987년 루이비통은 모에 헤네시사와의 합병으로 'LV 모에 헤네시 그룹'으로 탄생되었으며, 루이비통은 세계 패션시장을 한층 주도하게 되었다. 루이비통의 브랜드 가치평가액은 약 300억 달러에 이른다. 루이비통은 세계 50여 개 국가에 진출하여 약 500개에 이르는 매장을 갖고 있는 패션계의 세계적인 기업으로 거듭나고 있다.

루이비통은 1854년 루이비통에 의해 창업되었으며, 샤넬, 에르메스 등과 함께 세계 3대 명품 브랜드로 세계 패션시장을 주도하는 160년의 전통을 지닌 글로벌 기업이다.

DAY 305 할리데이비슨의 설립 이야기

세계 1위 모터사이클 브랜드인 할리데이비슨은 1903년 윌리엄 할리와 아더 데이비슨에 의해 미국 위스콘신주 밀워키에서 창업되었다.

큰 인기를 끌며 발전을 거듭하던 할리데이비슨은 제2차 세계대전이 발발한 후 늘어난 군용 수요를 맞추기 위해 민간용 모터사이클 생산이 중단되었다. 그러나 전쟁이 끝나고 나자 민간용 모터사이클의 수요가 급증했다. 하지만 경쟁사인 일본 혼다에 의해 어려움에 처하자 레저용품회사인 AMF와 합병했다. 그 후 소형모터사이클 생산에 주력하자 대형모터사이클을 선호하는 고객들의 외면으로 매출은 뚝 떨어지고 그로 인한 점유율은 최악에 이르렀다.

1981년 할리데이비슨 중역들은 긴급회의를 열고 AMF로부터 다시 사들이기로 합의한 후 곧바로 실행함으로써 위기를 극복할 수 있는 발판을 만들었다. 그 후 1983년에는 본사에서 제작하는 모터사이클 클럽인 할리 오너스 그룹을 결성하는 등 매출 신장을 위해 전력을 투구했다.

할리데이비슨은 전 세계적으로 두터운 마니아를 확보하고 있다. 1200cc가 넘는 엔진에서 우러나는 소리는 마니아들에겐 하나의 심장과도 같다. 위풍당당한 모습과 그 소리는 할리데이비슨의 마니아들에게는 활력을 주고 열광하게 한다. 다시 말해 이러한 요소들이 할리데이비슨 마니아를 사로잡는 매력의 포인트로 작용하는 것이다. 그리고 그로 인해 지속적인 매출로 이뤄지는 것이다.

할리데이비슨의 모터사이클을 보면 883cc에서 1200cc에 해당하는 스포스터, 다이나, 복고풍으로 대변되는 소프테일, 유일하게 수냉식 엔진을 탑재한 VARC 패밀리, 대용량 수납공간과 오디오 시스템을 장착한 투어링 시리즈, 1802cc를 탑재한 CVO 등이 있다.

할리데이비슨은 미국을 상징하는 브랜드로 세계적인 대형 모터사이클의 대명사이자 최고의 모터사이클 제작사로 평가받는다.

할리데이비슨은 1903년 윌리엄 할리와 아더 데이비슨에 의해 미국 위스콘신주 밀워키에서 창업되었으며, 세계적인 대형 모터사이클의 대명사이다.

DAY 306 필립스의 설립 이야기

GE, 지멘스와 함께 세계 3대 의료기기 제조업체인 코닌클리케 필립스는 네덜란드의 암스테르담에 본사를 둔 다국적 의료기업이다.

필립스는 1891년 제랄드 필립스가 네덜란드 에인트호번에 설립했다. 초기에는 백열등과 전기기기장비를 생산했다. 그러다 1920년대에 들어서는 진공관 등의 제품을 생산했다.

1927년 필립스는 영국 진공관 제조업체인 멀라드를 인수하고, 1932년에는 독일 진공관 제조업체인 발보를 인수했다. 그리고 1939년부터 전기면도기, 필립쉐이브를 발표했다.

필립스는 독일이 네덜란드를 침략할 거라는 정보를 입수한 후 미국으로 갔다. 그리고 미국에서 경영하던 필립스는 계속해서 경영했다. 전쟁이 끝난 후 필립스는 네덜란드로 돌아가 새롭게 정비하고 생산에 들어갔다. 그러자 매출은 빠르게 늘기 시작했고 성장세는 지속되었다.

필립스는 1963년 콤팩트 카세트테이프를 생산하여 큰 성과를 이뤘다. 그리고 1982년에는 소니와 협력하여 콤팩트디스크를 개발했다. 1991년 회사 이름을 필립스 일렉트로닉스 N. V로 바꿨으며, 1997년 회사이름을 로얄 필립스 일렉트로닉스 N. V로 변경했다. 그 후 필립스는 2005년 반도체 파트를 분리하고, 2006년 칩 제조사인 세미컨덕터를 매각했다. 이는 필립스가 새롭게 혁신을 시도하는데 있어 중요한 일이었다.

2006년 필립스는 새롭게 설립한 반도체 기업의 이름을 NXP반도체라고 발표했다. 그리고 필립스는 회사이름에서 일렉트로닉스를 빼고 코닌클리게 필립스로 명명했다.

현재 필립스의 해외 기업은 미국과 오스트레일리아, 영국, 인도, 폴란드를 비롯해 멕시코 등에 분포되어 있다. 필립스사가 주력하는 제품으로는 가정용 가전제품과 의료 시스템 제품이다. 이들 제품은 품질이 뛰어나 세계적으로 인기를 끌고 있으며, 필립스는 네덜란드의 대표기업으로 세계적으로 평가받는 최첨단 글로벌 기업이다.

필립스는 1891년 제랄드 필립스가 네덜란드 에인트호번에 창업했다. 필립스는 네덜란드의 암스테르담에 본사를 둔 다국적 의료기업이자 가정용 가전제품 기업이다. 2020년 총매출액은 195억 유로이며 82,000명의 임직원이 근무하고 있다.

DAY 307 다임러 벤츠의 설립 이야기

　고급 차의 대명사로 불리는 벤츠, 벤츠를 만드는 다임러 벤츠사는 1926년 카를 벤츠에 의해 창업된 자동차 회사와 고틀리프 다임러가 창업한 자동차가 통합하여 만든 세계적인 자동차 회사이다. 본사는 독일 슈투트가르트에 있다.
　1926년 통합하여 만든 다임러 벤츠사는 메르세데스 S 시리즈를 설계하여 최초로 승용차에 디젤 엔진을 장착했다. 그리고 1936년 본격적으로 판매를 시작했다. 자동차는 큰 인기를 끌며 판매되었고, 그런 만큼 매출액 또한 가장 많은 자동차 회사로 성장했다.
　다임러 벤츠사는 세계 각국으로 수출되었으며 품격 있는 자동차의 상징으로 떠올랐다. 차량 가격이 고가임에도 멋스러움과 탄탄한 자동차로 각광 받으며 급성장을 이루었고 세계 자동차 시장을 장악했다.
　다임러 벤츠사는 1980년대에 들어 전기설비, 터빈엔진, 레이더를 제조하는 아에게사와 항공우주상품을 비롯한 의료기기를 제조하는 회사와 항공기 엔진을 생산하는 회사 등을 인수해 첨단기술 분야로 확장시켰다. 그러나 1990년대에 들어 이들 계열사를 매각하고 구조조정을 단행했다.
　1987년 다임러 벤츠사는 미국 크라이슬러사와 합병하여 회사명을 다임러 크라이슬러로 했다. 그러나 2007년 다임러 크라이슬러는 다시 다임러 벤츠와 크라이슬러로 분리되었다. 그리고 다임러 벤츠는 회사 이름을 다임러 AG로 바꿔 오늘에 이르고 있다.
　벤츠의 역사를 일컬어 자동차 최초의 기록이라고 불린다. 최초의 가솔린 자동차와 최초의 디젤 승용차를 비롯해, 최초의 트럭과 버스를 개발했다. 또한 최초의 자동차 레이스 우승을 했다. 뿐만 아니라 다임러 벤츠는 1930년 강화측면보호대와 안전도어 잠금장치를 자동차업계에선 최초로 개발했다.
　1951년에는 충돌사고 때 엔진이 밀려 운전자에게 충격을 주는 것을 막는 안전장치를 개발해 특허를 내는 등 자동차 운전자를 보호하는 갖가지 안전장치를 지속적으로 개발해 자동차의 세계적인 명가를 이루었다.

다임러 벤츠사는 1926년 카를 벤츠에 의해 창업된 자동차 회사와 고틀리프 다임러가 창업한 자동차가 통합하여 만든 세계적인 자동차 회사이다. 본사는 독일 슈투트가르트에 있다. 벤츠는 품격과 안전에서 최고의 자동차로 사랑받고 있다.

DAY 308 마즈의 설립 이야기

ECONOMY

미국의 세계 굴지 식품업체인 마즈는 다양한 과자를 만드는 제과회사로 1911년 프랭클린 클라렌스 마즈에 의해 창업되었다. 창업 당시 마즈는 사탕을 만들어 팔았는데 이것이 창업의 모체가 되었다.

주요 제품으로 마즈 바, 밀키웨이, 스키틀즈, 트윅스, 도브, 바운티를 비롯해 스니커즈 등 다양하다. 또한 애완용 동물 사료도 생산하고 있다. 마즈는 비상장기업으로 마즈 가문 중심으로 경영하는, 즉 마즈 패밀리로 유명하다. 최고경영자는 창업자의 손자인 존 마즈이며 본사는 미국 버지니아주 맥린에 있다.

마즈는 어떻게 하면 사람들의 입맛을 사로잡는 제품을 만들 수 있을지에 대해 생각하고 연구했다. 연구를 거듭하던 마즈는 1923년 초콜릿과 사탕, 캐러멜을 혼합하여 새로운 과자를 탄생시켰다. 그가 만든 과자는 오늘날의 우리나라 제품 자유시간과 같은 과자였다. 이 과자는 출시되자마자 사람들에게 큰 인기를 끌었다. 놀라운 결과에 만족해하던 마즈는 뜻밖에 찾아온 기회를 살려 생산설비 시설을 늘리고 유럽 각국에 진출했다.

마즈가 경영에서 물러나고 그의 아들인 포레스트 마즈가 경영권을 넘겨받았다. 그는 좀 더 조직적으로 판매 전략을 짜 적극적으로 매진했다. 포레스트의 공격적인 경영으로 회사는 날로 성장했고, 그 결과 세계적인 제과회사인 크래프트 푸드와 쌍벽을 이루는 세계적인 제과회사로 우뚝 섰다.

2008년 마즈는 껌 제품으로 유명한 리글리를 인수하여 세계 최대의 제과회사가 되었다. 이후 영국의 제과회사인 캐드버리를 인수하려 했으나 크래프트 푸조가 인수하는 바람에 뜻을 이루지 못했다.

마즈는 매출액은 약 400억 달러이며 80,000명이 넘는 임직원들이 근무하고 있다.

마즈는 다양한 과자를 만드는 제과회사로 1911년 프랭클린 클라렌스 마즈에 의해 창업되었다. 주요 제품으로 마즈 바, 밀키웨이, 스키틀즈 등이 있으며 애완용동물 사료도 생산하는 제과업계의 글로벌 기업으로 유명하다.

DAY 309 — 몽블랑 심플의 설립 이야기

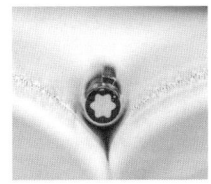

명품 만년필 몽블랑으로 유명한 몽블랑 심플은 1906년 금융인인 알프레드 네헤마이스와 문구를 팔던 클라우스 요하네스 포스와 엔지니어인 아우구스트 에머스타인 등이 뜻을 모아 프랑스 파리에 만년필 회사를 창업했다. 당시 회사 이름은 '필러 펜 컴퍼니'로 했다.

몽블랑은 창업 당시 만년필을 주력상품으로 했으나 갖가지 펜 종류와 가죽제품 등을 주요상품으로 생산하고 있다. 1909년 필러 펜 컴퍼니는 '몽블랑'을 상표로 등록했으며 회사에서 제조하는 필기구엔 몽블랑 상표를 부착했다. 그리고 1913년에는 브랜드 로고로 '몽블랑 스타'로 했다. 몽블랑을 상표로 한 것은 몽블랑은 유럽에서 가장 높은 산으로 우수한 제품을 만들어 최고가 되겠다는 의미가 담겨 있다.

1924년 필러 펜 컴퍼니는 만년필 시리즈인 '마이스터스튁'을 출시했으며, 1929년부터는 생산되는 만년필 촉에 몽블랑 산의 높이인 '4810'미터를 숫자로 새겨 출시했다.

1934년 필러 펜 컴퍼니는 회사 이름을 '몽블랑 심플'로 바꾸고 1935년에는 오펜바흐의 가죽 제품 생산공장을 인수했다. 그리고 데스크 액세서리를 생산했다. 몽블랑 심플은 1986년 귀금속으로 만든 마이스터튁 솔리테르 컬렉션을 출시하여 새로운 도약을 맞았다.

몽블랑에서 생산되는 150여 가지의 만년필은 엄격하고 까다로운 공정을 거쳐 수작업으로 마무리함으로써 한 개를 만드는 데 6주 이상이 소요된다.

1980년대 들어 몽블랑 심플은 액세서리 분야를 더 크게 확장하여 주력하고 있는데, 이때 이후로 생산되는 펜촉의 재질은 18K로 하여 품격을 한껏 높여 최고의 제품이라는 자부심을 고객에게 심어주고 있다.

몽블랑 심플은 장인정신이 투철하고, 제품에 대한 자긍심이 대단하다. 그런 만큼 몽블랑을 쓰는 사람은 기품 있고 성공적인 삶을 산다는 상징성을 지니고 있어 몽블랑은 최상의 제품으로 손색이 없다고 하겠다.

몽블랑 심플은 1906년 금융인인 알프레드 네헤마이스와 문구를 팔던 클라우스 요하네스 포스와 엔지니어인 아우구스트 에머스타인이 뜻을 모아 프랑스 파리에 설립한 만년필의 명가이다.

DAY 310 오메가 SA의 설립 이야기

세계적인 명품시계의 대명사인 오메가. 오메가 시계를 만드는 제조회사는 오메가 SA로 본사는 스위스 비엔에 있다.

오메가 회사는 1848년 스위스의 라쇼드퐁의 루이 브란트에 의해 창업되었다. 오메가 시계는 정교하고 수려하고 클래식한 것이 특징으로 품격을 상징한다. 명품은 대개 수작업으로 이루어지는 공정을 거치는 바, 오메가 또한 예외가 아니다. 그런 까닭에 대량 생산은 할 수 없다. 오메가 시계는 그런 만큼 희소성이 있고 그것만으로도 충분히 제품의 가치를 인정받기에 부족함이 없다. 또한 가격 면에서도 높이 책정되는 것이다.

오메가는 시간의 정확성과 명가의 상징적 의미로 1932년부터 올림픽 후원을 시작했다. 이후 2020년 하계 올림픽까지 지속되었다. 1952년 오메가는 시계에 타임 레코더가 사용되면서 스포츠 분야에 전자 계측을 도입한 최초의 시계회사가 되었는데, 이것이 의미하는 바는 매우 크다. 이는 뉴시텔 천문대로부터 24시간 동안 0.05초 이내 오차로 시간의 정확성을 인정받았기 때문이다.

1939년 뉴욕에서 열린 세계박람회에서 오메가는 스위스를 대표하는 브랜드로 참여하여 사람들의 큰 관심을 끌며 부각되었다. 사람들은 모던하고 클래식한 고급 시계를 보고 탄성을 질러댔던 것이다. 1969년 닐 암스트롱이 인류 최초로 달 표면에 발을 디뎠을 때 그의 손목엔 오메가 시계가 채워져 있었다. 이는 매우 상징성을 내포하는 일로 그만큼 오메가가 세계적으로 인정받는다는 것을 뜻한다.

정치인이나 유명연예인, 스포츠 스타, 돈 많은 사람들은 너 나 할 것 없이 오메가 시계를 갖고 있다. 오메가 시계를 손목에 찬다는 것은 부의 상징으로 스스로를 자랑스럽게 여기게 하기에 전혀 손색이 없는 까닭이다.

오메가는 160년이 지난 오늘날 스와치 그룹을 대표하는 브랜드로 세계 속의 명품 시계로 사람들로부터 각광받고 있다.

오메가는 1848년 스위스의 라쇼드퐁의 루이 브란트에 의해 창업되었다. 오메가는 세계적인 명품시계의 대명사로 제조회사는 오메가 SA로 본사는 스위스 비엔에 있다.

DAY 311 존슨앤드존슨의 설립 이야기

□ CHECK

　제약, 의료기기 등을 제조하는 미국 제약회사 존슨앤드존슨은 1886년 로버트 우드 존슨 1세, 제임스 우드 존슨, 에드워드 미드 존슨 형제에 의해 뉴저지주 유브런즈윅에서 창업되었다. 현재 본사는 뉴브런즈윅에 있으며 최고경영자는 엘릭스 고스키이다.
　존슨앤드존슨은 창업했을 때 붕대를 생산했는데, 큰 성과를 내며 탄탄하게 자리 잡았다. 이후 존슨앤드존슨은 다양한 의약품을 개발하여 큰 성공을 거두며 널리 알려지게 되었다.
　오늘날 존슨앤드존슨은 제약뿐만 아니라 다양한 생활용품을 생산하고 있다. 전 세계 57개국에 250여 개가 넘는 지사를 비롯해 자회사가 있다. 그리고 180여 개 국가에서 판매되고 있다. 존슨앤드존슨은 코로나 백신으로 유명한 화이자와 쌍벽을 이루는 기업으로 성장했다. 주요의약제품으로는 진통제 타이레놀, 반창고, 얀센 백신, 밴드 에이드 등이 있으며 유아용품과 콘택트렌즈 등이 있다. 그리고 의료기기로는 에티콘, 멘토, 세르노버스 등이 있다.
　존슨앤드존슨은 1982년 대한민국 동아제약과의 합작으로 한국 존슨앤드존슨 제약회사를 설립했다. 1983년에는 유한양행과 합작투자하여 한국얀센을 설립했다.
　대한민국에는 한국존슨앤드존슨, 한국존슨앤드존슨메디칼, 한국존슨앤드존슨 판매회사, 한국 존슨앤드존슨 비전, 한국얀센, 얀센백신 등이 별도 법으로 등록되어 있다. 존슨앤드존슨의 2020년 총매출액은 825억 달러이며, 자산총액은 1,760억 달러에 이르며 임직원 수는 약 13만 5천 명에 이른다.
　존슨앤드존슨은 다우존스 산업평균지수를 구성하는 30개 기업 가운데 하나이자, 미국경제지 포춘 선정 500에도 들어 있는 글로벌 제약회사이다.

　미국 제약회사 존슨앤드존슨은 1886년 로버트 우드 존슨 1세, 제임스 우드 존슨, 에드워드 미드 존슨 형제에 의해 뉴저지주 유브런즈윅에서 창업되었다. 주요 의약제품으로는 진통제 타이레놀, 반창고, 얀센 백신, 밴드 에이드 등이 있다. 현재 본사는 뉴브런즈윅에 있는 글로벌 제약회사이다. 최고경영자는 엘릭스 고스키이다.

DAY 312 이케아의 설립 이야기

스웨덴의 가구 제조기업인 이케아는 1943년 잉그바르 캄프라드에 의해 창업되었다. 현재 이케아 본사는 네덜란드에 있다. 이케아 홀딩 B. V가 모기업이며 이케아 가구를 만드는 스웨드우드가 이케아의 중심을 이룬다. 가구 일체의 디자인 및 제품 개발은 이케아 스웨덴에서 전적으로 진행한다. 이케아 홀딩 V. A는 네덜란드에 있는 스티칭 이케아 재단이 맡고 있다.

이케아는 대한민국, 미국, 독일, 캐나다, 터키, 프랑스, 벨기에, 체코, 러시아, 태국 등 30개국에 약 360여 개의 매장이 있다. 이케아의 주요 제품으로는 야외용 가구, 침대, 매트리스, 소파, 다양한 수납장, 테이블, 조립용 공구, 어린이 가구 등 총 9,500여 개가 있다.

이케아가 오늘날의 거대한 가구회사로 발전할 수 있는 데에는 기발하고 똑똑한 마케팅 전략에 있다. 이케아 창업자 잉그바르 캄프라드는 신혼부부들이 비싼 가구를 사는 데 어려움을 겪는 데서 중요한 아이디어를 착안했다. 그는 좋은 품질을 저렴한 가격에 공급할 수 있는 방안을 찾아낸 것이다.

그의 주요 방안은 다음과 같다. 첫째, 외곽에 매장을 둠으로써 임대비용을 절감한다. 둘째, 가구는 조립형으로 하여 물류비용을 절감한다. 셋째, 고객으로 하여금 조립된 샘플 가구를 보고 직접 골라 자신의 차로 가져감으로써 배달 비용을 절감한다. 넷째, 고객이 직접 가구를 조립함으로써 생산자와 판매자의 비용을 절감한다. 다섯째, 마진율은 낮지만 박리다매를 통해 매출 전략을 펼쳤다. 이 다섯 가지를 전략으로 하여 이케아는 회사를 경영하고 있다.

이케아는 독특한 마케팅전략으로 세계 각국을 공략하며 크게 성장하여 글로벌 가구회사로 거듭나고 있다.

이케아는 1943년 잉그바르 캄프라드에 의해 창업되었다. 현재 이케아 본사는 네덜란드에 있다. 주요 제품으로는 야외용 가구, 침대, 매트리스, 소파, 다양한 수납장, 테이블, 조립용 공구, 어린이 가구 등 총 9,500여 개가 있다.

DAY 313 깁슨의 설립 이야기

　기타를 비롯한 악기를 제조하는 깁슨은 1902년 현악기 제작자인 오빌 깁슨에 의해 창업되었다. 1871년 미시간주 칼라마주에서 가게 점원으로 일하던 깁슨은 늘 음악과 기타, 만돌린 등을 연구하는 일에 몰입되어 있었다. 그는 오랜 연구 끝에 1884년 만돌린과 기타를 만들었다.
　깁슨은 자신이 만든 만돌린과 기타를 판매했다. 그중 만돌린은 큰 인기를 끌며 날개 돋친 듯이 팔려나가면서 큰 성공을 거뒀다. 깁슨은 이에 힘입어 회사를 설립했다.
　깁슨은 이에 만족하지 않고 지속적으로 새로운 악기 제작에 몰두했다. 악기에 대한 그의 열정은 참으로 대단했다. 연구에 연구를 거듭한 깁슨은 마침내 1935년 일렉트릭 기타를 만들었다.
　재즈 가타리스트인 찰리 크리스찬은 깁슨이 만든 일렉트릭 기타로 연주를 했는데, 널리 알려지며 유명세를 타기 시작했다.
　1948년 테드 맥카티라는 이가 회사에 입사를 했는데, 그의 뛰어난 수완으로 일렉트릭 기타는 괄목할 만한 성장을 이뤄냈다. 그로 인해 다양한 기타 제품이 생산되었으며 그것은 곧바로 인기리에 판매되었다.
　기타리스트 레스 폴과 같이 만든 솔리드 바디 형태의 일렉트릭 기타는 큰 인기를 끌며 깁슨이 성장하는 데 크게 기여했다. 깁슨의 주요 기타 모델로는 고급형 기타를 생산하는 깁슨 USE와 소량의 기타만을 생산 판매하는 깁슨 커스텀샵과 저가형 기타를 생산하는 에피폰 등으로 나눌 수 있다. 특히 소량으로 생산하는 일렉트릭 기타는 최고가의 기타로 판매가 이뤄진다.
　깁슨의 대표적인 모델로는 깁슨 레스폴 시리즈와 깁슨 SG 시리즈와 깁슨 ES 시리즈와 깁슨 파이어 버드 등이 있다. 깁슨은 펜더와 함께 세계 최고의 기타 제조기업으로 평가받고 있다.

깁슨은 1902년 현악기 제작자인 오빌깁슨에 의해 창업되었다. 깁슨의 주요 기타 모델로는 고급형 기타를 생산하는 깁슨 USE와 소량의 기타만을 생산 판매하는 깁슨 커스텀샵과 저가형 기타를 생산하는 에피폰 등이 있다. 깁슨은 세계적인 기타 메이커이다.

CHAPTER 7
유대인 5천 년의 지혜

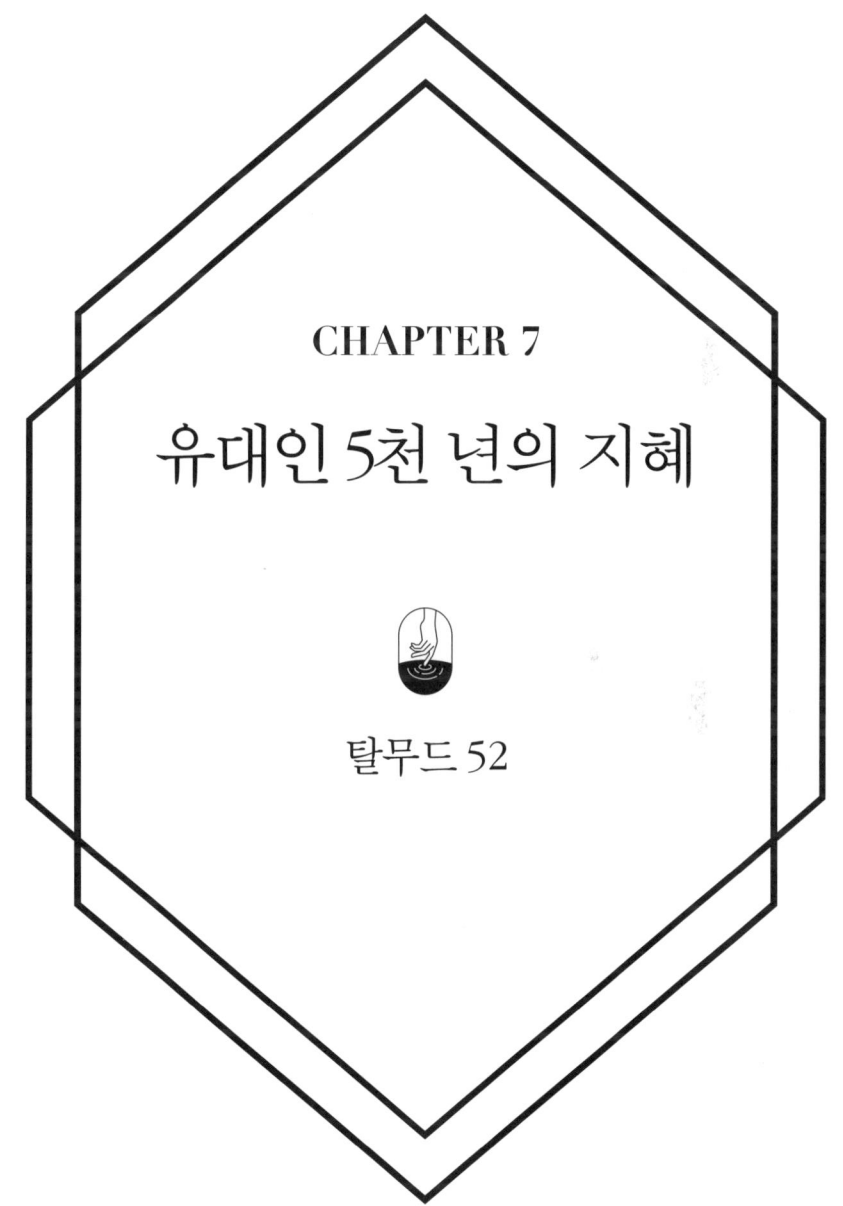

탈무드 52

DAY 314　재물　　　　　　　　　　　　　WISDOM

배가 바다를 항해하고 있었다. 그 배에는 부자들만 타고 있었다.
"나는 커다란 집에 끝이 안 보일 만큼 땅을 갖고 있지요."
어떤 사람이 이렇게 말하며 어깨를 으쓱거렸다.
"그래요? 나는 집채만 한 금고에 엄청나게 많은 금은보화가 있지요."
키가 크고 턱수염이 난 사람이 말했다.
"그래요? 겨우 그 정도 갖고 뭘 그러십니까? 나는 우리가 타고 있는 배보다 더 큰 금고를 가지고 있지요. 그 금고엔 다이아몬드와 보석과 돈이 가득 차 있습니다. 지금 내 짐 꾸러미는 모두가 금은보화지요."
첫 번째, 두 번째 사람은 세 번째 사람이 하는 말을 듣고 놀라서 입을 다물지 못했다. 그 모습을 물끄러미 바라보고 있던 랍비가 웃으며 말했다.
"그 정도로는 큰 부자라고 할 수 없지요. 내가 가장 큰 부자지요."
"그래요? 재산이 얼마나 되는데, 나보다도 더 큰 부자라고 하는지요?"
세 번째 사람이 몹시 궁금한 표정으로 물었으나, 랍비는 지금은 말할 수 없고 나중에 두고 보면 안다고 했다. 그러자 세 사람은 고개를 갸우뚱거렸다. 그리고 얼마 뒤, 배는 해적의 습격을 받았다.
"가진 돈과 보석을 다 내놓아라! 그러면 목숨만은 살려주겠다."
기세등등한 해적의 말에 부자들은 앞다투어, 자신들이 가지고 있던 돈과 보석들을 내놓았다.
"오늘은 운이 아주 좋군. 이것들을 모두 우리 배에 옮겨 실어라!"
대장 해적의 말에 부하들은 신이 나서, 보석이 들어 있는 짐을 옮겼다. 재산을 빼앗긴 부자들은 허탈한 얼굴이 되어, 멍하니 서로를 쳐다보았다. 그러나 아무것도 가지고 있지 않은 랍비는 잃은 것도 손해 본 것도 없었다. 잠시 후 배는 어느 항구에 닿았다. 배에서 내린 사람들이 사라지고, 얼마 후 랍비는 같은 배를 탔던 부자들을 만났다. 그들은 모두 초라해져 있었다.
"확실히 당신이 옳았습니다. 배운 사람은 이미 모든 것을 가진 것이지요."

이 이야기에서도 알 수 있듯 진정한 재물은 돈도 아니고, 다이아몬드와 같은 보석도 아닌 '지식'이라는 것을 알 수 있다. 지식을 가진 랍비야말로 진정한 부자인 것이

DAY 315 정의

알렉산더 대왕이 이스라엘을 방문했을 때 일이다. 어떤 유대인이 알렉산더 대왕에게 말했다.
"우리가 가지고 있는 금은을 보고 싶지 않으십니까?"
"나는 금은보화를 많이 가지고 있어 보고 싶지 않소. 내가 알고 싶은 건 그것이 아니오. 그대들의 습관과 그대들이 옳게 생각하는 것이 무엇인지에 대해 알려주시오."
알렉산더 대왕은 이렇게 말하며 알려주기를 청했다. 그가 머무르는 동안 마침 두 사람이 랍비에게 상담을 받기 위해 방문했다. 이때 한 사람이 말했다.
"나는 저 사람에게 넝마더미를 샀습니다. 그런데 넝마더미 속에 엄청나게 많은 돈이 있었습니다. 그래서 넝마더미를 판 사람에게 '내가 산 것은 넝마더미니 그 속에 들어 있는 돈은 당신 것이니 가져가시오'라고 말했습니다. 그런데 저 사람이 '자기가 판 넝마더미 주인은 나니 그 돈은 전부 당신 것이오'라고 말했습니다."
그가 말을 마치자 이번에 다른 사람이 말했다.
"나는 넝마더미를 팔았으니 그 속에서 나온 돈은 저 사람 거라고 생각합니다. 그렇지 않습니까? 랍비님."
랍비는 두 사람의 얘기를 듣고 이렇게 말했다.
"그대들에게 딸과 아들이 있으면 서로 결혼시키고 그들에게 돈을 주시오. 그게 옳은 방법이오."
랍비는 이렇게 말하고 알렉산더 대왕에게 이 이야기를 전하며 물었다.
"대왕의 나라에서는 이런 경우 어떤 방식으로 판정을 하시겠습니까?"
"내 나라에서는 둘을 죽이고 그 돈은 내가 가질 것이오. 이것이 내게 있어 정의라는 것이오."
알렉산더 대왕의 말에 랍비는 쓸쓸한 미소를 지었다.

이 이야기에서 '정의'란 랍비가 자신에게 상담했던 두 사람에게 내린 답이다. 정의는 모두에게 공감을 주어야 하는 것이다. 그러나 알렉산더 대왕이 내린 답은 정의가 아니라 강도짓과 다를 바 없다. 진정한 정의는 누구에게나 공감하게 하고 옳아야 정의인 것이다.

DAY 316 교훈적 이야기

항해 중이던 배가 갑자기 몰아닥친 폭풍으로 뱃길에서 벗어나 표류했다.
"크, 큰일 났다! 배가 다른 데로 가고 있다!"
"이러다 우리 다 죽는 것 아냐?"
"나는 아직 죽으면 안 되는데. 하나님, 제발 폭풍이 멈추게 도와주세요."
배에 타고 있던 사람들은 큰 소리로 울며, 밤새도록 덜덜덜 떨었다.
다음 날 아침이 되자 다행히도 바다는 잔잔해졌다. 표류하던 배가 아름다운 섬 근처에 있음을 알게 된 사람들은, 그곳에 닻을 내리기로 했다.
"우리 여기서 잠시 머물다 갑시다."
"그럽시다. 우리 여기서 내립시다."
사람들은 모두 배에서 내렸다. 그 섬은 아름다운 꽃들이 가득 했고, 맛있는 과일이 주렁주렁 열린 나무들이 시원한 그늘을 드리우고 있었다. 또 갖가지 새들이 부르는 노랫소리로 섬은 축제장 같았다. 사람들은 자연스럽게 다섯 개의 모둠으로 나뉘었다. 첫 번째 모둠은 섬이 아무리 아름답다 해도, 목적지에 빨리 도착해야 한다는 생각에 배에 계속 남아 있었다. 두 번째 모둠은 재빨리 섬에 올랐다. 그러고는 나무 그늘 아래서 맛있는 과일을 따 먹고는 곧바로 배로 돌아왔다.
"야, 멋진 섬이다! 우린 좀 더 멀리 가서 신나게 놀다 오자!"
세 번째 모둠 사람들은 섬 안으로 들어가서 즐겁고 신나는 시간을 보냈다. 그러다 바람이 불어오자 배가 떠날까 봐 헐레벌떡 달려왔다. 그들은 급히 서두르는 바람에 소지품을 잃어버리고 배 안에 좋은 자리를 잃고 말았다. 네 번째 모둠 사람들은 바람이 불어오고 선원들이 닻을 올리는 광경을 보면서도, 자신들을 남겨두고 떠나지 않을 거라며 계속 섬에 머물렀다. 그러나 잠시 후 배가 떠나려고 하자, 허겁지겁 헤엄쳐 와서 뱃전을 잡고 간신히 배에 올랐다. 하지만 그들은 너무 서두르는 바람에 바위나 뱃전에 긁히고 부딪혀 부상을 당하고 말았다. 배가 터지도록 먹고 놀던 다섯 번째 모둠 사람들은, 아름다운 풍경에 넋이 빠져 뱃고동 소리를 듣지 못했다. 그들은 섬에 남아 있다가 숲속 맹수에게 잡아 먹히거나 독 있는 열매를 먹고 모두 죽고 말았다.

이 이야기는 사람의 본분에 대해 말한다. 사람은 어떤 상황에서도 이성적으로 생각하고 행동해야 하며 사람됨의 본분을 잊어서는 안 된다.

DAY 317 세 동업자

두 친구가 있었다. 그들은 동업자가 되어 열심히 일한 끝에 빌딩을 샀다. 그러자 그들은 욕심이 생겼다. 한 친구가 "여보게, 우리의 재산에 말썽이 생기지 않게 글로 작성해 두는 게 어떻겠나?" 하고 말하자 다른 친구도 좋다고 했다. 둘은 계약서를 작성하기 위해 의견을 나누던 중 문제가 생겼다. 서로가 자신에게 유리하게 하기 위해 잔꾀를 부렸던 것이다. 그러다 보니 나쁜 감정만 쌓였다. 둘은 궁리 끝에 랍비를 찾아가 자신들의 고민을 해결해 달라고 부탁했지만, 랍비도 선뜻 답을 내리지 못했다. 그들은 랍비 앞에서 서로 자기의 주장을 펼치며 말싸움을 벌였다. 그 모습을 보고 랍비가 말했다.

"두 사람이 싸움을 하기 전까지는 모든 것이 잘 되어왔습니다. 그러나 그렇게 싸움만 하다가는 회사가 망할 수 있습니다. 참으로 안타까운 일이군요."

랍비는 이렇게 말하고는 《탈무드》를 들려주며 물었다.

"태어나는 아이의 생명은 아버지와 어머니, 그리고 하나님에 의해서입니다. 하지만 아이가 커감에 따라 의미가 되어주는 또 한 사람이 있는데 그건 교사입니다. 당신네 회사의 실질적인 사장은 누구입니까?"

그러자 그들은 서로 자기라며 주장했다.

"그러면 하나님을 회사 경영진에 끼워 드리죠. 하나님은 전 우주에 참여하고 계시니까요. 우주의 주인인 하나님을 동료로 삼는 게 어떻겠습니까?"

랍비의 말을 듣고 그들이 고개를 갸우뚱거리자 랍비는 다시 말했다.

"내 말은 당신네 회사이기도 하지만 동시에 하나님 회사이기도 하다는 겁니다. 또한 당신들은 유대인들을 위해서 일하고 있는 것이니, 자기 회사라는 생각만 너무 내세우지 말고 자신들은 하나의 의무를 실천한다고 생각한다면, 어느 쪽이 사장이 되든 그것은 중요한 일이 아니라는 생각이 들 것입니다. 그러니 영업 담당은 그대로 영업을 하고, 공장 담당은 전처럼 공장 일을 하면 좋지 않을까요?"

랍비의 말을 듣고 각자 자신이 맡은 일에 열중하자, 회사는 크게 발전하여 그들은 더 큰 부자가 되었다.

이 이야기에서 보듯 탐욕에 사로잡히면 친한 친구 사이에도 문제가 싹트게 된다. 하지만 탐욕을 버리고 협력하여 선을 이루면, 서로에게 축복이 주어진다는 것을 잘 알게 한다.

DAY 318 어느 농부

큰 농장을 가진 농부가 있었다. 그는 큰 부자답지 않게 겸손했고, 예루살렘 부근에선 가장 자선심이 후한 사람이었다. 그래서 매년 랍비들은 그의 집을 방문했고, 그럴 때마다 그는 아낌없이 후원금을 내놓았다.

"이거 얼마 되지 않습니다만, 필요한 데 조그만 도움이라도 되었으면 좋겠습니다."

"얼마 안 되다니요? 이 돈이면 우리가 하는 일에 많은 도움이 된답니다. 참으로 인자하신 분이시군요. 정말 감사합니다."

농부의 선행에 랍비는 진정으로 고마워했다. 그러던 어느 해, 폭풍우가 몰아쳐 과수원이 모두 망가져 버리고 가축들에게 전염병이 돌아 그가 기르던 양과 소, 말까지 모조리 전멸하고 말았다.

"오, 이럴 수가. 어떻게 이런 일이 있을 수 있단 말인가?"

농부는 가슴을 쓸어내리며 중얼거렸다. 이 소식을 들은 빚쟁이들이 농부 집으로 몰려들어 그의 재산을 모두 빼앗아 버렸다. 농부에게 남은 재산은 손바닥만 한 토지가 전부였다. 그러나 농부는 자신의 재산은 하나님이 주시고 또 가져갔다고 생각하며 아무렇지도 않게 생각했다.

"역시 그 농부는 보통사람들 하고는 차원이 달라. 참으로 마음이 넓은 사람이야."

주변 사람들은 농부에 대해 아낌없는 위로를 보내 주었다. 이런 사실을 모르는 랍비들은 여느 해처럼 그를 찾아왔다. 그러고는 달라진 그의 처지를 보고 깜짝 놀라 위로의 말을 쏟아 놓았다.

"어떻게 위로의 말씀을 드려야 할지…. 그러나 용기를 잃지 마십시오. 그동안 쌓인 선행의 값을 하나님께서 외면하지 않으실 겁니다."

"위로해 주셔서 감사합니다. 나는 항상 랍비들이 학교를 세우거나 성전을 유지할 수 있도록 하고, 가난한 사람, 늙은 사람을 도울 수 있도록 헌금했었는데, 올해는 아무것도 줄 수가 없으니 참으로 안타깝군요."

"아닙니다. 그런 말씀 하지 않으셔도 그 마음 다 압니다."

랍비는 농부의 진심 어린 말에 따스한 위로를 해 주었다.

"죄송하게 됐습니다. 그러나 그냥 빈손으로 보내지는 않겠습니다. 마지막으로 남아 있는 땅의 절반을 팔아 헌금하고, 그 대신 남은 절반의 땅을 열심히 경작하여 재산을 불려 나가도록 할 겁니다."

"이런 상황에서도 마지막 남은 땅의 절반을 후원하시겠다니…. 오, 그 손길 위에 하나님의 은총이 함께 하시길 기도하겠습니다."

랍비는 뜻밖의 농부의 말에 큰 감동을 했다. 농부는 나머지 땅에 온 정성을 다 기울여 농사를 지었다. 그러던 어느 날, 밭갈이하던 소가 갑자기 쓰러지고 말았다. 흙투성이가 된 소를 일으키려 애쓰는데 소의 발밑에 뭔가가 보였다. 엄청난 양의 보물이었다. 그 보물을 통해 농부는 다시 예전과 같은 농장을 운영하게 되었다. 이듬해 랍비들은 아직도 그 농부가 가난한 생활을 계속하고 있으리라 생각하고, 지난해 작은 땅을 경작하던 곳으로 찾아갔다. 그러나 그곳엔 농부가 없었다.

"그 사람은 예전 자신의 농장으로 갔습니다. 그곳에 가 보세요."

랍비는 이웃 사람들의 말을 듣고 그곳으로 찾아갔다. 놀랍게도 농부는 예전의 큰 농장에서 살고 있었다. 농부는 아무 영문도 모르는 랍비에게 그 이유를 설명해 주었다. 랍비는 그의 이야기를 듣고는 감동 받은 얼굴이 되어 말했다.

"오, 놀랍고 감사한 일입니다. 그토록 아름다운 선행을 베풀더니…. 진심으로 축하드립니다."

"아낌없이 자선을 베풀면 그 대가가 반드시 되돌아온다는 것을 알았습니다. 전처럼 후원할 수 있게 돼 그것이 너무 기쁠 뿐입니다."

농부가 환히 웃으며 하는 말을 듣고 랍비들도 따라서 웃었다.

착한 일을 한다는 것은 생각보다 쉬운 일이 아니다. 마음엔 있어도 막상 실천을 하려고 하면 잘 되지 않는다. 착한 일을 한다는 것이 그만큼 힘들다는 이야기이다. 이 이야기 속에 농부는 언제나 변함이 없다. 그는 자신의 형편이 어렵게 되었어도 가진 것 중의 절반을 내어놓은 사람이었다. 그는 어려운 형편에도 좌절하지 않고 열심히 노력하던 중 많은 보물을 발견하게 되어 예전처럼 큰 부자가 되었다.

DAY 319 어떤 유서

한 지방 도시에서 살고 있는 지혜로운 유대인이 있었다. 이 유대인에겐 아들이 있었는데 예루살렘에서 공부를 시키기 위해 유학을 보냈다.
"아들아, 너는 넓고 큰 도시에서 많은 것을 보고 배워야 한다. 그래야 생각도 다양하게 할 수 있고, 폭넓게 사람들과 친분을 쌓을 수 있단다."
아들을 예루살렘에 보낼 때 유대인이 아들에게 한 말이다. 아들은 아버지의 말에 고개를 끄덕이며 열심히 공부하겠다고 다짐했다. 아들이 학교에서 공부를 하고 있는 사이 아버지가 그만 중병을 앓게 되었다. 아버지는 곧 자기가 죽게 될 거라는 예감 때문에 유서를 작성했다. 유서 내용은 다음과 같았다.

내가 죽으면 나의 전 재산을
노예에게 물려주되,
그 가운데서 아들이 갖고자 하는 것
단 한 가지만 아들에게 물려주시오.

유서를 남긴 유대인은 곧 죽고 말았다. 그러자 재산 전부를 가지게 된 노예는 뛸 듯이 좋아했다.
"야호! 나는 이제 부자다! 고생 끝에 낙이 온다고 하더니 내게 이런 날이 다 오다니."
노예는 그 길로 예루살렘으로 달려가 유서를 아들에게 보여주었다. 아들은 몹시 놀라 큰 슬픔에 잠겨 중얼거렸다.
"아, 아버지. 아버지께서 도, 돌아가시다니…."
아들은 슬픔을 눌러 참으며 고향으로 달려가 아버지의 장례를 치렀다. 아들은 장례를 마치고 나자 유서 내용에 대해 곰곰이 생각하다가 랍비를 찾아가 유서 내용에 대해 자세히 말했다.
"아버지께선 무엇 때문에 제게 재산을 물려주지 않았을까요? 아버지에게 불효를 저지른 일도 전혀 없는데요."
"그건 잘못된 생각이야. 너의 아버지는 너를 가슴속 깊이 사랑한 매우 지혜로운 분이셨다. 이 유서를 읽어 보면 그 사실을 분명하게 알 수 있지 않느냐? 네가 아버지와 같이 지혜로운 생각을 할 수 있다면 아버지가 진정 바라는 뜻을 깨닫게 될 것이다. 그것이 무엇인가 하면 너에게 모든 재산을 이미 물려주었다는 사실이다."
"무슨 말씀이신지 자세히 좀 알려 주십시오."

아들은 고개를 갸우뚱거리며 그 뜻이 무엇인지 알려달라고 간청했다.

"아버지는 네가 없을 때 자신이 죽으면 노예가 재산을 가지고 달아나거나, 탕진해 버리거나, 네게 자신이 죽었다는 사실조차 숨겨버릴지도 모른다는 생각에서 전 재산을 노예에게 준 것이다. 그 재산을 물려받은 노예는 좋아서 재빨리 너를 찾아갈 것이고, 재산 역시 소중하게 간직할 것으로 여긴 것이지."

"그것이 제게 어떤 이득이 된다는 말입니까?"

"너는 역시 지혜롭지가 못하구나. 노예의 재산은 전부 주인에게 속해 있다는 걸 모르느냐? 너의 아버지께서는 한 가지만은 너에게 준다고 유서에 밝히지 않았느냐. 너는 전 재산을 물려받은 그 노예 한 사람만 택하면 되는 것이다. 어떠냐? 이 유서 내용이야말로 아버지의 사랑이 담긴 지혜로운 생각이 아니겠는가!"

"그, 그렇게 깊은 뜻이 담겨 있다니! 아, 아버지! 죄송합니다. 아버지의 깊은 뜻도 모르고 불평을 했습니다. 용서해 주십시오. 그리고 아버지의 바다와 같이 넓고 깊은 사랑 잊지 않겠습니다."

아들은 지혜롭지 못했던 자신을 책망하며 아버지의 깊은 사랑 앞에 눈물을 흘리고 감사를 드렸다.

자식에게 재산을 물려주기 위한 아버지의 지혜 속에는 아버지의 사랑이 빛난다. 아들을 사랑하는 아버지의 깊은 마음을 잘 알게 하는 이야기이다.

DAY 320 분실물

로마를 여행 중이던 어떤 랍비가 게시판에 붙여진 다음과 같은 글을 보게 되었다.

왕비님께서 매우
비싼 장식품을 잃어버리셨습니다.
30일 이내에 그것을 찾아 가지고 오는
사람에게는 후한 상금을 줄 것입니다.
그러나 30일이 지난 후 그것을 가지고 있는 자가
발견된다면 사형에 처해질 것입니다.

"장식품을 찾으면 후한 상금을 준데. 오늘부터 장식품을 찾으러 다녀야겠어."
"그래. 나도 그래야겠어. 장식품을 찾게 된다면 후한 상금으로 부자가 될 수 있잖아."
사람들은 저마다 한 마디씩 하고는 장식품 찾기에 나섰다. 그러나 장식품은 그 어디에서도 나타나지 않았다. 그런데 우연히 랍비의 눈에 장식품이 들어왔다. 랍비는 그 장식품이 바로 왕비가 잃어버린 것이라는 것을 알게 되었다.
"바로 이 장식품이로구나."
랍비는 이리저리 살피며 말했다.
포고문에는 30일이 지나서 장식품을 가지고 오는 사람에겐 사형에 처한다고 했는데 랍비는 그것을 알고도 31일째 되는 날, 그 장식품을 갖고 궁전으로 들어가 왕비 앞에 내놓았다. 그러자 왕비는 그에게 말했다.
"장식품을 찾아 주어 고마워요. 그런데 당신은 30일 전 포고문이 나붙을 때 이곳에 있었나요?"
"네."
"그러면 30일이 지난 후에 가지고 오면 어떤 일을 당해야 하는지도 알겠군요."
"네, 알고 있습니다."
"그래요? 만일 당신이 장식품을 어제 돌려주었더라면 후한 상금을 받았을 텐데, 어째서 당신은 30일이 지날 때까지 이것을 갖고 있었지요? 당신은 생명이 소중하지 않나요?"
"만일 누군가가 30일 안에 장식품을 돌려주었다면 사람들은 왕비님이 두려웠거나 왕비님께 경의를 표하기 위해 돌려준 것이라고 할 것입니다. 내가 30일이 지난 오늘에야 비로소 이 장식품을 돌려주기 위해 찾아온 이유는, 진실로 두려워해야 할 대상은 결코 왕비님이 아니라 하나님이라는 사실을 사람들에게 깨우쳐주기 위해서입니다."

그러자 왕비는 감동한 얼굴로 말했다.

"오, 그래요. 참으로 감동적인 말이군요. 하나님을 모시고 있는 당신에게 깊은 경의를 표합니다."

왕비는 랍비의 말을 통해 온유하고 너그러운 마음이 무엇인가를 깨달았던 것이다. 그랬기에 랍비에게 경의를 표할 수 있었다.

권력과 힘을 가진 사람들은 모든 것을 권력으로 해결하려고 한다. 힘 있는 사람들은 사랑하는 마음, 온유한 마음보다는 힘이면 다 해결할 수 있다고 믿기 때문이다. 랍비는 힘 있는 왕비 앞에서도 두려워하지 않고, 온유하고 지혜롭고 슬기로운 마음으로 그녀의 생각을 깨우쳐 주었던 것이다. 이 이야기를 통해 온유하고 지혜롭고 슬기로운 마음이야말로 진정으로 힘이 세다는 것을 알 수 있다.

DAY 321 무언극 無言劇 WISDOM

로마 황제는 자기와 생일이 같은 이스라엘에서 가장 지혜로운 랍비와 친구처럼 지냈다. 로마와 이스라엘이 사이가 좋지 않을 때에도 그들 두 사람은 변치 않는 우정을 간직하고 있었다. 하지만 두 나라 관계를 생각해 볼 때 황제가 랍비와 친하게 지낸다는 것은 어려운 점이 참 많았다. 그래서 황제는 랍비와 무엇인가를 의논하고 싶을 때마다 사신을 보내 비밀스러운 방법으로 넌지시 의견을 물어보았다.

"여봐라! 게 아무도 없느냐?"

황제의 부름을 받고 신하가 달려왔다.

"황제 폐하. 여기 대령했습니다."

"이 편지를 갖고 랍비에게 다녀오너라."

"네, 황제 폐하."

황제의 명을 받은 사신은 이스라엘로 갔다. 사신은 랍비를 만나 황제의 편지를 건네주었다.

내겐 이루고 싶은 일이 두 가지가 있소.
한 가지는 내가 죽은 다음
내 아들이 뒤를 이어 황제에 오르는 것이고,
또 하나는 이스라엘의 비레이라스라는 곳을
자유 관세 도시로 만들고 싶은 것이오.
난 지금 그 두 가지 중 한 가지밖에
이룰 수 없는 형편에 놓여 있는데,
어떻게 하면 두 가지 모두를 이룰 수 있겠소?
이에 대한 선생의 의견을 주셨으면 하오.

편지를 읽고 난 랍비 역시 황제의 질문에 답을 보낼 수가 없었다. 두 나라 사이가 좋지 않기 때문에 로마 황제의 질문에 랍비가 답을 해준 사실이 밝혀지면 국민들에게 나쁜 영향을 끼칠 수 있기 때문이었다. 사신이 돌아오자 황제는 반가이 맞으며 말했다.

"내 편지를 읽고 랍비가 뭐라고 하더냐?"

"랍비는 한마디 말도 없이 아들을 목마에 태우고 비둘기를 아들에게 주자 아들이 그 비둘기를 하늘로 날려 보냈습니다."

356

사신은 있는 사실대로 말했다.
"오, 그래? 과연 최고의 랍비다운 답변이로구나."
황제는 랍비의 의도를 알아차리고는 엷은 웃음을 지었다. 그 내용은 우선 왕위를 아들에게 물려준 다음, 아들로 하여금 관세를 자유화하도록 하면 된다는 뜻이었던 것이다. 그리고 얼마 뒤 황제는 또다시 자신의 편지를 사신을 통해 랍비에게 보냈다. 랍비는 단숨에 편지를 읽었다.

우리나라 관리들이
나를 무척이나 힘들게 하고 있소.
어떻게 해야 할지
그 방법을 알려주면 고맙겠소.

랍비는 황제의 편지에 대해 또다시 먼저와 같은 무언극으로 정원에 딸린 채소밭에 나가 채소 한 포기를 뽑아 갖고 왔다. 몇 분이 지난 뒤 다시 밭에 나가더니 아까처럼 채소 한 포기를 뽑아 가지고 왔다. 그러고는 조금 뒤에 같은 일을 반복했다. 그것으로 끝이었다.
로마 황제는 사신의 말을 듣고 랍비의 행동은 일시에 적을 물리치지 말고, 몇 차례로 나누어 하나하나씩 적을 없애라는 뜻으로 받아들였다. 황제는 랍비의 도움으로 자신이 계획한 일을 하나씩 실천해 옮겨, 자신의 뜻을 이루어냈다.

랍비의 슬기로운 지혜는 황제를 도와 그의 뜻을 이루게 도움을 주었다. 재물이 유형의 자산이라면 지혜는 무형의 자산이다. 지혜를 기르는 것은 무형의 자산을 쌓는 거와 같다.

DAY 322 공로자

어느 나라의 왕이 아주 이상한 병에 걸리고 말았다. 왕을 진료한 의사가 심각한 표정으로 "암사자의 젖을 구해 마시면 병이 나을 수 있습니다"라고 말했다. 그러자 왕은 "그래? 암사자의 젖을 먹으면 나을 수 있겠느냐?" 하고 물었고, 의사는 "네, 폐하!" 하고 말했다.

이 소식을 들은 지혜로운 한 남자가 암사자가 살고 있는 동굴 근처에 가서 새끼 사자들을 귀여워해 주며 한 마리씩 암사자에게 건네주곤 했다. 10일 동안 그렇게 하자 남자는 암사자와 아주 친해져 왕의 병에 약으로 쓸 젖을 조금 얻을 수 있었다. 남자는 궁전으로 돌아오는 동안 자신의 신체 각 부분이 서로 다투는 꿈을 꾸게 되었다. 그것은 신체 중 어떤 부분이 가장 소중한가를 겨루는 꿈이었다.

'만일 내가 아니었더라면 암사자가 있는 장소까지 갈 수 없었을 거야'라고 발이 으스대며 말했다. 그러자 '내가 아니면 아무것도 볼 수 없을 것'이라며 눈이 말하자, 이번엔 심장이 자신이 없었더라면 도저히 이곳까지 올 수 없을 거라고 말했다. 그러면서 서로 자기가 소중하다고 말했다.

"무슨 소리! 말을 못 했다면 너희늘은 어떤 역할도 하지 못했을 거야."

가만히 듣고 있던 혀가 콧방귀를 끼며 말했다. 그러자 일제히 혀를 공격했다. 남자가 궁전에 도착했을 때 또다시 혀가 말했다.

"좋아. 이제 내가 과연 누가 가장 소중한지를 너희들에게 가르쳐 주겠다."

남자가 왕에게 암사자의 젖을 내놓자 "이게 무슨 젖이냐?"며 왕이 남자에게 물었고 "이것은 개의 젖입니다" 하고 남자가 말했다. 그러자 조금 전까지만 해도 제각각 자기의 소중함을 주장하던 신체 각 부분들이, 비로소 혀가 가장 큰 힘을 가진 존재라는 사실을 깨닫고는 모두 용서를 빌었다. 가만히 듣고 있던 혀는 활짝 웃으며 "폐하, 조금 전에 제가 잘못 말했습니다. 이건 틀림없는 암사자의 젖입니다"라고 말하자, 왕은 남자에게 큰 상을 내리겠노라며 기쁨 가득한 얼굴로 말했다.

이 이야기를 보면 신체 각 부분이 자신의 중요성을 주장한다. 물론 발도, 눈도, 심장도 어느 것 하나 소중하지 않은 것은 없다. 그런데 어떤 상황이냐에 따라 중요도가 달라진다는 것을 잘 알게 한다.

DAY 323　이야기 덫에 걸리다

　어느 마을에 온 장사꾼은 며칠 뒤 그곳에서 할인 판매한다는 사실을 알고 그때까지 기다렸다가 물건을 사기로 했다. '가만, 이 많은 돈을 어떻게 하지?' 장사꾼은 자기가 가지고 있는 많은 돈 때문에 은근히 걱정이 되었다. 자칫 큰돈을 잃어버릴 수도 있기 때문이다. 그래서 장사꾼은 사람이 잘 안 다니는 곳에 땅을 파고 돈을 묻었다.
　다음 날 돈을 묻어 두었던 곳으로 간 장사꾼은 깜짝 놀라고 말았다. 꽁꽁 숨겨둔 돈이 감쪽같이 사라지고 만 것이다.
　"어, 도, 돈! 내 돈이 어디 갔지?"
　그는 얼굴이 하얗게 변한 채 울상이 되어 소리쳤다. 마음을 가다듬고 그는 곰곰이 생각하던 중 저 멀리 떨어진 곳에 있는 집 한 채가 그의 눈에 들어왔다. 가까이 다가가 보니 그 집 담에 구멍이 뚫려 있다는 사실을 알게 되었다. 그는 그 집에 살고 있는 사람이 그 구멍으로 돈을 파묻는 광경을 훔쳐보고 있다가 나중에 파내 간 것이 분명하다고 생각했다. 이렇게 생각한 장사꾼은 그 집을 방문하여 그 집에 살고 있는 남자에게 말했다.
　"당신은 도시에서 살고 있으니 대단히 머리가 좋겠군요."
　느닷없는 그의 말에 집주인은 의아해서 물었다.
　"무슨 일이 있나요?"
　"네. 사실은 지갑 두 개를 가지고 이 마을로 물건을 사러 왔답니다. 지갑 하나에는 500개의 은화를 넣었고, 나머지 하나에는 800개의 은화를 넣었지요. 나는 그중 작은 지갑을 아무도 모르는 어떤 장소에 묻어 두었답니다. 그런데 나머지 큰 지갑까지 묻어 두는 게 좋을까요?"
　"그래요. 나라면 작은 지갑을 묻어 둔 곳에 큰 지갑도 묻어 두겠소."
　집주인은 거리낌 없이 대답했다.
　"잘 알겠습니다. 감사합니다."
　장사꾼은 이렇게 말하며 그 집을 나왔다. 장사꾼이 가자 욕심꾸러기 남자는 자기가 훔쳐왔던 지갑을 전에 묻혔던 장소로 가져가 다시 묻어 놓았다. 그 모습을 몰래 지켜보고 있던 장사꾼은 자신의 지갑을 무사히 되찾았다.

난처한 상황에도 지혜로운 처사로 돈을 되찾은 장사꾼의 지혜는 '삶의 보석'과 같다.

DAY 324 마법의 사과

어느 나라 임금님의 하나뿐인 공주가 큰 병을 얻어 죽음을 눈앞에 두고 있었다. 근심에 쌓인 임금님은 음식을 입에 대지도 않은 채 의술이 뛰어난 의사를 궁전으로 불러들였다.
"여봐라, 어서 공주의 병을 진찰해 보아라."
임금님의 명을 받은 의사는 정성껏 공주를 진찰했다. 진찰을 마친 의사는 걱정스런 얼굴로 임금님께 말했다.
"대왕마마, 공주님께서 신비의 명약을 쓰지 않으면 살아날 가망이 없습니다."
"뭐라? 그토록 위급하더란 말이냐? 알았다. 그만 가 보아라. 시종 게 있느냐!"
임금님은 큰 소리로 시종을 불렀다.
"지금부터 내가 하는 말대로 하여라. 공주의 병을 낫게 해주는 사람을 사위로 맞아들이고, 내 뒤를 이어 왕이 되게 해 주겠다고 알리도록 하라."
"네. 대왕마마."
이 소문은 곧 전국에 퍼졌다. 마침, 멀리 떨어진 곳에 살고 있는 삼 형제 중 첫째가 마법의 망원경으로 그 포고문을 보게 되었다.
"저럴 수가! 공주님이 죽을병에 걸리다니…."
첫째는 이 사실을 두 동생에게 알렸다.
"오, 가엾은 공주님이 죽을병에 걸리다니…. 참으로 안타까운 일이야."
이 사실을 알게 된 두 동생들도 슬픈 눈으로 말했다.
"얘들아, 우리가 한번 고쳐보자."
첫째가 두 동생에게 말했다. 둘째에게는 날아다니는 양탄자가 있었고, 막내에게는 먹기만 하면 그 어떤 병도 나을 수 있는 마법의 사과가 있었다. 삼 형제는 날아다니는 양탄자를 타고 쏜살같이 궁전으로 갔다.
"너희들은 누구냐!"
궁전 수비대장이 무서운 얼굴로 삼 형제에게 말했다.
"우리는 공주님의 병을 고쳐 드리기 위해 왔습니다. 저희를 공주님께 데려다주십시오."
둘째가 자신감 넘치는 목소리로 말했다.
"그래? 알았다. 따라오너라."
삼 형제는 수비대장을 따라 궁전으로 갔다. 처음 본 궁전은 너무 멋지고 아름다웠다. 잠시 후 삼 형제는 임금님을 만났다.

"너희들이 공주의 병을 고쳐 주겠다고 했느냐?"
"네. 대왕마마."
"그래? 자신 있느냐?"
"네. 자신 있습니다."
삼 형제의 늠름하고 자신감 넘치는 모습에 임금님은 실낱같은 희망을 발견했다.
"그래. 그럼 어서 고쳐보아라."
삼 형제는 공주의 방으로 갔다.
"공주님, 저희가 공주님 병을 고쳐 드리겠습니다. 이 사과를 한번 먹어 보세요."
막내가 씩씩하게 말하자 공주는 사과를 먹었다. 사과를 먹고 나자 놀랍게도 공주가 자리에서 벌떡 일어났다.
"와아! 공주님께서 살아나셨다. 공주님 만세!"
궁전은 시끌벅적했다. 가슴 졸이고 있던 임금님도 크게 기뻐하며 삼 형제를 불렀다. 삼 형제는 임금님 앞으로 나갔다.
"장하구나. 공주병을 낫게 하다니…. 그래, 너희 삼 형제 중 누가 내 사위가 되겠느냐?"
"제가 망원경으로 포고문을 보았기 때문에 저희들이 이곳에 올 수 있었습니다."
첫째가 말을 마치자 이번엔 둘째가 말했다.
"저희가 궁전까지 올 수 있었던 것은 오직 저의 마법의 양탄자가 있었기 때문입니다."
그러자 막내가 말했다.
"제가 가지고 있던 마법의 사과가 아니었더라면, 공주님은 살아날 수 없었을 겁니다."
삼 형제의 서로 다른 주장은 임금님을 혼란스럽게 만들었다.

이 이야기에서 진정성이 있는 사람은 삼 형제 중 누구일까. 그는 바로 막내동생이다. 첫째는 여전히 마법의 망원경을 가지고 있고, 둘째 역시 여전히 날아다니는 양탄자를 가지고 있지만, 막내는 마법의 사과를 공주에게 주어 지금 그의 손에 아무것도 없기 때문이다. 막내는 자신의 가장 소중한 것을 아낌없이 공주에게 주었다. 그래서 임금님의 사위는 막내가 되어야 마땅한 것이다.

361

DAY 325 포도원

어느 마을에 포도원이 있었다. 탐스러운 포도송이가 보는 것만으로도 군침을 흘리게 했다. 이때 여우 한 마리가 그 포도송이를 보게 되었다.

"야! 저 탱글탱글한 포도 좀 봐. 신난다. 저 포도를 맘껏 먹어야지."

군침을 흘리며 여우는 포도원 주위를 서성거렸다. 워낙 울타리가 단단히 쳐져 있어, 포도원 안으로 들어간다는 것은 쉬운 일이 아니었다.

"어떡하지? 저 맛있는 포도를 보고만 있어야 하다니…."

여우는 궁리 끝에 살을 빼기로 했다. 살을 빼면 몸이 훌쭉해져 울타리 틈 사이로 들어갈 수 있을 거라고 생각했던 것이다. 3일 동안 아무것도 먹지 않은 여우는 드디어 포도원으로 들어갈 수 있었다.

"과연 나는 머리가 비상하단 말이야. 머리 쓰는 데는 날 따라올 동물이 없지. 하하하…."

여우는 큰 소리로 웃으며 자신의 머리를 한번 쓰윽 쓰다듬었다. 그리고 나선 허겁지겁 탐스런 포도를 먹어댔다. 사흘 동안 굶은 여우의 배에 홍농 포도송이들도 가득히 있었다. 여우는 먹는 데만 신경 쓰다 보니 어느새 배가 고무풍선처럼 빵빵해졌다.

"휴, 이젠 좀 살 것 같다. 크윽!"

여우는 트림까지 해가며 뒤로 벌렁 누웠다. 그리고 잠시 후 포도원 밖으로 나가려는데 배가 빵빵해져 나갈 수가 없었다.

"아유, 이거 큰일인데, 이를 어쩌지…."

여우는 이렇게 중얼거리며 아무리 애를 써 보았지만 도저히 포도원 밖으로 나갈 수 없었다. 결국 여우는 사흘을 꼬박 굶고서야 비실비실해진 몸으로 포도원 밖으로 나올 수 있었다.

탐욕은 꾀 많은 여우를 바보가 되게 했다. 탐욕에 눈이 멀면 오직 탐욕을 부릴 생각에 아무것도 생각지 못하게 되기 때문이다.

DAY 326 효행

먼 옛날 이스라엘에 두마라는 마을이 있었다. 그곳엔 금화 6천 개 값에 달하는 다이아몬드를 가진 사람이 살고 있었다. 금화 6천 개는 상당히 많은 돈이었다. 이 돈만 있으면 무엇이든 살 수 있고, 떵떵거리며 살 수 있었다.

그러던 어느 날 한 랍비가 성전을 장식하는 데 쓰기 위해, 금화 6천 개를 준비해서 그의 집을 방문했다.

"계십니까?"

"누구세요?"

밖으로 나온 사람은 그 집 아들이었다.

"나는 랍비입니다. 저, 이 집에 다이아몬드가 있다고 해서 그것을 사기 위해 금화 6천 개를 가지고 왔습니다."

"그래요? 그러나 어쩌지요? 지금은 팔 수가 없습니다."

"무슨 일이 있습니까? 금화 6천 개라면 아주 큰돈인데요."

랍비는 의아한 얼굴로 물었다.

"금화 6천 개라면 저도 갖고 싶습니다. 그 돈이면 큰 부자가 될 수 있으니까요."

"그런데 왜 주저하지요? 성전을 장식하는 데 그 다이아몬드가 꼭 필요합니다. 제발 부탁드립니다."

랍비는 거듭 팔라고 말했다.

"죄송합니다. 그 다이아몬드 금고 열쇠를 아버지께서 갖고 계신데, 그 열쇠를 베개 밑에 넣어 둔 채 지금 아버지께서 주무시고 계십니다. 그래서 아버지를 깨울 수 없습니다."

"그래요? 알겠습니다. 그럼, 다음에 오겠습니다."

랍비는 지금 당장 다이아몬드를 살 수 없었지만, 아들의 행동에 감탄해서 가는 곳곳마다 그의 얘기를 들려주었다. 랍비의 얘기를 들은 사람들은 크게 감동했다.

이 이야기 속의 아들에게는 금화보다는 아버지가 주무시는 게 더 중요했다. 아들의 행위에 대해 꼭 그렇게 할 필요가 있었을까 하고 말하는 사람도 있을 것이다. 하지만 진정한 효는 아들처럼 해야 한다. 자식으로서 효는 기본이기 때문이다.

DAY 327 희망

가장 유명한 랍비 아키바는 당나귀와 개와 조그만 램프를 가지고 여행을 떠났다.
"여행은 언제나 마음을 설레게 하는군."
아키바는 즐거운 마음에 콧노래까지 흥얼거렸다. 밝은 태양이 서서히 꼬리를 감추며 기울자, 어둠이 슬금슬금 다가왔다. 아키바는 잠잘 곳을 찾다 허름한 헛간을 발견했다.
"잠자기엔 너무 허술하지만, 이곳에서 묵어야겠군."
아키바는 헛간에 자리를 잡고 간단히 저녁을 먹은 뒤, 책을 읽기 위해 램프를 켰다. 책을 읽는 데 갑자기 바람이 불어와 그만 불이 꺼지고 말았다. 할 수 없이 잠이나 자야겠다며 자리에 누웠다. 그런데 한밤중에 여우가 나타나 아키바가 데리고 있던 개를 죽였고, 사자가 나타나 당나귀를 물어 죽였다.
"아니, 이게 어떻게 된 거지? 개도 죽고 당나귀까지 죽다니…."
아침이 되자 아키바는 처참한 광경을 보고, 매우 놀랐지만 이미 엎질러진 물이었다. 하는 수 없이 아키바는 터덜터덜 길을 떠났다. 한참만에야 어느 마을에 도착했다. 그런데 마을은 폐허가 되어 있었다.
"이럴 수가! 마을이 어쩌다 이 지경이 되었단 말인가?"
아키바는 눈앞에 펼쳐진 마을의 처참한 모습에 부르르 몸을 떨었다.
아키바는 전날 밤 도둑떼가 나타나 마을을 파괴하고, 재물을 빼앗고, 사람들을 닥치는 대로 죽였다는 것을 알게 되었다. 아키바는 자신이 살아 있다는 것에 감사했다.

이 이야기는 큰 깨달음을 준다. 만일 램프가 바람에 꺼지지 않았더라면, 아키바는 도둑들에게 발각되었을 것이다. 그리고 개와 당나귀가 살아 있었더라면 소리로 인해 도둑에게 들켰을 것이다. 그러나 아키바는 가지고 있던 것을 모두 잃은 덕분에, 도둑들에게 들키지 않고 살아날 수 있었다. 아키바는 유대 랍비 중 최고의 랍비이다. 그의 가슴은 늘 희망으로 가득 차 있었다. 그는 어려움 속에서도 희망을 잃지 않았기에 목숨을 지킬 수 있었다.

DAY 328 당나귀와 다이아몬드

　　　　　　나무 장사를 하며 사는 랍비가 있었다. 랍비는 산에서 나무를 해서 마을까지 실어 나르느라, 많은 시간을 허비해야만 했다. 그는 《탈무드》를 연구하는 데 시간이 너무 부족해 당나귀를 한 마리 샀다.
　"자, 이제 당나귀가 있으니 《탈무드》를 연구하는 데 많은 시간을 벌 수 있겠군."
　랍비는 이렇게 말하며 활짝 웃었다. 그러자 제자들도 크게 기뻐하며 당나귀를 끌고 냇가로 가서 씻겨주었다. 그때 갑자기 당나귀 목구멍에서 다이아몬드가 튀어나왔다.
　"야호, 다이아몬드다!"
　한 제자가 크게 소리치자 다른 제자들의 눈은 일제히 당나귀와 다이아몬드에 쏠렸다. 번쩍번쩍 빛나는 다이아몬드는 눈이 부실 만큼 아름다웠다.
　"이 다이아몬드를 선생님께 갖다 드리자. 그러면 선생님께서 나무를 해다 팔지 않으셔도 되니까."
　"그래 맞아. 선생님께서 그 힘든 일을 안 하시는 것만도 얼마나 감사한 일이야."
　제자들은 다이아몬드를 랍비에게 갖다 주었다. 그러나 기뻐할 줄 알았던 랍비는 근엄한 목소리로 말했다.
　"지금 당장 그 다이아몬드를 당나귀 전 주인에게 갖다 주어라."
　그러자 제자들은 어리둥절한 표정으로 물었다.
　"선생님, 이 당나귀는 선생님께서 사신 것이 아닙니까?"
　"그랬지."
　"그런데 왜 당나귀 전 주인에게 갖다 주라고 하시지요?"
　"나는 당나귀를 산 거지 다이아몬드를 산 것이 아니다. 나는 당나귀만 샀겠다. 그러니 다이아몬드는 당나귀 전 주인에게 갖다 주도록 해라."
　제자들은 랍비의 말을 듣고 크게 감동하여 더욱 그를 존경했다.

이 이야기에는 랍비의 정직한 마음이 잘 나타나 있다. 당나귀를 샀기 때문에 당나귀 입에서 나온 다이아몬드는, 자신의 것이라고 해도 전혀 문제 될 것이 없다. 하지만 랍비는 당나귀 전 주인에게 다이아몬드를 돌려주라고 했다. '정직한 마음'은 하얀 눈처럼 깨끗한 마음이기에, 그 누구에게나 믿음과 신뢰를 갖게 하는 것이다.

DAY 329 지도자

어떤 뱀이 있었다. 어느 날 항상 머리에 의해 끌려다니기만 하던 꼬리가 불평을 늘어놓았다.
"왜 나는 항상 너의 뒤에 붙어 아무 이유도 없이 끌려다녀야만 하지? 어째서 네가 내 뜻과 상관없이 네 마음대로 방향을 결정하고, 네가 가고 싶은 대로만 가는 것이냐? 이건 너무 불공평해. 나도 뱀의 일부분인데 언제나 노예처럼 달라붙어 끌려다니기만 한다는 건 말도 안 돼."
그러자 가만히 듣고 있던 머리가 말했다.
"아니, 너는 그걸 말이라고 하니? 너한테는 앞을 살펴볼 눈도 없고, 위험을 감지할 귀도 없고, 행동도 결정짓는 생각도 없잖아. 나는 오직 나만을 위해 이러는 것이 아니라 너를 염려해서 늘 너를 이끌고 있는 거란다."
머리의 말이 끝나자마자 꼬리는 크게 소리 내어 비웃었다.
"그런 말이라면 귀가 따갑도록 들었다. 독재자들은 모두 자기를 따르는 이들을 위해서라는 그럴듯한 이유를 내세워 모든 걸 멋대로 하는 거야."
"그래? 그럼 내가 하는 일들을 네가 맡아서 해봐."
머리가 꼬리에게 자신의 역할을 대신해 보라고 말하자 꼬리는 좋아서 어쩔 줄 몰랐다. 그러고는 앞장서서 움직여 나가기 시작했으나 이내 웅덩이에 빠지고 말았다.
"어이쿠, 아이고 아파라!"
꼬리는 비명을 지르며 아파서 쩔쩔맸다. 하는 수 없이 머리가 이리저리 생각하고 고생한 끝에 간신히 웅덩이에서 기어 나올 수 있었다. 얼마를 더 기어가던 꼬리는 가시덤불 속으로 들어서게 되었다. 꼬리가 버둥거릴수록 더욱 가시덤불 속에 갇히게 되어 마침내는 움직일 수조차 없었다.
"아, 따가워! 이, 이를 어쩌지. 크, 큰일 났네."
이번에도 머리의 도움으로 간신히 많은 상처를 입은 채 빠져나올 수 있었다. 밖으로 나온 꼬리는 다시 앞장서서 앞으로 나아갔다. 그런데 이번엔 불이 활활 타오르는 한가운데로 들어서게 되었다.
"앗, 뜨뜨, 뜨거워! 아이 뜨거워!"
몸이 뜨거워지자 꼬리는 소스라치게 놀라 어쩔 줄을 몰라 했다. 그러자 다급해진 머리가 재빨리 달아나려고 몸을 움직였으나 이미 때는 늦었다. 쓸데없이 고집을 부려댄 꼬리 때문에 머리까지 다쳐 결국은 죽고 말았다.

이 이야기에서 알 수 있듯 능력도 안 되면서 시기와 질투와 탐욕으로 무언가를 한다는 것은 자신은 물론 모두를 불행하게 할 수 있는 매우 잘못된 일이라는 걸 깨닫게 한다.

머리는 매우 지혜롭고 논리적이며 아주 침착하다. 그리고 자신이 해야 할 일과 의무와 책임에 대해 잘 알고 있다.

그러나 꼬리는 능력도 안 되면서 억지를 부리고 욕심을 부리다 죽음을 맞게 되었다. 만일 머리의 말을 따랐더라면 참담한 불행을 겪지 않았을 것이다.

지도자는 시기와 질투와 욕심만 앞세워 자기 분수를 모르는 꼬리 같은 사람이 되어서는 안 된다. 자신도 이롭게 하고, 남도 이롭게 하고, 사회도 이롭게 하는 머리와 같은 사람이 되어야 한다.

| DAY 330 | 보트의 구멍 | | CHECK WISDOM |

한 남자가 자그마한 보트 한 척을 가지고 있었다. 그는 여름이 되면 가족들을 배에 태우고 호수로 나가 낚시를 하며 즐거운 시간을 보내곤 했다.
"얘들아, 재미있니?"
"네. 아빠! 무지무지 즐겁고 재미있었어요."
"당신은 어때요?"
"이번엔 아내에게 물었습니다. 저도 물론 즐겁고 재미있지요."
"그래요. 우리 행복한 시간을 보냅시다."
가족은 이렇게 말하며 시간 가는 줄 모르고 즐거운 시간을 보냈다. 여름 내내 즐거운 시간을 보내고, 여름이 지나자 보트를 뭍으로 끌어올렸다. 그때서야 그는 보트 밑바닥에 구멍이 뚫려 있다는 사실을 알게 되었다. 하지만 그것은 매우 작은 구멍이었고, 어차피 겨울 동안은 보트를 사용하지 않기 때문에 다시 사용하게 될 내년 여름에나 수리해야겠다고 생각하고는 그대로 내버려 두었다. 그러고는 겨울 동안 보트에 페인트칠만 새로 부탁했다. 겨울이 지나고 봄이 지나고 여름이 되었다. 그의 두 아이는 어서 보트를 타고 호수로 나가고 싶어 했다.
"아빠! 빨리 보트 타러 가요! 네, 아빠!"
"지금은 안 돼, 아빠가 너무 바쁘거든."
"그러면 아빠, 우리 둘이 조심해서 탈게요."
"그래? 알았다. 그럼, 조심해서 타야 한다. 무슨 일 있으면 큰 소리 쳐라."
"네, 아빠."
남자는 보트에 구멍이 나 있다는 사실을 까맣게 잊어버리고 두 아이에게 보트를 타도 좋다고 승낙했다. 그가 보트에 구멍이 뚫려 있다는 사실을 깨닫게 된 것은 이미 두 시간이 지난 뒤였다. 더구나 아이들은 수영을 하지 못했다.
"이, 이를 어쩌지! 크, 큰일 났구나."
남자는 허둥거리며 밖으로 뛰어나갔다. 그러고는 호수를 향해 미친 듯이 달려갔다. 그런데 놀라운 일이 그의 눈에 들어왔다. 큰일이 난 줄 알았던 두 아이가 보트를 뭍으로 끌어올리고 있었던 것이다.
"오! 세상에 이런 일이 다 있다니!"
그도 그럴 것이 아이들이 죽은 줄로만 알았기 때문이다. 그는 두 아이를 반갑게 끌어안고는 한동안 그대로 있었다. 영문을 모르는 아이들은 동그래진 눈으로 말했다.
"아빠, 갑자기 왜 그래요? 무슨 일 있어요?"

"아냐. 그대로 있어. 그냥, 아빠가 너희들을 안아주고 싶어서 그러는 거야."

그는 이렇게 말하며 아이들의 얼굴을 어루만졌다. 그리고 그는 보트 바닥을 살펴보았다. 그런데 구멍 난 밑바닥을 누군가가 수리를 해 놓았던 것이다.

"이, 이럴 수가! 누가 수리해 놓았지?"

그는 혼잣말로 중얼거렸다. 그는 지난겨울 보트에 페인트칠을 했던 페인트공이 생각났다. 그는 페인트공을 찾아갔다. 그러고는 그에게 사례금을 내놓았다.

"아니, 이게 무슨 돈입니까?"

아무것도 모르는 페인트공은 의아한 얼굴로 말했다.

"사실 그 보트에 구멍이 나 있었는데 수리한다는 걸 깜빡 잊고 아이들에게 호수에서 보트 놀이를 하라고 했습니다. 그리고 두 시간 후 보트에 구멍이 뚫려 있다는 것이 생각나 아이들에게 큰일이 났겠구나 하고 달려가 보니 아, 글쎄 아이들은 멀쩡하고 보트 구멍도 수리가 돼 있지 뭡니까? 얼마나 감사하고 고맙던지…. 그래서 이렇게 찾아왔습니다. 그 보트를 본 사람은 나 외에 당신밖에 없었으니까요."

"아, 그랬군요. 페인트칠하는 데 구멍이 나 있어 손본 것뿐입니다. 그리고 이 돈은 받을 수 없습니다."

"아닙니다. 이것은 너무도 감사한 마음에서 드리는 것이니 받아주세요."

남자는 이렇게 말하며 머리 숙여 깊이 감사해했다. 페인트공 얼굴에도 기쁨의 꽃이 활짝 피어났다.

이 이야기 속의 페인트공은 남을 생각하고 배려하는 마음이 참 좋은 사람이다. 작은 일에 관심을 갖고 그 일을 했을 때, 그 일로 인해 자기가 모르는 사람들이 큰 도움을 받는다는 것을 꼭 기억해야겠다. 작은 배려와 친절도 사랑과 관심에서 오는 것이니까.

DAY 331 두 시간의 길이

어느 나라 국왕의 포도원에서 많은 일꾼이 일을 하고 있었다. 그 일꾼 가운데는 다른 일꾼들보다 월등히 일을 잘하는 한 일꾼이 있었다. 어느 날 포도원을 둘러보러 나온 왕의 눈에 그 일꾼의 모습이 들어왔다.

"오, 저토록 성실하게 일을 하다니. 여봐라, 저 일꾼을 데려오라."

왕의 명을 받은 신하가 일꾼을 데리고 왔다.

"자네, 참으로 성실하고 부지런한 사람이구먼."

"감사합니다. 대왕마마."

"아닐세. 진심으로 하는 말이네."

왕은 이렇게 말하며 일꾼과 포도원을 산책했다. 유대인의 풍속엔 품삯을 그날그날 지불하는 전통이 있다. 그날도 일이 끝나자 일꾼들은 품삯을 받기 위해 줄지어 섰고, 그들 모두는 똑같은 액수의 품삯을 받았다. 그러자 뛰어난 일꾼이 똑같은 품삯을 받는 것을 본 다른 일꾼이 따지며 말했다.

"저 사람은 겨우 두 시간밖에 일하지 않고 나머지 시간은 대왕마마와 함께 산책만 했는데, 이제서 우리와 똑같은 액수의 품삯을 주는 겁니까? 이건 공평치 못한 일입니다."

이 말을 들은 왕이 말했다.

"이 사람은 너희들이 하루 종일 일한 것보다 더 많은 양의 일을 두 시간 안에 해냈다. 오전 시간 동안 일을 했다고 해서 일을 많이 했다는 것은 잘못이다. 얼마의 시간을 일했느냐가 중요한 것이 아니라, 얼마나 열심히 일을 했느냐가 더욱 중요한 것이다. 너희들은 이 사실을 알아야 한다. 알겠느냐?"

왕의 말을 들은 사람들은 더 이상 아무 말도 못 하고 말았다.

"저는 그냥 제 나름대로 일한 것뿐인데 대왕마마께서 그렇게 말씀해 주시니 감사할 따름입니다."

부지런한 일꾼은 진심으로 감사해서 이렇게 말했다.

"아니다. 너의 충직한 마음이 너를 그렇게 만든 것이니라. 앞으로 나라를 위해 훌륭한 일을 해다오."

국왕의 말에 일꾼은 환한 웃음을 지으며 그렇게 하겠다고 굳게 다짐했다.

성실의 중요성을 잘 알게 하는 이야기이다. 성실은 곧 자신을 이롭게 하는 최선의 방책인 것이다.

DAY 332 토지

어떤 땅을 두 명의 랍비가 서로 사려고 했다. 첫 번째 랍비가 땅값을 놓고 흥정을 벌였다. 그 틈을 타 두 번째 랍비가 그 땅을 모두 사 버렸다.
"순리를 무시하고 저렇게 한다는 것은, 사람으로서는 할 짓이 못되지."
첫 번째 랍비가 화가 나서 말했다.
그 일이 있고 나서 어떤 사람이 두 번째 랍비에게 가서 물었다.
"한 남자가 과자를 사기 위해 과자가게에 갔는데 이미 와 있던 다른 남자가 과자의 질을 알아보고 있었습니다. 그러던 중 뒤에 온 사람이 그 과자를 모두 사버렸습니다. 그런 경우 그 뒤에 온 사람을 어떻게 생각해야 할까요?"
"그 나중에 온 사람은 분명히 나쁜 사람이오."
두 번째 랍비가 이렇게 말했다. 그러자 그 남자가 말했다.
"당신이 지금 이 땅을 산 행위는 방금 이야기했던, 나중에 와서 과자를 사버린 두 번째 남자와 똑같은 짓입니다. 다른 랍비가 먼저 와 땅의 가격을 흥정하고 있는 중이었는데 그 땅을 몰래 사 버린 당신의 행위는 괜찮은 일입니까?"
그러자 이 일을 어떻게 해결하면 좋을까 하는 문제가 생겼다. 그래서 남자가 말했다.
"당신께서 첫 번째 랍비에게 그 땅을 되파는 것입니다."
"나는 그렇게는 할 순 없소. 사자마자 곧바로 되판다는 것은 불길한 일이니까요."
두 번째 랍비는 불쾌한 얼굴로 말했다.
"그럼, 그 땅을 첫 번째 랍비에게 선물하면 어떨까요?"
두 번째 랍비가 남자의 얘기를 듣고 첫 번째 랍비에게 땅을 선물하겠다고 하자, 첫 번째 랍비가 그 땅을 그냥 선물로 받을 수 없다고 했다. 그래서 두 번째 랍비는 곰곰이 생각한 끝에 그 땅을 학교에 기부했다.

남의 순서를 가로채고 자신이 그 앞에 선다는 것은 옳지 못하다. 그것은 남의 일을 가로채는 것과 같기 때문이다. 그런데 이 두 랍비는 서로 다른 생각을 했지만 결과적으로는 협력해서 선을 이루었다. 이처럼 협력해서 선을 이룬다는 것은 참 좋은 일이다. 그것은 모두를 행복하게 하는 일인 것이다

DAY 333 자루

이 세상에 쇠가 처음 만들어졌을 때 일이다. 쇠가 만들어졌다는 소식을 듣고 세상에 있는 나무들이 두려운 얼굴로 말했다.
"큰일났네. 쇠붙이가 생겼다는 것은 우리에겐 참으로 위험한 일인데."
참나무가 얼굴을 잔뜩 찌푸리며 말했다.
"그래 맞아. 쇠로 톱을 만들고, 도끼를 만들고, 낫을 만들고, 칼을 만든다면 우리 몸이 남아나지 않고 잘려나갈 거야."
소나무가 우는 얼굴이 되어 말했다.
"이제 우리 어떡하면 좋지? 난 걱정 때문에 입맛도 없고 잠도 잘 안 와."
자작나무가 몸을 부르르 떨며 말했다.
"왜 하필이면 쇠가 만들어져 이렇게 우리를 공포에 떨게 만들지?"
키 큰 미루나무가 커다란 몸을 흔들며 말했다.
"이제 우리 어떡하지?"
"그러게 말야. 이젠 우린 다 죽은 목숨이야."
나무들은 이렇게 말을 주고받으며 어쩔 줄 몰라 했다. 그리고 개중에는 엉엉 우는 나무들도 있었다. 나무들의 모습을 가만히 지켜보고 있던 하나님이 빙그레 웃으며 말했다.
"그렇게 쇠가 무서우냐?"
"네, 하나님. 너무 무섭습니다."
자작나무가 말했다.
"걱정하지 말거라. 쇠는 너희들이 자루를 제공하지 않으면 너희들을 결코 해칠 수 없단다."
"그게 저, 정말이에요? 하나님?"
참나무는 너무 좋은 나머지 펄쩍 뛰면서 말했다.
"그렇단다. 그러니 걱정하지 말고 맘 편히 지내거라."
"감사합니다. 하나님."
나무들은 기쁜 얼굴로 고개 숙여 저마다 하나님께 감사의 인사를 했다.

이 이야기의 나무처럼 미리 사서 하는 걱정은 자신에게나 남에게나 결코 도움이 되지 않는다. 평안한 마음으로 자신의 일을 열심히 하는 것이 걱정을 이기는 현명한 생각이다.

DAY 334 혀

한 랍비가 있었다. 그는 하인을 시켜 아무리 비싸더라도 가장 맛있는 것으로 사오라고 시켰다.
"주인님, 주인님께서 말씀하시는 것은 어떤 것이라도 상관이 없습니까?"
"그래. 그러니 맛만 있으면 된다. 맛있는 걸로 사 오너라."
"네, 잘 알겠습니다."
하인은 시장으로 부리나케 갔습니다. 무엇을 살까 이리저리 궁리를 하다 혀를 사 가지고 돌아왔다.
"주인님, 여기 있습니다."
하인은 혀를 내놓으며 말했다.
"오, 그래. 네가 사 온 것이 혀란 말이냐?"
"네, 주인님."
이틀 뒤 랍비는 또 하인에게 심부름을 시켰다.
"오늘은 맛이 없더라도 값싼 것을 사 오너라."
하인은 이번에도 이리저리 궁리를 하다 혀를 사 가지고 왔다. 랍비는 하인을 넌지시 바라보며 말했다.
"너는 내가 비싸더라도 맛있는 음식을 사 오라고 했을 때에도 혀를 사왔고, 맛은 상관없으니 값싼 음식을 사 오라고 이른 오늘도 혀를 사 가지고 왔으니, 대체 그 까닭이 무엇이냐?"
"혀가 좋을 때는 한없이 좋지만, 나쁠 때는 그보다 더 나쁜 것은 그 어디에도 없기 때문입니다."
하인은 아무 주저 없이 자신의 생각을 말했다. 그러자 랍비는 고개를 끄덕이며 하인을 보고 웃으며 말했다.
"오, 그래. 그럴 수도 있겠구나. 과연 현명한 생각이로구나."
랍비의 말에 하인은 환하게 웃었다.

이 이야기에서 말하는 혀는 즉 '말'을 의미한다. 말은 자신의 생각을 전하는 중요한 수단이다. 그런 까닭에 말은 신중하게 해야 한다. 말을 어떻게 하느냐에 따라 인생이 달라질 수 있기 때문이다.

DAY 335 선과 악

지구가 생겨난 이래 큰 홍수가 있었다. 이 홍수는 보통 홍수가 아니라 전 세계를 삼켜버린 무시무시한 홍수이다. 홍수가 나기 전에 있었던 일이다. 많은 동물들이 노아의 방주로 몰려와서 소리쳤다.
"노아님, 우리를 방주에 태워 주세요."
"그래. 암수 한 쌍만 타거라."
노아의 말을 들은 동물들은 하나둘씩 방주에 올랐다. 그때 선도 황급히 뛰어왔다.
"노아님, 저도 태워 주세요, 네?"
"그건 안 된다."
"왜요? 왜 안 되지요?"
"나는 무엇이든 짝이 있는 것만 태우고 있단다. 그러나 너는 혼자 왔기 때문에 태울 수 없단다. 미안하구나."
노아의 말을 들은 선은 숲으로 달려갔다. 숲으로 온 선은 자신의 짝이 되어 줄 상대를 찾으러 여기저기로 숨 가쁘게 뛰어다녔다.
"누가 나하고 짝이 되어 줄래요?"
선은 큰 소리로 외쳤다. 그때 악이 다가와서 말했다.
"내가 짝이 되면 안 될까요?"
"당신이요? 근데 당신은 누구죠?"
"난, 악이라고 합니다."
"알았어요. 우리 함께 짝이 되기로 해요."
선과 악은 손을 꼬옥 잡고 노아의 방주로 달려갔다. 노아는 선과 악을 방주에 태워 주었다. 그로부터 선이 있는 곳에는 항상 악이 따라다니게 되었다.

선과 악은 항상 존재한다. 선은 아무리 베풀어도 문제될 게 없지만, 악은 행하는 순간 죄가 된다. 그런 까닭에 선은 가까이하되 악은 멀리해야 한다.

DAY 336　랍비의 후회

국민들로부터 존경을 한 몸에 받는 훌륭한 랍비가 있었다. 그는 인자하고 미우 자애로운 사람이었다. 또 섬세한 감정을 가진데다 하나님을 공경하는 사람이었다. 그리고 개미 한 마리라도 함부로 죽이지 않고, 나무 한 그루, 풀 한 포기도 아끼는 사람이었다. 세월이 지나 80세가 넘은 랍비는 몸도 많이 약해지고, 눈도 어두워져 곧 죽을 때가 가까워졌다는 것을 어렴풋이 느꼈다. 제자들이 누워있는 그의 주변에 모여들자 랍비는 울기 시작했다.

"스승님, 무슨 일이 있으신지요?"

수제자가 놀라서 말했다. 랍비가 말없이 계속 울자 또다시 제자가 말했다.

"스승님께선 공부하는 것을 잊은 날이 하루라도 있었습니까? 깜빡 잊고 가르치지 않은 날이 있었습니까? 스승님은 이 나라에서 가장 존경받는 훌륭한 분이십니다. 하나님을 가장 공경하는 분도 바로 스승님이십니다. 게다가 정치와 같이 더럽혀진 곳엔 발조차 들여놓으신 적도 없잖습니까? 이런 스승님께서 이토록 서럽게 우시는 이유가 무엇인지 정말이지 저희는 알 도리가 없습니다."

이 말을 듣고 더 큰 소리로 울고 나서 랍비가 말했다.

"바로 그 이유 때문이란다. 죽는 순간에 하나님께서 '너는 공부했느냐? 너는 기도했느냐? 너는 자선을 베풀었느냐? 너는 바른 행실을 했느냐?'라고 묻는다면 나는 모든 질문에 '네' 하고 대답할 수가 있다. 그러나 인간 사회에 끼어들어 생활했는가를 묻는다면 '아니오'라고 대답할 수밖에 없다. 그래서 우는 것이다."

"네, 스승님. 스승님의 깊은 뜻을 잘 알겠습니다. 저희는 스승님의 깊은 뜻을 받들어 사람들 속에서 그 사람들의 행복과 진실한 삶을 위해 열심히 노력하며 살겠습니다."

제자들은 스승의 얘기를 듣고 이렇게 말하며 존경을 표했다.

이 이야기 속의 랍비는 학문이 뛰어나고, 바른 행실로써 본이 되게 했으며, 늘 기도함으로써 몸과 마음을 정결히 했다. 하지만 사람들과 함께하지 못한 것에 대해 울면서 후회한다. 함께하는 삶이 그만큼 중요하다는 것을 잘 알게 하는 이야기이다.

| DAY 337 | 솔로몬의 재판 | □ CHECK WISDOM |

안식일이 되어 세 사람은 예루살렘에 함께 갔다. 그들은 각자 가지고 있던 돈을 한곳에 파묻었다. 그 당시에는 돈을 예금할 은행이 없었기 때문이다. 그런데 세 사람 중한 사람이 몰래 땅에 파묻은 돈을 꺼내 가져가 버렸다.
"아니, 돈이 다 어디로 갔지?"
돈이 묻힌 곳으로 간 또 다른 사람은 놀란 얼굴로 말했다.
"분명히 누가 훔쳐 간 거야. 돈 묻힌 곳을 아는 사람은 우리 셋밖에 없는데…. 돈을 누가 가지고 갔지?"
또 다른 사람이 잔뜩 얼굴을 찌푸린 채 말했다.
"우리 그러면 솔로몬 왕을 찾아가 보자. 솔로몬 왕이라면 우리의 고민을 해결해 줄 거야."
"그래, 그렇게 하자."
의견을 모은 세 사람은 솔로몬 왕을 찾아갔다. 세 사람은 있었던 일을 그대로 얘기했다.
"폐하, 누가 범인인지 가려 주시옵소서."
"그래? 너희 세 사람은 매우 지혜로운 사람들이니, 내가 현재 해결하지 못하고 있는 재판 문제를 도와다오. 너희들의 문제는 그 후에 해결해 주겠다."
솔로몬 왕의 말을 들은 세 사람이 동시에 말했다.
"어떤 청년과 결혼을 언약한 처녀가 있었다. 얼마 뒤 그 처녀는 다른 청년과 사랑에 빠지고 말았다. 그래서 약혼자를 찾아간 그 처녀는 위자료를 요구해도 좋으니 파혼에 동의해 달라고 말했다. 그러자 약혼자는 위자료는 받지 않겠다면서 그녀와의 약혼을 취소해 주었다. 부자였던 처녀는 어느 날 한 노인에게 납치를 당했다. 그래서 처녀는 노인에게 말하기를 자신이 결혼을 언약한 약혼자도 위자료 없이 나의 요청대로 해 주었으니, 당신도 그렇게 해 달라고 했다. 그랬더니 그 노인도 그 처녀의 요구대로 풀어 주었다. 이들 중에서 어떤 사람이 가장 칭찬받을 만한 사람이겠는가? 이에 대해 얘기해 보라."
솔로몬 왕은 진지하게 자신의 생각을 말했다.
첫 번째 남자가 말했다.
"약혼까지 했다가 위자료도 받지 않고 파혼에 동의해준 청년이 가장 칭찬을 받아야 합니다. 그는 위자료도 요구하지 않았고, 약혼녀의 진심을 무시하면서까지 결혼하려고 하지도 않았으니까요."

이번엔 두 번째 남자가 말했다.

"저는 이렇게 생각합니다. 정말 칭찬받아야 할 사람은 약혼녀입니다. 그녀는 용기를 갖고 진정으로 사랑하는 남자와 결혼하려고 했기 때문에 당연히 칭찬받아야 합니다."

"오, 그래. 그러면 마지막으로 네가 말해 보아라."

"저 두 사람의 얘기는 말도 되지 않습니다. 노인의 경우를 보더라도 돈 때문에 약혼녀를 납치했는데도 돈도 요구하지 않고 풀어 주다니, 도대체 말이 되는 소리입니까? 이건 말도 안 되는 얘깁니다."

그러자 솔로몬 왕이 소리쳤다.

"네가 바로 돈을 훔친 도둑이다! 두 사람은 처녀와 약혼자 사이에 있는 사랑하는 마음과 인간관계의 입장에서 얘기를 했는데, 너는 오로지 돈밖에 신경 쓰지 않았다. 그러므로 네가 틀림없는 범인이다."

솔로몬 왕의 얘기를 들은 세 번째 남자는 하얗게 얼굴이 질리더니 이내 고개를 푹 떨구고 말았다.

이 이야기에서 알 수 있듯 지혜는 삶의 근본이다. 지혜로운 사람이 된다는 것은 모든 잘못으로부터 스스로를 지키는 최선의 방책인 것이다.

DAY 338 작별인사

매우 오랜 기간 동안 여행을 하는 사람이 있었다. 그는 피로와 굶주림에 지치고 목이 타는 갈증으로 아주 괴로워했다. 그러던 중 나무가 우거진 곳을 발견했다.

"와! 나무숲이다! 저, 저곳엔 물, 물이 있겠지."

여행자는 나무숲이 있는 곳엔 물이 있다는 것과 시원한 그늘 아래서 쉴 수 있다는 생각에 환호성을 질렀다. 그는 나무숲에 도착하자마자 정신없이 물을 마셔댔다.

"아, 시원하다. 시원해! 이렇게 물이 시원하고 맛있을 줄이야."

시원한 물이 목구멍을 타고 내려가자 갈증이 싹 가셨다. 그는 휴식을 취하며 잘 익은 과일로 굶주린 배를 채웠다. 그러고는 아주 만족스러운 표정을 지으며 행복해했다.

피로와 갈증을 푼 그는 또다시 길을 떠나야만 했다. 그는 자신에게 물과 맛있는 과일을 선물해 준 나무에게 말했다.

"나무야, 정말 고맙다. 어떻게 보답을 해야 할까? 너의 열매가 달게 해달라고 기도하고 싶지만 너는 벌써 그것을 가지고 있고, 네가 더욱 잘 자라게 넉넉한 물이 있게 해달라고 기도하고 싶어도 네게는 그 물마저 충분하구나. 그러므로 내가 너를 위해 기도할 수 있는 것은, 네가 될수록 많은 열매를 맺고, 그 열매가 많은 나무가 되어 너처럼 아름답고 훌륭하게 자라게 해달라는 것 한 가지뿐이구나. 나무야, 정말 고마웠다."

이렇게 말을 마친 그는 작별을 하고는 또다시 여행길에 올랐다.

이 이야기를 통해 중요한 사실을 알 수 있다. 여행자는 사람도 아닌 나무에게도 감사함을 표했다는 것이다. 그리고 나무가 더 많은 열매를 맺도록 기도하겠다고 말했다는 것이다. 자신에게 고마움을 갖게 한 것은 그 대상이 사람이든 나무든 그 무엇이든 감사하는 마음을 갖는다는 것은 참 중요하다. 감사한 마음은 긍정의 에너지이기 때문에 자신에게도 감사함의 대상에게도 긍정적으로 작용하니까 말이다. 그렇다. 감사는 긍정의 에너지를 주는 참 좋은 마인드이다.

DAY 339 나무의 열매

☐ CHECK

　　　　어떤 노인이 정원에 나무를 심고 있었다. 노인의 얼굴에 선 땀이 비 오듯 쏟아졌다.
　　　　"아, 덥다 더워. 하지만 부지런히 심어야지."
　　　　노인은 연신 수건으로 땀을 닦아 내면서도 쉬지 않고 계속해서 나무를 심고 또 심었다. 노인의 얼굴엔 기쁨으로 가득 차 있었다. 때마침 그곳을 지나가던 나그네가 노인을 향해 말을 걸었다.
　"어르신, 그 나무에서 언제 열매를 거둘 수 있다고 그렇게 열심히 나무를 심으십니까?"
　"한 70년은 지난 뒤에야 결실을 볼 수 있을 것이오."
　"네에, 그렇군요. 어르신께서 그토록 오래 사실 수 있으시겠습니까?"
　나그네는 고개를 갸우뚱거리고 또다시 물었다. 그러자 노인은 나그네를 바라보며 빙그레 웃었다. 그러고는 이내 말문을 열었다.
　"아니오. 그렇게 살 수 없지요. 내 나이가 지금 몇인데…."
　"그럼, 왜 그토록 열심히 나무를 심으십니까?"
　"나는 이 나무에서 자란 열매를 먹지 못해요. 하지만, 내가 태어날 때도 많은 과일나무가 있었다오. 그 과일나무로 인해 나는 많은 열매를 먹을 수 있었소. 그런데 그 과일나무를 내 아버님께서 내가 태어나기도 전에 심어 놓으셨다오. 나 역시 내 아버님처럼 나무를 심어 놓으면 다음에 태어날 내 손자들이나 다른 사람들이 맛있게 먹게 될 것 아니겠소. 난 그런 마음으로 심는 거라오."
　나그네는 노인의 말을 듣고, 깊은 감동을 받았다. 그러고는 그 자리에서 한동안 그대로 서 있었다.

이야기 속의 노인은 자신의 아버지가 했듯이 자신의 손자와 사람들을 위해 나무를 심는다. 이는 사랑을 베풀고 선을 베푸는 일이다. 베풂은 모두를 위한 아름다운 사랑이다.

DAY 340 거미와 모기와 미치광이

다윗 왕은 소년 시절 적군 블레셋 장군인 골리앗을 물리쳐 위기에 처한 나라를 구한 사람이다. 그는 늘 거미를 더럽고 쓸모없는 미물이라고 생각했다. 그런데 어느 전쟁 때 다윗 왕은 적에게 포위를 당하게 되자 간신히 동굴을 찾아 숨어들었다. 그 동굴은 거미줄로 칭칭 감겨 있어 아주 흉측했다.

"으이구, 내가 어쩌다 이런 신세가 되었지. 내가 그토록 싫어하는 거미가 쳐 놓은 동굴로 숨어들다니…."

다윗 왕이 넋두리를 하는데 적군 병사들이 우르르 몰려왔다. 이젠 죽었구나 생각하며 가슴을 졸이는데 "에이 퉤퉤. 이렇게 더러운 동굴엔 숨어들 리가 없다. 여봐라, 다른 곳으로 가서 찾아보자" 하고 적군 대장이 말했다. 적군 병사들이 물러가고 다윗은 간신히 살아날 수 있었다.

또 한번은 다윗 왕이 적장의 침실에 숨어 들어가 칼을 훔치고는 다음 날 "너의 칼을 가져올 정도이니 너 또한 죽이는 것은 간단한 일이다"라고 말할 참이었다. 그러나 그런 기회는 좀처럼 오지 않았다.

그러던 어느 날 적장 침실까지 숨어 들어간 다윗 왕은 적장의 칼을 가져오려고 했지만, 칼이 적장의 발밑에 깔려있어 도저히 칼을 가져올 수 없었다. 어쩔 수 없이 다윗 왕이 막 돌아가려고 뒤돌아서는데, 모기 한 마리가 날아와 적장의 발끝에 앉았다. 그 순간 적장은 무의식중에 발을 움직였고, 다윗왕은 칼을 빼내는 데 성공했다.

또 언젠가 한번은 다윗 왕이 적에게 포위당해 위기에 처했다. 그때 다윗 왕은 큰 소리로 킬킬대며 미치광이 흉내를 냈다. 그 모습을 적군 병사들이 보게 되었다.

"야! 저기 다윗 왕이 있다."

"에이, 저런 사람이 어떻게 다윗 왕이라고 할 수 있느냐?"

"아냐, 저 사람이 다윗 왕이 틀림없어."

"아니라니까 글쎄. 그냥 돌아가자."

이렇게 말하며 적군 병사들이 돌아갔다. 미치광이가 다윗 왕이라고 전혀 생각하지 못했던 것이다.

이 이야기에 보듯 이 세상에 존재하는 것들 중엔 쓸모없는 것은 없다. 아무리 작고 보잘것없는 것들도 다 필요하고 쓰일 때가 있다. 작고 사소한 것들도 소중히 여겨야겠다.

DAY 341 | 만찬회

어떤 왕이 있었다.

어느 날 왕은 성대한 잔치를 벌이고 많은 종들을 초대했다. 그러나 잔치가 언제 시작될 지는 아무에게도 알려주지 않았다.

"우리를 잔치에 초대해 준 것은 감사하고 황송한 일이지만 시간을 알려주지 않다니. 참 이상한 일이네."

많은 종들은 왕이 베푸는 잔치에 초대받은 것을 기뻐하면서도 이렇게 말했다. 그때 슬기로운 종은 '왕께서 하시는 일이니 아무 때든 잔치가 시작될 거야. 그러니 준비하고 있어야지' 하고 생각하며 미리 궁전 문 앞에서 기다렸다. 그러나 어리석은 종은 '잔치를 준비하자면 시간이 걸릴 테니 그때까지는 아직 많은 시간이 남아 있겠지. 그때까지 내 할 일이나 하지 뭐' 생각하며 게으름을 피웠다.

드디어 풍악이 울리고 흥겨운 잔치가 시작되었다. 잔치가 시작되자마자 슬기로운 종은 곧바로 궁전 안으로 들어가서 즐거운 잔치에 참여했다.

"과연, 왕이 베푼 잔치답구나. 이런 잔치에 초대를 다 받게 되다니…. 아, 나는 너무 행복한 사람이야."

슬기로운 종은 이렇게 말하며 활짝 웃었다. 그러나 어리석은 종은 "이를 어쩌지. 왕의 잔치에 초대를 받고도 참여도 못 하다니. 아, 나의 어리석음과 게으름이 원망스럽구나"라고 말하며, 자신의 게으름으로 끝내 시간에 맞춰 궁전으로 들어가지 못하고 궁전 앞에서 발만 동동 구르며 애를 태웠다.

이 이야기 속의 슬기로운 종처럼 늘 준비하는 자세로 살아가야 한다. 언제 어느 때 자신에게 좋은 기회가 올지 모르기 때문이다. 그래서 항상 준비하며 자신에게 기회가 오도록 노력해야 한다. 준비하고 기다리는 사람에게는 더 많은 기회가 찾아오는 법이니까.

DAY 342 사자 이야기

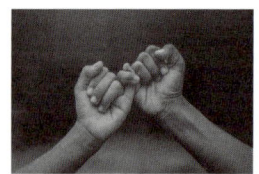

어느 날 사자 한 마리가 사슴을 잡아 맛있게 먹었다.
"으흠, 역시 사슴고기는 맛이 좋단 말이야. 흐흐흐. 며칠 동안은 배불리 먹을 수 있겠지."
그런데 너무 급히 먹다가 그만 뼈가 사자 목구멍에 걸리고 말았다. 사자는 켁켁거리며 안간힘을 썼지만 목구멍에 걸린 뼈는 좀처럼 빠지지 않았다. 그러다 한 가지 꾀를 생각해냈다. 그러고는 소리쳤다.
"누구든지 내 목구멍에 걸린 뼈를 빼주는 동물에겐 큰 상을 주겠다."
그러자 이 소리를 듣고 한 마리의 학이 날아와서 말했다.
"사자 대왕님. 지금 한 그 말이 정말입니까?"
"그래. 정말이다. 그러니 어서 내 목구멍에 걸린 뼈를 빼다오."
"알았습니다. 어서 입을 크게 아, 하고 벌리세요."
학의 말에 사자는 한껏 입을 크게 벌렸다. 그러자 학은 긴 부리를 사자의 입 속에 들이밀고는 뼈를 빼내기 위해 끙끙대며 애를 썼다. 뼈가 너무 단단히 막혀서 한참 만에야 가까스로 뼈를 빼낼 수 있었다.
"사자 대왕님, 어서 저에게 상을 주십시오."
"뭐라고! 상이라고? 내 입 속에 머리를 넣고도 살아날 수 있었다는 것이 바로 그 상이다. 그렇게 위험한 지경에 처했다가도 살아서 돌아갈 수 있다는 건 큰 자랑이 될 것이다. 그 이상의 상이란 없다."
사자는 아주 뻔뻔스러운 얼굴로 말했다. 학은 그때야 자신이 속았다는 것을 알고는 "이 세상에 믿을 건 아무것도 없단 말야" 하고는 푸드덕 날아가 버렸다.

자신이 한 말을 지키지 않는 것은 자신의 양심을 저버리는 것이다. 약속을 지킨다는 것은 가장 기본적인 윤리이기에 약속은 반드시 지켜져야 한다.

DAY 343 우애 깊은 형제

옛날 이스라엘에 두 형제가 살고 있었다. 이미 형은 결혼하여 아내와 자식이 있었고, 동생은 아직 결혼하지 못한 총각이었다. 성실한 농부인 두 형제는 아버지가 죽자 재산을 나누기로 했다. 그래서 수확한 사과와 옥수수를 똑같이 나누어 각자의 창고에 보관했다.

'형님에게는 아내와 아이들이 있으니, 어려운 일도 그만큼 많을 거야. 내 것을 좀 더 나누어 주어야겠어.' 이렇게 생각한 동생은 아무도 몰래 형의 창고에 꽤 많은 양의 사과와 옥수수를 가져다 놓았다. '나는 자식들이 있으니 노후를 걱정할 필요가 없지만, 혼자 사는 동생은 스스로 비축해두어야 할 거야.' 이렇게 생각한 형 역시 사과와 옥수수를 동생 창고로 옮겨 놓았다.

아침이 되자 잠에서 깨어난 형제는 각기 자신의 창고로 갔다. 그런데 어제와 똑같은 분량의 사과와 옥수수가 그대로 있었다.

'참으로 이상한 일이네. 어째서 그대로이지?'

동생과 형은 참으로 이상한 일이라며 고개를 갸우뚱거렸다.

이상하게 생각하던 두 형제는 그날 밤, 또 그다음 날 밤에도 같은 일을 반복했다. 그렇지만 여전히 자신의 창고엔 사과와 옥수수가 그대로 있었다.

'이상한 일이야. 어찌 이런 일이 있을 수 있단 말인가' 형과 동생은 똑같은 생각을 하며 고개를 갸우뚱거렸다. 그리고 그날 밤 또다시 서로의 창고로 사과와 옥수수를 날랐다. 그러다 도중에 형제가 딱 마주치고 말았다.

"어, 형님. 그럼 형님께서?"

"어, 동생. 그럼 동생이?"

두 형제는 이렇게 말하며 한편으론 웃고, 또 한편으론 끌어안고 울었다. 서로를 생각해 주는 그 고마움이 서로를 감동하게 했던 것이다.

이들 두 형제가 끌어안고 울었던 장소는 지금까지도 예루살렘에서 가장 존귀한 곳으로 전해지고 있다.

형은 동생을, 동생은 형을 생각하는 마음이 아주 지극한 이야기이다. 이처럼 서로를 생각하는데 어찌 우애가 깊지 않을 수 있을까. 읽는 것만으로도 가슴을 따뜻하게 하고 깊은 감동을 준다. 이와 같은 얘기는 우리나라 충청도 예산지방에서도 전해온다. 이렇듯 형제간에는 서로에 대한 정이 깊고, 우애가 있어야 한다.

DAY 344 소경의 등불

한 치 앞도 볼 수 없는 캄캄한 밤이었다. 이 캄캄한 밤길을 한 남자가 걸어가고 있었다. 온 사방이 고요하고 적막만이 감돌았다. 터벅터벅 걸어가는 남자 앞에 등불을 든 소경이 천천히 다가왔다.
"아니, 이 밤중에 웬 사람이 등을 들고 다닐까."
남자는 중얼거리며 앞으로 걸어갔다. 가까이 다가가 보니 등을 들고 있는 사람은 앞을 보지 못하는 소경이었다.
"당신은 앞을 못 보시군요. 그런데 당신은 어째서 등불을 켜 들고 다니십니까?"
남자가 호기심에 가득 찬 얼굴로 말하자 소경이 말했다.
"그 까닭을 알고 싶습니까?"
남자는 진지한 표정으로 말했다.
"내가 이 등불을 켜 들고 다니는 이유는 눈 밝은 사람들이 내가 걸어가고 있다는 것을 알 수 있기 때문이랍니다."
소경은 빙그레 웃으며 말했다. 남자는 조금만 생각하면 알 수 있는 것을 몰랐던 자신이 너무 부끄러웠다.

이 이야기에서 앞을 보지 못하는 소경이 등불을 들고 다니는 것은 다른 사람들에게 피해를 주지 않기 위해서이다. 등불을 들고 다니면 사람들이 그가 누구라는 것을 자연히 알게 돼 자신이 사람들과 부딪칠 염려가 없기 때문이다. 만일 그가 등불을 안 켜고 다니면 사람들과 부딪쳐서 피해를 줄 수 있으니까 말이다. 그리고 자신 역시 다칠 수 있기 때문이다. 작고 사소한 일일지라도 남을 생각하는 마음은 참 아름답다. 그것이야말로 참으로 소중하고 복된 마음인 것이다.

DAY 345 벌과 소득

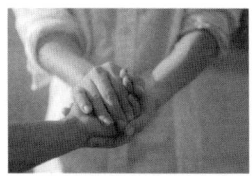

어느 날 랍비 여럿이 길을 가고 있었다. 이야기를 나누며 길을 가고 있던 중, 무시무시한 도둑들과 맞닥뜨리게 되었다. 교활하고 잔인한 그들을 보는 순간 한 랍비가 말했다.

"저런 못된 인간들은 모조리 물속에라도 빠져 죽었으면 좋겠어요."

"그래요. 저런 악한들은 다 형벌을 받아 마땅해요."

랍비들의 얘기를 듣고 있던 가장 현명한 랍비가 말했다.

"아닐세. 우리 유대인들은 그렇게 생각해서는 안 되네. 아무리 죽어 마땅할 만큼 잔인한 인간들이라 할지라도 그런 기도는 해서는 안 되네. 악한들의 멸망을 기원하기보단 그들이 자신들이 저지른 죄가 얼마나 큰지 회개하기를 기원해야 하네."

"아니, 그게 무슨 말씀이세요? 저들은 그럴만한 가치가 없는 사람들 아닌가요?"

"맞아요. 저들은 없는 게 더 나아요."

랍비들은 또다시 자신의 생각을 말했다.

"과연 그렇게 생각하는가. 물론 그럴 수 있다는 생각이 드는 건 당연하네. 하지만 그들이 회개를 하여 착한 마음을 가질 수만 있다면, 그들 역시 선한 일을 할 수 있지 않겠는가. 그것이 우리 유대인들이 해야 할 일이 아니겠는가. 우린 하나님의 자녀들이니까."

현명한 랍비는 이렇게 말하며 인자한 미소를 지었다.

이 이야기 속의 현명한 랍비는 참로 관대한 사람이다. 다른 랍비들은 형벌을 받아야 한다고 말하지만 현명한 랍비는 악한들의 멸망을 기원하기보단 그들이 자신들이 저지른 죄가 얼마나 큰지 회개하기를 기원해야 한다고 말한다. 그러니까 잘못한 사람도 죄를 뉘우치고 좋은 사람이 되게 기회를 줘야 한다는 것이다. 옳은 말이다. 사람은 누구나 잘못을 할 수 있다. 그럴 때 잘못을 반성할 수 있는 기회를 주면, 자신의 잘못을 뉘우치고 얼마든지 좋은 사람으로 거듭날 수 있다.

DAY 346 벌거벗은 임금

　아주 착한 마음씨를 가진 부자가 있었다. 부자는 자신이 부리는 노예들에게나, 모든 사람들에게 친절을 베풀어 많은 사람이 그를 존경했다. 그러던 어느 날, 부자는 자기가 부리던 노예 중 한 사람을 기쁘게 해주기 위해 그를 불렀다. 부자는 노예에게 말했다.
　"내가 너에게 많은 물건을 주겠다. 그러니 네가 가고 싶은 곳으로 가서 그것을 팔아 행복하게 살아라."
　부자의 말을 듣고 노예는 놀란 얼굴로 말했다.
　"주인님, 그게 정말이세요?"
　"그래. 그동안 나를 위해 열심히 일해 준 네게 주는 상이라고 생각해라."
　"감사합니다. 주인님."
　부자는 배 한 척을 내주고 물건을 가득 실으라고 말했다. 노예는 자유도 얻고, 많은 물건까지 얻어 바다로 나갔다.
　"와, 나도 이제 자유의 몸이다!"
　노예는 푸른 하늘을 바라보며 큰 소리로 외쳤다. 그런데 문제가 생기고 말았다. 검은 구름이 몰려오더니 폭풍우가 몰아치기 시작했다.
　"우르르 쾅쾅! 우르르 쾅쾅쾅!"
　배는 순식간에 방향을 잃고 커다란 바위에 부딪혀 가라앉고 말았다. 많던 물건도 한순간에 사라지고 말았다.
　노예는 있는 힘을 다해 헤엄을 친 끝에, 어느 섬에 간신히 도착할 수 있었다. 노예는 살아났지만 큰 슬픔에 잠기고 말았다. 물건을 팔아 행복하게 살고 싶었는데, 이젠 그럴 수 없었기 때문이다. 슬픔에 잠겨 있던 노예는 섬 안으로 들어갔다. 그런데 그의 눈에 놀라운 광경이 펼쳐졌다. 그곳에 마을이 있었던 것이다.
　"오, 세상에! 섬에 이토록 큰 마을이 있다니!"
　연신 감탄을 하던 노예의 눈엔 또 다른 광경이 펼쳐졌다. 사람들이 하나같이 벌거숭이로 살고 있었다. 그를 본 사람들이 우르르 몰려왔다.
　"잘 오셨습니다. 우리 왕 만세!"
　그들은 노예를 크게 환영했다. 어리벙벙해진 노예는 자신을 환영하는 사람들을 따라 궁전으로 갔다. 궁전은 아주 호사스럽게 꾸며져 있었다. 노예는 자신이 왕이 되었다는 사실이 도무지 믿기지 않았다. 노예는 그 사람들을 향해 말했다.

"도대체 내가 왕이라니요? 이게 어찌 된 일입니까?"
"우리는 살아있는 인간이 아니라 영혼들입니다. 살아있는 사람이 이 섬에 들어와서, 우리의 왕이 되어 주기를 희망하고 있었답니다. 하지만 이것을 기억해야 합니다. 1년이 지난 뒤 당신은 이곳에서 쫓겨나, 살아있는 것이라곤 하나도 없는 죽음의 섬으로 보내지게 될 겁니다."
"그래요. 잘 알았습니다. 그렇다면 1년 후를 대비해 여러 가지 준비를 해야겠소."
왕이 된 노예는 틈나는 대로 죽음의 섬으로 가서, 갖가지 과일나무와 채소를 심었다.
1년이 되자 노예는 왕의 자리에서 쫓겨나, 죽음의 섬으로 갔다. 하지만 노예는 걱정하지 않았다. 그곳엔 이미 갖가지 채소와 곡식이 자라고 있었던 것이다. 그리고 먼저 쫓겨 온 사람들도 노예를 반갑게 맞아주었다. 노예는 아주 행복하게 살았다.

이 이야기에 나오는 부자는 하나님이고, 노예는 사람의 영혼이다. 또 노예가 오른 섬은 지금 세상을 말하고, 1년 뒤 쫓겨난 섬은 다음 세상을 말한다. 그리고 그곳에 있던 채소와 과일은 선행을 말한다. 착한 부자의 선행은 참으로 아름답다. 내가 가진 것이 많고, 높은 자리에 있다고 사람들을 함부로 하지 않았기 때문이다. 그리고 노예는 1년 후를 대비하여 갖가지 과일나무와 곡식, 채소를 심으며 앞날을 준비했다. 그래서 그는 행복하게 살 수 있었던 것이다. 인간은 선행을 베풀며 살아야 한다. 그것은 인간으로서 마땅한 일이기 때문이다.

DAY 347 세 가지 현명한 행위

☐ CHECK

WISDOM

　　　　　　　머나먼 옛날 예루살렘에 사는 어떤 남자가 오랜 여행 끝에 병이 나 자리에 누웠습니다. 아무래도 자신이 더 이상 살 수 없다는 판단을 한 그는 숙소 주인을 불러 이렇게 부탁했다.
　　　　　　　"한 가지 부탁이 있소. 들어 주시겠소?"
"네. 무엇인지 말해 보십시오."
"난 곧 죽을 것 같소. 내가 죽은 뒤에 예루살렘에서 누가 찾아오거든 나의 소지품을 전해 주시오. 그런데 무조건 소지품을 주지 말고 세 가지 슬기로운 판단을 내리면 주시오. 만약 그러지 못한다면 절대로 내어주지 마시오. 왜냐하면 내 아들에게 내가 여행 중에 죽게 되면 내 유산을 상속받되 세 가지 슬기로운 판단을 하지 않으면 안 된다는 유언을 미리 하고 왔기 때문이오."
　이렇게 말을 남긴 여행객이 죽자 숙소 주인은 유태인의 전통에 따라 매장함과 동시에 마을 사람들에게 그의 죽음을 알리고 예루살렘에도 사람을 보내 가족에게 그가 죽은 사실을 알렸다.
　소식을 들은 아들은 아버지가 죽은 마을 입구에 도착했다. 하지만 그는 아버지가 묵었던 집을 알지 못했다. 아버지가 아들에게 알리지 말라고 유언했기 때문이다. 아들은 스스로 그 집을 찾지 않으면 안 되었다. 생각에 잠겨 있는 아들의 눈에 나무장수가 장작을 한 짐 지고 지나가는 게 보였다. 아들은 그를 불러 세워 장작을 산 다음 예루살렘에서 온 여행객이 죽은 집으로 그 장작을 가져가라고 말한 뒤 나무장수 뒤를 따라갔다.
"나는 장작을 주문한 적이 없는데 이는 무슨 장작입니까?"
　숙소 주인은 고개를 갸우뚱거리며 말했다.
"저기 저 청년이 이 장작을 사서 여기 갖다 주라고 해서 갖고 왔습니다."
　나무장수 뒤엔 여행객 아들이 서 있었다. 이것이 첫 번째 슬기로운 판단이었다. 숙소 주인은 기꺼이 아들을 맞아들여 저녁을 차려 주었다. 식탁에는 비둘기 다섯 마리와 닭 한 마리가 요리되어 나왔다. 식탁엔 그 청년 외에 숙소 주인과 그의 아내, 두 아들과 두 딸 등 모두 일곱 명이 둘러앉았다.
"저, 청년. 청년이 이 요리들을 모두에게 나누어 주시오."
　숙소 주인이 말했다.
"아닙니다. 주인께서 나누는 것이 좋겠습니다."

388

청년이 말했다.

"아니오. 당신이 손님이니 당신이 하고 싶은 대로 하시오."

또다시 주인이 말했다.

"정 그러시다면 제가 나누도록 하겠습니다."

청년은 이렇게 말을 하고 나서 요리를 나누기 시작했다. 먼저 한 마리의 비둘기를 두 아들에게 주었다. 딸들에게도 한 마리의 비둘기를 주었고, 또 한 마리는 주인 부부에게 주었으며, 자신은 두 마리의 비둘기를 차지했다. 이것이 그 청년의 두 번째 슬기로운 판단이었다. 이를 보고 숙소 주인은 언짢은 표정을 지었으나 아무 말도 하지 않았다. 이번엔 닭 요리를 나누었다. 먼저 머리 부분은 주인 부부에게 주고, 두 아들에게는 다리를, 두 딸에게는 양쪽 날개를 주고, 나머지 몸통 전체는 자기가 차지했다. 이것이 세 번째 슬기로운 판단이었다. 숙소 주인은 화가 나서 말했다.

"이보시오, 당신네 고장에선 이렇게 합니까? 당신이 비둘기를 나누어 줄 때만 해도 잠자코 있으려 했지만, 더 이상 참을 수가 없소. 대체 이게 무슨 경우요?"

그러자 청년은 빙그레 웃으며 말했다.

"나는 음식 나누는 일을 맡고 싶지 않았습니다. 그러나 주인께서 부탁하기에 최선을 다한 것입니다. 당신과 부인과 비둘기를 합쳐 그 수가 셋이고, 두 아들과 비둘기를 합쳐 그 수가 또 셋이고, 두 딸과 비둘기 한 마리를 합쳐 그 수가 셋이요, 나와 두 마리 비둘기를 합치니 각기 그 수가 셋이 되니, 이는 그 수가 공평한 것 아닙니까? 또 당신은 이 집에서 제일 높은 가장이니 닭의 머리를 드린 거고, 당신의 아들 둘은 이집의 기둥이니 다리 두 개를 주었습니다. 그리고 딸들에게 날개를 준 것은 이제 곧 나이가 차서 남의 집으로 시집을 가게 되니 그렇게 한 것입니다. 그리고 나는 '배'를 타고 여기에 왔고, 또 돌아갈 것이므로 '배'가 있는 몸통을 가진 것입니다."

"오, 과연 슬기로운 판단이오. 여기 아버님의 유산이 있소. 가져가시오."

숙소 주인은 환하게 웃으며 아들에게 그의 아버지 유산을 내어주었다.

지혜는 사람에게 있어 매우 중요하다. 지혜는 슬기로운 생각으로 책을 통해서 길러지고, 생활에서 길러지고, 예로부터 전해져 내려오는 전통에 의해서도 길러지고, 경험을 통해 길러진다. 이렇듯 지혜는 행동과 체험에서 길러지는 살아있는 공부며, 소중한 상식인 것이다.

DAY 348 강자

이 세상에는 강한 것이 두려워하는 약한 것 네 가지가 있다.
어느 날 사자와 코끼리, 전갈과 매가 모여 앉아 말했다.
"으-웅, 으웅, 난 무서운 것이라곤 하나도 없는데 모기, 그 모기란 놈이 제일 두렵단 말이야. 그 모기란 놈은 조그마한 것이 어찌나 악착같은지, 한 번 몸에 붙었다 하면 떨어질 줄 모른단 말야."
동물의 왕 사자가 얼굴을 찡그리며 말했다.
"난, 거머리가 제일 두려워. 거머리란 녀석은 어찌나 못됐는지 내 몸에 있는 피를 다 빨아 먹을 듯이 빨아댄단 말야."
집채만 한 코끼리가 투덜거리며 말했다.
"나는 파리가 제일 미워. 파리는 어찌나 찰거머리 같은지 도저히 잠을 잘 수가 없다니까. 에이 못된 놈의 파리."
이번엔 전갈이 꼬리를 잔뜩 치켜든 채 고개를 좌우로 흔들며 말했다. 그러자 지금껏 가만히 듣고 있던 매가 몸을 부르르 떨며 말했다.
"난 거미가 제일 두려워. 거미란 놈은 생긴 것부터 기분 나빠. 그 거미란 놈의 몸에서는 가느다란 실 같은 것이 나오는데, 몸에 한번 붙었다 하면 떨어질 줄을 몰라. 아주 끈끈한 게 불쾌하기 짝이 없다니까."
사자와 코끼리, 전갈, 매는 불평불만을 쏟아놓으며 자신의 속마음을 털어놓았다. 그러고는 서로를 위로하며 씁쓸한 미소를 지었다.

제아무리 힘이 강한 것이라 해도 거기에 맞서는 것이 있고, 아무리 힘이 약한 것이라 해도, 크고 강한 것에 두렵고 귀찮은 존재가 된다. 이 세상은 힘이 있는 것과 힘이 약한 것, 큰 것과 작은 것이 늘 돌고 돌면서 균형을 이루고 있다. 그런 가운데 함께 어울려 살아간다. 이것이 자연의 법칙이며 질서이다.

DAY 349 천국과 지옥

어떤 청년이 아버지에게 살찐 닭을 요리해주었다.
"아버지, 맛있게 드십시오."
"오냐. 그런데 이 닭은 어디서 났느냐?"
아버지는 기분 좋은 얼굴로 말했다.
"아버지, 그런데 마음 쓰시지 마시고 어서 드시기나 하세요."
"오냐. 그래, 잘 먹으마."
아버지는 더 이상 묻지 않았다.
어떤 청년이 방앗간에서 가루를 빻고 있었다. 그때 국왕이 나라 안에 있는 방앗간 주인들을 일제히 궁전으로 불러들인다는 명령이 내려졌다.
"아버지, 궁전에 제가 가겠습니다."
"아니다. 내가 가마."
"아닙니다. 아버지, 제가 가겠습니다. 아버지께서 방앗간을 맡아 주세요."
아들은 방앗간을 아버지에게 부탁하고 궁전으로 갔다.
'이들 중 누가 천국에 가고 누가 지옥에 가겠는가' 하는 질문이 있었다. 이에 대한 답은 이렇다.
천국에 가는 아들은 두 번째 아들이다. 왜냐하면 두 번째 아들은 왕이 일꾼들을 모아 힘들게 하고 매를 때리며 좋지 않은 음식을 줄 것이라는 사실을 알고서는 자신이 아버지 대신에 궁전에 갔던 것이다. 그러나 아버지에게 닭을 준 아들은 아버지가 묻는 말에 충실히 대답하지 않고 불성실하게 대답했으므로 지옥으로 갔다.

이 이야기에서 아버지에게 성실하게 아들 노릇을 한 두번 째 아들은 천국에 갔지만, 음식을 해다 주고도 아버지의 물음에 불성실하게 대답한 아들은 지옥에 갔다. 이것은 아버지에게 아무리 좋은 것을 해 준다고 해도 마음으로부터 성실하지 않으면, 그것은 진정한 효가 아니라는 것이다. 진실한 마음이 담긴 효도가 진정한 효인 것이다.

DAY 350 세 친구

어떤 남자가 있었다. 그는 왕이 보낸 신하로부터 궁전으로 오라는 명령을 받았다. 남자는 왜 자신을 부르는지 궁금하여 견딜 수가 없었다. 남자에겐 세 명의 친구가 있었다. 첫 번째 친구는 몹시 귀중히 여겨왔으므로 매우 친한 사이라고 생각했고, 두 번째 친구는 첫째 친구만큼 귀중하지는 않지만 역시 우정을 간직하고 있었고, 세 번째 친구는 친구이기는 하지만 크게 관심을 두지 않는 사이였다. 막상 국왕의 사신이 자신을 찾아오자 그 남자는 두려움에 떨며 겁이 났다. 그래서 그는 세 친구를 찾아가 도움을 청했다.

"내가 궁궐로 가야 하는데 함께 가주지 않겠는가?"
"미안하지만 나는 그렇게 할 수 없네."

첫 번째 친구는 그의 청을 한 마디로 딱 잘라 거절했다. 실망한 남자는 이번엔 두 번째 친구에게도 똑같은 질문을 했다. 그의 얘기를 듣고 두 번째 친구가 고개를 절레절레 흔들며 말했다.

"그래? 궁전 문 앞에까지만 같이 가주지. 그러나 그 이상은 안 되네."

두 번째 친구도 실망을 안겨 주었다. 남자는 마지막으로 세 번째 친구에게도 똑같은 질문을 했다. 그런데 예상하지 않은 일이 벌어졌다.

"그래? 그럼 내가 같이 가주지."

그다지 기대하지 않았던 세 번째 친구는 흔쾌히 그의 뜻을 받아주었던 것이다.

"정말이지?"

남자는 기쁨에 찬 얼굴로 말했다.

"그래. 너는 나쁜 일도 저지른 석이 없으니 두려워할 것도 없어. 내가 같이 가서 너에 대해 사실대로 말해주지."

"고마워. 정말 고맙네."

남자는 세 번째 친구에게 진심으로 고마워했다.

이 이야기에서 첫 번째 친구는 제아무리 소중해도 죽을 때 갖고 갈 수 없는 재산을 말하며, 두 번째 친구는 장지까지는 따라와 주지만 그곳에다 그를 묻고 돌아가는 가족을 말하며, 세 번째 친구는 '선행'을 말한다. 선행은 그 사람이 죽은 뒤에도 남는 까닭이다.

DAY 351 그릇

　얼굴은 추하게 생겼지만 매우 지혜롭고 현명한 랍비가 있었다. 어느 날 그는 로마 황제의 왕녀를 알현하게 되었다. 그녀는 랍비를 보자 실망한 빛이 역력했다. 지혜롭고 현명하기로 소문난 랍비가 너무 못생겼기 때문이다. 그녀는 랍비를 향해 대뜸 이렇게 말했다.
　"참으로 슬기로운 지혜가 이처럼 겉이 더러운 그릇에 들어있었군요."
　그녀의 말에 랍비가 엷은 미소를 띠며 말했다.
　"왕궁 안에 술이 있습니까?"
　"있고 말고요."
　"어떤 그릇에 담겨 있는지요?"
　"보통 단지나 주전자에 들어있지요."
　랍비의 말에 왕녀는 아무렇지도 않게 말했다. 그러자 랍비는 깜짝 놀란 듯이 말했다.
　"로마의 왕녀님이라면 금이나 은그릇에 넣어둠이 마땅할진대 어찌하여 그처럼 보잘것없는 단지를 술 단지로 쓰셨는지요?"
　랍비의 말을 듣고 왕녀는 금은 그릇에 들어있는 물을 쏟아버리고 단지에 들어있던 술을 금은 그릇에 넣어두었다. 그러던 어느 날 황제가 화가 나서 큰 소리로 말했다.
　"누가 이런 데 술을 넣었느냐!"
　술맛이 형편없이 변해 있었기 때문이었다.
　"그렇게 하는 것이 더 나을 것 같아 제가 그리했습니다."
　왕녀는 걱정스런 얼굴로 말했다. 그녀의 말에 황제는 쓸데없는 일을 했다며 말하고는 밖으로 나갔다. 왕녀는 랍비에게 가서 화를 내며 말했다.
　"당신은 어째서 그렇게 하라고 내게 말했습니까?"
　"나는 그저 왕녀님이 매우 귀중한 것이라도 싸구려 단지 안에 넣어두는 편이 더 낫다는 것을 가르쳐주고 싶었기 때문입니다."
　랍비의 말에 왕녀는 아무 말도 할 수 없었다.

아무리 귀한 것도 좋고 하찮음을 떠나 그와 잘 맞는 것과 어울릴 때 더 가치가 있는 법이다. 사람 또한 겉모습으로 그 사람을 판단하지 말아야 한다. 그 사람의 중심을 보아야 하는 것이다.

DAY 352 세 자매

딸 셋을 둔 사람이 있었다. 딸은 하나같이 미모가 출중했다. 그런데 딸들에겐 저마다 결점이 있었다. 첫 번째 딸은 게으르기가 짝이 없었다. 두 번째 딸은 남의 것을 훔치는 버릇이 있었다. 그리고 세 번째 딸은 남을 비난하고 흉보는 것을 즐겨 했다. 그러던 어느 날 어떤 사람이 와서 말했다.

"여보시오, 내게 아들이 셋이 있는데 그 집 딸들과 우리 아들들을 결혼시키는 것이 어떻겠소?"

그러자 딸들 아버지는 이렇게 말했다.

"좋은 생각이오만 내 딸들에게는 흠이 있다오. 첫째 딸은 게으르고, 둘째 딸은 도벽이 있고, 셋째 딸은 남을 흉보는 버릇이 있구려."

"그런 거라면 걱정하지 마시오. 내가 가르치며 잘 살게 하겠소."

그의 말에 딸의 아버지는 그렇게 하자며 세 딸을 결혼시켰다. 시아버지는 게으름뱅이 며느리를 위해 많은 몸종을 들였다. 그리고 도벽이 있는 며느리를 위해서는 큰 창고의 열쇠를 건네주며 갖고 싶은 것은 무엇이 가지라고 말했다. 비난과 흉보기를 좋아하는 며느리를 위해서는 아침마다 오늘은 누구를 흉볼 거냐고 물어보았다. 시아버지의 관심과 노력으로 딸들은 그럭저럭 잘 살아갔다.

'애들이 별 탈 없이 잘 살고 있을까.'

자나 깨나 딸들 걱정에 조바심이 난 친정아버지가 딸들을 보기 위해 사돈집으로 갔다. 그리고 딸들에게 사는 게 어떠냐고 물어보았다.

"저는 맘껏 게으름을 피우며 살고 있어 매우 즐거워요, 아버지."

첫째 딸은 즐거운 표정으로 말했다.

"저는 가지고 싶은 것이 있으면 얼마든지 가질 수 있어 참 좋아요."

둘째 딸 역시 아주 만족한 표정으로 말했다.

그런데 셋째 딸은 시아버지가 자신을 괴롭힌다고 말했다. 그러나 친정아버지는 그녀의 말을 믿지 않았다. 그녀가 시아버지를 흉보고 있었기 때문이다.

이 이야기에서 게으르고, 도벽이 있는 것도 나쁘지만 그보다는 남을 비난하고 흉보는 것이 더 나쁘다는 것을 잘 알게 한다. 비난하고 흉보는 것은 자칫 상대방을 불행하게 할 만큼 나쁜 일이기 때문이다.

DAY 353 약속

    가족과 단체 여행을 하던 딸이 잠시 혼자서 돌아다니다가 그만 가족을 놓치고 말았다. 홀로 떠돌다 우물가에 다다랐다. 그녀는 목이 말라 두레박을 따라 밑으로 내려가 물을 마셨다.
    "아유, 살 것 같다."
    물을 마시고 난 그녀는 이렇게 말하고는 위로 올라가려고 했지만 올라갈 수가 없어 큰 소리로 구조를 요청했다.
    "저기요, 거기 누가 없어요?"
    마침 그곳을 지나던 젊은이에 의해 구조되었다. 이 일을 계기로 둘은 사랑을 하게 되었다. 어느 날 젊은이가 길을 떠나게 되어 둘은 만나서 이야기를 나눴다.
    "나는 이곳을 떠나지만 언제나 당신을 잊지 않을 겁니다."
    "나도 당신을 잊지 않고 언제나 기다리겠어요."
    젊은이의 말에 여자는 이렇게 말하며 자신의 마음을 전했다. 둘은 약혼을 하고 누군가에게 증인이 되어달라고 하자며 그가 말했을 때 마침 족제비가 지나치며 숲속으로 들어갔다.
    "방금 지나간 족제비와 우리 둘 옆에 있는 이 우물이 증인이에요."
    여자가 이렇게 말하자 그도 동의하고 둘은 아쉬운 작별을 했다. 몇 해가 지나고 남자는 다른 여자와 결혼을 하고 아이를 낳아 행복하게 살고 있었다. 하지만 여자는 정절을 지키며 남자를 기다렸다.
    어느 날 남자의 아이가 놀다가 지쳐 풀 위에서 잠들었을 때 족제비가 아이의 목을 물어 아이가 죽고 말았다. 아이의 부모는 몹시 슬퍼했다. 그 일이 있은 후 부부는 또 다시 아이를 낳았다. 부부는 아이를 보며 행복해했다. 아이가 자라서 밖에 걸어 다닐 수 있게 되어 우물가로 왔다. 아이는 우물에 비친 주변의 풍경이 신기해 들여다보다 그만 빠져 죽고 말았다. 남자는 그제야 전에 여자와 했던 약속이 생각났다. 그는 이혼을 하고 여자가 있는 마을로 돌아왔다. 여자는 그때까지도 결혼도 안 하고 남자를 기다리고 있었다. 둘은 다시 만나게 된 것을 기뻐하며 결혼하고 행복하게 살았다.

약속의 중요성을 잘 알게 하는 이야기이다. 한번 한 약속은 반드시 지켜야 한다. 약속은 서로에 대한 믿음의 증거이자 도리이기 때문이다.

DAY 354 가정과 평화

명설교가로 알려진 메이어라는 랍비가 있었다. 그는 매주 금요일 밤에 예배당에서 설교를 했다. 많은 사람이 그의 설교를 들으러 왔다.

"나는 메이어 랍비의 말을 들으면 긍정의 에너지가 막 넘쳐나."

"나도 그래. 그의 말엔 힘이 있고 사람을 움직이는 힘이 있어."

사람들 중엔 이렇게 말하며 매주 그의 설교를 들으러 오는 사람들도 많았다. 특히, 그중에는 유달리 그의 설교를 좋아하는 여성이 있었다. 보통 유대인 여자는 금요일 밤에는 이튿날 안식일에 대비하여 요리를 만드는데, 그녀는 메이어의 설교를 들으러 왔다.

그날도 메이어가 설교를 마치자 그녀는 매우 만족해하며 집으로 돌아갔다. 그런데 대문 앞에서 그녀의 남편이 기다리고 있다 화를 내며 말했다.

"내일 안식일인데 요리가 되어 있지 않으니 어찌 된 일이오? 대체 당신은 이 시간에 어딜 갔던 거요?"

"예배당에서 메이어 랍비의 설교를 들었어요."

그녀는 담담하게 말하며 남편을 바라보았다.

"당신이 랍비의 얼굴에 침을 뱉고 오기 전에는 집에 들이지 않겠소!"

남편은 이렇게 말하며 집으로 들어갔다. 그녀는 할 수 없이 친구의 집으로 갔다. 이 소식은 메이어의 귀에 들어갔다.

'내가 설교를 길게 하는 바람에 한 가정의 평화를 깨뜨렸구나.'

메이어는 이렇게 생각하며 그녀를 초대하여 자신의 눈이 아프다고 말했다.

"이것은 물로 씻는 편이 좋지 않겠습니까? 그러면 약이 될 터이니 부인께서 좀 씻어 주시겠습니까?"

그러자 그녀는 랍비의 얼굴에 침을 뱉었다. 그녀가 가자 제자들이 말했다.

"선생님은 매우 고명하신 랍비이신데 어찌 여자에게 얼굴에 침을 뱉게 용납하셨는지요?"

"가정의 평화를 되찾기 위해서는 온갖 일을 해야 할 것이다."

랍비가 이렇게 말하자 제자들은 고개를 끄덕이며 공감했다.

이 이야기는 가정의 평화가 삶에 있어 매우 중요하다는 것을 잘 알게 한다. 그랬기에 랍비는 기꺼이 자신의 얼굴에 침 뱉기를 허락했던 것이다. 그렇다. 각 가정이 행복해야 사회도 국가도 건강한 사회, 강건한 국가가 될 수 있는 것이다.

DAY 355 술의 기원

　　이 세상이 생기고 나서 최초의 인간이 포도 씨앗을 심고 있었다. 그런데 그때 지나가던 악마가 그것을 보고 말했다.
　　"여보시오. 지금 무엇을 하고 있소?"
　　"나는 훌륭한 식물을 심고 있다오."
　　사람은 이렇게 말하여 정성스럽게 씨앗을 심고 또 심었다.
"나는 이런 식물을 본 적이 없는데 대체 이것이 무엇이오?"
악마는 궁금한 듯이 바짝 다가서며 말했다.
"이 씨앗이 자라면 매우 달고 맛있는 열매가 열린다오. 그래서 그 즙을 먹으면 매우 행복하다오. 그대 또한 이 즙을 마시면 행복해질 것이오."
　　인간은 이렇게 말하여 빙그레 웃었다.
"그래요? 그러면 나도 그 즙을 마시게 해주시오."
　　악마는 입맛을 다시며 간청하며 말했다.
"그래요. 내 그리하리다."
악마는 인간의 말에 즐거운 표정으로 말하고는 어디론가 가서 양과 사자와 돼지와 원숭이를 데리고 왔다. 악마는 네 동물을 죽이고 그 피를 비료로 썼다. 포도 씨앗은 무럭무럭 자랐고 탱글탱글한 열매를 맺었다. 포도를 갈아 즙을 내자 포도주가 되었다.
　　술은 처음 마시기 시작해서는 양처럼 온순하고, 조금 더 마시면 사자처럼 포악해지고, 좀 더 마시면 돼지처럼 더러워지고, 너무 마시면 원숭이처럼 춤을 추며 노래를 부르는 등 이성을 잃고 만다.
　　그렇다. 술은 인간의 행위에 대한 악마의 선사라고《탈무드》는 말한다.

술을 먹고 마시는 정도에 따라 변화하는 인간의 행동을 네 동물의 특성에 맞게 잘 보여준 이야기로 술이 인간에게 미치는 영향을 잘 알게 한다. 술은 적당히 마셔야 한다. 정도를 지나치면 화를 부르는 까닭이다.

DAY 356 연애편지

어느 마을에 잘생긴 젊은이와 아리따운 처녀가 살고 있었다. 그들은 서로에게 관심이 많았지만, 자신의 심정을 밝히지 않고 지내왔다. 그러던 어느 날 둘은 만나서 이야기를 나누게 되었다.

"나는 당신을 처음 보았을 때부터 마음으로부터 깊이 흠모해왔습니다."

젊은이는 이렇게 말하며 자신의 심정을 고백했다.

"저 또한 당신을 처음 봤을 때부터 마음으로부터 흠모했습니다."

처녀는 이렇게 말하며 자신의 심정을 말했다.

"그래요? 나는 그런 줄도 모르고 애만 태웠는데 당신의 말을 듣고 나니 참 기쁘고 감사합니다."

젊은이가 이렇게 말하며 웃자 처녀 또한 수줍게 웃었다. 둘은 연인이 되어 행복한 나날을 보냈다. 그런데 젊은이는 먼 길을 떠나게 되었다.

"내가 갔다 올 동안 건강하게 잘 지내야 돼. 사랑해."

"걱정 말고 잘 다녀와. 나도 사랑해."

둘은 이렇게 말하며 포옹을 했다. 그렇게 젊은이는 길을 떠났다. 그러나 돌아와야 할 젊은이는 돌아오지 않았다. 처녀는 그가 오길 학수고대하며 그가 떠났던 길로 나가곤 했다. 그러자 친구들은 그녀를 안타까워하며 말했다.

"지금껏 돌아오지 않는 걸 보면 아마 널 잊은 것 같아. 이렇게 말해 미안하지만 널 위해서 하는 말이니 오해하지 말고 들어. 그는 아마 돌아오지 않을 거야. 그러니 너도 그만 잊으렴."

"아냐, 그럴 일은 없어. 무슨 사정이 있을 거야. 그는 꼭 돌아올 거야."

처녀는 이렇게 말하며 집으로 와서는 젊은이와 주고받았던 편지를 꺼내 울면서 읽었다. 편지는 그녀에게 위로가 되었고, 용기를 주었다. 그러던 어느 날이었다. 그토록 기다렸던 그가 돌아온 것이다. 둘은 부둥켜안고 기쁨의 눈물을 흘렸다.

"당신은 기다림에 지쳐 고통스러운데도 어떻게 정절을 지킬 수 있었어?"

"나는 이스라엘과 같으니까."

그의 말에 여자는 이렇게 말하며 행복한 미소를 지었다.

이 이야기에서 이스라엘은 외세의 침략에도 굴하지 않고 하나님을 의지하며 이겨낸 것을 비유하여 이르는 말이다. 유대인들이 굳은 믿음을 잘 알게 한다.

DAY 357 남긴 것

구약성서 창세기엔 인류의 맨 처음 여성인 하와가 아담의 가슴뼈 한 개를 취하여 하나님이 만드셨다고 쓰여 있다. 로마 황제가 어느 랍비의 집을 방문했다.
"어서 오십시오."
랍비는 황제를 반갑게 맞아들였다. 황제는 자리에 앉자마자 대뜸 이렇게 말했다.
"내 그대에게 할 말이 있소."
"무슨 말씀이신지요?"
"하나님은 도둑이오."
"네? 그게 무슨 말씀이십니까? 하나님께서 도둑이시라니요."
랍비는 황제의 뜻밖에 말에 놀라 이렇게 말했다.
"남자가 자고 있을 때 남자의 가슴뼈 한 개를 훔쳐갔단 말이오."
황제는 이렇게 말하며 랍비를 바라보았다. 그러자 곁에 있던 랍비의 딸이 말했다.
"폐하의 부하 한 분을 빌려주세요. 좀 곤란한 문제가 생겨 그것을 조사하려고 합니다."
"그것은 쉬운 부탁이구먼. 하지만 무슨 문제인가?"
황제는 이렇게 말하며 랍비 딸을 바라보자 그녀가 말했다.
"어젯밤 도둑이 몰려와 금고 하나를 훔쳐갔는데, 도둑은 그 대신 금 그릇을 두고 돌아갔어요. 어째서 그랬는지 조사해 보고 싶어서요."
"그런 도둑이라면 내게도 들리게 하고 싶구먼."
황제가 이렇게 말하자 그녀는 차분히 말했다.
"그러실 거예요. 그것은 아담의 몸에 일어난 일과 같으니까요. 하나님께서는 가슴뼈 한 개를 훔쳐갔지만 이 세상에 여자를 남긴 것이랍니다."
그녀의 말에 황제는 크게 감탄했다.

이 이야기는 하나님의 섭리가 무엇인지 잘 알게 한다. 홀로 있는 아담에게 짝을 만들어주기 위해 하나님이 아담의 가슴뼈를 취했다. 그것은 행복한 가정을 이루어 인류의 조상이 되게 한 것이다.

DAY 358 기도

어떤 배가 항해를 하고 있었다. 그 배에는 여러 나라 사람들이 타고 있었다. 사람들은 저마다 이야기를 나누며 여행을 즐겼다. 그런데 갑자기 폭풍이 일어나자 배가 심하게 흔들리기 시작했다. 금방이라도 배를 삼킬 것만 같은 상황에 놓이자 사람들이 비명을 지르며 두려움에 떨었다. 한동안 정신을 차리지 못한 사람들은 저마다 기도를 하기 시작했다.

사람들이 하는 기도는 자신들이 믿는 신을 비롯해 자신의 나라가 믿는 신에 대한 기도였다. 기도를 아무리 해도 폭풍은 멈추지 않고 오히려 더 심하게 몰아쳤다. 그런데도 유대인은 기도도 하지 않고 두려워하는 기색도 전혀 없었다. 어떤 사람이 그를 보고 말했다.

"남들은 다 기도를 하는데 당신은 어째서 기도를 하지 않습니까?"

그러자 유대인은 아무 말없이 기도를 시작했다. 그러자 놀라운 일이 벌어졌다. 거세게 휘몰아치던 폭풍이 잠잠해진 것이다. 배가 무탈하게 항구에 도착했다. 그때 사람들이 그를 둘러싸고 물었다.

"우리가 기도했을 때는 폭풍이 멈추지 않고 더 심하더니, 당신이 기도하니 폭풍이 멎었는데 그 무슨 까닭인지요?"

그러자 유대인이 의연하게 말했다.

"그건 나도 잘 모르겠지만, 당신들은 저마다 자신들이 믿는 신에게 기도하지 않았소. 바벨론 사람은 바벨론 신에게, 로마인은 로마의 신에게 기도했지요. 그러나 바다는 어느 나라에도 속해 있지 않습니다. 우리 하나님은 온 우주를 지배하는 넓고 크신 하나님이시므로 바다에서 드린 나의 기도를 들어주신 것이라오."

유대인의 말에 사람들은 크게 놀라워했다.

이 이야기에서 알 수 있듯 사람들이 하는 기도는 대개 자신의 문제에 대해 자신의 축복에 대해 기도를 한다. 사회를 위해, 국가를 위해, 공의를 위해서는 잘 안 한다. 바른 기도는 자신과 자신이 속한 사회와 국가 그리고 공의를 위해서 할 때 더 빛을 발하는 것이다.

DAY 359 사랑

    지혜의 왕으로 유명한 솔로몬 왕에게는 매우 지혜롭고 아리따운 딸이 있었다. 솔로몬 왕은 딸을 무척이나 예뻐했다. 그러던 어느 날 솔로몬 왕은 꿈을 꾸었다. 그는 꿈속에서 어떤 젊은이를 보았다. 꿈속의 젊은이는 솔로몬의 성에 차지 않은 남자였다. 잠에서 깬 솔로몬은 딸의 미래의 남편이 딸에게 적합하지 않은 젊은이라는 것을 예감했다. 이에 솔로몬은 하나님께서 하시는 일이 어떤 것인가 두고 볼 생각에 딸을 어느 작은 섬에 데려가기로 했다.
  "아바마마, 대체 어딜 가시기에 배를 타고 가는 것이옵니까?"
  딸은 궁금증에 못 이겨 이렇게 말했다.
  "가 보면 안다. 그러니 궁금하더라도 조금만 참거라."
  솔로몬은 이렇게 말하며 빙그레 웃었다. 잠시 후 배가 섬에 닿자 솔로몬은 딸을 데리고 섬에 있는 궁으로 들어갔다.
  "애야, 너는 얼마 동안 이곳에 있거라."
  "네에? 아바마마 제가 왜 이곳에 있어야 하는데요."
  솔로몬의 말에 딸은 이렇게 말하며 의아해했다.
  "다 뜻이 있어서 그러하니 아비가 시키는 대로 하거라."
  솔로몬은 이리 말하고는 궁 주변에 담을 쌓고 파수병을 두어 지키게 했다. 그러고는 왕궁으로 돌아왔다. 그 시각 솔로몬 왕이 꿈에 보았던 딸의 짝인 젊은이는 어느 황무지를 홀로 헤매고 있었다. 밤이 되자 기온은 뚝 떨어지고 몹시 추웠다.
  "아이 추워. 어디서 몸을 피하지?"
  젊은이는 이렇게 중얼거리며 쉴 곳을 찾았다. 마침 그때 사자의 사체가 보였다. 그는 사자 사체가 있는 곳으로 기어들어가 그 위에서 잠이 들었다. 그런데 커다란 새가 와서는 사자의 모피로 젊은이를 들어 올려 공주가 있는 궁으로 데려가 그를 놓아주었다. 다음 날 아침 공주와 젊은이는 보는 순간 사랑에 빠지고 말았다.

이 이야기에서 보듯 사랑은 그 어떤 것으로도 막을 수 없다. 감금시키고, 야단을 치고, 부모 자식 간에 벽이 쌓여도 사랑은 절대 막을 수 없는 것이다. 사랑하는 사람은 이 세상의 전부이기 때문이다.

DAY 360 감사

인류의 역사에서 최초의 인간인 아담이 빵을 먹기 위해서는, 어느 만큼은 일을 하지 않으면 안 되었다. 빵을 얻기 위해서는 밭을 갈고, 씨를 뿌리고, 그것을 키워 거둬들이고, 빻아서 가루를 만들고 그것을 반죽하여 굽는 15단계의 과정을 거쳐야 한다.

지금은 돈만 있으면 언제 어디서든지 먹고 싶은 빵을 얼마든지 살 수 있다. 예전 같으면 15단계의 과정을 거치던 것을 지금은 손 하나 안 대고 돈만 있으면 아무 때나 빵을 살 수 있으니 빵을 만들기 위해 수고를 하지 않아도 된다. 그러니 얼마나 감사하고 고마운 일인가. 그래서 빵을 먹을 때는 감사한 마음으로 먹어야 한다. 빵을 만들기 위해 수고한 사람들에게 감사해야 하는 것이다. 또한 옷도 그렇다. 옷을 만들기 위해서는 양을 기르고, 양이 크면 털을 깎고, 옷감을 짜고, 그것을 몸에 맞게 디자인해서 한 땀 한 땀 정성껏 바느질을 해야 한다. 옷 한 벌을 만들기 위해서는 많은 수고와 공을 들여야 한다.

그런데 지금은 돈만 있으면 맘에 드는 옷을 얼마든지 사 입을 수 있다. 그러니 어찌 감사하지 않으랴. 옷을 만들기 위해 수고하고 애쓰는 이들에게 감사해야 한다. '내 돈 주고 사는데 무엇을 감사하란 말인가'라고 말하는 사람들도 있을 것이다. 어찌 보면 이는 당연한 것 같지만 아무리 내 돈 주고 산다고 해도 수고한 이들에 대한 감사하는 마음을 갖는다는 것은 얼마나 아름다운 일인가.

감사는 상대에 대해 하는 것이지만 그것은 결국 자신의 삶을 이롭게 하는 아름답고 고귀한 일인 것이다.

작은 일에도 감사하는 사람이 더 삶을 풍요롭고 행복하게 살아가는 것은 감사를 통해 얻는 긍정의 에너지가 함께 하기 때문이다. 감사는 곧 자신을 위한 아름답고 따뜻한 행복한 행위인 것이다.

DAY 361 양념

어느 안식일 날 로마 황제가 친하게 지내는 랍비 집을 방문했다.
"폐하, 어서 오십시오. 누추한 곳을 찾아주시다니 감사합니다."
사전에 아무런 연락도 없이 찾아온 황제를 랍비는 기쁘게 맞아주었다.
"감사하구려. 이렇게 반갑게 맞아주다니."
황제는 이렇게 말하며 활짝 웃었다. 랍비는 황제를 위해 음식을 내고 즐거운 시간을 보냈다.
"음식이 아주 맛있구려. 내 입맛에 아주 그만이오."
황제는 아주 만족해하며 말했다.
"그렇습니까? 폐하의 입맛에 맞지 않으면 어쩌나 했는데 다행입니다."
랍비는 황제의 말에 흐뭇한 미소를 지으며 말했다. 사람들은 즐겁게 노래를 부르며 탈무드 이야기를 했다. 황제는 매우 즐거워하며 말했다.
"선생, 내 기분이 참 좋소. 다음 주 수요일 날 또다시 방문해도 좋겠소?"
"다시 찾아주신다면 저는 더없이 좋습니다."
랍비가 이렇게 말하자 황제는 고맙다며 환하게 웃었다. 수요일이 되자 황제는 기쁜 표정으로 방문했는데, 자신을 기다리는 사람들을 보자 더욱 기분이 좋았다. 랍비는 지난번보다 더욱 정성스럽게 대접했다. 식사를 마치고 난 황제가 말했다.
"이처럼 정성껏 대접해주니 참 고맙소. 그런데 지난 토요일 날 음식이 더 맛있었는데, 대체 어떤 양념을 넣은 것이오?"
"폐하께서는 그 양념을 구하실 수 없습니다."
랍비가 이렇게 말하자 황제는 빙그레 웃으며 말했다.
"아니오. 나는 로마 황제인데 못 구할 양념이 어디 있겠소."
"폐하, 그 양념은 유대인의 안식일이라는 양념이랍니다. 그래서 이것만은 폐하께서도 구하실 수가 없으십니다."
랍비는 이렇게 말하며 엷게 미소 지었다.

안식일은 유대인들의 고유한 성일聖日이다. 안식일은 유대교를 믿을 때만이 지킬 수 있는 성일인 것이다.

DAY 362 기적

어느 유대인 아버지가 아이가 학교에서 돌아오자 물었다.
"오늘 학교에서 무엇을 배웠느냐?"
"오늘은 모세가 애굽에서 노예가 된 유대인을 구원해내는 이야기를 배웠습니다."
아이는 이렇게 말하며 이어 자랑스럽게 말했다.
"모세가 유대인을 이끌고 사막을 도망쳐 가고 있는데, 애굽의 군대가 쫓아왔대요. 그래서 막 홍해에 이르렀는데 애굽의 군대들과의 사이에서 끼워져 버렸대요."
"그래? 그러고는 어떻게 됐대?"
아버지의 물음에 아이는 신나게 말했다.
"모세가 미국의 공병대를 불러 홍해 위에 다리를 놓고 유대인이 건넌 뒤에 그 다리를 폭파해서 애굽의 군대는 건널 수 없었대요."
아이 말에 깜짝 놀란 아버지가 말했다.
"선생님이 정말 그렇게 말했니?"
"그렇지만 선생님이 말씀하신 바보 같은 일을 그대로 아버지에게 말씀드리면 아버지도 틀림없이 믿지 않으셨을 거예요."
아이가 이렇게 말하자 아버지가 웃었다는 이야기가 있다. 선생이 말한 바보 같은 일은 바다가 둘로 갈라져서 그사이를 유대인이 건너간 뒤 다시 원래대로 바다가 되었다는 이야기이다.
성서가 기적의 책이라는 것은 그리스도교도가 하는 말이지 유대인은 기적을 믿지 않는다. 유대인은 합리주의자이다. 그리스도교도가 말하는 기적이란 있을 수 없는 일이 일어나는 것이며 유대인의 기적이란 일어날 수 있는 일이 일어나는 것을 말한다. 즉 그다지 평소에 일어나지 않는 일이 일어나는 것이 기적인 것이다.

홍해가 둘로 갈라진 것은 백 년에 한 번쯤 몹시 무더운 날에 일어나는 현상으로 지중해로부터 강풍이 불어오면 홍해 중에서 깊지 않은 부분이 갈라져 사람이 건널 만큼 바닷물이 좌우로 밀려나는 것이다. 유대인에게 있어서 기적이란 그와 같은 일이 가장 잘 맞는 시간적 조절로 일어나는 일이다. 구약성서 중에서 과학적으로 입증할 수 있는 기적은 하나도 없다는 것이 유대인의 생각이다.

DAY 363 바벨탑

바벨이라는 말은 히브리어로 '혼란'을 의미한다. 이는 세계의 문학 중에 최초의 풍자문학이다. 세월의 흐름에 따라 사람들은 하나님에 대해 행했던 약속을 잊고 지식을 더하고 벽을 쌓는 일을 배웠다. 그리고 점차적으로 커다란 건물이나 탑을 쌓게 되었다. 왕이나 권력자들은 자신들의 위세를 내보이기 위해 앞다퉈 커다란 건물을 만들었다. 이처럼 커다란 건조물을 만들기 위해서는 수많은 노예가 필요했다. 노예들은 건조물을 짓다 많이 추락해 죽었다. 사람들은 바른 행실을 통해 자신을 빛내기 보다는 높은 탑을 쌓아 하나님에게까지 닿으려고 했다.

후에 알려진 이야기이지만 가장 높은 탑은 그 꼭대기에 이르는 데 일 년이나 걷지 않으면 안 되었다고 한다. 그런 까닭에 벽돌이 가치를 지니게 되었으며 사람이 떨어져도 사람들은 아무도 한탄하거나 슬퍼하지 않았다. 그러나 위에서 벽돌이 떨어지면 사람들은 모두 한탄하고 슬피 부르짖었다.

벽돌을 새로 놓기 위해서는 1년이란 시간이 더 필요했기 때문이다. 하나님께서는 인간이 그런 탑을 만드는 것을 보고는 "이것은 나에게 있어서는 매우 낮은 아무것도 아닌 탑이다. 만일 너희가 나에게 닿으려 한다면 내가 땅으로 내려가 너희가 무엇을 하는지 볼 것이다"라고 하셨다.

여기서는 또 하나님이 인간이 하고 있는 일에 관심이 매우 많았다는 것을 강조하고 있다. 또한 인간이 하나님께 가까이 하려는 것은 물질적인 수단이 아니고 정신적으로 가까이 하지 않으면 안 된다는 것을 가르치고 있다.

인간들이 이처럼 높은 탑을 세우고 있는 동안 여러 가지 문제로 서로 다투었다. 그래서 하나님께서는 그 벌로 사람들에게 서로 다른 말을 하도록 하셨다. 후대 세상에서도 부富로 인해 사람들이 다투고 혼란스럽게 하는 씨앗이 된다는 의미를 담고 있다.

《탈무드》에는 랍비들이 각기 다른 해석을 한다. 그것은 여러 가지 입장에서 의논하기 때문이다. 그러나 세월이 지나 여러 의견 가운데 하나둘쯤은 뒤에 남게 된다. 그 남은 것이 세월이 흐르면 유대인의 해석으로 정착해 오는 것이다. 즉 전부의 해석이라기보다는 세부적인 해석의 다름에 있는 것이다.

DAY 364 가르치다

WISDOM

"아브람이 그의 아내 사래와 조카 롯과 하란에서 모은 모든 소유와 얻은 사람들을 이끌고 가나안 땅으로 가려고 떠나서 마침내 가나안 땅에 들어갔더라."(창세기 12장 5절)

기독교에서 믿음의 조상으로 추앙받는 아브라함(아브람이 하나님으로부터 받은 이름)은 덕과 인품을 가진 인물로서 하나님으로부터 선택받은 사람이다. 아브라함은 히브리어로 '열국의 아버지'라는 뜻이다.

아브라함이 하나님의 명령에 순종해 고향 우르를 떠나 아내 사라와 조카 롯과 같이 하란에서 지내는 동안 모았던 모든 소유와 일행을 이끌고 가나안으로 향했다. 이때 '하란에서 얻은 사람들'은 하란에서 만든 사람들이다. 히브리어는 '얻었다'라는 말 대신에 '만들었다'라는 말로 사용되고 있다. 여기서 또 후대의 랍비들은 어째서 아브라함은 '만들었다'라고 했는지에 대해 생각했다.

인간은 한 마리 모기조차 만들 수 없는데, 인간이 인간을 만드는 일은 좀처럼 할 수 없다. 그래서 랍비들은 아브라함이 만든 사람이라는 것은 유일신의 존재에 대해 눈을 뜨게 한 사람들의 일을 말한 것이라고 결론을 내렸다.

아브라함은 매우 친절하고 또 행실도 올발랐으므로 사람들은 그를 만나면 그의 고결함에 감동했다. 그리고 아브라함은 사람들에게 하나님의 존재를 알릴 수가 있었다.

유대인은 여기서 사람에게 무엇인가를 가르칠 때에는 결코 입으로써 강조하지 않는다. 자신의 행동으로 보인다. 아브라함은 사람들에게 설교 대신 자신의 행동으로 보인 것이다.

아브라함은 자신이 머무는 곳에는 반드시 제단을 쌓았다. 그리고 메소포타미아처럼 풍요로운 땅으로부터 점점 메마른 곳으로 갔다. 그 이유는 메마른 곳에서 사는 사람들이 열심히 일했으므로 그곳으로 가는 것이 마땅하다고 여긴 것이다. 즉, 이는 하나님의 명령에 따른 일이다.

이 이야기에서 알 수 있듯 유대인은 가르침을 줄 때 말 대신 행동으로 보인다는 것을 알 수 있다. 그것이야말로 진정한 가르침이라고 믿기 때문이다.

DAY 365 통곡의 벽

　야곱은 메소포타미아에 거주하고 있는 외삼촌 라반을 만나러 갔다. 외삼촌에게는 라헬과 레아라는 두 딸이 있었다. 야곱은 둘째 딸인 라헬과 사랑하게 되었다. 이 사실을 알게 된 라반이 말했다.
　"네가 7년 동안 일하면 라헬을 네 아내로 주마."
　야곱은 외삼촌의 말을 믿고 7년 동안 열심히 일했다. 7년이 되자 라반은 약속을 어기고 레아를 아내로 주었다. 약속이 틀리자 야곱은 왜 약속대로 하지 않느냐고 라반에게 물었다. 그러자 라반은 우리 지방에서는 언니보다 아우를 먼저 주지 않는다고 말했다. 그리고 라반이 말하기를 앞으로 7년 동안 일하면 라헬을 주겠다고 말했다. 야곱은 라헬을 너무도 사랑했으므로 7년 동안 또 열심히 일했다. 7년이 지나고 드디어 야곱은 그토록 사랑하는 라헬을 아내로 맞아들일 수 있었다.
　야곱은 자신이 사랑하는 라헬을 위해 열심히 일했다는 일로 인해 오늘날에도 유대인들에게 깊은 존경을 받고 있다. 나아가 무엇인가를 위해 열심히 일하면 그 대상이 된 것은 점점 귀중한 것이 되어 온다는 것을 가르치고 있다.
　이후 예루살렘에 성전이 건축될 때 유대인은 모두 자신들도 성전을 건축하는 데 참여하려고 했다. 동쪽 벽은 부자가 서쪽 벽은 일꾼들을 써서 건축했다. 남쪽 벽은 귀족이 건축하고 북쪽 벽은 왕실에서 건축했다. 일반 백성들은 자기네 손으로 벽돌을 쌓아 서쪽 벽을 건축했다. 70년 성전이 파괴된 이후 오늘날까지 유적지로서 남아 있는 것은 서쪽의 일반 백성이 건축한 벽뿐이다. 그것이 유명한 '통곡의 벽'이다. 그런데 통곡의 벽이란 이름은 유대인들이 붙인 게 아니고 그 벽을 보고 우는 유대인들을 보고 다른 사람들이 붙인 것이다.

통곡의 벽은 유대인들에게 있어서는 고난의 상징이자, 고난을 이기고 이스라엘이 오늘날 세계 속에 우뚝한 국가가 되는 데 있어 원천이 되었다. 그런 의미에서 통곡의 벽은 유대인들에게는 피와 같고, 살과 같고, 정신적 지주와도 같다고 하겠다.

1일 1페이지 짧고 깊은 지식수업 365
교양 편

초판 1쇄 인쇄 2022년 03월 10일
초판 2쇄 발행 2022년 06월 14일
초판 3쇄 발행 2022년 12월 01일

지은이 | 김옥림
펴낸이 | 임종관
펴낸곳 | 미래북
편집 | 정광희
본문 디자인 | 디자인 [연:우]
등록 | 제 302-2003-000026호
본사 | 서울특별시 용산구 효창원로64길 43-6 (효창동 4층)
영업부 | 경기도 고양시 덕양구 삼원로73 고양원흥 한일 윈스타 1405호
전화 031)964-1227(대) | 팩스 031)964-1228
이메일 miraebook@hotmail.com

ISBN 979-11-92073-05-7   (03300)

값은 표지 뒷면에 표기되어 있습니다.
잘못된 책은 구입하신 서점에서 바꾸어 드립니다.